김앤북의 가치

도전 신뢰

끊임없이 개선하며 **창의적인 사고**와 **혁신적인 마인드**를 중요시합니다.
정직함과 **도덕성**을 갖춘 사고를 바탕으로 회사와 고객, 동료에게 **믿음**을 줍니다.

함께 성장

자신과 회사의 **발전**을 위해 **꾸준히 학습**하며, 배움을 나누기 위해 노력합니다.
학생, 선생님 **모두 만족시킬** 수 있는 **최고의 교육 콘텐츠**와 **최선의 서비스**를 위해 노력합니다.

독자 중심

한 명의 독자라도 **즐거움**과 **만족**을 느낄 수 있는 책, 많은 독자들이 함께 **교감**하는 책을 만들기 위해 노력합니다. **분야를 막론**하고 **독자들의 마음속**에 오래도록 깊이 남는 **좋은 콘텐츠**를 만들어가겠습니다.

김앤북은 **메가스터디 아이비김영**의
다양한 교육 전문 브랜드와 **함께 합니다.**

김영편입 김영평생교육원 미대편입 Changjo

UNISTUDY 더조은아카데미 메가스터디아카데미

메가스터디교육그룹 아이비원격평생교육원

엔지니어랩

합격을 완성할 단 하나의 선택

김영편입 영어

2025 한국외국어대학교

기출문제 해설집

합격을 완성할 단 하나의 선택

김영편입 영어
2025 한국외국어대학교
기출문제 해설집

PREFACE

한국외대 기출문제 해설집, 합격을 향한 완벽 가이드!

편입영어 시험은 단순히 영어 능력만을 평가하는 것이 아니라, 해당 대학에서의 수학능력을 평가하는 도구로서 활용됩니다. 따라서 편입영어 시험에서는 어휘, 문법, 논리, 독해 영역에서 높은 이해도를 요구하며, 이를 통해 학생들의 역량을 평가하게 됩니다.

편입영어 시험은 대학마다 출제 방식이나 난이도가 다르기 때문에, 각 대학의 특성에 맞게 대비해야 합니다. 또한, 자신의 목표와 상황에 따라 적절한 전략을 수립하여 효율적으로 공부하는 것이 중요합니다.

『김영편입 영어 2025 한국외국어대학교 기출문제 해설집』은 편입 수험생이 2020학년도~2024학년도 한국외대 편입영어 시험에 출제된 문제를 통해 출제경향과 난이도를 파악하여 실전에 대비할 수 있도록 구성했습니다. 연도별 심층분석 자료와 더불어, 한국외대 편입 성공을 이루어 낸 합격자의 영역별 학습법을 수록하였습니다. 지문 해석뿐만 아니라 선택지 해석, 어휘, 문제풀이 분석 및 오답에 대한 설명을 제공하여 편입 시험에 도전하는 수험생을 위하여 기출문제에 대한 자신감을 갖도록 기획했습니다.

김영편입 컨텐츠평가연구소

HOW TO STUDY

기출문제 해설집에 수록된 모든 유형의 문제를 풀어보자!

5개년 기출문제는 실제 시험의 출제경향과 난이도를 파악할 수 있는 중요한 참고 자료입니다. 기출문제는 연도별 난이도의 편차와 유형의 차이가 존재하므로, 5개년 기출문제를 통해 출제 포인트와 난이도를 파악하고 이에 맞춰 학습목표를 설정하는 것이 중요합니다.

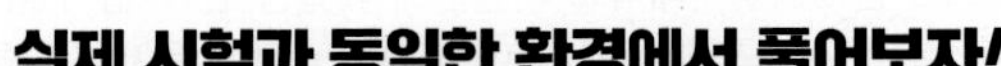

실제 시험과 동일한 환경에서 풀어보자!

편입시험은 제한된 시간에 많은 문제를 풀어야 하기 때문에 시간안배가 중요합니다. 또한 문항별 배점이 다른 대학의 경우 배점이 높은 문제를 먼저 풀어 부족한 시간에 대비하는 것도 필요합니다. 실제 시험장에서 긴장하지 않고 시험환경에 얼마나 잘 적응할 수 있느냐가 고득점의 필수요건이므로, 기출문제집을 통해 이에 대비해야 합니다.

풀어본 문제는 해설과 함께 다시 한 번 확인하여 정리하자!

- 기출문제 해설집에는 지문 해석뿐만 아니라 문제의 해석, 분석, 어휘, 오답에 대한 설명 등이 상세하게 수록됐습니다.

- 어휘는 기출어휘에서 출제되는 경향이 높으므로 표제어뿐만 아니라, 선택지에 제시된 어휘를 잘 정리해서 암기해야 합니다. 출제된 어휘를 상세하게 수록하여 사전의 도움 없이 어휘 학습이 가능하도록 구성했습니다.

- 문법은 문제별 출제 포인트를 제시하고, 해설과 문제에 적용된 문법 사항을 정리하여 문제를 쉽게 이해할 수 있도록 했습니다. 오답 노트를 만들어 취약한 부분을 정리하는 것이 필요하며, 해설이 이해가 안 되는 경우 문법 이론서를 통해 해당 문법 사항을 반드시 이해하고 넘어가야 합니다.

- 논리완성은 문제를 풀기 위해서 문장을 정확히 분석하는 능력을 키우는 동시에 다량의 어휘를 숙지하고 있어야 합니다. 문제에 대한 정확한 해석뿐만 아니라 글이 어떻게 구성되어 해당 어휘가 빈칸에 적절한지에 대한 상세한 분석이 돼 있습니다. 또한 문제 및 선택지에 출제된 어휘도 상세히 수록하여 어휘 학습을 병행하는 데 도움이 되도록 구성했습니다.

- 독해는 편입시험에서 가장 비중이 높은 영역입니다. 지문 해석뿐만 아니라 선택지도 해석이 돼 있어 편입을 처음 접하는 학생들도 쉽게 이해할 수 있도록 구성했으며 오답에 대한 설명을 수록하여 문제의 이해도를 높였습니다.

CONTENTS

문제편

해설편

문제편

출제경향 및 난이도 분석

▶▶ 한국외대 편입영어 시험은 50문항·60분으로 진행됐다. 한국외대 기출문제를 살펴보면, 지난 5년 동안 유형별 문항 수가 동일하고 난이도 또한 비슷한 수준으로 출제되고 있음을 확인할 수 있다. 따라서 기출문제를 중심으로 시험에 대비해야 한다. 그리고 제한시간 대비 독해 문제의 출제비중이 높으므로 시간안배에 특히 신경 써야 한다.

2020~2024학년도 한국외대 영역별 문항 수 비교

구분	어휘	문법&재진술	논리완성	독해	합계
2020학년도	9	8	4	29	50
2021학년도	9	8	4	29	50
2022학년도	9	8	4	29	50
2023학년도	9	8	4	29	50
2024학년도	9	8	4	29	50

2024 한국외대 영역별 분석

어휘

구분	2019	2020	2021	2022	2023
동의어	5	5	5	5	5
문맥상 동의어	4	4	4	4	4
합계	9/50(18%)	9/50(18%)	9/50(18%)	9/50(18%)	9/50(18%)

▶▶ 동의어 5문제와 문맥상 동의어 4문제, 총 9문제가 출제됐다. 동의어 문제에서는 despondent(=morose), precarious(=insecure), grandiose(=eminent), composure(=poise), auspicious(=fortunate)가 출제됐는데, 제시어와 선택지 모두 출제 빈도가 높은 기출어휘로 구성되어 있었다. 그리고 문맥상 동의어 문제에서는 slate(=schedule), term(=termination), irregular (=unofficial), lost (=engrossed)가 출제됐는데, 네 개의 제시어는 모두 여러 가지 뜻이 있는 다의어로 제시어가 가진 다양한 의미가 선택지로 제시됐다. 따라서 주어진 문장에서 해당 제시어가 의미하는 바를 문맥을 통해 파악한 후 정답을 골라야 했다.

문법&재진술

구분	2020	2021	2022	2023	2024
G/S	2	2	2	2	2
W/E	2	2	2	2	2
정비문	2	2	2	2	2
재진술	2	2	2	2	2
합계	8/50(16%)	8/50(16%)	8/50(16%)	8/50(16%)	8/50(16%)

▶▶ 빈칸에 알맞은 문법사항을 선택지에서 고르는 '문장 완성하기' 유형, 문법적으로 적절하지 않은 보기를 문장에서 고르는 '문장 내 오류 찾기' 유형, 그리고 문법적으로 틀린 문장을 고르는 '비문 고르기' 유형이 출제됐다. 출제된 문법사항으로는 'lest ~ should(~할까 봐)' 구문의 올바른 어순, 문의 구성, 타동사의 목적어, 대명사의 수 일치, 한정적 용법으로만 쓰이는 형용사 utter를 서술적 용법으로 쓰이는 형용사 perfect로 고치는 문제, 주어로 쓰일 수 없는 '절(he said)'을 '명사절(what he said)'로 고치는 문제 등이 출제됐다. 편입시험에 자주 나오는 문법 사항이 주로 출제됐지만, 문장의 구조 및 문법사항에 대한 응용력이 요구되는 문제의 비중이 높았다. 또한 제시된 문장과 같은 의미로 쓰인 문장을 고르는 재진술 유형이 2문제 출제됐다. 'broken(고장난)'을 'not operable(작동하지 않는)'로 'still hang(그대로 머물러 있다)'을 'linger(머물러 있다)'로 바꾸어 표현할 수 있는지를 묻는 문제와 'doubt+that절(~라는 것을 의심하다, 믿지 않다)'과 'suspect that절(~라고 의심하다, 수상쩍게 생각하다)'의 뜻을 명확하게 알고 구분할 수 있는지를 묻는 문제가 출제됐다. 특히 doubt와 suspect의 미묘한 의미 차이를 모르는 수험생은 정답을 고르는 데 어려움이 있었을 것이다.

논리완성

구분	2020	2021	2022	2023	2024
문항 수	4/50(8%)	4/50(8%)	4/50(8%)	4/50(8%)	4/50(8%)

▶▶ 단문의 어휘형 논리완성 4문제가 출제됐다. 문제의 내용을 살펴보면, 축구선수가 자신의 목소리를 싫어했다는 내용을 통해 공공장소에서 '말수가 적은(laconic)' 사람이라는 것을 고르는 문제, 과학자가 저명한 연구팀에 합류할 수 있는 기회를 여러 번 놓쳤다는 것을 통해 협업에 있어 '완고한(refractory)' 입장에 있다는 것을 고르는 문제, 'get rid of(제거하다)'와 유사한 의미인 'jettison(버리다, 포기하다)'을 고르는 문제, 'ingratiate oneself with(~의 환심을 사다)'의 구문을 묻는 문제가 출제됐다. 문장의 구조가 복잡하지 않고, 이유를 나타내는 접속사(because, for)나 'not only A but also B(A뿐만 아니라 B)' 구문 등 빈칸의 단서가 명확하게 제시되어 있어 쉽게 문제를 풀 수 있었다.

독해

구분	2020	2021	2022	2023	2024
지문 수	12	12	12	12	12
문항 수	29/50(58%)	29/50(58%)	29/50(58%)	29/50(58%)	29/50(58%)

▶▶ 12지문에서 총 29문제가 출제됐다. 한국외대의 경우 지문의 수가 많고 제한시간이 짧아 문제를 제한시간 안에 풀기 위해서는 속독 능력이 요구된다. 출제된 유형을 살펴보면 글의 주제 및 제목, 빈칸완성, 내용일치, 내용추론, 지시대상, 부분이해 등이 출제됐다. 특히 글의 주제 및 제목, 내용일치, 내용추론 등 지문의 전체 내용을 파악해야 풀 수 있는 문제의 출제 비중이 높았다. 출제된 지문의 내용을 살펴보면 온라인 패션업체에서의 빅데이터 활용, '슈링크플레이션(shrinkflation)'의 정의와 이유, 형제자매가 개인의 삶에 미치는 영향, 심리사회적 현상으로서 활동 연속의 주요 특징들, 미루는 버릇과 주의력 결핍 과잉 행동 장애(ADHD)의 상관관계, ChatGPT의 등장으로 인한 학술 에세이의 표절과 이를 피하는 방법, 좋아하는 노래의 통증 차단 효과, '스탠드 유어 그라운드법(Stand Your Ground Law)'의 합법성, '디지털 디톡스(digital detox)'라는 용어의 출현 및 관련 신조어, '바넘 효과(Barnum effect)'의 유래와 응용, "어"와 "음"을 사용하는 언어 패턴 등이 출제됐다.

2025 한국외대 대비 학습전략

▶▶ 한국외대 편입영어 시험은 유형이 정해져 있고 문제의 난도 차가 크지 않다. 따라서 기출문제를 중심으로 유형별 특징을 파악하고 시험에 대비하는 것이 중요하다. 어휘는 기출 어휘 중심으로 암기해야 하며, 문맥상 동의어 문제는 영어 단어를 사전식으로 학습할 것이 아니라 문장의 문맥을 통해 단어를 이해하고 익히는 습관이 도움이 될 것이다. 재진술 문제의 경우 주요 관용표현을 숙지하고 문장구조를 파악하는 연습이 필요하다. 문법의 경우, 주요 문법사항을 정리한 다음 기출문제 및 모의고사를 통해 문제 응용력을 길러야 한다. 제한시간대비 출제비중이 높은 독해는 시간을 정해놓고 지문을 속독하는 훈련을 해야 한다.

HANKUK
UNIVERSITY
OF FOREIGN STUDIES

한국외국어대학교

2024학년도 T1 A형(서울 인문계 일반편입)
▸▸ 50문항·60분

[문항별 배점: 01-13 1점/ 14-17 1.5점/ 18-30 2점/ 31-40 2.5점/ 41-50 3점]

[01-04] Choose the one that best completes the sentence.

01 The soccer player is ______ in public because he doesn't like the sound of his own squeaky and annoying voice.

① bewildered ② laconic
③ affable ④ rubicund

02 The scientist's ______ approach to collaboration led to several missed opportunities to join a prominent research team.

① refractory ② buoyant
③ corporeal ④ miscellaneous

03 Not only should we ______ the junk that weighs us down, but we also need to get rid of anything that is not essential.

① atrophy ② emulate
③ jettison ④ subjugate

04 I did my utmost to ______ myself with her, for I knew that if anyone could obtain the information I required, she would do so.

① capitulate ② ingratiate
③ apprehend ④ conspire

[05-09] Choose the one that best replaces the underlined word.

05 They left the Arctic with an encouraging message to the world not to feel despondent about climate change but to take action.

① rapturous ② spirited
③ opulent ④ morose

06 He has somehow leapt to a higher plateau during the last few years — all the more amazing given his precarious health.

① boisterous ② insecure
③ egregious ④ exemplary

07 The queen's grandiose manner and regal bearing caused everyone in the room to fall silent the moment she entered.

① obsequious ② courteous
③ erratic ④ eminent

08 Most of us would have responded to the insult with outrage, but he understood that he must maintain his composure at all costs.

① eccentricity ② poise
③ umbrage ④ ferocity

09 The festival takes place during the warmest months of spring, which is considered the most auspicious time of the year.

① sinister ② fortunate
③ strenuous ④ formidable

[10-13] Choose the one that is closest in meaning to the CONTEXTUAL meaning of the underlined word.

10 **The high court is slated to deliver its verdict later this month.**

① criticized ② covered
③ scheduled ④ appointed

11 **A maturity benefit is the amount you receive after your insurance policy reaches its term.**

① semester ② expression
③ agreement ④ termination

12 **Often the presence of irregular forces in conflict zones makes it difficult to differentiate soldiers from criminals.**

① unofficial ② discontinuous
③ asymmetrical ④ nonconforming

13 **As the sun dipped below the horizon, people strolled along the bustling streets, lost in the rhythm of urban life.**

① stolen ② defeated
③ squandered ④ engrossed

[14-15] Choose the one that is closest in meaning to the given sentence.

14 **The fan's being broken let the smoke hang still in the chamber.**

① The fan malfunctioned as the smoke was let in the chamber.
② Only after the smoke had been let out of the chamber, the fan operated again.
③ The smoke lingered in the chamber because the fan was not operable.
④ It was not until the fan worked again that the smoke was let out.

15 **I strongly doubt that the attorney is lying to save his client.**

① Lying to save his client is something the attorney doubts, I feel.
② I suspect that the attorney is not telling the truth so he can save his client.
③ Telling a lie to save his client is not what the attorney is doing, I believe.
④ I think that the attorney knows that his client is not telling the truth.

[16-17] Choose the one that best completes the sentence.

16 **There is always in the back of my mind ______ reach our enemies before we have won the battle.**

① dread lest help should
② lest dread should help
③ lest should help dread
④ dread should help lest

17 **It is well documented that this kind of infection is ______ from a fish.**

① when contracted most severe
② severe when contracted most
③ most severe when contracted
④ contracted when most severe

[18-19] Choose the one that makes the sentence grammatically INCORRECT.

18 **①Engaging in interdisciplinary studies allows students ②to explore diverse ③fields of knowledge and may also ④prepare for the modern workforce.**

19 **①Storm-scarred, the lighthouse softly ②whispers of wind and tide, ③their ancient skin ④bearing timeless tales.**

[20-21] Choose the one that is grammatically INCORRECT.

20 ① When Sylvia broke off their relationship, he was visibly bereft.
② Kevin remains blissfully unaware that anything is amiss.
③ It is all a result of segregated communities where illiteracy is rife.
④ The standards for female beauty in Hollywood are utter.

21 ① I have not decided what I will do today to relieve my stress.
② What wrong you did in the past will always come back to haunt you.
③ Everyone agreed that he said was bordering on racism and politically incorrect.
④ I bet you would not criticize the painting if you knew that it cost a fortune.

[22-50] Read the following passages and answer the questions.

22-23

Big data is increasingly playing a role in trend forecasting and analyzing consumer behavior. Today, using big data is how brands build new strategies, by tailoring the online consumer experience and enabling the customer to lead the way. The fashion industry's major players are getting on the big data bandwagon. One front-runner is Amazon, which earlier this year made an attempt to determine how people measure up by asking for their sizes when they login for purchases. This massive collection of body types is basically a pool of big data, which is collected by Amazon in order to gain a better understanding of how bodies change over time. What this data can potentially do for online retailers is Ⓐ______, especially since over 40 percent of returns happen just because the clothes don't fit. So, improving the chances that customers will have that much-desired "perfect fit" will make them more satisfied and drastically reduce the number of returns.

22 **Which of the following is the major topic of the passage?**
① Major front-runners in the fashion industry
② The application of big data in online fashion retail
③ Amazon's strategy for processing consumer complaints
④ The superiority of data-driven decisions in advertising

23 Which of the following best fits into Ⓐ?

① unprecedented
② obscure
③ aberrant
④ inconsequential

24-25

Understanding the process of simultaneous interpretation is a huge scientific challenge. Recently, however, a handful of researchers have taken up the task, and one region of the brain — the caudate nucleus — has caught their attention. The caudate nucleus isn't a specialist language area; neuroscientists know it for its role in processes like decision making and trust. It's like a(n) Ⓐ______, coordinating activity across many brain regions to produce stunningly complex behaviors. This means the results of interpretation studies appear to tie into one of the biggest ideas to emerge from neuroscience over the past decade or two. It's now clear that many of our sophisticated abilities are made possible not by specialist brain areas dedicated to specific tasks, but by lightning-fast coordination between areas that control more general tasks, such as movement and hearing. Simultaneous interpretation, it seems, is a feat made possible by our interactive brains.

24 According to the passage, which of the following is NOT true?

① A few researchers are investigating the process of simultaneous interpretation.
② The caudate nucleus is involved in decision making and trust.
③ Movement and hearing are among the activities considered general tasks.
④ There is a specialist brain area dedicated to simultaneous interpretation.

25 Which of the following best fits into Ⓐ?

① orchestra conductor
② dedicated observer
③ neural surgeon
④ effective filter

26-27

"Shrinkflation" is the practice of reducing the size of a product while maintaining its sticker price. The "shrink" in shrinkflation relates to the change in product size, while the "-flation" part relates to inflation, the rise in the price level. Raising the price per amount is a strategy employed by companies, mainly in the food and beverage industries, to Ⓐ______ boost profit margins or maintain them in the face of rising input costs. The primary reason for shrinkflation is the increase in production costs, including the commodity needed to make the product, fuel to run machinery, electricity to run the plant, and labor costs. Shrinkflation is basically a hidden form of inflation. Companies are Ⓑ______ that customers will likely spot product price increases and so opt to reduce the size of their products instead, mindful that minimal shrinkage will probably go unnoticed. More money is squeezed out not by lifting prices but by charging the same amount for a package containing a bit less. Academic research has shown that consumers are more sensitive to explicit price increases than to package downsizing. However, this practice can result in negative consumer brand perceptions and intentions to repurchase the product and lead to static or declining unit sales volume over time.

26 Which of the following is the major topic of the passage?

① Definition and reasons for shrinkflation
② Signs of an economic slowdown
③ How companies invest profit margins
④ Academic research on shrinkflation

27 Which of the following ordered pairs best fits into Ⓐ and Ⓑ?

① explicitly — conscious
② stealthily — aware
③ slightly — oblivious
④ significantly — dubious

28-30

We don't choose our siblings the way we choose our partners and friends. Of course, we don't choose our parents either, but they usually make that up to us by sustaining us on the way to adulthood. Brothers and sisters are just sort of there. And yet, when it comes to our development, they can be more influential than parents. This holds whether they are older and cool, or younger and frustrating. Part of siblings' sway has to do with their sheer presence. Eighty-two percent of kids live with a sibling, a greater share than those who live with a father, and about 75 percent of 70-year-olds have a living sibling. For those of us who have brothers or sisters, our relationships with them will likely be the Ⓐ______ of our life. Whether these relationships make our life better or worse is a more complicated question. On the upside, positive interactions with siblings during adolescence foster empathy, prosocial behavior, and academic achievement. When a sibling relationship is bad, however, it can make people more likely to be depressed and anxious in adolescence. Moreover, whether a person models herself after her siblings or tries to distinguish herself has particularly important consequences. One study found that siblings who felt positively about each other tended to achieve similar education levels, while those who spent unequal time with their dad and perceived unequal parental treatment had Ⓑ______ educational fortunes.

28 Which of the following is the major topic of the passage?

① The anatomy of sibling dynamics at schools
② The influence of siblings on individuals' lives
③ The rivalry among siblings during adolescence
④ The relationship between siblings and parents

29 According to the passage, which of the following is true?

① Siblings are chosen in a manner similar to parents and friends.
② Sibling influence is usually attributed to their age and character.
③ The majority of 70-year-olds do not have siblings who are alive.
④ Siblings who felt negatively about each other tend to get anxious during adolescence.

30 **Which of the following ordered pairs best fits into Ⓐ and Ⓑ?**

① longest — diverging
② cornerstone — improved
③ disaster — unequal
④ enduring — fewer

31-32

Activity streaks are psycho-social phenomena. They require unchanging performance within temporal parameters, that is successful completion of a predetermined task within a specified time-frame. The person on a streak typically attributes their streak to their own volition and not outside pressure — although they may be competing with others to maintain their streak. If the person on the streak thinks the streak has not been broken and can also quantify its duration — i.e., can tell you how long the streak has been going on, then we can say they have an activity streak. Why is this important? Well, app designers have seized on this to establish a market presence and keep people using, and paying for, their apps. There are over 100 apps incorporating activity streaks. The app Duolingo, for example, counts the number of days in your language learning streak, but you set the standard for what counts as a "day" — 1 lesson, 15 minutes of study, or completing a level, it's up to you. Duolingo lets you compete with friends and follow others and it sends messages to your friends on major milestones such as a 100 day streak. Streaks are similar to habits but can be distinguished from them in that the former demands strategic planning and ceases if the behavior is not performed, while the latter relies on reflex-like responses to perform the task. Despite the appeal of habit-formation for minimizing thinking, streaks motivate individuals through the challenge of maintaining an unbroken sequence.

31 **Which of the following is the major topic of the passage?**

① How Duolingo keeps its customers
② The main characteristics of an activity streak
③ How predetermining your task demands strategic planning
④ The differences between streaks and motivation

32 According to the passage, which of the following is NOT true?

① Habits are similar to streaks but the latter is volitional.
② Duolingo allows you to set your streak's daily performance standard.
③ Competing with others is an essential element to streak formation.
④ Motivation to maintain an unbroken sequence keeps people using some apps.

33-34

You don't procrastinate because you are lazy, unorganized, or even stressed out. You procrastinate because you're unable to effectively regulate your own emotions — a trademark symptom of Attention Deficit Hyperactivity Disorder (ADHD). This is the finding from multiple research projects dedicated to studying procrastination. "To tell the chronic procrastinator to just do it is like telling a person with a clinical mood disorder to cheer up," say psychologists. Everyone procrastinates. People with ADHD aren't the only ones who stare at blank computer screens waiting for the keyboard to start typing automatically. Neurotypicals also stare into space and don't know how to begin. They, too, put off going to the dentist until their toothache is unbearable. They, too, push the tall stack of papers to the back of the desk. But those with ADHD are masters at task avoidance. While waiting for inspiration, they eat, binge-watch, scroll through social media and do other activities that soothe their aching soul. While everyone experiences the anguish of procrastination, the unfinished task may actually lead individuals with ADHD to experience physical and mental pain. Planning, prioritizing, motivating, organizing, and decision-making can cause a person with ADHD to become overwhelmed and shut down.

33 Which of the following is the major topic of the passage?

① Typical routines of people with ADHD
② Strategies for overcoming the habit of procrastination
③ Effects of procrastination on physical and mental health
④ The interrelation of procrastination and ADHD

34 **According to the passage, which of the following is NOT true?**

① Procrastination typically occurs when you are under stress.
② People that do not have ADHD also avoid beginning tasks.
③ Those with ADHD have difficulty controlling their emotions.
④ It is not helpful to tell the habitual procrastinator to get started.

35-37

If you've tried out ChatGPT, you'll surely have wondered what it will soon revolutionize — or, as the case may be, what Ⓐit will destroy. Among ChatGPT's first victims, holds one now-common view, will be a form of writing that generations have grown up practicing throughout their education, which has been the center of humanistic pedagogy for generations. If ChatGPT becomes able instantaneously to whip up a plausible-sounding academic essay on any given topic, what future could there be for the academic essay itself? "For years there have been programs that have helped professors detect plagiarized essays," says Noam Chomsky. "Now it's going to be more difficult, because it's easier to plagiarize. But that's about Ⓑits only contribution to education that I can think of." As the relevant technology now stands, Chomsky sees the use of ChatGPT as "basically high-tech plagiarism" and "a way of avoiding learning." He likens Ⓒits rise to that of the smartphone: many students "sit there having a chat with somebody on their iPhone. One way to deal with that is to ban iPhones; another way to do Ⓓit is to make the class interesting." That students instinctively employ high technology to avoid learning is a sign that the educational system is failing. Most technological disruptions leave both positive and negative effects in their wake. If the college essay is indeed unsalvageable, perhaps ChatGPT will finally bring about its replacement with something more interesting.

35 **Which of the following is the best title for the passage?**

① ChatGPT: High-Tech Plagiarism and How to Avoid it
② ChatGPT: Revolution in or Destruction of Education?
③ ChatGPT: Its Parallelism with the Advent of the iPhone
④ ChatGPT: Salvaging the Academic Essay

36 **According to the passage, which of the following is NOT true?**

① The academic essay has been regarded as vital to humanistic pedagogy for a long time.

② Many programs have been developed to detect writing that does not cite others' works properly.

③ Chomsky welcomes the rise of ChatGPT as it makes essay writing intriguing.

④ By using high technology, students tend to avoid learning, which indicates that the educational system is not working.

37 **Which of the following is different from the others in what it refers to?**

① Ⓐ ② Ⓑ

③ Ⓒ ④ Ⓓ

38-40

There is no doubt that music can soothe the soul for some, but it turns out that it could also be a temporary soother for physical pain. A small study invited 63 young adults to bring two of their favorite songs. The researchers also had the young adults pick one of seven songs that the team considered relaxing and were unfamiliar to the study participants. ⒶThey instructed the participants to stare at a monitor screen while listening to their favorite music and one of the seven relaxing instrumental songs. All the while, the researchers stuck a hot object on the participants' left inner forearms. When rating their experiences, people were more likely to report feeling less pain when listening to their favorite songs compared with hearing the unfamiliar relaxing song or silence. In order to determine which genre of favorite song reduced the pain the most, the researchers interviewed the participants about the favorite song Ⓑthey had brought and their rating of pain. The results showed that people who listened to bittersweet and moving songs felt less pain than when Ⓒthey listened to songs with calming or cheerful themes. People who listened to bittersweet songs also reported more chills — the thrill and shivers you get on your skin from listening to pleasurable music. This sensation was associated with lower ratings of unpleasantness elicited by the burning pain Ⓓthey felt in the experiment. While not thoroughly studied, the researchers said they thought those musical chills could be causing these pain-blocking effects. Still, there is nothing wrong with picking a more upbeat song if that is your preference. Music provides many other health benefits, including stress reduction and a good night's sleep.

38 **Which of the following is the major topic of the passage?**

① Different feelings between bittersweet and cheerful songs
② Numerous health benefits of upbeat songs
③ Pain-blocking effects of one's favorite song
④ Influence of musical chills on pleasantness

39 **According to the passage, which of the following is true?**

① Each participant was requested to listen to seven relaxing songs.
② The researchers stuck a hot object on the participants' right inner forearms.
③ Bittersweet songs generated thrills and shivers in the participants.
④ Calming songs were found to be the most effective soother for physical pain.

40 **Which of the following is different from the others in what it refers to?**

① Ⓐ ② Ⓑ
③ Ⓒ ④ Ⓓ

41-42

In the US, a "Stand Your Ground Law" is a law that allows people to protect themselves if they feel their lives are in danger, regardless of whether they could have safely exited the situation. A Stand Your Ground Law holds that ordinary people should not feel forced to leave premises they have every right to be in and allows them to use lethal force against a person if they feel that this other person is an imminent threat to their safety. The legality of a Stand Your Ground Law is rooted in home defense. For this reason, another name for it is the "Castle Doctrine," because the law allows people to do whatever they feel is necessary to protect themselves and their home, or "castle." This includes the use of deadly force, such as using a gun or knife to defend themselves, even if it results in a fatal injury. ⒶThis law protects those who choose to defend themselves and their property, even when there is a legitimate opportunity for a safe escape. While some US states limit a lethal response to situations when escape is impossible, states that uphold Stand Your Ground do not.

41 **According to the passage, which of the following is true?**

① Throughout the US, attempting to flee imminent danger is required before deadly force is permitted.
② A Stand Your Ground Law protects the rights of people who are in places they have no right to be in.
③ Deadly force is never permitted in states without a Stand Your Ground Law.
④ The underlying concept behind the Castle Doctrine is home defense.

42 **According to the passage, which of the following can be inferred from Ⓐ?**

① An intruder may legally shoot a homeowner who has shot at him.
② It is illegal for a homeowner to shoot if they can escape from an intruder.
③ A homeowner does not have to try to escape before shooting an intruder.
④ The homeowners prefer fleeing from an imminent threat to shooting.

43-44

According to the global news database Factiva, the first mention of “digital detox” was in 2006, but usage did not take off until 2010. In 2013, digital detox was added to the *Oxford Online Dictionary*, and by mid-2019, the total number of entries on digital detox in the database was rapidly approaching 9,000. The numbers and texts reflect that “smartphone overuse” and “restricting media use” have become talking points. The topic is discussed in social media, blogs, family gatherings, schools, and workplaces. New terms and aphorisms related to digital detox have enriched our vocabularies. FOMO has emerged as shorthand for a new condition: “Fear of Missing Out,” a force presumably driving smartphone and social media use. JOMO is the opposite: “Joy of Missing Out,” what digital detoxers strive for, a sense of enjoying life here-and-now and not through a screen. “Phubbing” is shorthand for mobile phone snubbing: using the phone to shut someone out. “Screen wall” is another way to say the same thing, and screen time is emerging as a central object of negotiation in families. Already in 2008, the UK Post Office was cited as saying that 13 million Britons suffered from “nomophobia” or “No Mobile Phobia,” feeling stressed when their mobile was out of battery or lost. Digital detox is a relatively new term but stands in a long tradition of using medical vocabulary to talk about media use. Throughout history, media have been likened to infections, trash, and poison; digital detox is a metaphorical way to clean up.

43 **Which of the following is the major topic of the passage?**

① The origin of the concepts of digital detox and nomophobia
② The advent of the term digital detox and its related coinages
③ The process of metaphorical conceptualization of new medical terms
④ The need of restricting use of media and new terms among the young

44 **According to the passage, which of the following is true?**

① 13 million Britons suffered from JOMO in 2008, according to the UK Post Office.
② The use of the term digital detox reached its peak in 2010.
③ The term digital detox did not exist in the Oxford Online Dictionary in 2006.
④ FOMO is the primary motivation for reducing smartphone use.

45-47

The "Barnum effect" refers to the tendency to accept generic statements as accurate personal descriptions, particularly when they are flattering. The Barnum effect is named for the nineteenth-century US showman P.T. Barnum because it incorporates two of his famous dictums: "My secret of success is always to have a little something for everyone" and "There's a sucker born every minute." A typical Barnum-effect statement may be detailed or appear specific, but in fact will be vague, ambiguous, and even self-contradictory and thus, Ⓐ______. Whether they are aware of it or not, the phenomenon is a major trick of astrologers, psychics, and fortune tellers. The effect was first demonstrated in 1949 in an experiment by US psychologist Bertram Forer, who gave college students personality profiles supposedly based on a test they had taken earlier. In fact, the profiles were composed of statements taken from astrology books, and all the subjects got the same list. Asked to rate on a scale of zero to five the degree to which the description reveals the basic characteristics of their personality, the subjects gave an average rating of more than four out of five, demonstrating the Barnum effect. However, knowing about the Barnum effect doesn't mean you can easily resist it. Yet, the best advice psychologists can offer is to be aware of the effect and try not to give in to flattery.

45 **Which of the following is the major topic of the passage?**

① The co-optation of the Barnum effect in flattery
② The origin of the term Barnum effect and its applications
③ The principle of the Barnum-effect statements by astrologers
④ The relationship between the Barnum effect and the entertainment industry

46 **According to the passage, which of the following CANNOT be inferred?**

① It would be difficult not to give in to flattery recognizing that the Barnum effect has been invoked.
② The participants in Forer's experiment suffered psychological damage from the experiment.
③ Fortune tellers tend to use typical Barnum-effect statements as they are pertinent to anyone.
④ The personality profile statement "You have a tendency to be generous" elicits the Barnum effect.

47 **Which of the following best fits into Ⓐ?**

① applicable to everyone
② useful for psychologists
③ unfavorable to astrologers
④ customized to the individual

48-50

Spoken "uhs" and "ums" have long intrigued psychologists and linguists, because people tend to say them without deliberation. Sigmund Freud pioneered the examination of speech errors for insight into a person's unconscious self; George Mahl, a psychiatrist, continued this tradition in the 1950s, tying the emotional states of patients to their "uhs," "ums," and other so-called disfluencies. Later, in the 1980s, psycholinguists began using disfluencies to study how the brain produces language. Now come data showing that uses of "uh" and "um" seem to be patterned along social lines. American linguist Mark Liberman reported that, according to his analysis of transcribed phone conversations, women say "um" 22 percent more frequently than men do, while men say "uh" more than twice as often as women do. In addition, dialectologist Jack Grieve made headlines. By mapping 600 million tweets, he found a preference for starting sentences with "um" in regions including New England and the upper Midwest; in an area stretching west to Arizona, "uh" was dominant. Grieve speculates that "um" may be somewhat more polite than "uh." If so, perhaps the northeastern preference for "um" is simply an expression of a regional formality. But at the same time, he admits this is a hunch. Herb Clark, a cognitive psychologist cautions that the stories big data tells about language are provisional. Data can show us what people are saying and writing, but not why. As data proliferate and computing becomes ever faster, we can expect more and more headlines about smaller and smaller grains of lexical sand. But only controlled experiments will explain what is behind the data and Ⓐ______.

48 Which of the following is the best title for the passage?

① Unveiling Linguistic Patterns: "Uh" and "Um"
② Mapping Gender Linguistic Differences: From Freud to Big Data
③ Between the Lines: Introspective Aspects of Speech Disfluencies
④ How to Correct Unconscious Speech Disfluencies

49 According to the passage, which of the following is NOT true?

① Individuals often utter "uhs" and "ums" without conscious thought or intention.
② According to Grieve, "um" sounds politer than "uh."
③ Grieve found regional differences in Americans' use of "uhs" and "ums."
④ Big data enables us to elucidate the underlying reasons for what we say.

50 **Which of the following best fits into Ⓐ?**

① keep big data from ultimately becoming big noise
② prioritize speculative interpretations over rigorous analysis
③ decrease the frequency of speech errors
④ compensate for the shortcomings of brain studies

HANKUK UNIVERSITY OF FOREIGN STUDIES

한국외국어대학교

2024학년도 T2-1 B형(서울 인문계 학사편입/글로벌 인문계 일반·학사편입)
▸▸ 50문항·60분

T2-2(글로벌 자연계 일반·학사편입)
▸▸ 영어 25문항, 수학 20문항·90분
인문·자연계 공통 영어문제 별도 * 표시

[문항별 배점: 01-13 1점/ 14-17 1.5점/ 18-30 2점/ 31-40 2.5점/ 41-50 3점]

[01-04] Choose the one that best completes the sentence.

01 When voting for someone, what matters most is what he has done, not his illustrious political _______.

① pedigree
② meritocracy
③ inquisitiveness
④ mediocrity

02* A confused defense left an attacker wide open for an easy goal — which felt, in some ways, _______ of the two teams' difference in caliber.

① enigmatic
② emblematic
③ systematic
④ pragmatic

03* Vines threatened to engulf the buildings in greenery, and grass to _______ on the flower plots.

① condense
② encroach
③ embark
④ ponder

04* The malicious rumors were spread deliberately to ______ the band's reputation and harm their recording company's bottom line.

① ascertain ② debut
③ scathe ④ amputate

[05-09] Choose the one that best replaces the underlined word.

05* This adds <u>credence</u> to the argument that mastery of certain sentence structures is not wholly a function of age or language exposure.

① temerity ② scruple
③ imprudence ④ reassurance

06 The old woman's <u>effervescent</u> personality brought a warm spark to every room she entered.

① bubbly ② reserved
③ belligerent ④ impetuous

07* Looking at the new calendar, it's that time of year to <u>speculate</u> what awaits this tired world in the New Year.

① irradiate ② prognosticate
③ arraign ④ ameliorate

08 Eliminating monthly subscriptions, eating out less, and buying used items are tips for leading an <u>abstemious</u> life.

① indulgent ② prosperous
③ harmonious ④ spartan

09* The court personnel perceived that the presence of cameras in the courtroom made the participating attorneys' actions more <u>flamboyant</u> than usual.

① soporific ② refined
③ ostentatious ④ inconspicuous

[10-13] Choose the one that is closest in meaning to the CONTEXTUAL meaning of the underlined word.

10* Poor external rotation in the shoulder is a good <u>index</u> of whether or not the rotator cuff muscles need rehabilitation.

① list ② sign
③ finger ④ number

11* Until 1949, nearly everyone with a close connection to the United Kingdom was classified as a British <u>subject</u>.

① topic ② citizen
③ proposition ④ participant

12 The medical investigators made a special focus on injuries in victims of <u>blunt</u> object assault.

① curt ② candid
③ brusque ④ dull

13 The committee was <u>charged</u> with improving the current educational system.

① accused ② lunged
③ entrusted ④ loaded

[14-15] Choose the one that is closest in meaning to the given sentence.

14 A great deal of effort has been expended in trying to do what has proved to be impossible.

① People made a lot of effort but failed because the job could just not be done.
② A lot of effort has been made to improve the situation with regard to the trial.
③ People invested a lot of effort to understand the things that could be identified.
④ No effort has been put forth because people realized it was impossible to accomplish.

15* **Hardly had they reached Edinburgh than they were ordered to return to London.**

① As soon as they were told to come back to London, they had not reached Edinburgh.

② It was not long before they were ordered to return to London that they had left for Edinburgh.

③ Shortly after they were ordered to come back to London, they had to reach Edinburgh.

④ The moment they had arrived at Edinburgh, they had to come back to London.

[16-17] Choose the one that best completes the sentence.

16* **Excessive engine oil burning is often the consequence of ______.**

① a more severe engine performance issue

② more performance issue a severe engine

③ a severe issue engine more performance

④ performance issue a more severe engine

17 **I ______ the boy tampering with the lock on the door to the storage room.**

① noticed not to have pretended

② have noticed not pretended to

③ pretended not to have noticed

④ have not pretended to noticed

[18-19] Choose the one that makes the sentence grammatically INCORRECT.

18* **I was not ①<u>surprising</u> that the writer was feeling ②<u>discouraged</u> after ③<u>all the</u> criticism he ④<u>had received</u> on his new novel.**

19 **The didactic nature of children's literature is something ①<u>that</u> scholars continue ②<u>to study</u> as the argument remains ③<u>as to</u> whether authors act more as teachers ④<u>and artists</u>.**

[20-21] Choose the one that is grammatically INCORRECT.

20* ① At that time, my partner objected to taking the trash out.
② When it comes to playing computer games, he's the best.
③ Plastics are often used to making a wide range of materials.
④ What do you say to joining us for supper in a couple of days?

21 ① She didn't know how valuable it was.
② I'd forgotten what a difficult route it was.
③ That depends on how much we have to pay.
④ He didn't insist what progress they had made.

[22-50] Read the following passages and answer the questions.

22-23

Known as the "Sun King" for the magnificence of his fashions, Louis XIV made the wig an essential accessory at his court for men and women alike. Once established at court, wigs became standard among high-ranking professional groups, such as judges, priests, and the like. To meet growing demand, the number of master wigmakers boomed in France during Louis XIV's reign. In Paris, it increased from 200 in 1673 to 945 in 1771. In the provinces, journeyman wigmakers traveled around the country as well, and soon ordinary people began wearing wigs, to the consternation of the upper classes. At the heart of wig economics was the hair itself. Higher priced wigs used women's hair because of its length and the belief that it was of higher quality than men's. Traders at fairs would buy hair from peasant girls. Blond or silver-gray hair was often in high demand, followed by black. Naturally curly hair was the most valuable of all. With so many wigs to make, French artisans bought hair from all around Europe. This continued until the profound social changes that took place as a result of the French Revolution brought the fashion for wigs to an end.

22* **According to the passage, which of the following is true?**

① Louis XIV called for simpler hairstyles at court.
② In Paris, the number of journeyman wigmakers reached 945 in 1771.
③ Wealthy French women favored imported wigs with straight hair the most.
④ The upper classes disliked the fact that ordinary people began wearing wigs.

23* **According to the passage, which of the following CANNOT be inferred?**

① The price of wigs differed depending on hair color.
② Peasant girls could earn money by selling their hair.
③ The styles of wigs were different between men and women at court.
④ Attitudes toward wigs altered drastically after the French Revolution.

24-25

One of the most impressive differences across languages is the ways that they locate things in space. Some languages, like English, tend to prefer to use an egocentric frame of reference. For instance, if you're taking a tour of a model home, the realtor might motion toward the bay windows and say, "And on your right is one of the most delightful features of this home." The phrase "on your right" has to be interpreted from your perspective. If you were facing another way or if you were in another place, it would refer to a totally different region in space, which is why it's called egocentric. However, not all languages work like this. Some languages use geocentric systems, which don't refer to your position, for locating things in space. There are different types of geocentric systems; the cardinal directions we use (north, south, east, west) are one example, but others include "uphill" versus "downhill" or "uptown" versus "downtown."

24* **Which of the following is the best title for the passage?**

① How Languages Express Directions Differently
② Why Different Languages are Perspectivized Differently
③ How Geocentric Systems Work in Different Languages
④ Where Egocentric and Geocentric Systems Come From

25* **According to the passage, which of the following is true?**

① Egocentricity is the default system among languages.
② "Uphill" and "downhill" are examples of egocentric expressions.
③ Geocentric perspectives refer to different directions depending on your position.
④ Cardinal directions are one type of geocentric system that some languages use.

26-27

In recent decades, discussions about the shortcomings of traditional education have led to various reforms and alternative approaches. The advent of technology has further revolutionized schooling, through the integration of digital tools, online learning platforms, and personalized education plans. While the goals of schooling have remained Ⓐ______ — to impart knowledge, foster critical thinking, and prepare individuals for societal roles, the methods and structures continue to Ⓑ______. The ongoing dialogue surrounding education highlights the importance of adaptability and innovation in meeting the diverse needs of learners in the 21st century. Understanding the historical context of schooling systems provides insight into the challenges and opportunities faced by educators today. As we navigate the complexities of a rapidly changing world, the quest for effective and inclusive education remains a constant, driving force in shaping the future of schooling.

26* **Which of the following is the best title for the passage?**

① The Ceaseless Quest for Better Schooling
② A Historical Lens on School Educators
③ Integration of Technology in Education
④ The Revolution of Alternative Schooling

27* **Which of the following ordered pairs best fits into Ⓐ and Ⓑ?**

① versatile — reverse
② consistent — evolve
③ sterile — transform
④ static — stagnate

28-30

The famous French philosopher Denis Diderot lived nearly his entire life in poverty, but that all changed in 1765. Diderot was 52 years old and his daughter was about to be married, but he could not afford to pay the dowry. Despite his lack of wealth, Diderot's name was well-known because he was the co-founder and writer of *Encyclopédie*, one of the most comprehensive encyclopedias of the time. When Catherine the Great, the Empress of Russia, heard of Diderot's financial troubles, she offered to buy his library from him for £1000, which is approximately $50,000 US dollars. Suddenly, Diderot had money to spare. Shortly after this lucky sale, Diderot acquired a new scarlet robe. That's when everything went wrong. Diderot's scarlet robe was beautiful. So beautiful, in fact, that he noticed how out of place it seemed when surrounded by the rest of his common possessions. The philosopher soon felt the urge to buy some new things to match the beauty of his robe. He replaced his old rug with a new one from Damascus. He decorated his home with beautiful sculptures and a better kitchen table. He bought a new mirror to place above the mantle and a luxurious leather chair. These Ⓐ______ purchases have become known as the "Diderot Effect." The Diderot Effect states that obtaining a new possession often creates a spiral of consumption which leads you to acquire more new things. As a result, we end up buying things that our previous selves never needed to feel happy or fulfilled.

28 **Which of the following is the best title for the passage?**

① How Sudden Wealth Improves your Life
② Coordination and Unity in Interior Design
③ How Buying Leads to More Buying
④ The Philosophical Meaning of Material Consumption

29 **According to the passage, which of the following is true?**

① Diderot became rich and famous by publishing an encyclopedia.
② The Empress of Russia bought Diderot's books, enabling him to pay the dowry.
③ Purchasing the beautiful scarlet robe made Diderot happy and content.
④ Diderot replaced his kitchen table with a new one from Damascus.

30 **Which of the following best fits in Ⓐ?**

① conventional ② rational
③ premeditated ④ reactive

31-32

Personal color analysis aims to assign individuals flattering colors that can inform their choices around clothing, makeup, and accessories based on their complexion and skin tone. The process can take 60 minutes, with color consultants draping hundreds of fabric swatches across clients' shoulders to carefully examine what makes their faces light up rather than emphasize dark circles or wrinkles. For decades, it's been used by politicians, chief executive officers, and the social elite as a way to put their best feet forward. Now, on the heels of a TikTok craze, it's sprouting up from California to New York, and Gen Z loyalists are increasingly making trips to Seoul with the procedure topping their bucket list. In the US, a session in Brooklyn, New York, can cost $545, whereas in Korea, most studios' rates hover from $80 to $160. In any event, clients emerge with personal, customized palette swatches, specific makeup recommendations, and suggestions for what kind of jewelry to buy. The craze around personal color was booming before Covid-19 hit South Korea. Now it's resurging along with international visitation. For Koreans, the tourism boom brings an added benefit: big retail spending. Customers often walk out with color swatches in hand and recommendations to buy specific skin-care and makeup products, along with an itch to overhaul their wardrobes. The boom may create jobs, too. As the spike in demand reveals a need for more practitioners, more and more color consulting workshops are available at Korean job fairs, and companies like the Korea Fashion Psychology Institute are offering certification programs for color consulting.

31 **Which of the following is the major topic of the passage?**

① Personal color analysis and its benefits for Korean industries
② The importance of personal color for politicians and executives
③ The ongoing development of post-Covid tourism in Korea
④ TikTok's role in fueling the personal color craze in Korea

32 **According to the passage, which of the following is NOT true?**

① A personal color analysis takes about an hour, using hundreds of swatches.
② Personal color analysis first became popular in Korea after Covid-19.
③ Korean studios charge less for a personal color analysis than those in New York.
④ More international customers are now visiting Korean studios.

33-34

Voting for a loser isn't just mentally taxing. The day before and the day of the 2008 general election, researchers gathered multiple saliva samples from voters. Ⓐ<u>Among men, but not women, who voted for a losing candidate, testosterone plummeted once the election results were announced, to a degree expected of actual contestants in a competition, rather than vicarious participants.</u> Backing a losing candidate can also damage Ⓑ______. An analysis of surveys from 1964 to 2004 found that over time, voters who supported losers were less likely than others to see the electoral process as fair. They also tended to be less satisfied with democracy generally. Notably, in 2004, the loser's supporters rated their satisfaction with democracy 0.55 on a scale of 0 to 1, compared with the winner's supporters' 0.77 rating. This disaffection is magnified when voters are startled by a loss. Among voters who backed losing candidates in Canada's 1997 federal election, 72 percent of those who weren't surprised remained satisfied with democracy, versus just 57 percent of those who were surprised.

33* **Which of the following is closest in meaning to Ⓐ?**

① Men backing a losing candidate experienced a testosterone drop similar to active competitors.
② The testosterone levels of men and women increased to that of actual contestants.
③ The relationship between voters and candidates is similar to that of participants and observers of a competition.
④ After the election, voters' testosterone levels reached as high as those of contest observers.

34* Which of the following best fits into Ⓑ?

① the integrity as citizens in a democracy
② the satisfaction of voters with the candidate
③ voters' trust in the political system
④ the emotional health of the voters

35-37

Waiting in line is a scourge of modernity. According to David Andrews' book, *Why does the Other Line Always Move Faster?* it wasn't common until the Industrial Revolution synchronized workers' schedules, causing lines that gobbled up lunch hours and evenings. Given that Americans are estimated to collectively waste tens of billions of hours a year in lines, it's no wonder that some people try to cut, and others bitterly resent them. Yet jumping the queue without inviting violence is possible. Here are some pointers, based on social science. First, pick the right queue. It's virtually impossible to cut the line for a once-in-a-lifetime event — the Chicago Cubs playing the World Series, say. But in a repeating scenario like a security line, people are more likely to let you in, perhaps because they anticipate needing a similar favor someday. Using game theory to determine what conditions would make line-cutting socially permissible, researchers found that people queuing just once display little tolerance for line-cutting. But when the queue repeats, people let in intruders who claim an urgent need or who require minimal service time. Bribing can also work, and it may not even cost you. In one study, queuers were offered cash by an undercover researcher if they'd let the researcher cut. A majority agreed, but oddly, most of them then refused the cash. They appreciated the offer not out of greed, but because it proved the intruder's desperation. The person directly behind an intrusion usually gets to decide whether to allow it, according to a study co-authored by the psychologist Stanley Milgram. If that person doesn't object, other queuers tend to stay quiet. The experiment also found that two simultaneous intruders provoked greater ire than one — so if you're going to line-jump, Ⓐ______.

35 **Which of the following is the best title for the passage?**

① How to Avoid Intruders in Lines
② The Historical Roots of Line-Waiting
③ Navigating the Art of Line-Cutting
④ A Social Analysis of Time Expenditure in Queuing

36 **According to the passage, which of the following is NOT true?**

① Queuing was not prevalent before the Industrial Revolution.
② It was found that people queuing once are less tolerant of line-cutting.
③ Most of the queuers in the study accepted cash and let the intruders in.
④ If the person behind the intruder gives permission, the other queuers usually do not complain.

37 **Which of the following best fits into Ⓐ?**

① travel solo
② apologize sincerely
③ pay for your impoliteness
④ cut in front of your friends

38-40

About five years ago, the Metropolitan Museum of Art (the Met) took a small step that has proved monumental: It stopped entreating visitors not to use their cellphones. The decision was driven by the recognition that cellphones are omnipresent in modern society, and fighting them is a losing battle. "People ask me what our biggest competition is," says Sree Sreenivasan, the Met's chief digital officer. "It's not the Guggenheim; Ⓐit's not the Museum of Natural History. It's Netflix. It's *Candy Crush*." Accepting that cellphones are here to stay has led museums to think about how they can work with the technology. One way is to design apps that allow visitors to seek out additional information. The Brooklyn Museum, for example, has an app through which visitors can ask curators questions about artworks in real time. Museums including the Guggenheim and the Met have experimented with beacon technology, which uses Bluetooth to track how visitors move through galleries and present them with additional information through an app. Beacons have the potential to offer detailed histories about works, and directions to specific paintings or galleries. Sreenivasan points out that once museum apps incorporate GPS technology, visitors will be able to plot their path through galleries just as they now plan their commute on Google Maps — no more getting lost in the Egyptian wing or staring at a paper map in search of a particular Monet sunrise.

38 **Which of the following is the best title for the passage?**

① Museums Invite you to Turn on your Phones
② Cellphones have Revolutionized Modern Art
③ Technology Connects Museums with Each Other
④ Museums Announce a Battle with Modern Distractions

39 **According to the passage, which of the following is true?**

① About a decade ago, the Met began allowing visitors to use their smartphones.
② The Museum of Natural History adopted beacon technology.
③ Visitors can ask curators questions through an app at the Brooklyn Museum.
④ Visitors plotted their way through the galleries using Google Maps.

40 **Which of the following is closest to what Ⓐ refers to?**

① The Guggenheim
② The biggest competitor
③ The Metropolitan Museum of Art
④ The chief digital officer

41-42

The battery pack of a Tesla Model S is a feat of intricate engineering. Thousands of cylindrical cells with components sourced from around the world transform lithium and electrons into enough energy to propel the car hundreds of kilometers, again and again, without tailpipe emissions. But when the battery comes to the end of its life, its green benefits fade and problems begin. If it ends up in a landfill, its cells Ⓐ______, including heavy metals. And recycling the battery can be a hazardous business, warn materials scientists. If you cut too deep into a Tesla cell, or in the wrong place, it can short-circuit, combust, and release toxic fumes. That's just one of the many problems confronting researchers who are trying to tackle an emerging problem: how to recycle the millions of electric vehicle (EV) batteries that manufacturers expect to produce over the next few decades. Current EV batteries are really not designed to be recycled. That wasn't much of a problem when EVs were rare. But now the technology is taking off. Several carmakers have said they plan to phase out combustion engines within a few decades, and industry analysts predict at least 145 million EVs will be on the road by 2030, up from just 11 million last year. So, now people are starting to realize this is an issue.

41* **According to the passage, which of the following is true?**

① To make an EV battery requires predominantly locally sourced items.
② Last year, 11 million EV batteries were recycled.
③ Some car companies are planning to stop making combustion engines.
④ Slicing a Tesla cell open is a relatively safe process.

42* **Which of the following best fits into Ⓐ?**

① can be replaced with core materials
② will need recharging and repair
③ absorb pollutants from the landfill
④ can release problematic toxins

43-44

Art influences society by changing opinions, instilling values and translating experiences across space and time. Research has shown art affects the fundamental sense of self. Painting, sculpture, music, literature, and the other arts are often considered to be the repository of a society's collective memory. Art preserves what fact-based historical records cannot: how it felt to exist in a particular place at a particular time. Art in this sense is communication; it allows people from different cultures and different times to communicate with each other via images, sounds, and stories. Art is often a vehicle for social change. It can give voice to the politically or socially disenfranchised. A song, film, or novel can rouse emotions in those who encounter it, inspiring them to rally for change. Researchers have long been interested in the relationship between art and the human brain. For example, in 2013, researchers from Newcastle University found that viewing contemporary visual art had positive effects on the personal lives of nursing home-bound elders. Art also has Ⓐutilitarian influences on society. For example, there is a demonstrable, positive correlation between schoolchildren's grades in math and literacy, and their involvement with drama or music activities. As the National Art Education Association points out, art is beneficial for the artist as an outlet for work. Art not only fosters the human need for self-expression and fulfillment; it is also economically viable. The creation, management and distribution of art employs many. So, what are you waiting for?

43 **According to the passage, which of the following is NOT true?**

① Art can inspire people to make a change in society.
② Interest in the connection between the brain and art is a new field of study.
③ Elderly nursing home patients benefited from viewing art.
④ Students who are involved in drama have higher grades in math.

44 **Which of the following is closest in meaning to Ⓐ?**

① practical benefits
② conservative effects
③ aesthetic values
④ theoretical implications

45-47

Sometimes we see things as human because we're lonely. In one experiment, people who reported feeling isolated were more likely than others to attribute free will and consciousness to various gadgets. Ⓐ______, feeling kinship with objects can reduce loneliness. When college students were reminded of a time they'd been excluded socially, they compensated by exaggerating their number of Facebook friends — unless they were first given tasks that caused them to interact with their phone as if it had human qualities. The phone apparently stood in for real friends. At other times, we personify products in an effort to understand them. One US study found that three in four respondents cursed at their computer — and the more their computer gave them problems, the more likely they were to report that it had "its own beliefs and desires." When we personify products, they become harder to cast off. After being asked to evaluate their car's personality, people were less likely to say they intended to replace it soon. And anthropomorphizing objects is associated with a tendency to hoard. So how do people assign traits to an object? In part, we rely on looks. On humans, wide faces are associated with dominance. Similarly, people rated cars, clocks, and watches with wide faces as more dominant-looking than narrow-faced ones, and preferred them — especially in competitive situations. An analysis of car sales in Germany found that cars with grilles that were upturned like smiles and headlights that were slanted like narrowed eyes sold best. The purchasers saw these features as increasing a car's friendliness and aggressiveness, respectively.

45* **Which of the following is the major topic of the passage?**

① The importance of psychology in an industry
② The tendency of humans to personify objects
③ Positive effects of personification on marketing
④ The problems of people's attachment to products

46* **According to the passage, which of the following is true?**

① According to a study, those who experienced problems with computers were not likely to treat them as humans.
② After evaluating their cars' personalities, the owners decided to replace them.
③ People prefer narrow-faced products to wide-faced ones.
④ In Germany, cars with human-looking features sold the most.

47* **Which of the following best fits into Ⓐ?**

① In turn
② Otherwise
③ To make matters worse
④ This notwithstanding

48-50

James Madison, one of the Founding Fathers of the United States, asserted, "It is the reason, alone, of the public, that ought to control and regulate the government." However, the means for government officials to hear from the people are limited. Elected officials receive input either electronically or at town halls, and some agencies occasionally ask for public comments on complex regulations. Still, Americans express very low levels of confidence that they influence the policymaking process or that elected officials understand the views of the people. With developments in AI, this situation is growing worse. AI, Ⓐ______ as citizens, can generate vast numbers of communications to policymakers. When the Federal Communications Commission took public comments on whether to retain the net neutrality policy, the New York Attorney General later found nearly 18 million of the 22 million comments were fabricated, using generated fake names, or real names without consent. The largest portion of fake messages was generated by the broadband industry, which wanted fewer regulations. Among the genuine comments, 98.5 percent favored retaining net neutrality. In addition, researchers recently sent 32,398 emails to legislative offices, some written by citizens, others generated by AI, which can deliver thousands of letters that sound genuine in seconds. The study found legislative offices could not discern which were fake. We are just seeing the beginning of what will become a flood of false input Ⓑ______ genuine input and further undermining public confidence. So what can be done? It may be that the collapse of a flawed system requires not a superficial repair, but a major upgrade.

48 **What is the main purpose of the passage?**

① To describe how to discern AI fabrications from genuine input
② To warn about AI controlling public opinion
③ To ask Americans to use reason when voting
④ To demonstrate a potential problem with net neutrality

49 **According to the passage, which of the following is true?**

① AI was used by an industry to argue for more regulations.
② Over 20 million fake messages were sent to the Commission.
③ Americans have great faith that they influence their elected officials.
④ The majority of genuine comments to the Commission wanted net neutrality.

50 **Which of the following ordered pairs best fits into Ⓐ and Ⓑ?**

① regulating — generating
② masquerading — drowning
③ posing — highlighting
④ overcoming — overwhelming

당신이 할 수 있다고 생각하든, 그렇지 못할 거라고 생각하든 항상 당신이 옳다.

손O정

한국외국어대학교 융합일본지역학부
편입구분: 일반편입

어휘 학습법

어휘는 편입 시험 준비에서 매우 중요하며, 시험 당일까지 꾸준히 외워야 합니다. 저는 MVP와 정병권 교수님의 V 시리즈를 반복 학습했습니다. 단어를 10개씩 나누어 영어를 가리고 한글 뜻을 떠올리며 공부하고, 기억하지 못한 단어는 체크해서 다시 외웠습니다. 매일 일정 분량을 누적 복습하는 것이 중요하다고 생각합니다.

문법 학습법

김영플러스 조수현 교수님의 수업이 큰 도움이 되었습니다. 수업 후 필기를 볼펜으로 정리하고, 백지 복습을 통해 내용을 소화했습니다. 떠올리지 못한 내용은 따로 모아 문법 파트별 요약 종이를 만들었습니다. 틀린 문제는 이유와 해결 방법을 적어 사진으로 찍어 틈틈이 보았습니다. 문법 실력 향상은 문제를 많이 푸는 것보다 오답 분석이 중요합니다.

논리 학습법

단어 실력이 부족하면 논리 실력은 절대 향상되지 않습니다. 논리 문제에는 방향성을 나타내는 특정 단어들이 있으며, 정병권 교수님의 수업에서 이를 배우고 이분법 마인드를 익히면서 논리가 쉬워졌습니다. 논리 문제를 풀 때 "만약 이렇게 하면 답이 되지 않을까?"라는 접근법은 도움이 되지 않으며, "이 부분을 놓쳤으니 다음에 신경 쓰자" 또는 "이분법을 잊지 말자"라는 마인드가 중요합니다.

독해 학습법

자신만의 독해 방법을 수립하는 것이 정말 중요합니다. 시험장에서 긴장해 무작정 지문을 읽다가 실패하는 경우가 많은데, 이때 자신만의 독해법이 유용합니다. 저의 경우, 문제를 먼저 보고 본문을 어떻게 읽을지 정하고 소재를 파악하는 등의 방법을 사용했습니다. 독해는 문제를 많이 푸는 것만으로는 실력이 늘지 않습니다. 한 문제를 풀더라도 틀린 이유를 철저히 분석하고, 단어 혼동이나 해석 오류 등을 해결하는 것이 중요합니다. 자신만의 독해법을 바탕으로 부족한 점을 보완하고 많은 지문을 읽어보는 것이 독해 실력 향상의 핵심이라고 생각합니다.

한국외국어대학교 | 2023학년도 T1 A형 | 50문항 · 60분

어휘

▶▶ 동의어 5문제, 문맥상 동의어 4문제, 총 9문제가 출제됐다. 동의어 유형에서는 apposite(=pertinent), garrulous(=loquacious), ersatz(=artificial), inundate(=cloy), impound(=confiscate)가 출제됐는데, 지난해보다 난도가 높은 어휘로 구성되어 있고, inundate(넘치게 하다)의 동의어로 제시된 cloy(물리도록 먹이다, 물리게 하다)와 같이 함축된 의미를 골라야 하는 문제가 있어서 수험생 입장에서는 정답을 고르기 어려웠을 수도 있다. 그리고 문맥상 동의어 문제에서는 call(=decision), level(=rational), issue(=supply), negotiate(=move)가 출제됐는데, 주어진 문장에서 해당 제시어가 의미하는 바를 문맥을 통해 파악한 후 정답을 골라야 했다.

문법&재진술

▶▶ 출제된 문법사항으로는 if 생략 구문, 주어와 동사가 도치된 문장에서 동사의 태를 고치는 문제, "It+is+형용사+for 의미상의 주어+to V"의 가주어-진주어 구문에서 의미상의 주어 앞에 제시된 전치사 to를 for로 고치는 문제, 비교구문 등이 출제됐다. 도치, 태의 구별과 같이 편입 시험에 출제 빈도가 높은 문법가 출제됐지만, 비문 고르기 문제에서는 지엽적인 문법 사항을 요구하는 문제가 출제되어 정답을 고르기 어려웠을 것이다. 재진술 문제에서는 doubt+that절, 준사역동사 get+O+to부정사, let alone의 의미를 파악하고 이와 같은 의미를 재진술한 문장을 고르는 문제와 정부가 인질을 되찾기 위해 가능한 모든 조치를 취하지 않을 것이라고 다시는 생각하지 않는다는 이중 부정의 문장 의미를 파악하고 인질을 되찾기 위해 정부가 역할을 다 할 것이라는 의미의 문장을 고르는 문제가 출제됐다.

논리완성

▶▶ 단문의 어휘형 논리완성 4문제가 출제됐다. 순접의 등위접속사 and 다음에 요즘 젊은 부부들은 대안적인 가족 합의를 따른다고 했는데, and 앞도 이와 같은 의미가 되도록 적절한 동사를 고르는 문제, 먹을 수 있는 모든 것에 대한 식욕을 가지고 있다는 단서를 통해, Ternat 박쥐의 특징을 설명하는 형용사를 고르는 문제, 기업 인수를 둘러싸고 커지는 논란이 텔레비전 업계에 어떤 영향을 미칠 것인지 추론하는 문제, 부유한 가족에게서 상속받지 못한 이유를 because of 이하에 채우는 문제가 출제됐다. 문장의 구조가 복잡하지 않고, 빈칸의 단서가 명확하게 제시되어 있으며, 선택지 또한 어렵지 않은 어휘로 구성되어 쉽게 문제를 풀 수 있었다.

독해

▶▶ 한국외대는 글의 목적, 제목 및 주제, 내용일치 등과 같이 지문의 전체 이해와 관련된 문제의 출제 비중이 높다. 벌이 춤으로 의사소통하는 방법, 언어 손실, 소시오패스와 사이코패스의 차이점, 인간 이동성과 환경 악화로 인한 환경 이주, 베블런 효과의 이면에 있는 메커니즘, 인공지능이 만든 예술작품의 소유권과 저작권 문제, 자유의 개념의 신체적 기초, 스트리밍 서비스에 등장하는 작품 속 광고의 미래, 커피 캡슐과 관련된 환경 문제, 위대한 걸작을 창조했지만 폭력적이었던 예술가들의 숨겨진 이야기 등 다양한 주제의 수준 높은 글에서 독해 문제가 출제됐다.

HANKUK UNIVERSITY OF FOREIGN STUDIES

한국외국어대학교

2023학년도 T1 A형(서울 인문계 일반편입)
▸▸ 50문항·60분

[문항별 배점: 01-13 1점/ 14-17 1.5점/ 18-30 2점/ 31-40 2.5점/ 41-50 3점]

[01-04] Choose the one that best completes the sentence.

01 Many young couples today ______ traditional norms regarding marriage and children and opt for alternative family arrangements.

① eschew
② supplicate
③ espouse
④ heed

02 Ternat bats are carnivorous animals, ______ and possessed of an appetite for everything available.

① obstinate
② voracious
③ sanguine
④ provident

03 The growing controversy surrounding the takeover continued to ______ around the television industry.

① reverberate
② ferret
③ wither
④ dwindle

04 She was cut off by her wealthy family because of her unapproved ______ marriage.

① unanimous ② clandestine
③ germane ④ postulated

[05-09] Choose the one that best replaces the underlined word.

05 This prophecy was strengthened by <u>apposite</u> quotations showing the existing drift of opinion.

① diametric ② conjectured
③ extant ④ pertinent

06 It may be one of the drawbacks of democracy that you get more <u>garrulous</u> representatives.

① nebulous ② loquacious
③ taciturn ④ faltering

07 The two institutions are majestic and columned, with the <u>ersatz</u> Roman look that Americans bestow on important civic buildings.

① august ② fastidious
③ artificial ④ terse

08 The songs, chants, and cheers of World Cup fans will be <u>inundating</u> your ears soon.

① diverting ② eluding
③ assailing ④ cloying

09 The city council passed a law allowing police to <u>impound</u> vehicles parked illegally.

① confiscate ② pilfer
③ abolish ④ ransack

[10-13] Choose the one that is closest in meaning to the CONTEXTUAL meaning of the underlined word.

10 **After the game, the coach blamed the referee's poor calls for the team's loss.**

① summonses ② needs
③ options ④ decisions

11 **With everyone shouting and complaining about the terms of purchase, she was the only one who came to a level appraisal of the situation.**

① horizontal ② rational
③ equal ④ steady

12 **Prices are likely to remain cheap, reduced by heavy government issues of new stock for some time.**

① topics ② offspring
③ supplies ④ editions

13 **The tourist carefully negotiated his way through the crowds on the busy streets of Paris.**

① discussed ② moved
③ agreed ④ stipulated

[14-15] Choose the one that is closest in meaning to the given sentence.

14 **I doubt you could get Fred to eat shrimp, let alone Louise squid.**

① I believe it is more difficult to make Fred have shrimp than to make Louise have squid.
② I don't think you can feed Fred shrimp, not to mention you can't feed Louise squid.
③ I believe Fred doesn't like to have shrimp, not that Louise doesn't like to have squid.
④ I don't think it is more difficult to feed Louise squid than to feed Fred shrimp.

15 **I shall never again feel that the government won't do everything conceivable to bring a hostage back.**

① I will continue in my belief that the government will not take the necessary steps to retrieve hostages.
② The fact that our elected officials will return prisoners to their nation is something I have always felt.
③ That our leaders will not do whatever it takes to recover a captive is something that will never cross my mind again.
④ Bringing hostages back is the role of the government no matter what I have felt in the past.

[16-17] Choose the one that best completes the sentence.

16 **She was a master of arcane tax jargon, not an area ______.**

① that the blood gets racing
② gets that racing the blood
③ the racing gets that blood
④ that gets the blood racing

17 **Those with partial artery blockage are particularly vulnerable ______ a driveway deep in snow.**

① should they clear to try
② they should try to clear
③ they should clear to try
④ should they try to clear

[18-19] Choose the one that makes the sentence grammatically INCORRECT.

18 **Also ①arrested eight other suspects who ②allegedly worked for the terrorist organization ③while maintaining the ④appearance of normal lives.**

19 **There was ①so much hype beforehand that it ②would have been almost impossible ③to the film to meet our high ④expectations of it.**

[20-21] Choose the one that is grammatically INCORRECT.

20 ① His dog ran faster than we'd thought it would.
② The board is nearly as wide as it is very long.
③ The training was less challenging than last time.
④ She comes from the same town as I come from.

21 ① Be silent, for there be nothing you can say that is of any use.
② Had he been an investigator, I would have answered all his questions honestly.
③ Be that as it may, under no circumstances is there any excuse for what you did.
④ It may be of interest to you that there is an opportunity for profit in the near future.

[22-50] Read the following passages and answer the questions.

22-23

Since bees are deaf, they don't use verbal language to communicate. Instead, they dance to share information and make requests. Bees receive input by sight and by feeling the vibrations caused by dancing bees. Here are three of the most common bee dances. First, the waggle dance explains the distance, direction, and desirability of a nectar source farther than 10 meters away. In this dance, the bee makes two semicircles and then runs the diameter of the circle. The straight side of the semicircle shows direction, the running speed shows distance, and the intensity shows the nectar's sweetness. Next, the tremble dance informs other bees that a large load of nectar has arrived in the hive for processing. In this dance, the bee walks leisurely and wiggles its legs, causing its body to tremble. The shake dance tells house bees to help the foragers collect nectar from a particularly rich source. The forager bees shudder in front of one house bee at a time, to notify up to 20 of them per minute.

22 **What is the main purpose of the passage?**

① To describe how bees communicate by dancing
② To explain the ways bees search for nectar
③ To teach a lesson about bee species
④ To show the accuracy of bee dances

23 **According to the passage, which of the following is true?**

① Bees use both verbal language and dances to communicate.
② A bee twitching its legs and strolling is doing the tremble dance.
③ The round side of the semicircle in the waggle dance shows direction.
④ The shake dance means a large amount of nectar has arrived in the hive.

24-25

At its simplest level, reputation is what others think of us. At a more complex level, it impacts on our credibility in everything we do, everything we say, and how people react to us personally and professionally. While reputation may be difficult to describe and quantify, many of us will intuitively have a sense of those colleagues who have good reputations and those who do not. If individuals are perceived of as having a good reputation, this implies that they have raised their colleagues' confidence that they will follow the appropriate behaviors, which will, in time, produce good results. Ⓐ_______, many people think that their reputational value lies entirely with their functional and technical competence and their ability to do their job. Some colleagues advise that Ⓑ<u>we should not care what people think as long as we are able to deliver</u>. However, you may know of some colleagues who have enormous talent but who never achieve the success their level of work deserves because they have not learned how to leverage their assets to represent themselves in the best way.

24 **Which of the following best fits into Ⓐ?**

① All in all
② Moreover
③ However
④ Therefore

25 **Which of the following is closest in meaning to Ⓑ?**

① Even when we fail, we should still consider what others think.
② What we achieve is just as important as how others see us.
③ We need to be aware of others if we cannot complete our job.
④ We do not need to worry about others if we can produce the expected results.

26-27

Language attrition occurs when people lose fluency in their native language as a result of becoming bilingual or multilingual. The process of acquiring new languages can affect a person's use of the language that they were born into. With international immigration becoming much more common, applied linguistics has created models to better understand how acquisition of new languages results in language attrition. Linguists use the term "first language attrition" to describe the gradual loss of a first language (L1) as the immigrant gains proficiency in the second language (L2). Native speakers' L1 skills can undergo changes in fluency while they acquire L2 skills. The extent to which L1 is impacted can be correlated with the degree to which L2 becomes dominant in the person's life, combined with diminishing exposure to the L1 and its associated culture. Linguists have tried to identify the degree to which interference between L1 and L2 can be considered normal versus abnormal, but, without a standard of "language normalcy," current thinking tends to see language attrition as a continuum rather than a(n) Ⓐ_______.

26 **According to the passage, which of the following is true?**

① First language attrition occurs when use of L1 exceeds use of L2.
② Being exposed to culture related to the first language may accelerate L1 attrition.
③ Language attrition causes the acquisition of a second language.
④ Immigrants who use L2 more often are likely to experience greater L1 attrition.

27 **Which of the following best fits into Ⓐ?**

① abnormal event
② necessary transition
③ sharp cutoff
④ innate behavior

28-30

Sociopath is a term people use, often arbitrarily, to describe someone who is apparently without conscience, hateful, or hate-worthy. The term psychopath is used to Ⓐ______ a sociopath who is simply more dangerous, like a mass murderer. Although sociopath and psychopath are often used interchangeably and may overlap, each has its own clear lines of distinction. Psychopaths are classified as people with little or no conscience but are able to follow social conventions when it suits their needs. Sociopaths have a limited, albeit weak, ability to feel empathy and remorse. They're also more likely to fly off the handle and react violently when confronted by the consequences of their actions. While it's common to think of sociopaths and psychopaths as being inherently dangerous, this is more a construct of TV dramas than a true reflection of the disorders. Violence, while certainly possible, is not an inherent characteristic of either sociopathy or psychopathy. That being said, sociopaths will often go to extraordinary lengths to Ⓑ______ others, whether it be by charming, disarming, or frightening them, in order to get what they want. When psychopaths become violent, they're just as likely to hurt themselves as others. The more a psychopath feels socially isolated, sad, and alone, the higher their risk for violence and impulsive and reckless behavior.

28 **Which of the following is the best title for the passage?**

① Differences between Sociopaths and Psychopaths
② Popular Beliefs about Sociopathy and Psychopathy
③ Reasons People Become Sociopaths and Psychopaths
④ Crimes Committed by Sociopaths and Psychopaths

29 **According to the passage, which of the following is true?**

① Psychopaths are able to identify with others' emotions.
② Most people are aware of the distinction between sociopaths and psychopaths.
③ Socially isolated psychopaths present danger to the society as well as themselves.
④ Sociopaths are intrinsically dangerous and susceptible to violence.

30 **Which of the following ordered pairs best fits into Ⓐ and Ⓑ?**

① convey — manipulate
② indicate — alarm
③ influence — befriend
④ condemn — harm

31-32

Two hundred and fifty million people live and work outside the country of their birth. The scale and pace of human mobility coupled with a global population that is predicted to peak at more than nine billion by the middle of this century represents our new demographic reality. Migration is a hugely important driver of development and progress, offering opportunities to individuals and families, as well as spreading ideas and connecting the world. But the issue has also proven to be deeply worrying. This is because human activity has reshaped our planet so profoundly that we have entered a new geological epoch scientists label the "Anthropocene." Environmental degradation, such as climate change and water scarcity, affects where and how people are able to live. It drives human displacement and forced migration by threatening lives and making people's livelihoods untenable, particularly for the poorest and most vulnerable. Environmental issues have always been complex, but they are now intertwined with other factors of vulnerability such as poverty and lack of opportunity, key drivers of displacement, leading to a perturbing scene of environmental displacement that is on a scale never seen before.

31 Which of the following is the best title for the passage?

① The Globe Reshaped to Favor the Vulnerable
② Human Mobility and Environmental Displacement
③ Relationships Between Global Population and Mobility
④ The Significance of Migration to Connecting the World

32 According to the passage, which of the following is NOT true?

① The Anthropocene is a technical term referring to the present era.
② The current forced migration situation disconcerts the writer.
③ The world population will hit nine billion by the mid-century.
④ The Anthropocene stresses natural causes in shaping the earth.

33-34

People define luck in three ways, according to Jacqueline Woolley, professor of psychology. First, we often use the term luck as synonymous with chance; we may call it lucky to win at a slot machine, although it's actually a random event. Another way to frame luck is as a supernatural force that exists in the universe. This force may touch on different people at different times, and some people believe it also can be harnessed, with a ritual or charm. Third, it can be thought of as a personal trait, something that you're born with. But does it exist? Author Richard Wiseman doesn't believe there's anything magical or superstitious about luck — it won't help you out or hurt you at the casino. On the other hand, considering yourself lucky or unlucky is a way of seeing yourself, which then has an impact on how you behave and how you think and becomes a self-fulfilling prophecy. So, in a sense, it absolutely does exist. And it has existed for ages. "Pretty much, in every culture throughout recorded history, people talk about superstitious rituals or chance—as indeed we do now, even with our amount of science and technology," Wiseman says. "It's something deep within us that makes us realize our lives are ruled by chance, and we're trying to do something to get control over that," Woolley agrees. "We as humans are very uncomfortable with uncertainty," she says. "When people feel less in control of their lives — like when they feel that things are random and they're not directing their lives — then people often search for Ⓐ_______."

33 According to the passage, which of the following is NOT true?

① Random events are often mistaken for being lucky.
② Some people believe that they are born lucky.
③ A charm is used by some in an effort to control luck.
④ Belief in luck vanishes when confronted by science.

34 Which of the following best fits into Ⓐ?

① the latest scientific discovery
② supernatural explanations
③ self-fulfilling revelation
④ personal strength

35-37

Veblen goods are luxury items that become more desirable as their prices rise. Consumers in the market for luxury items are likely to purchase Veblen goods to showcase their wealth and social status. Such items include luxury cars, yachts, private jets, designer handbags, expensive jewelry, and designer clothing. Veblen goods get their name from Norwegian-American economist Thorstein Veblen who is best known for introducing the concept of conspicuous consumption, the display of wealth as a means of acquiring or securing social status. Most consumer goods have a downward-sloping demand curve because consumer demand goes down as prices rise. However, a Veblen good has an upward-sloping demand curve because its higher price indicates its Ⓐ______ as a status symbol, a phenomenon known as the Veblen effect. Veblen goods directly contradict the law of demand, which states that the quantity of a product demanded has a(n) Ⓑ______ relationship with its price tag. When the price of a Veblen good increases, it becomes more desirable to status-conscious consumers. If the price of a Veblen good decreases, it loses its appeal as a luxury item and may still be too expensive for the average consumer. The Veblen effect is similar to other theoretical anomalies from the world of economics, including the snob effect and the bandwagon effect.

35 Which of the following is the major topic of the passage?

① The mechanism behind the Veblen effect
② Upper-class bandwagon consumer trends
③ How the prices of luxury goods are determined
④ The Veblen effect's relationship to the snob effect

36 According to the passage, which of the following is true?

① The more expensive Veblen goods are, the fewer products that are sold.
② The Veblen effect is named after a famous conspicuous consumer.
③ The Veblen effect is not the sole phenomenon in economics that is contradictory.
④ Lowering the price of a Veblen good makes it available to the common consumer.

37 Which of the following ordered pairs best fits into Ⓐ and Ⓑ?

① value — inverse　② vanity — direct
③ origin — complex　④ quality — affirmative

38-40

Although copyright law doesn't specifically address artificial intelligence, in order to be protected under the Copyright Act a work of art must meet the following requirements: be an original work of authorship, be fixed in a tangible medium, and have a minimal amount of creativity. If a work of art doesn't meet all three of these, then it does not qualify for copyright protection. Copyright cannot belong to the AI itself because "original works of authorship" implies a human hand in the process. This means that AI-generated art has no owner under the current rules. Apart from ownership rights of the AI-generated artwork, there are additional copyright concerns that may arise. There may be infringement claims on the final image based on copyrighted artwork input into the AI at the time of machine learning which may infringe the rights of copyright holders. Under the current U.S. law, owners of the AI technology itself may be the ones with cause for concern — potentially being at risk of copyright violation lawsuits. AI usually reviews or contains reproductions of other people's artwork to create new artwork. That new artwork could be an unauthorized Ⓐ______, which constitutes an infringement. This concerns the owner of the AI who may ultimately be liable for such breach. But since copyright protection in art is given to the human creator, which AI-generated art lacks, it is likely that neither the AI nor the AI company is the culprit.

38 **Which of the following is the major topic of the passage?**

① Infringements of AI-generated art by humans
② Amendments to copyright laws regarding art
③ How to protect the authorship rights of AI
④ Ownership and copyright concerns in AI-generated artwork

39 **According to the passage, which of the following is true?**

① The human creator exclusively comprises legal authorship.
② More than three conditions must be fulfilled for copyright protection.
③ AI-generated art is owned by the AI company under current laws.
④ The ownership rights of AI artwork is the specific concern of copyright law.

40 **Which of the following best fits into Ⓐ?**

① prototype ② derivative
③ original ④ retreat

41-42

Freedom is a marvel of metaphorical thought. The idea of freedom is felt viscerally, in our bodies, because it is fundamentally understood in terms of our bodily experiences. The language expressing the metaphorical ideas jumps out at you when you think of the opposite of freedom: "in chains," "imprisoned," "enslaved," "trapped," and "held down." We all had the experience as children of wanting to do something and being held down, so that we were not free to do what we wanted. These bodily experiences form the basis of our everyday idea of simple freedom, for reasoning about freedom, as well as for talking about freedom. Freedom means being able to achieve purposes, either because nothing is stopping you or because you have the requisite capacities, or both. Much of what we seek to achieve is not just physical; our intended achievements normally extend to social realms: morality, politics, business, religion, communication, scholarship, art, and much more. Whenever there is an issue of freedom, freedom is thought of metaphorically, in terms of functioning physically with your body to carry out some purposeful action.

41 Which of the following is the major topic of the passage?

① The opposite expressions of freedom
② The freedom of metaphorical thought
③ The physical basis of our concept of freedom
④ The versatile nature of freedom of expression

42 According to the passage, which of the following is NOT true?

① When concerned with one's capability to achieve purposes, freedom is limited to physical experiences.
② Metaphorical language about freedom's opposite comes from our childhood experience.
③ If one worships as they believe is right, people would think that they are free.
④ Our bodily experiences make the base of our understanding of freedom.

43-44

Streaming services have data on viewers' spending habits and brand preferences, and they're looking into new ways to use them. First came product placement. In exchange for a payment, a TV show or a film would prominently display a brand-name product. Then there was virtual product placement. Products or logos would be inserted into a show during editing, thanks to computer-generated imagery. Now, with the rise of Netflix and other streaming platforms, the practice of working brands into shows and films is likely to get more sophisticated. In the near future, the products that appear onscreen may depend on who is watching. In other words, a viewer known to be a whiskey drinker could see a billboard for a liquor brand in the background of a scene, while a teetotaller watching the same scene might see a billboard for a fizzy water company. Streaming services could also drop in brand-name products based on when a show is being watched. Someone who watches a show in the morning could see a carton of orange juice within a character's reach, while a different viewer watching the same thing in the afternoon could see a can of soda. Streaming services are more likely than traditional TV companies to pull this off because Ⓐ_______. With every click of the remote, viewers tell the services information about themselves that can be used to determine which products might appeal to them.

43 **According to the passage, which of the following is NOT true?**

① Streaming platforms want to tailor in-film advertisements to the viewer.
② The time of viewing might impact what products are inserted into an episode.
③ Streaming services could further exploit users' data and their preferences.
④ Adding in products while editing the film was the first form of product placement.

44 **Which of the following best fits into Ⓐ?**

① they're better at analyzing information on products
② the number of subscribers to the services is plunging
③ customers are increasingly becoming wary of sharing information
④ they have direct access to far more information on their customers

45-47

Coffee is the second most traded commodity, after oil, and is used as a drink in quantities second only to water, making it an integral part of many people's lives. Global consumption of coffee in 2019 was estimated to be 10 billion kilograms. Due to its scale, the coffee supply chain is responsible for significant water pollution, deforestation, waste generation, and labor exploitation. There is a significant environmental impact from growing coffee due to the use of fertilizers and pesticides, the high use of water, and air pollution by farm equipment. Moreover, how you consume your coffee differentially increases these impacts. Among three common ways of preparing coffee at home — the drip coffee maker, French press, and capsule machine — the capsule machine was found to be the most environmentally damaging both in the preparation of the coffee before purchase, and in the amount of waste. Ⓐ______, single-portion coffee capsules have become increasingly popular recently because they meet the needs of modern consumers: good taste, consistent quality, a wide selection of flavors, and convenience. The main problem is they are hard to recycle. A coffee capsule contains a plastic cone, between 5-7 grams of ground coffee, and a protective film, which is usually plastic or aluminum. In most places, recycling a coffee capsule requires the user to separate the plastic, food waste (i.e., ground coffee), and aluminum into different containers for removal. This is tedious, so generally, coffee capsules end up as undifferentiated garbage and not recycled at all.

45 What is the major topic of the passage?

① The importance of the coffee capsule industry
② The problems of recycling plastic and aluminum
③ Environmental issues related to coffee capsules
④ Less-polluting ways to consume your coffee

46 According to the passage, which of the following is true?

① Due to their damaging effects, capsules are losing favor.
② A coffee capsule has four key parts, all of which can be recycled.
③ People tend to discard capsules rather than recycle them.
④ The French press does more environmental damage than coffee capsules.

47 Which of the following best fits into Ⓐ?

① Therefore
② In other words
③ Due to this fact
④ This notwithstanding

48-50

Art history is filled with artists who were cruel, criminal, and exploitative. Michelangelo Merisi da Caravaggio is hailed as a genius who brings religious stories to life through dramatic lighting. Many of his paintings are also tense with violence, hinting at the character of their creator. Caravaggio was notoriously aggressive and spent time in prison for numerous assaults. Then, he went a step further and killed a man. Likewise, Gian Lorenzo Bernini, the greatest sculptor of his time, was another violent man. He revolutionized the portrait bust by carving lifelike marble portraits of muses, including Constanza Bonarelli who became his mistress. But, upon discovering she was involved with his brother, Bernini broke two of his brother's ribs and wounded her face. The narratives of art history have played a role in allowing such artists to escape the consequences of their crimes. The appalling offenses of figures like Bernini are Ⓐ______. Their behavior is excused and even celebrated: Caravaggio has been framed, flippantly, as a "bad boy" of the Renaissance, boosting ideals of the tortured artist who channels destructive energy into masterpieces. While we cannot simply regard a work as a reflection of its maker, it's impossible to overlook this aspect entirely. By separating artist from artwork, we ignore, for example, Picasso's misogyny towards the models pictured in his paintings. This reductive narrative also removes the agency of his muses who were key collaborators in the creation of masterpieces. The conclusion is, while we can appreciate art for its aesthetic value, we must continue to address the distressing details of artists who damaged those around them. Art history's narratives should present audiences with facts, both good and bad, about artists and hold them accountable.

48 Which of the following is the best title for the passage?

① Art History of the Renaissance
② Hidden Stories of Violence in Art
③ Positive Legacy of Art for Art's Sake
④ Collaboration between Artists and Models

49 According to the passage, which of the following is NOT true?

① Picasso treated his muses as important artistic partners.
② Caravaggio has been idealized as a tortured artist.
③ Bernini and his brother had an affair with the same woman.
④ Many of Caravaggio's paintings intimate his violent personality.

50 **Which of the following best fits into Ⓐ?**

① chided as inexcusable
② routinely downplayed
③ invariably punished
④ deemed terrifying

HANKUK UNIVERSITY OF FOREIGN STUDIES

한국외국어대학교

2023학년도 T2-1 C형(서울 인문계 학사편입/ 글로벌 인문계 일반·학사편입)
▸▸ 50문항·60분

T2-2 E형(글로벌 자연계 일반·학사편입)
▸▸ 영어 25문항, 수학 20문항·90분

인문·자연계 공통 영어문제 별도 * 표시

[문항별 배점: 01-13 1점/ 14-17 1.5점/ 18-30 2점/ 31-40 2.5점/ 41-50 3점]

[01-04] Choose the one that best completes the sentence.

01* With economic conditions so uncertain, she felt it was not a ______ time to make a big investment.

① parsimonious ② penitent
③ pompous ④ propitious

02 I enunciated carefully, hoping that the professor's ______ about pronunciation would now have some magical effect on my speech.

① vacillation ② reenactment
③ admonition ④ alliteration

03* Seth makes up the main focus of the book, but even the ______ characters are just as wittily drawn.

① tangential ② notable
③ paramount ④ focal

04* In the U.S., presidential ______ need to be at least 35 years old to run for this office.

① defendants ② aspirants
③ litigants ④ confidants

[05-09] Choose the one that best replaces the underlined word.

05* He never <u>expunged</u> from his mind the shame of having to flee from the enemy.

① entrenched ② inserted
③ removed ④ prevailed

06 Local activist groups have become increasingly <u>vociferous</u> as the volume of traffic passing through the village has grown.

① rapacious ② edifying
③ pensive ④ vehement

07 The actress waited her turn to audition for the leading role, trying her best to look <u>nonchalant</u>.

① indecorous ② nonessential
③ indifferent ④ undignified

08* Olympism is a philosophy of life, <u>exalting</u> and combining the qualities of body, will, and mind.

① extolling ② exhorting
③ exhaling ④ extracting

09* The global economic crisis has <u>compounded</u> the problem for people dealing with pay cuts.

① composed ② alleviated
③ worsened ④ extenuated

[10-13] Choose the one that is closest in meaning to the CONTEXTUAL meaning of the underlined word.

10 **The processing of straw mushroom is still at the primary stage and urgently needs further processing technologies.**

① foremost ② original
③ dominant ④ initial

11* **The new engineer manipulated the dials of the complex machinery in a surprisingly skillful manner.**

① swayed ② influenced
③ operated ④ exploited

12 **The subcontractor shall be obliged to carry out any outstanding work or rectify any defects as soon as possible.**

① excellent ② protruding
③ unpaid ④ incomplete

13* **The whole team deserves credit for bringing the project in on time.**

① belief ② payment
③ praise ④ asset

[14-15] Choose the one that is closest in meaning to the given sentence.

14 **She would have gotten away with cheating were it not for a pang of conscience.**

① Qualms of conscience stopped her from concealing her cheating.
② She avoided being cheated thanks to the cheater's conscience.
③ She got away with cheating despite the stings of conscience.
④ Due to her last-minute conscience, the cheater made a clean getaway.

15* **The attorney came up with far-fetched arguments in a vain attempt to buttress his weak case.**

① Although the attorney couldn't devise probable arguments, he succeeded in defending his case.
② The attorney thought up unconvincing arguments and failed to support his weak case.
③ The attorney lost his case as he tried to strengthen his case with plausible arguments.
④ Strong arguments improvised by the attorney bolstered his weak case.

[16-17] Choose the one that best completes the sentence.

16 **We are of course at your ______ any further clarifications.**

① disposal you should require
② require should you disposal
③ disposal should you require
④ require disposal you should

17* **A brewing conflict threatens to reduce gas supplies to Europe, triggering fears of ______ of the energy supply.**

① charged a shutdown politically
② a politically charged shutdown
③ a charged politically shutdown
④ politically a shutdown charged

[18-19] Choose the one that makes the sentence grammatically INCORRECT.

18* **During ①<u>times of</u> adversity, leaders ②<u>compel to</u> show more composure ③<u>than ever</u> in the workplace to make their employees ④<u>feel safe</u>.**

19 **①<u>What</u> the ②<u>sunken ship</u> had been the largest ③<u>one afloat</u> underscored the need for ④<u>better design</u>.**

[20-21] Choose the one that is grammatically INCORRECT.

20* ① He was advised to increase his fiber intake.
② She was stopped by the police for speeding.
③ Careful consideration was given to all applications.
④ The starving were provided for a hundred tomatoes.

21 ① The wardrobe, which contains several fur coats, leads to Narnia.
② The teacher that gives out candy is always the students' favorite.
③ The pristine park where is at the end of our street is my favorite place.
④ Whichever train you take from here will take you to Charing Cross station.

[22-50] Read the following passages and answer the questions.

22-23

More than 240 million people around the world play soccer regularly. The game has grown from kicking an animal-hide ball around into the World Cup sport. Records trace the history of soccer back more than 2,000 years ago to ancient China and Greece; but it was England that transitioned soccer into the game we know today. The English are acknowledged with recording the first rules for the sport, including forbidding tripping opponents and touching the ball with the hands. As the sport developed, more rules were implemented. For example, the penalty kick was introduced in 1891. Red and yellow cards were introduced during the 1970 World Cup finals. More recent changes include goalkeepers being banned from handling deliberate back passes in 1992 and tackles from behind becoming red-card penalties in 1998.

22* **Which of the following is the best title for the passage?**

① The Evolution of Soccer
② The Origin of the Soccer Ball
③ The Rules Implemented by the English
④ The Popularity of Soccer around the World

23* **According to the passage, which of the following is NOT true?**

① Soccer was played in China and Greece 2,000 years ago.
② The original soccer ball was made from animal skin.
③ In 1970, the two-color card system came into force.
④ One of the earliest rules forbade goalkeepers from picking up the ball passed to them.

24-25

Sunsets are romantic, inspiring, and Instagrammable, yet most of us make time for this special experience only when we are on vacation. However, you do not need to be in an exotic place to enjoy the calming and beautiful moments of a sunset. There is simply no reason you cannot take a few minutes to Ⓐ______ your day with wonder and stop to enjoy this magical moment. Watching the sunset will put you in a better mood. Sunsets have many psychological effects that Ⓑ______ long-lasting satisfaction about life and relieve stress. Taking the time to experience some of the breathtaking moments of a sunset will be worth it. Nature is a natural fuel for the soul, and just 10 to 20 minutes of fresh air while watching the sunset will refresh you. This timeless and powerful daily experience has a transcendent spiritual element that can have a positive effect when integrated into your life. Earth gives us this free gift every single day, so get out there and accept this enchanting present!

24* **Which of the following is the major topic of the passage?**

① Reasons you should make time to watch the sunset
② The importance of spiritual awareness in your daily life
③ Ways to relieve stress and improve satisfaction about life
④ Why you should take pictures of the sunset for Instagram

25* **Which of the following ordered pairs best fits into Ⓐ and Ⓑ?**

① subdue — trigger
② instill — consume
③ infuse — enhance
④ fulfill — exacerbate

26-27

One reliable rule for success when dealing with heads of corporations: Stay away from wishy-washy words when you're giving a presentation. Stand behind what you say. As a rule, leaders hate weasel language. They've been burned too many times not to. Years ago, I was asked to give a presentation to a sales team. I gave what seemed to be a pretty sharp speech on the best ways to improve their face-to-face encounters with potential customers. As I was leaving the room, I spotted the regional manager who had hired me. After thanking him for the opportunity, I said, "Please know that I am open to any suggestions from you about the best ways to improve." ⒶHe took me up on my offer. He pulled me aside and told me, gently but firmly, that he hadn't hired me to tell his team what I "thought." I had been hired to make professional recommendations, and as such, should have been using words such as, "I recommend" or "I suggest," rather than, "It seems to me" or "I think." From that day forward, the words "I think" have been removed from my vocabulary as a presenter.

26 Which of the following is the best title for the passage?

① Learn to Listen to Your Boss
② When in Doubt, Ask Questions
③ Remember, You Are Your Words
④ Use the Communication Method You Like

27 Which of the following is closest in meaning to Ⓐ?

① He offered the highest price.
② He accepted my suggestion.
③ He reviewed my proposal.
④ He revised my offer.

28-30

Ambiguous Dance Company, a group of sunglass-wearing dancers Ⓐ______ addictive dance moves in funky outfits inspired by Korean tradition, is the latest viral marvel from South Korea. The "Feel the Rhythm of Korea" series of tourism promotional videos showing six Korean cities have Ⓑ______ more than 126 million views on YouTube in about three months. In the videos, dancers frolic in a city's lesser-known tourist attractions as alternative pop music plays in the background. People who have watched the videos have commented on how the dancers are like "Joseon hipsters" or *dokkaebi*, mythical creatures in Korean folklore known for their mischievous stunts. "I think those comments come from people who like us. I guess we are easier and more straightforward to understand as a modern dance group," said Kim Bo-ram, the artistic director. While the group may seem like an overnight sensation, it goes back to 2007, when Kim, who was a backup dancer for first-generation K-pop acts, set up a dance group with his friends. "We were having drinks and there was an English dictionary there. In the first few pages which had all the A-words, I saw the word 'ambiguous' and thought it would be nice," Kim said. "I didn't know it would last this long."

28 **What is the main purpose of the passage?**

① To argue for more cultural imports to Korea
② To promote Korean tourism worldwide
③ To describe a popular dance company
④ To publicize a successful dance method

29 **According to the passage, which of the following is true?**

① A dictionary helped name the group.
② Popular tourist attractions feature in the videos.
③ Ambiguous Dance Company is Kim's first work as a dancer.
④ The dancers' mischievous stunts are based on real Joseon Dynasty creatures.

30 **Which of the following ordered pairs best fits into Ⓐ and Ⓑ?**

① performing — monitored
② looking at — sighted
③ jamming up — counted by
④ showing off — racked up

31-32

Each day, billions of people rely on caffeine to wake up or to get through an afternoon slump. In fact, this natural stimulant is one of the most commonly used ingredients in the world. Caffeine is often talked about for its negative effects on sleep; however, it has various health benefits. Once consumed, caffeine is quickly absorbed from the gut into the bloodstream. From there, it travels to the liver and is broken down into constituents that can assist the function of various organs. Additionally, caffeine exerts its effects quickly. The amount found in one cup of coffee can take as little as 20 minutes to reach the bloodstream. Caffeine may improve mood, stimulate brain function, and protect against Alzheimer's and Parkinson's diseases. Coffee consumption is linked to several other health benefits: it may promote a healthy liver, skin, and digestive tract. Experts consider a daily intake of 400 milligrams of caffeine to be safe. This amounts to 2-4 cups of coffee per day. Caffeine isn't as unhealthy as it was once believed. In fact, it may be just the opposite. Therefore, it's safe to regard your daily cup of coffee or tea as an enjoyable way to promote good health.

31* **Which of the following is the major topic of the passage?**

① Diverse health benefits of caffeine
② Pros and cons of caffeine consumption
③ How caffeine travels in and affects the body
④ The organs that may be improved by caffeine

32* **According to the passage, which of the following is true of caffeine?**

① Consuming 400 milligrams per day is unhealthy.
② It can enter the bloodstream in twenty minutes.
③ Drinking coffee impedes the digestion of food.
④ It is a permanent remedy for Parkinson's disease.

33-34

In 1950, Alan Turing said, if a machine can fool a human into thinking it's a human, then it has strong AI. In response, contemporary American philosopher John Searle constructed a famous thought experiment called the "Chinese Room," designed to show that passing for human isn't sufficient to qualify for strong AI. Imagine you're a person who speaks no Chinese. You're locked in a room with boxes filled with Chinese characters, and a code book in English with instructions about what characters to use in response to what input. Native Chinese speakers pass written messages, in Chinese, into the room. Using the code book, you figure out how to respond to the characters you receive, and you pass out the appropriate characters in return. You have no idea what any of it means, but you successfully follow the code. You do this so well that the native Chinese speakers believe you know Chinese. But you do not know Chinese. You just know how to rearrange symbols — without understanding — in a way that fools people into thinking you know something you don't. Likewise, according to Searle, the fact that a machine can fool someone into thinking it's a person doesn't mean it has strong AI.

33* **Which of the following is the major topic of the passage?**

① The use of Chinese to develop strong AI
② How AI handles symbols in the Chinese room
③ A counterargument over what strong AI is
④ The role of thought experiments in AI

34* **According to the passage, which of the following is true?**

① The Chinese room experiment endorses Turing's view.
② The attributes of strong AI are debated in the field of philosophy.
③ Searle claims manipulating Chinese is sufficient to say you know Chinese.
④ When machines behave like people, it means they think like people in Searle's view.

35-37

One of the most heartbreaking things about rescuing captive animals is knowing that most of these animals are unable to return to their natural habitat after being rescued. Captivity robs wild animals of many things: their dignity, physical health, mental well-being, and essential survival skills necessary for them to thrive in the wild. Wild bears roam a territory of several kilometers every day. They spend most of their days sleeping in dens. Their diet includes fruits, nuts, acorns, and leaves which they Ⓐ______ for at dawn or dusk when they are most active. They are extremely adept at climbing trees, especially to escape the rain-sodden ground or a lurking predator. ⒷThey are deeply attuned to their surroundings and their world is rich with smells, sounds, and colors. Contrast this with the experience of bears in captivity. Poachers capture bears in the wild using traps and hunting dogs. Once they have their quarries, Ⓒthey sell them to illegal bear farms. These bears spend most of their days locked up in a space too small for their needs. They cannot search for food when they are hungry or sniff out a stream for water when Ⓓthey are thirsty. When they are eventually rescued, they are mentally traumatized. Their senses of spatial awareness and smell are so impaired that they are simply not equipped to be returned to the wild. The very best we can do is protect Ⓔthem from further danger and stress and allow them to live out the rest of their lives in the safe, healthy environment of a sanctuary.

35 **According to the passage, which of the following is NOT true?**

① In nature, bears usually wander several kilometers every day.
② Wild bears are most active at dawn or dusk and spend most of the day sleeping.
③ Bears kept in captivity for long periods may lose their sensitivity to smell.
④ Rescued bears should be kept in a sanctuary temporarily and then released back to nature.

36 **Which of the following best fits into Ⓐ?**

① forage ② account
③ charge ④ vouch

37 **Which of the following is different from the others in what it refers to?**

① Ⓑ ② Ⓒ
③ Ⓓ ④ Ⓔ

38-40

Millennial and Gen Z investors are considerably more likely than older generations to finance investments through loans. A survey found that 80% of Gen Z investors and 60% of Millennials admitted taking on loans to invest. Older generations were less likely to take out loans, with 8% of Gen Xers and 9% of Baby Boomers doing so. The youngest adults have also shown great interest in Ⓐ______ investments. Through their buying habits, Gen Zers have identified brand values as important in their decisions to support a company. Environmental, social, and governance (ESG) data has emerged as a metric to promote sustainability and positive social impacts in business. Millennials and Gen Z investors have prioritized these concerns in their investments. Gen Z investors, who are those born after 1996, have been particularly interested in pioneering a new type of investment with the fashion industry. Vintage clothing, accessories, and sneakers are often bought and resold several times on platforms like StockX and FlightClub. With reselling becoming a more mainstream way to make money for the younger generation, financial literacy has become a highly sought-after commodity.

38 **Which of the following is the major topic of the passage?**

① The younger generation's investment strategies
② The importance of company brand values
③ Tips for taking on loans for investment
④ Ways to improve financial literacy

39 **According to the passage, which of the following is NOT true?**

① Older generations are more reluctant to invest with borrowed money.
② ESG is fading out of focus for Gen Zers' investment.
③ Platforms designed to help reselling are popular among Gen Z investors.
④ Younger generations consider brand values an important factor when investing.

40 **Which of the following best fits into Ⓐ?**

① intellectually stimulating
② strikingly fashionable
③ financially rewarding
④ socially responsible

41-42

Tech ecosystems can be defined as interconnected and interdependent networks of diverse entities coming together to spur innovation in the tech environment in a sustainable manner. Think of any thriving regional tech ecosystems in Silicon Valley or in West Africa; they supply a community of developers with support, talent, physical location, cutting-edge research, mentors, and the opportunity to fail and learn until success becomes the only option. Building tech ecosystems takes years of effort and investment to bring them to life. However, the value tech ecosystems bring far outweighs the complexity and time it takes to cultivate them. They extend beyond enormous economic value and impact our everyday lives. Think of a grandparent in a hospice who can venture throughout the world via virtual reality. Consider how through machine learning and AI, my thermostat in my home in Atlanta can regulate itself to help me save money while I work from anywhere in the world. The possibilities for technological innovation are endless but they are only made possible with one key ingredient: sustainable tech ecosystems.

41 **Which of the following is the best title for the passage?**

① How Tech Ecosystems Emerged Globally
② How Tech Ecosystems Support Innovation
③ Assessing Past and Present Tech Ecosystems
④ Augmenting Tech Ecosystems in Silicon Valley

42 **According to the passage, which of the following is true of tech ecosystems?**

① They provide the opportunity for trial and error.
② They slow down innovation at times.
③ They can be built with little investment.
④ Their values are confined to economic ones.

43-44

Jisoo, a member of South Korea's popular girl group Blackpink, turned 27 years old on Tuesday as fans wished her a happy birthday and sent her a ton of gifts, worth approximately $573,000. A post on a fandom site says that they have prepared wonderful gifts to send to Jisoo. The majority of those presents are fancy and exquisite items such as Cartier watches. This lavish treatment of idols quickly stirred up criticism and concern among some fans who questioned whether such materialistic support was necessary. "I think it is too much and unnecessary. Isn't buying their music a better way to support our idols?" asked one fan. Supporting idols with expensive gifts is part of a fan culture that originated in South Korea in the late 1990s, but has now widely expanded to countries such as China and Japan. "It is very common for fans to send gifts to their idol, but sending such luxurious gifts is a bit vain. A fan's decision to support their idol is harmless. The real point that is questionable is the fact that this expensive support is not entirely out of love for their idol but to help the idol save face," emphasized another fan.

43* **Which of the following is the best title for the passage?**

① Various Ways of Saving Face of Idols
② Luxury Items Preferred by Blackpink
③ The Rise and Fall of Idol Fan Culture
④ Criticism of Fans' Extravagant Gifts to Idols

44* **According to the passage, which of the following is true?**

① Blackpink members received gifts worth $573,000.
② Fans agree that supporting their idol with luxurious gifts is harmless.
③ Chinese fans were the first to give idols expensive gifts.
④ The fan culture of gifting luxurious items to idols is also present in Japan.

45-47

A U.S. judge has ruled that movie fans disappointed that their favorite actor was cut from a film after appearing in the trailer can sue the studio for false advertising. Two film enthusiasts say Universal Pictures tricked them into renting 2019 flick *Yesterday* because the trailer featured actor Ana de Armas. The two say they forked over $3.99 each to watch the comedy on Amazon Prime, only to discover that de Armas had not made the final cut. A class action suit filed earlier this year alleges that fans had been led to expect she would feature prominently. However, they "did not receive a movie with any appearance of Ana de Armas at all," says the suit. Accordingly, "such consumers did not get any value for their rental or purchase," the suit added. Universal had asked the judge to throw out the complaint, arguing that trailers are protected by the first amendment of the U.S. constitution, which guarantees free speech. But in his ruling, the judge rejected the studio's argument, saying trailers were commercial speech and Ⓐsubject to laws around honest advertising. "At its core, a trailer is an advertisement designed to sell a movie by showing consumers a preview of the movie," the judge wrote. The suit is claiming at least $5 million on behalf of disappointed fans.

45* **Which of the following is the best title for the passage?**

① Movie Fans Receive Huge Sum in Lawsuit
② Freedom of Speech Is Violated by Universal
③ Ana de Armas' Veto Sparks Universal Lawsuit
④ Lawsuit over Misleading Trailer Gets the Go Ahead

46* **According to the passage, which of the following is true?**

① Universal alleged that the fans received no value.
② Trailers were ruled to not be protected speech.
③ The film fans purchased the movie in 2019.
④ The judge sided with the studio's defense.

47* **Which of the following is closest in meaning to Ⓐ?**

① must obey legislation covering paid promotions
② depended on the purpose of the advertising
③ free from liabilities regarding product promotion
④ covered under the jurisdiction of the first amendment

48-50

How we see our world and how it is are not the same thing. When the anthropologist Gregory Bateson said that “the major problems in the world are the result of the difference between how nature works and the way people think,” he was not referring to the climate crisis, although he might well have been. For the problems of global warming have crept up on many who never thought that burning fossil fuels or clearing forests could change our planetary atmosphere. Only now, as temperature records tumble and climate disasters intensify, are perceptions of our world changing, as we collectively stumble into consciousness about Earth’s climate and our place within it. Changing Ⓐ______, whether personal or collective, disrupts our sense of reality. Information about climate crisis can induce a weird feeling of unreality as we try to reconcile our familiar, daily life with the increasing risks and costs of climate disruption. But perhaps this is just what is needed: an interruption of habitual thinking, in order to absorb new understandings about how our planet works and how we live. Facing the dangers, losses, and griefs of climate crisis changes consciousness. There are a whole raft of new realities to grapple with, ranging from the geophysical to the psychological. How we live cannot stay the same. To ride the stormy waves of our heating planet, we must think, feel, and act in Ⓑ______ new ways.

48 Which of the following is the major topic of the passage?

① Revising habitual thinking to cope with global warming
② Understanding how nature works, not how people think
③ Refuting new conceptions about how people live
④ Intensifying the current perception of reality

49 According to the passage, which of the following is NOT true?

① Experiencing climate crisis would lead to a strange feeling of unreality.
② Habitual thinking is to be interfered with to grasp new ideas about how our planet works and how we live.
③ Many people used to think that using combustible fuels would not cause a climate crisis.
④ Mr. Bateson believed that climate change is due to the discrepancy between how nature works and how people think.

50 **Which of the following ordered pairs best fits into Ⓐ and Ⓑ?**

① habits — subtly
② awareness — radically
③ atmosphere — physically
④ viewpoints — predictably

시작이나 하고 고민하자!

김O훈
한국외국어대학교 국제통상학과
편입구분: 학사편입

어휘 학습법

공부를 시작하기 전부터 단어 암기가 가장 중요하다고 생각하여, 초반에는 단어책 여러 개를 사놓고 우왕좌왕했습니다. 그러나 "MVP부터 완벽하게 암기하자!"라는 생각으로 단어 공부를 뒤처지지 않게 하려고 노력했습니다. 개인사정으로 수업을 못 듣는 날에도 웬만하면 학원에 들러 어휘 데일리테스트를 받아 집에서 풀고 외웠습니다. 시험 막바지에는 모르는 단어 중심으로 표제어를 외웠습니다.

문법 학습법

주어, 동사, 명사 등 기초적인 문법 용어 말고는 몰랐기 때문에 가장 어렵고 힘들었으나 초반 이론 수업을 꾸준히 듣고 기출문제를 풀면서 감을 익혔습니다. 특히 시험 막바지에 문법 공부에 비중을 두기가 부담스러울 때 교수님이 나누어주신 학교별 유형과 요약자료를 본 게 도움이 많이 되었습니다.

논리 학습법

교수님이 나누어주는 자료를 미리 풀어보고, 좋은 문제를 출제한다고 말씀하신 학교의 기출문제 위주로 공부했습니다. 특히 논리는 문장 어디에 단서가 있는지, 단어마다 의미가 어디에 쓰일 수도 있는지, 확실한 오답은 어떻게 걸러내는지를 복습할 때 필기를 하지 않으면 공부가 힘들어 수업 시간에 가장 열심히 필기했습니다.

독해 학습법

초반에는 독해 문제 풀이 속도에 큰 의미를 두지 않고 문장의 주어와 동사를 확실하게 파악하고 정확하게 해석하는 공부를 하였습니다. 중반부터는 이응윤 교수님이 나누어주는 배경지식 유인물 한 번씩 읽어보면서 페이스를 높이고, 평소에 스마트폰을 활용하여 영문기사나 공인영어 지문 등을 읽으며 다양한 유형의 글을 접하려고 노력했습니다.

한국외국어대학교 | 2022학년도 T1 홀수형 | 50문항 · 60분

어휘

▶▶ 동의어 유형에서는 repudiate(=renounce), irrevocable(=permanent), entice(=lure), exude(=emanate), disparaging(=scathing)이 출제됐는데, 제시어와 선택지가 출제 빈도가 높은 기출어휘로 구성되어 기출어휘를 중심으로 단어를 암기한 수험생은 쉽게 정답을 고를 수 있었다. 그리고 문맥상 동의어 유형에서는 benign(=harmless), sheer(=complete), partial(=attached), hail(=greet)이 출제됐는데, 네 개의 제시어는 모두 여러 가지 뜻이 있는 다의어로, 제시어가 가진 다양한 의미가 선택지로 제시됐다. 따라서 주어진 문장에서 해당 제시어가 의미하는 바를 문맥을 통해 파악한 후 정답을 고르면 됐다.

문법&재진술

▶▶ 문법에서 출제된 문법사항으로는 관계대명사 of which, to 부정사의 수동태, so +형용사+관사+명사, it is time for 목적어 to 부정사, 지각동사에서 목적보어 용법, 시제와 관련한 문제가 출제됐다. 출제된 유형은 편입 시험에 자주 출제되는 빈출 유형이었지만, 문장의 구조 및 문법 사항에 대한 응용력이 요구되는 문제들로 구성됐다. 또한 제시된 문장과 같은 의미로 쓰인 문장을 고르는 재진술 문제가 2문제 출제됐다. 문장에 제시된 flatten the curve의 의미인 '전염병의 확산을 완화하기 위한 조치를 하다'를 파악하여, slow the spread of the disease를 고르는 문제와 부정주어(Nothing) is more than(~보다 더 …한 것은 없다)의 의미를 파악하여 이와 같은 의미를 가진 문장을 고르는 문제가 출제됐다.

논리완성

▶▶ 어휘형 논리완성 4문제가 출제됐다. 단어 선택에 대한 과도한 주의는 자연스러움을 잃는 결과를 낳을 것인데, 빈칸 앞에 a loss of (~의 손실, 상실)가 제시되어 있어 '자연스러움'을 의미하는 spontaneity를 고르는 문제, 어떤 발언에 의해 침묵이 깨졌다고 했는데, 밤(night)의 특성을 고려하여 remarks를 수식하는 sporadic을 고르는 문제, 인질을 구하기 위해 몸값을 치르는 것이 장기적으로는 문제를 '항상' 악화시킬 것이므로, 이에 해당하는 invariably를 고르는 문제, 의회가 추진하는 일이 자신들의 이익에 반한다고 했으므로 그들이 의회의 일을 방해한다는 뜻이 되도록 thwart를 고르는 문제가 출제됐다. 빈칸을 해결할 수 있는 단서가 비교적 명확히 제시되어 있어 문장을 이해한 수험생은 어렵지 않게 문제를 풀 수 있었다.

독해

▶▶ 장문독해는 출제되지 않지만, 읽어야 할 독해 지문의 수가 많고 제한시간이 짧아서 문제를 풀기 위해서는 속독능력이 요구된다. 출제된 지문의 내용을 살펴보면, 산타클로스와 관련한 자녀의 질문에 대처하는 방법, 스타벅스의 노조 설립 운동, 디지털 공해를 유발하지 않고 고객들에게 신뢰를 쌓는 것의 중요성, 무의식의 기적적인 결과물, MBTI 성격 검사가 가진 문제점, 그래피티와 거리 예술의 차이점, NFT(대체 불가능한 토큰)의 운용과 영향, 우리의 삶을 변화시켜온 메타버스, 무인 자동차의 안전사양 소개, 먹방 영상의 해로운 점, 온라인 익명성과 관련된 문제, 오미크론의 경제적 영향이 지문으로 출제됐다. 2022학년도 시험은 NFT, 메타버스, 자율주행차, 오미크론 등 사회적으로 이슈가 되고 있는 주제와 관련된 지문의 출제 비중이 높았다.

HANKUK UNIVERSITY OF FOREIGN STUDIES

한국외국어대학교

2022학년도 T1 홀수형(서울 인문계 일반편입)
▸▸ 50문항 · 60분

[문항별 배점: 01-13 1점/ 14-17 1.5점/ 18-30 2점/ 31-40 2.5점/ 41-50 3점]

[01-04] Choose the one that best completes the sentence.

01 Unfortunately, excessive care in choosing one's words often results in a loss of _______.

① precision ② atmosphere
③ spontaneity ④ credibility

02 Then a silence ensued, broken at first by _______ remarks, then becoming as dense as the silences of the night.

① sporadic ② inaudible
③ nocturnal ④ incessant

03 It is a horrific yet understandable truth that paying ransoms to free hostages will _______ worsen the problem in the long term.

① bilaterally ② implausibly
③ invariably ④ momentarily

04 They may seek to ______ the work of the council because they see it as a threat to their interests.

① support ② thwart
③ provide ④ motivate

[05-09] Choose the one that best replaces the underlined word.

05 Chaucer not only came to doubt the worth of his extraordinary body of work but repudiated it.

① reinterpreted ② revised
③ rejuvenated ④ renounced

06 After a long negotiation, the two countries signed an irrevocable treaty to ensure peace between them.

① mutual ② provisional
③ authoritative ④ permanent

07 Sincere apologies signal government commitment to redress economic conditions and may entice production investment.

① lure ② appease
③ defile ④ undermine

08 Instead of openness and transparency, the scheme exudes an air of deceptive damage limitation.

① deters ② evades
③ placates ④ emanates

09 The best entrepreneurs know that, even at its most disparaging, critical feedback is a necessary ingredient in startup success.

① abstract ② lenient
③ superficial ④ scathing

[10-13] Choose the one that is closest in meaning to the CONTEXTUAL meaning of the underlined word.

10 **The disease is not as <u>benign</u> as previously thought and causes future health complications.**

① pleasant ② harmless
③ warm ④ benevolent

11 **People's immediate response to the terrorist's attack was <u>sheer</u> horror.**

① steep ② complete
③ thin ④ transparent

12 **The central parliament at Vienna with very extensive powers was grossly <u>partial</u> to the Germans.**

① fractional ② advantageous
③ uncertain ④ attached

13 **The firefighter hopes that the townspeople will <u>hail</u> him as a hero for rescuing the children.**

① cheer ② fall
③ originate ④ greet

[14-15] Choose the one that is closest in meaning to the given sentence.

14 **The government should take decisive steps to flatten the curve of infections.**

① It is the government's decision that we should take countermeasures to eliminate the infections.
② The government must make a decision to reinvigorate the monotonous lifeline of the infected.
③ It is mandatory that the government take actions to slow the spread of the disease.
④ The government ought to extend the curved phase of infections.

15 **Nothing amazes me more than the passion for decoration which possesses the Chinese.**

① I am astonished most of all by the passion for decoration that the Chinese obsess about.
② I am not at all surprised to notice that the Chinese are passionate decorators.
③ I realize that the Chinese have a passion for decoration as do many others.
④ I am amazed by nothing but the Chinese obsession for decoration.

[16-17] Choose the one that best completes the sentence.

16 **Nearly three hundred musical scrolls have been preserved, ______ for use at royal memorial services.**

① of ninety which are
② which of ninety are
③ of which ninety are
④ ninety are of which

17 **Love, although it is said ______, is a vigilant watchman.**

① with blindness to afflicted
② to afflict blindness with
③ afflicted blindness to be
④ to be afflicted with blindness

[18-19] Choose the one that makes the sentence grammatically INCORRECT.

18 **First jobs may be ①<u>intimidating</u> for everyone, but ②<u>few</u> people have to ③<u>deal with</u> work-related stress at ④<u>so young age</u> as athletes and dancers do.**

19 **It is common ①<u>for</u> friends to shower you ②<u>with</u> gifts when your first child is born, but don't expect ③<u>more than</u> a card when it's time for your second child ④<u>arriving</u>!**

[20-21] Choose the one that is grammatically INCORRECT.

20 ① Through the window I saw him run into the building.
② Even from three miles away, the bomb was heard to explode.
③ From the living room window, I could watch him dance in the street.
④ He was observed climb over the tall brick fence in broad daylight.

21 ① Harry wants to show his friends the photos he took last summer.
② By the time Tom noticed the doorbell, it had already rung three times.
③ After everyone finished the main course, we offer our guests dessert.
④ Thousands of people will have seen the art exhibit by the time it closes.

[22-50] Read the following passages and answer the questions.

22-23

As children get older, they may have more questions about Santa Claus and how his magic really works. Once you notice the questions coming more and more often, it might be time to figure out how to wind things down. Although the point at which this shift happens depends on the child, usually children start questioning between the ages of 7 and 10. Children may react differently to hearing the news about Santa. "My 9-year-old daughter seemed Ⓐ______ to have matured into this grown-up so that she could now keep the secret from her younger siblings!" one mother remembered. Other children might have an opposite reaction and feel rather embarrassed that they believed in Santa for so long or are sad to lose the version of Santa they knew. However, you should not try to direct your kids to react a certain way. Your role as a parent is not to govern your child's emotions, whether negative or positive. It's your role to listen to their feelings and create a safe and loving environment. Talking about the spirit of Santa — generosity, kindness, happiness — can help keep the magic alive, no matter your age. You can also use this opportunity to start a new kind of tradition with your family. For example, having your children help make Christmas dinner may give them a sense of pride and show them they gain Christmas magic as they age, instead of losing it.

22 **According to the passage, which of the following is one way you should NOT deal with your child's questions about Santa?**

① Try to direct your child's emotions in a positive direction.
② Listen carefully when your children express their feelings.
③ Discuss positive values associated with Santa.
④ Create a new Christmas family tradition.

23 **Which of the following best fits into Ⓐ?**

① disappointed ② indifferent
③ proud ④ angry

24-25

Staff at one Starbucks coffee shop have voted to establish the first labor union at one of the chain's own stores since the 1980s. Out of a staff of 27, 19 voted in favor at Elmwood Avenue, Buffalo. Despite the small numbers involved, the vote is likely to rattle the giant coffee chain. Starbucks had pulled out all the stops to persuade staff to vote against unionizing, including flying in top executives. Campaigners for the union gathered in Buffalo to watch the vote be counted via Zoom and cheered as the result was announced. However, staff at a second Buffalo store voted against establishing a union. The vote at a third is not yet resolved as some of the ballots are under review. In all, about 100 baristas and supervisors took part. Starbucks workers in Buffalo began the campaign to unionize in August, saying they were overworked, but not listened to by the company. The mobile app in particular has added to their workload by enabling multiple complicated orders to arrive in quick succession, which they are then under time pressure to fulfil. The vote could set a precedent at the coffee chain, which has more than 8,000 company-owned stores across the US, none of which has been unionized since the 1980s.

24 **Which of the following is the best title for the passage?**

① Starbucks to Vote against Unionizing
② Starbucks to Handle the Increased Orders
③ Starbucks to Get its First Unionized US Store
④ Starbucks to Begin the Campaign to Unionize

25 **According to the passage, which of the following is NOT true?**

① The mobile app has increased the workload of the staff.
② The staff at a third store in Buffalo voted against establishing a union.
③ People who campaigned to establish a union gathered and watched the vote count.
④ More than 50% of the staff at Elmwood Avenue voted in favor of unionizing.

26-27

The internet is filled with unappealing content. According to Statista.com, 45% of emails in March were spam messages. Most people think twice before downloading a file because it may contain malware. There's a general distrust of what's out there on the web, which creates a challenge for online entrepreneurs. On the one hand, Ⓐthey need to meet customers where Ⓑthey are and build trust online. On the other hand, digital pollution separates Ⓒthem from Ⓓtheir audience. Digital pollution is the collective effect of unwelcome digital distractions — anything that stops you, slows you down, confuses you, frustrates you, perhaps even threatens you when you're operating in digital and virtual spaces. If you are a digital entrepreneur, the best thing to do is stop adding to the pile and focus your message on the audience you want to reach. If people do not engage with your message, stop and evaluate new ways to build more authentic communication.

26 **What is the main purpose of the passage?**

① To warn about spam and malware
② To advise online business people
③ To assist online consumers
④ To define digital pollution

27 **Which of the following is different from the others in what it refers to?**

① Ⓐ ② Ⓑ
③ Ⓒ ④ Ⓓ

28-30

The great French mathematician Henri Poincaré (1854-1912) had some influential speculations about where many of his brilliant ideas came from: unconscious thought. In other words, when he is stuck with a difficult mathematical problem, his unconscious mind is working on it in the background and the answer bursts through into consciousness. Likewise, the notable 20th-century German composer Paul Hindemith provides the striking metaphor: "We all know the impression of a very heavy flash of lightning in the night. Within a second's time we see a broad landscape, not only in its general outlines but with every detail. If we cannot, in the flash of a single moment, see a composition in its absolute entirety, with every pertinent detail in its proper place, we are not genuine creators." Taken literally, Hindemith's claim would seem to imply that Ⓐ______ is the work of the unconscious — the complete score is worked out by unconscious processes, only to break forth into consciousness in a moment of spectacular incandescence. The unconscious work complete, the composer needs merely Ⓑ______. The process is a laborious, humdrum activity indeed, given that the creative labor has already been done.

28 **Which of the following is the major topic of the passage?**

① The miraculous work of the unconscious mind
② The incredible speed of problem solving by geniuses
③ The remarkable complexity of neurological architecture
④ The mysterious connection between mathematics and music

29 **Which of the following best fits into Ⓐ?**

① the entire process of composition
② the inspiration of the musical theme
③ the basic outline of the musical piece
④ the most spectacular portion of composition

30 **Which of the following best fits into Ⓑ?**

① to go through transcribing the work onto paper
② to recollect the inspirations and rearrange them
③ to flesh out the skeleton the inspiration provided
④ to work out the details connecting fragments of inspiration

31-32

There are two types of people in the world: those who believe in the Myers-Briggs Type Indicator (MBTI) Personality Test and those who don't. The MBTI is simultaneously the most popular personality test in the world and the most frequently debunked. About 1.5 million people take the test each year, and more than 88% of *Fortune 500* companies, as well as hundreds of universities, use it for hiring and training. Even fictional characters, from Disney princesses to Darth Vader, have been assigned an MBTI type. Despite the popularity of the test, many psychologists criticize it. Some research suggests that the MBTI is unreliable because the same person can get different results when retaking the test. Some of the test's limitations, however, are inherent in its conceptual design, such as the MBTI's black-and-white categories: You are classified, for instance, as either an extrovert (E) or an introvert (I), and as either a judger (J) or a feeler (F). This is a shortcoming because many people don't fall neatly into two categories on any personality dimension. Instead, people have many degrees of the dimension. In fact, many people are close to the average, and relatively few people are at either extreme. By placing people into tidy boxes, we are separating people who are in reality more similar to each other than they are different.

31 **Which of the following is the major topic of the passage?**

① Corporate uses of the MBTI
② Reasons for the MBTI's popularity
③ Controversies surrounding the MBTI
④ Explanations of the various MBTI categories

32 **According to the passage, which of the following is NOT true?**

① There can be different degrees of introversion in people.
② The MBTI categorizes people as either judgers or feelers.
③ Many companies use the MBTI to assess job applicants.
④ The same person will always get the same results on the test.

33-34

For most of the public, it's easy to conflate graffiti and street art. Even in artistic circles, the two terms are used interchangeably, and refer to a fluid concept of 'art on the street'. Yet, however singular or cohesive the two may seem to the mainstream as a subculture, there are significant differences that separate the two. "Graffiti predates street art and street art draws its inspiration from graffiti," states Lois Stavsky, long-time curator of StreetArtNYC. Graffiti is word-based and its writers are mostly self-taught. The art form emerged from inner city neighborhoods as a type of self-expression for urban youth. It's egoistic because its 'tags' are acts of personal branding by the writers. Graffiti is illegal, but it is precisely this illegal risk that gives it its countercultural edge. Street art, on the other hand, is most often done by artists who have received formal training. In the beginning, the artists took their cue from graffiti in making the streets their canvas as a statement against the existing establishment, and their works usually carry some message for the public. Street art is usually painted with permission or commissioned.

33 Which of the following is the major topic of the passage?

① The difference between graffiti and street art
② Why street art is art but graffiti is not
③ The origins of graffiti and street art
④ Graffiti's indebtedness to street art

34 According to the passage, which of the following is NOT true?

① Street art was inspired by graffiti.
② Street artists are mostly self-taught.
③ Graffiti is a type of self-expression based on words.
④ Graffiti has a countercultural edge due to its illegality.

35-37

An NFT, or non-fungible token, is a unique digital representation of an item, so to speak, a work of art. It's akin to a certificate of authenticity or a deed and it's recorded on a blockchain. Typically, an NFT represents something in digital form that you might not previously have thought of as a commodity: Jack Dorsey's first tweet, for instance, or a clip of TV footage from a basketball game, or a pixelated cartoon ape in the form of a jpeg. An NFT can be minted (i.e., registered on a blockchain) from almost anything: a virtual racing car inside a video game, a photo of Harry Styles's cardigan, or a work of digital art. Creating an NFT does two things: It certifies one's Ⓐ______ of the work and guarantees its scarcity. If you want to sell something that exists only digitally, the problem is that all things digital can be infinitely copied. NFTs don't stop the copying. But they allow you to distinguish the copies from this one, notional 'original'. And they prove, through the ledger, that you own it. Until, of course, you sell it. And that's the real point. By minting something as an NFT, you're creating a commodity. If you believe the promoters, NFTs are poised to transform the art world, changing not only how art is bought and sold, but also what kind of art we value, and which artists. Proponents say that NFTs will revolutionize the existing trading model in the art market, especially for digital art.

35 **Which of the following is the major topic of the passage?**

① The role of the blockchain in NFTs
② The operation and impact of NFTs
③ Exemplars of the 'original' NFTs
④ A revolutionized model of NFTs

36 **According to the passage, which of the following is NOT true of an NFT?**

① It represents digitally what might not have been previously regarded as a product.
② It is equivalent to a certificate of authenticity or a deed in the art market.
③ It prevents the 'original' piece of artwork from being replicated infinitely.
④ It is expected to innovate the existing trading system for digital art.

37 **Which of the following best fits into Ⓐ?**

① entrepreneurship ② virtuality
③ duplicity ④ ownership

38-40

The word 'metaverse' is often traced to Neal Stephenson's 1992 dystopic, cyberpunk novel *Snow Crash*, and many see a more recent inspiration in the dazzling warren of experiences at the heart of Ernest Cline's 2011 novel *Ready Player One*. However, the metaverse is far from the stuff of sci-fi. It's not even new. Online communities have existed since the mid-1980s, and grew in the 1990s with chatrooms, AOL instant messenger, and the first social media sites. The game *World of Warcraft* became a persistent social scene for millions in the early 2000s, and communities have continued to sprout up within and around games. Today, logging onto *Fortnite*, joining a chat with friends over a console platform and launching into a game with them is, especially to younger generations, just as social an experience as most physical interactions. Whether in virtual reality (VR), augmented reality (AR), or simply on a screen, the promise of the metaverse is to allow a greater overlap of our digital and physical lives in wealth, socialization, productivity, shopping, and entertainment. These two worlds are already interwoven, no headset required: Think about the Uber app telling you via location data how far away the car is; think about how Netflix gauges what you've watched before to make suggestions. At its core, the metaverse is a(n) Ⓐ______ of our current Internet.

38 **Which of the following is the best title for the passage?**

① The Retreat of the Metaverse
② Metaverse: It's around the Corner
③ The Metaverse Has Already Arrived
④ How the Metaverse Will Change our Lives

39 **According to the passage, which of the following is true?**

① The metaverse is only a figment of sci-fi authors' imaginations.
② Playing *Fortnite* is a physical interaction but not a social one.
③ The metaverse allows for our digital and physical lives to overlap.
④ The word 'metaverse' first appeared in *Ready Player One*.

40 **Which of the following best fits into Ⓐ?**

① decay　　② evolution
③ abbreviation　　④ manipulation

41-42

For a few years now, research and development in driverless cars have evolved tremendously, and several intuitive and creative changes have been witnessed. There have been various demonstrations of these autonomous vehicles, both on and off roads, by the auto giants. However, the measure of safety has always been a serious concern in self-driving cars. There have been severe accidents during the on-road trials of various driverless cars. For instance, in 2016, a Tesla driver died in a car crash while using autopilot mode. In 2018, a self-driving car from Uber hit and killed a woman. It is, therefore, a key requirement to work on the safety features of self-driving cars. Here are some creative measures that have been adopted for driverless cars. Adaptive cruise control is an intelligent form of cruise control that works by reducing and increasing the speed automatically to keep pace with the vehicle in front. This technique helps avoid collisions. Blindspot detection is another core technology, providing 360 degrees of electronic coverage around a car, regardless of the speed. Developed by Volvo, this technology tracks traffic just behind the vehicle as well as what's coming up alongside. Finally, lane-keeping assist enables vehicles to travel within the desired lane by adjusting the front steering angle. It works by deploying the steering if the vehicle moves out of the lane.

41 Which of the following is the best title for the passage?

① The Dangers of Autonomous Cars
② Safety Features of Driverless Cars
③ Tesla, Uber, and Self-Driving Cars
④ Traffic Laws Concerning Self-Driving Cars

42 According to the passage, which of the following is true?

① Blindspot detection is a safety feature developed by Tesla.
② There have been no fatalities in accidents involving self-driving cars.
③ Adaptive cruise control adjusts the speed of the car to avoid collisions.
④ Auto companies have kept demonstrations of driverless cars off-road.

43-44

The camera opens on a coffee table groaning under the weight of the kind of food you dream about when you're hungry, on a diet, or trying to eat healthily: a glass bowl piled high with potato chips, three hamburgers, a large loaded pizza, and a mound of chicken wings. Mammoth food content on YouTube is by no means a new concept. *Mukbang* videos, where YouTubers eat large quantities of unhealthy food, slurping and crunching into a microphone, have been big business for the site for years now. They originally emerged almost a decade ago, the first videos having been created back in 2010 by South Korean bloggers. Much has been written about the significance of *mukbang* videos in South Korean society, where food and dining is a central pillar of collective culture, and is dictated by strict etiquette. A way of reacting against these cultures, *mukbang* videos in their original format were Ⓐa way of vicariously enjoying the foods we know we shouldn't eat through an on-screen — usually conventionally attractive — avatar. Dieticians claim that these attitudes and the kind of overindulging we see in *mukbang* content can be problematic. This type of video may be entertaining, especially to people who are dieting and restricting themselves from delicious foods, but viewers — particularly those vulnerable to disordered eating patterns — can be left at risk. These videos reinforce a dangerous diet cycle where a binge is often followed by more restriction, which then fuels another binge.

43 According to the passage, which of the following is NOT true?

① *Mukbang* videos usually feature unhealthy food.
② Most *mukbang* YouTubers tend to be attractive.
③ *Mukbang* YouTubers usually overindulge themselves in their videos.
④ *Mukbang* videos are a healthy way of satisfying your appetite for junk food.

44 Which of the following is closest in meaning to Ⓐ?

① indirectly experiencing the food through another person
② permitting yourself a forbidden experience
③ allowing yourself to binge eat for a day
④ adopting a diet cycle where eating and restriction alternate

45-47

We have come a long way from the optimism that surrounded the internet in the early 1990s. Then, there was a utopian view of its potential to democratize news and reinforce social cohesion. Indeed, only 10 years ago, we were celebrating the role that online communications played in the Arab Spring. Now, when the subject of social media is mentioned, it is far more often associated with racist organizations, wild conspiracy theories, or the bullying and silencing of women and minority groups. In addition to the concerns around disinformation, numerous studies show that users who feel themselves to be protected from being identified are more likely to behave aggressively: a toxic form of what is commonly described as the 'disinhibition effect'. And recent research found that 72% of people who have experienced online abuse had been targeted by anonymous or false accounts. The evidence of the dangers posed by unrestrained anonymity is undeniable. Ⓐ<u>Yet there are many who argue that an outright ban on anonymity would be a disproportionate response</u>. While it is true that some users hide behind anonymity specifically just to harass or troll, others have wholly legitimate reasons for withholding their identity. They could be whistleblowers revealing corporate or departmental wrongdoing, who would otherwise face retribution. They might be political dissidents or individuals trying to avoid an abusive partner. Or they might simply have far less dramatic but equally valid reasons for wanting to be able to explore certain ideas online without having to face the consequences. We need to find a way of reconciling these legitimate but conflicting public interests.

45 **Which of the following is the major topic of the passage?**

① The abuse of social media by conspiracy theorists
② The issues associated with online anonymity
③ The problems of keeping dissidents safe online
④ The reconciliation of two competing arguments

46 **According to the passage, which of the following is NOT true?**

① The reasons people want online anonymity are illegitimate.
② Whistleblowers need to hide their identity for safety reasons.
③ Anonymous or fake accounts are the source of the majority of online abuse.
④ People who feel that they are anonymous are disinhibited from behaving aggressively.

47 **According to the passage, which of the following is closest in meaning to Ⓐ?**

① Responding asymmetrically is many people's tactic for arguing online.
② Many still think that completely prohibiting online anonymity is far too strong a response.
③ According to a few, disallowing the ban on anonymity is the proportionate response.
④ Many who argue for the ban on anonymity are responding appropriately online.

48-50

What is the economic impact of Omicron? The latest variant of the coronavirus has spread at such a ferocious pace that forecasters are still catching their breath, and it will be some time before its economic effects become apparent in the official data, which are published after a lag. But a number of speedier indicators can provide some insight into how consumers and workers may be adjusting their behavior. Consider first people's willingness to go out and about. A mobility index using real-time data from Google includes visits to workplaces, retail and recreation sites, and transport hubs. This measure has been reasonably stable in America, albeit at levels below pre-pandemic norms, and has fallen a little in Britain and Germany in recent days. But underlying those headline figures are bigger differences depending on the kind of activity. The return to the office seems to have stalled. In America and Germany journeys to workplaces fell to about 25% and 16% below pre-pandemic levels, respectively. In Britain, where the government has issued guidance to work from home, they were 30% lower. By contrast, retail- and recreation-related activity has continued to recover in all three countries. This suggests that people may have become more Ⓐ_______, especially as the festive season began. It might also indicate that people who can easily work from home were doing so, a sign of the economy's increased adaptability to new variants.

48 **Which of the following is the passage mainly about?**

① Omicron's economic impact indicated by real-time data
② Influences of Omicron on worker-consumer relations
③ The change of places frequented by consumers
④ The economy's failure to adapt to new variants

49 **According to the passage, which of the following is true?**

① Omicron's economic effects are available in official data.
② A mobility index has been stable in Britain and Germany.
③ The economy in general has worsened since the breakout of Omicron.
④ Britain showed the greatest reduction in the rate of commutes to work.

50 **Which of the following best fits into Ⓐ?**

① discriminating about why they leave the house
② enthusiastic about returning to work
③ concerned about Omicron infections
④ worried about going shopping

HANKUK UNIVERSITY OF FOREIGN STUDIES

한국외국어대학교

2022학년도 T2 홀수형(서울 인문계 학사편입/글로벌 인문계 일반·학사편입)
▸▸ 50문항·60분

T3(글로벌 자연계 일반·학사편입)
▸▸ 영어 25문항, 수학 20문항·90분

인문·자연계 공통 영어문제 별도 * 표시

[문항별 배점: 01-13 1점/ 14-17 1.5점/ 18-30 2점/ 31-40 2.5점/ 41-50 3점]

[01-04] Choose the one that best completes the sentence.

01* The unethical researchers used a tool that they knew would ______ the results of the safety test and make the cars look safer than they really were.

① transcend ② skew
③ compile ④ refrain

02* To be sure, the nation's economic ability to ______ its expansionism is questionable.

① sustain ② stall
③ relinquish ④ subdue

03 This attack will ______ the already tense relations between the two countries.

① exacerbate ② eradicate
③ envision ④ espouse

04* Getting an A+ in English is not an easy ______ for a student who has never resided in an English-speaking nation.

① attribute ② training
③ example ④ feat

[05-09] Choose the one that best replaces the underlined word.

05* Some young people consider their nation's traditional values <u>obsolete</u> in this fast-changing age.

① outdated ② absolute
③ meritorious ④ variable

06* His postwar policies brought criticism upon him which could have <u>tarnished</u> his popularity.

① tainted ② regained
③ perished ④ stabilized

07 Patients suffering from liver disease may be <u>susceptible</u> to bacterial infections.

① available ② digressive
③ prone ④ invincible

08* The recent <u>surge</u> in airfares came as a shock to international travelers.

① strike ② ebb
③ hike ④ recess

09 The restaurant's serving staff has become <u>redundant</u> with the introduction of the new serving robots.

① superfluous ② plausible
③ sarcastic ④ liable

[10-13] Choose the one that is closest in meaning to the CONTEXTUAL meaning of the underlined word.

10 Although <u>delicate</u> in structure, spider webs are strong enough to withstand hurricane-force winds.

① intricate ② fragile
③ sensitive ④ discreet

11 **This can best be done in clearly situated case studies, which <u>yield</u> qualitative findings.**

① surrender ② stop
③ profit ④ provide

12* **The violent movie received an adult-only rating from the film review <u>board</u>.**

① plank ② group
③ stage ④ meal

13* **Fried chicken smothered in hot sauce presents the <u>sport</u> of trying to eat it with anything fewer than four paper napkins.**

① athletics ② mockery
③ companion ④ entertainment

[14-15] Choose the one that is closest in meaning to the given sentence.

14* **There were many students marching in the parade and a lot of people watching them, myself among others.**

① I marched with many students in the parade and people watched us.
② Many students marched in the parade and I watched them with many others.
③ There were many people either marching with me in the parade or watching it.
④ Many students marched in the parade with many people watching them, but I wasn't there.

15 **There are books of which the backs and covers are by far the best parts.**

① Even the backs and covers are good in great books.
② You should read the backs and covers to appreciate good books.
③ Some books are so poor that their best parts are the backs and covers.
④ Some authors pay attention to the backs and covers to make them the best parts of the book.

[16-17] Choose the one that best completes the sentence.

16* **Now that ______, the province is advising that people be fully vaccinated before traveling.**

① have travel rules loosened
② travel have loosened rules
③ travel have rules loosened
④ travel rules have loosened

17 **Many scientists are saying that it is difficult, ______, to calculate what impact global warming has on the ecosystem.**

① not even impossible
② though even impossible
③ if not impossible
④ impossible even though

[18-19] Choose the one that makes the sentence grammatically INCORRECT.

18 **The task of ①advertisements is ②to demonstrate to people ③how few they really know ④about what they want.**

19* **①Creating a *hwagak* artifact is a ②complicated process ③involved a great deal of time and ④effort.**

[20-21] Choose the one that is grammatically INCORRECT.

20 ① Linguistics is one of the core areas of the humanities.
② Ten years is never a short time to stay home by yourself.
③ In university, not only the faculty but also the students are vital.
④ The number of the infected, unfortunately, are significantly rising.

21* ① The house will be ready for you to inspect in a few days.
② The thesis includes a rather difficult argument to refute.
③ The report was far too long to read in one evening.
④ Her new book is definitely worth looking at it.

[22-50] Read the following passages and answer the questions.

22-23

The concept of leadership has evolved through the ages. And this evolution has given birth to Ⓐmany counterproductive theories and myths. For some people, leadership means assuming responsibility for everything at the workplace. Such leaders feel compelled to do everything themselves since they feel they are not good leaders otherwise. Others feel that since they are in a leadership position, they have to prove over and over that they are smarter than everyone else, thus justifying their presence at the helm of the team or organization. This is a common misconception about leadership. Intelligent leaders have learned to accept that they do not have to know everything to lead well. Leadership coaching holds in high regard skills such as the ability to Ⓑ_______ tasks in order to tap into the unique abilities of employees and peers. An intelligent leader understands that every meaningful relationship is a unique resource and treats employees accordingly.

22* **According to the passage, which of the following is NOT an example of Ⓐ?**
① Leaders assume responsibility for everything at work.
② Leaders value meaningful relationships.
③ Leaders do everything themselves.
④ Leaders are smarter than others.

23* **Which of the following best fits into Ⓑ?**
① dictate ② disown
③ diminish ④ delegate

24-25

Since the 1960s, there has been a group of musicians who have been serious about finding a breakthrough for *gugak* to make it more appealing to music fans. Their ceaseless work to entice modern listeners to Korea's traditional music finally materialized five decades later, in the mid-2010s, with the advent of what is being called '*Joseon* pop', a term coined both by industry experts and the media that implies a 'meeting of old and new'. *Gugak* musicians had been wrestling for a long time with the idea of how Ⓐ_______. There was a consensus among musicians, as well as among the public, that *gugak* was archaic, like cultural heritage that had remained the same for centuries and had nothing to offer contemporary listeners. This negative perception of *gugak* had to be changed to make it into riveting pop music and broaden its fanbase. The unique combinations of *Joseon* pop create an irresistibly hip, new form of music. It encompasses all types of music performed by Korean fusion bands based on traditional music while adopting contemporary elements from various genres.

24* **According to the passage, which of the following is NOT true?**

① The fanbase for gugak was limited in the past.
② Gugak has become more appealing through fusion with other genres.
③ The media has partly contributed to the public impression of Joseon pop.
④ Joseon pop is an overnight sensation thanks to adopting contemporary elements.

25* **According to the passage, which of the following best fits into Ⓐ?**

① to make their music relevant to the public
② to remain on the margins of the industry
③ to return to their musical origins
④ to resist contemporary challenges

26-27

Why do mosquitoes buzz in your ears? The sound comes from the mosquito's wings, which make the annoying buzzing sound when they circle your head, looking for a place to land. Both male and female mosquitoes buzz, but you probably won't notice the male mosquito's buzzing sound, because they don't want to drink your blood. So they stay away from your ear, feeding on nectar instead. It's the female mosquitoes that come to annoy you. Scientists have discovered that the buzz of mosquitoes is more than just a way to annoy you. It's actually how they find suitable mates. Since female mosquitoes are larger, they flap their wings slower than males, creating a buzzing sound lower in pitch. Males use the Ⓐ______ pitch of the female mosquitoes' buzz to recognize them. Male mosquitoes will Ⓑ______ females when they are quietly resting, but when the females are flying, and therefore buzzing, they want to mate with them. Some people believe that mosquitoes that buzz don't bite. Well, that's true. As long as they're buzzing, they're flying, so they can't bite you. But as soon as they stop buzzing, ©<u>look out</u>!

26* **Which of the following ordered pairs best fits into Ⓐ and Ⓑ?**

① attractive — lure
② peculiar — bother
③ distinctive — ignore
④ annoying — attract

27* **Which of the following does © imply?**

① It is a male mosquito.
② It has landed to bite you.
③ It is looking for a mate.
④ It has gone to look for nectar.

28-30

Forward head posture, also called 'turtle neck syndrome', is defined as a posture where your neck slants in the anterior direction, positioning the head in front of the atlas (the first neck vertebra). This posture shifts the center of gravity forward relative to the weight of the head. Many bad habits of contemporary living can cause forward head posture. These include spending too much time looking at your cell phone or computer monitor, carrying a heavy backpack, or sleeping with your head elevated too high. Other causes may include past neck injuries, weak neck muscles, and practicing sports that Ⓐ______ one side of your body, such as baseball, golf, and tennis. Over time, forward head posture can be corrected by changing your lifestyle habits. Choose a pillow that supports the natural curve of your neck. Make your work station ergonomic by positioning your computer screen at about an arm's length from your head, and keeping the top of the monitor at eye's level so that you don't constantly look down at your screen. Most importantly, you should exercise regularly to improve your posture.

28 **Which of the following is the best title for the passage?**

① Causes and Treatment of Forward Head Posture
② Playing Sports and Forward Head Posture
③ Risks of Extended Use of Cell Phones
④ How to Exercise your Neck Muscles

29 **According to the passage, which of the following is true?**

① A healthy posture is one where the head is hyper-extended.
② Forward head posture may be caused by poor sleeping habits.
③ Exercise is not as important as other habits to improve head posture.
④ Keeping your monitor below eye level is ideal for good posture.

30 **Which of the following best fits into Ⓐ?**

① favor ② heal
③ balance ④ display

31-32

Intelligence is often defined as our intellectual potential; something we are born with, something that can be measured, and a capacity that is difficult to change. However, other views of intelligence have emerged. One such conception is the theory of 'multiple intelligences' proposed by Howard Gardner. This theory suggests that traditional psychometric views of intelligence are too limited. In order to capture the full range of abilities that people possess, Gardner theorizes that people do not have just an intellectual capacity, but have many kinds of intelligence, including musical, interpersonal, spatial-visual, and linguistic intelligences. While a person might be particularly strong in a specific area, such as musical intelligence, he or she most likely possesses a range of other abilities. Gardner's theory has come under criticism from some psychologists and educators. These critics argue that Gardner's definition of intelligence is too broad and that his eight different 'intelligences' simply represent talents and personality traits. Despite this, the theory of multiple intelligences enjoys considerable popularity with educators. Many teachers utilize multiple intelligences in their teaching philosophies and work to Ⓐ______ Gardner's theory into the classroom.

31 **Which of the following is the major topic of the passage?**

① Traditional psychometric views of intelligence
② Different types of personal talents
③ Criticism against multiple intelligences
④ Gardner's theory of multiple intelligences

32 **Which of the following best fits into Ⓐ?**

① investigate ② invalidate
③ integrate ④ infiltrate

33-34

Historians credit repeated locust invasions in the nineteenth century with reshaping United States agriculture west of the Mississippi River. Advised by government entomologists, farmers began to diversify. Wheat had come to nearly monopolize the region, but it was particularly vulnerable to the locusts. In 1873, just before the locusts' most withering offensive, nearly two thirds of Minnesota farmland was producing wheat. By the last year of the invasions, the fraction had dropped to less than one sixth. Farmers learned that peas and beans were far less vulnerable to the insects, and corn was a more robust grain than wheat. In addition to planting alternative crops, many farmers turned to dairy and beef production. Although pastures were often damaged by the locusts, these lands were almost always left in better shape than the crops were.

33* **According to the passage, which of the following is NOT true?**

① Pastures were not as badly damaged as crops by the locusts.
② Farmers focused primarily on growing wheat before the recommendation by the government officials.
③ Peas and beans were devastated by the locusts' invasions so that farmers began to focus on the dairy industry.
④ Farmers realized that wheat was more vulnerable to the locusts than corn.

34* **Which of the following best describes the flow of information in the passage?**

① Fragility then loss
② Challenge then adaptation
③ Fluctuation then despair
④ Dreariness then invigoration

35-37

Squid Game has generated an insatiable fascination that has led to online shopping sites selling out of the villain costume and Parisian teenagers having fistfights outside a *Squid Game* pop-up shop. There is no question that the drama is compelling and the intensity of the interest, specifically among the young, is remarkable. So what's gotten into the kids? Arguably violence and mortality hidden by bright colors and costumes have been with us since at least the middle ages, although this is a more recent style, the 'death game genre' in dystopian surroundings. But *Squid Game* has an unusual selling property within the death game genre. The underlying anxiety used to be environmental collapse, with post-apocalyptic backdrops, following some unknown war or weather event. Now the threat is Ⓐ______, a theme that has not been popular since the Victorian era. Paradoxically, this hyper-real, totally unrealistic drama highlights the anxiety behind the all-too-real mental illness of modern life. It might not be an accident that today, 10 years after a global financial crash, the entire globe is watching a drama whose core message is, "Can I ever pay back this debt? Would it not be easier to game to the death?" Maybe the kids aren't the problem; maybe more adults should be watching it.

35 Which of the following is the best title for the passage?

① *Squid Game*: A Cliched Death Game
② *Squid Game*: Anxieties of Modern Life
③ *Squid Game* Should Be Banned for Children
④ *Squid Game*'s Undeserving Global Popularity

36 According to the passage, which of the following is NOT true of Squid Game?

① It is set in post-apocalyptic surroundings.
② It has captivated young people in particular.
③ It appears unrealistic but deals with a realistic threat.
④ It has a unique selling point within the death game genre.

37 Which of the following best fits into Ⓐ?

① debt ② war
③ family ④ natural disaster

38-40

The recent tsunami of ransomware, stealing and locking one's data until a ransom has been paid, has brought to life the fears that cybersecurity experts have long warned about. Attacks on critical infrastructure have wreaked havoc on hospitals, schools, and even pipelines. For the industry specialists who track this threat, the increased frequency, sophistication, and destructiveness of ransomware suggest that businesses still have major gaps in their defenses. [A] A new, multi-layered approach to protection is needed to stem the damage it causes: one centered around embracing new technologies, improving security processes, and ensuring that staff know how to help curb the threat. [B] Even though many new ransomware strains now lurk in an infected computer for weeks, gathering information and stealing data, attackers still rely on old techniques such as phishing to gain access, steal credentials, and inject malware. In fact, 94% of successful malware attacks now begin with phishing, so defense begins with upgraded email filtering. [C] Organizations must use backups and regular testing of those backups to ensure they can restore quickly after an attack. [D] Asking users to think just two more seconds before they click on a suspicious email would prevent many ransomware attacks from getting a toehold in an organization.

38* **Which of the following is the main theme of the passage?**

① Malware is everywhere so organizations must keep from needless emailing.
② Thinking before you click is the least important part of cybersecurity.
③ Cybersecurity professionals are overly concerned about the problem of ransomware.
④ Securing an organization from ransomware requires a variety of techniques.

39* **According to the passage, which of the following is true?**

① The origins of recent ransomware attacks remain similar to earlier cases.
② Phishing is no longer the major source of damage in ransomware attacks.
③ Backing up your systems is a sufficient defense to ransomware attacks.
④ The behavior of staff has little impact on the success of a cyberattack.

40* **Which of the following is the best place for the sentence below?**

Making people aware of ransomware teaches them to avoid it.

① [A] ② [B]
③ [C] ④ [D]

41-42

Humans have made about 9 billion tons of plastic since the 1950s, only 9% of which has been recycled and only 12% incinerated. The remaining 79% has accumulated in landfills or the natural environment, and even most plastics labeled 'biodegradable' don't break down in the ocean. To help lighten nature's load in the midst of this environmental crisis, researchers are now looking at alternative methods for Ⓐ______. One such solution comes in the form of a certain mushroom species with the ability to consume polyurethane, one of the main ingredients in plastic products. If we can find a way to harness the power of these plastic-eating mushrooms, these natural composters could be the key to cleaning up our planet. The idea of using mushrooms to break down plastic isn't without its limitations. Releasing new organisms into new environments, in the ocean, for example, can be tricky business. One approach would be to collect the plastic debris first and let the fungus work its magic in a controlled environment. That being said, research clearly shows that these types of mushrooms can break down plastic in weeks or months, potentially producing a protein-rich food for animals, humans, or plants.

41 Which of the following is the best title for the passage?

① Finding the Best Natural Compost
② Mushrooms that Eat Plastic
③ The Fight against Waste
④ Protein-rich Mushrooms

42 Which of the following best fits into Ⓐ?

① discontinuing plastic
② plastic reproduction
③ plastic disposal
④ littering plastic

43-44

The word 'glamping' was added to the *Oxford English Dictionary* in 2016. The word is new, but the concept that glamping denotes, that of staying in luxurious tents, recreational vehicles, or other camping accommodations, is not. In the 16th century, the Scottish Earl of Atholl prepared a lavish experience in the Highlands for the visiting King James V and his mother. The Earl pitched lavish tents and filled them with all the provisions of his home. Probably the most extravagant example of palatial tent-living in history was the Field of the Cloth of Gold, a diplomatic summit in 1520 between Henry VIII of England and Francis I of France. Some 2,800 tents were erected, and fountains ran with red wine. Some 400 years later, in the 1920s, an African safari became 'the thing to do' among wealthy Europeans. But wealthy travelers, even those in search of adventure, were not willing to sacrifice comfort or luxury. From electric generators to folding baths to cases of champagne, travelers were afforded every domestic luxury while on adventure.

43* **According to the passage, which of the following is true?**

① Recreational vehicles were more popular than tents on glamping safaris.
② Lavish tents and red wine were provided by James V for the Earl.
③ Luxurious amenities were provided to wealthy glampers.
④ Henry VIII and Francis I enjoyed solitude while glamping.

44* **According to the passage, which of the following CANNOT be inferred?**

① Wealthy people prefer luxurious accommodations even in the wild.
② The word 'glamping' is a new way of saying an old idea.
③ Glamping is cheaper than staying at a hotel on safari.
④ Alcoholic beverages are part of the glamping culture.

45-47

If you're someone who has trouble sleeping, somebody has probably already suggested white noise to you. For better or worse, our brains continue to process sensory stimuli when we're asleep, meaning that our partner's snoring, dog's barking, and even our leaky sinks can easily make us victims of restless nights. The reason noises wake us up at night is not exactly because of the noise itself, but rather the sudden change in noise. White noise works by masking these changes and allowing our brains the benefit of a more consistent sonic environment. Aside from the benefit of a better night's sleep, white noise has shown promising results related to memory and concentration. Lots of studies on sound therapy have focused on specific sonic hues like white, pink, and brown, so what exactly is the difference between them? White noise, probably the most familiar of these, sounds like a radio tuned to an unused frequency. Similar to the way white light contains all the wavelengths of the visible spectrum at equal intensity, white noise has equal power across all frequencies Ⓐ______ to the human ear. Pink noise is white noise, but with reduced higher frequencies. It resembles the sounds of steady rainfall or wind, and it is often considered to be more soothing than white noise. Several studies on pink noise have shown that sleeping with it can improve our memories the following day, and potentially even long-term. Brown noise lowers the higher frequencies even more. It's a bit 'rougher' than pink noise and resembles the roar of a river current or strong wind. Common benefits associated with brown noise are relaxation, improved focus, and of course, sleep improvement.

45 Which of the following is the best title for the passage?

① Differences among White, Pink, and Brown Noise
② Why we Overlook White, Pink, and Brown Noise
③ Pros and Cons of Sound Therapy
④ How to Sleep Better at Night

46 According to the passage, which of the following is true?

① Our brains stop processing sensory stimuli while we sleep.
② Noise change, rather than noise itself, wakes us at night.
③ Pink noise is white noise with increased higher frequencies.
④ Brown noise can improve focus but not sleep.

47 Which of the following best fits into Ⓐ?

① irrelevant
② audible
③ applied
④ invisible

48-50

In cases of episodic repetition, entire scenes or plot motifs are repeated, wholesale or piecemeal, sometimes with only minimal variation. Anyone raised on the Brothers Grimm knows all about episodic repetition. In *Cinderella*, when the prince takes the glass slipper on the road, searching for the foot that wore it, there's a scene where he tries it on the eldest sister's foot to no avail. This 'Foot Trial' episode is repeated twice more. The first repetition, with the second sister, is virtually identical to that of the eldest sister's trial with the exception that where the eldest sister amputates her toe to make the slipper fit, the second sister amputates her heel. Both times, the slipper fills up with blood, and the prince returns the Ⓐ______ to her family. The third time around, of course, it's Cinderella's turn, and the outcome and content of this episode is significantly different from the first two. Indeed, the third trial marks the culmination of the whole sequence and leads to the resolution of the tale. But this is often how episodic repetitions work: A sequence of more-or-less parallel episodes culminates in a final episode where it all works out, where the tensions generated by the preceding episodes are resolved.

48 Which of the following is the major topic of the passage?

① The Brothers Grimm's *Cinderella*
② The significance of the third repetition
③ Extending the culminative tensions
④ How episodic repetition works

49 According to the passage, which of the following is true?

① In cases of episodic repetition, the final repetition is more significant than previous ones.
② In the 'Foot Trial' episodes, Cinderella's two sisters end up going to jail.
③ Episodic repetition requires thoroughly changing plot motifs or scenes.
④ To fit in the shoe, Cinderella's second sister cuts off her own toe.

50 **Which of the following best fits into Ⓐ?**

① brothers
② princess
③ imposter
④ housemaid

미래를 꿈꾸는 사람, 그 꿈의 한계를 깨부수는 편입

이O현

한국외국어대학교 행정학과
편입구분: 학사편입

어휘 학습법

어휘는 편입의 동력입니다. 어휘가 늘지 않으면 성적도 오르지 않습니다. 초반에는 처음 접하는 단어가 많았기 때문에 데일리테스트 100점을 목표로 MVP의 표제어와 동의어를 위주로 암기했습니다. 과목과 상관없이 3초 안에 적절한 뜻이 떠오르지 않으면 쉬운 단어라고 하더라도 단어장에 적어 암기했습니다. 주말에는 그 주에 외운 단어들을 반복해서 암기했습니다. 잠깐 놓는 순간부터 바로 잊어버리기 때문에 누적해서 암기하는 것이 가장 빠르고 효과적인 방법입니다.

문법 학습법

초반에는 이론 위주로 암기했습니다. "오늘 배운 문법 공식은 오늘 다 끝낸다."라는 나름의 원칙을 가지고 자습 시간의 60%를 썼습니다. 단순 암기는 금방 잊어버리기 때문에 수업 시간과 쉬는 시간 안에 오늘 배운 것을 이해하는 것이 아주 중요하다고 생각합니다. 문제는 답을 고르고 나머지 보기가 답이 안되는 이유도 적어 가며 풀었습니다. 틀린 답은 그 개념을 이론책에서 찾고 다시 외운 후 오답 노트에 외운 것을 쓰며 완전히 암기했습니다.

논리 학습법

제가 가장 어려움을 많이 느낀 과목이 논리였습니다. 초반에는 문법, 단어, 해석력의 기본이 안 되어있기 때문에 논리보다는 어휘와 문법에 치중했고 손규민 교수님께서 주신 연결사 정리 프린트를 외우고 수업 복습을 꾸준히 했습니다. 다른 과목들이 어느 정도 자리를 잡은 후부터 문제를 많이 풀지 않고 한 문제라도 완벽히 이해하는 것을 목표로 차근차근 공부했습니다.

독해 학습법

독해는 문단마다 어떤 것을 이야기하는지 파악하는 감을 익히는 것이 중요합니다. 초반에 어느 문단이 주제이며 구체적 진술인지 알 수 없었기 때문에 모든 문장을 해석했고 항상 시간이 부족했습니다. 이하나 교수님이 가르쳐 주신 주제와 구체적 진술을 찾는 방법과 지문의 구성 종류 등을 통해 지문 해석의 큰 그림을 그리는 감을 익혔습니다. 교수님께서 주신 자료와 수업 복습뿐만 아니라 감을 잃지 않으려 꾸준히 편머리를 풀었습니다.

한국외국어대학교 | 2021학년도 T1-1 | 50문항 · 60분

어휘

▶▶ 동의어 5문제, 문맥상 동의어 4문제, 총 9문제가 출제되었다. 동의어 유형에서는 tacit(=implied), mendacious(=deceitful), assuage(=mitigate), construe(=interpret), prodigal(=profligate)이 출제됐는데, 제시어가 들어있는 문장과 선택지에 제시된 단어가 어렵지 않아, 기출어휘를 충분히 공부한 수험생은 쉽게 정답을 고를 수 있었다. 그리고 문맥상 동의어 문제에서는 austere(=unadorned), mundane(=ordinary), equity(=value), asylum(=haven)이 출제됐는데, 제시어의 뜻으로 쓰이는 단어가 선택지로 나와서 정답을 고르는 데 어려움을 줄 수 있었다.

문법&재진술

▶▶ 출제된 문법사항으로는 가목적어 it에 대한 진목적어 that절, 전치사의 목적어로 쓰인 간접의문문, 등위상관접속사 either A or B, 목적격 관계대명사 that의 생략 및 that절의 동사파악, I wish 가정법 구문, 능동태와 수동태의 구분 등이 출제됐다. 또한 제시된 문장과 같은 의미로 쓰인 문장을 고르는 재진술 2문제 출제됐다. 14번의 제시문은 all the more reason for ~ing(~이니까 더욱 그렇다) 구문이 쓰였다. 15번의 제시문은 She supposed <u>that</u> maturity meant recognizing what was really important.에서 밑줄 친 접속사 that이 생략된 형태로, 여러 개의 동사가 한 문장 안에 들어있어서 문장의 구조파악 여부가 정답을 고르는 데 중요했을 것이다.

논리완성

▶▶ 갈릴레오가 유죄를 받을 뻔했다는 내용을 통해 갈릴레오의 우주관이 당시에는 '이단이었음(heretical)'을 선택지에서 고르는 문제, 컴퓨터가 위치한 곳을 숨기는 소프트웨어를 이용했다는 내용을 통해 인터넷 이용자가 위치 제한을 '교묘히 피할 수(circumvent)'있었음을 고르는 문제, 외국어 구사자들이 회화능력이 뛰어날 수 있다고 한 다음 and yet(그럼에도 불구하고)이 와서 발음상의 오류 때문에 '알아들을 수 없음(unintelligible)'을 고르는 문제, 축구선수가 펀칭으로 공을 넣었다는 내용을 통해 '노골적인(blatant)' 규칙 위반임을 고르는 문제가 출제되었다.

독해

▶▶ 출제된 지문의 내용을 살펴보면, 수익 증가와 브랜드 인지도 상승에 도움이 되는 제품간접광고, 우리의 일상적인 생각과 언어에 만연하게 쓰이는 은유, 내편편향(확증편향)의 정의 및 내편편향이 쓰이는 실제 사례, 하나의 물건을 구입한 후 그것에 어울리는 다른 물건을 계속적으로 사게 되는 디드로 효과, 온라인 시험 부정행위 방지 소프트웨어를 둘러싼 논란, 생각하기를 통해 정보를 습득하는 것의 중요성, 르네상스 시대 지도제작자인 어바노 몬테가 만든 세계지도, 생방송으로 진행되는 동영상에서 허위정보 탐지의 어려움, 우리에게 큰 영향을 미치는 관습에 대해 연구할 필요성, 로봇에 대해 인간이 느끼는 감정의 변화를 소개한 '불쾌한 골짜기', 겉핥기식 읽기와 대비되는 깊이 읽기의 중요성, 수면의 질을 향상시켜주는 무거운 담요가 독해 지문으로 사용됐다.

HANKUK UNIVERSITY OF FOREIGN STUDIES

한국외국어대학교

2021학년도 T1-1
▸▸ 50문항 · 60분

T1-2(글로벌 자연계 일반 · 학사편입)
▸▸ 영어 25문항, 수학 20문항 · 90분

인문 · 자연계 공통 영어문제 별도 * 표시

[문항별 배점: 01-13 1점/ 14-17 1.5점/ 18-30 2점/ 31-40 2.5점/ 41-50 3점]

[01-04] Choose the one that best completes the sentence.

01* **Galileo's view of the universe was _______ and thus, he was almost convicted; his view is now regarded as canonical.**

① superficial ② heretical
③ cursory ④ orthodox

02* **In theory, internet users can _______ location restrictions by using software that hides where their computer is based.**

① intensify ② observe
③ circumvent ④ fluctuate

03* **Foreign language speakers can be very advanced in most aspects of speaking ability and yet be _______ due to pronunciation errors.**

① ungainly ② unintelligible
③ inadvertent ④ indigenous

04 **The player punched the ball into the goal, a(n) ______ violation of the rules seen by nearly everyone but the referee.**

① blatant ② unintentional
③ ambiguous ④ hidden

[05-09] Choose the one that best replaces the underlined word.

05* **There was a <u>tacit</u> agreement among survivors not to mention their traumatic experiences.**

① expressed ② implied
③ outspoken ④ unanimous

06* **News on the internet is not so much fact but rather a flood of meaningless celebrity gossip and <u>mendacious</u> political propaganda.**

① provocative ② reasonable
③ aggressive ④ deceitful

07 **Many parents who do not spend much time with their children often try to <u>assuage</u> guilt by buying toys for them.**

① mitigate ② justify
③ exonerate ④ vindicate

08* **The way the court <u>construes</u> various words has changed over time.**

① composes ② interprets
③ coins ④ enumerates

09 **The conference organizer was <u>prodigal</u> with the national grant, spending thousands of dollars on unimportant projects.**

① profligate ② prosaic
③ proficient ④ prodigious

[10-13] Choose the one that is closest in meaning to the CONTEXTUAL meaning of the underlined word.

10* **The room was <u>austere</u> and neat, containing only a bed and a rocking chair.**

① barren ② destitute
③ stern ④ unadorned

11* **Many narrators wrote only reluctantly, suspecting that their life stories were too <u>mundane</u> to be of any interest to anybody.**

① ordinary ② secular
③ earthly ④ material

12 **Over the years, they have carefully avoided tapping into their home <u>equity</u> for unnecessary expenses.**

① ownership ② fairness
③ value ④ stock

13 **European countries are increasingly reluctant to grant <u>asylum</u> to refugees from war-torn countries.**

① sanatorium ② institution
③ haven ④ retreat

[14-15] Choose the one that is closest in meaning to the given sentence.

14* **If you like K-pop, that's all the more reason for coming to the show.**

① Once you go to the show, you will surely like K-pop.
② You don't need many reasons to go to the K-pop show.
③ Your liking for K-pop is an added reason to see the show.
④ The show will be fun whether you like K-pop or not.

15 **She supposed maturity meant recognizing what was really important.**

① Identifying things of true importance was what she felt defined maturity.
② Supposed maturity is the recognition of truly important things in her view.
③ She believed that maturity is the supposition of importance in real things.
④ Recognizing supposed maturity is what she thinks is really important.

[16-17] Choose the one that best completes the sentence.

16* **The people detained at the center are ______ today that the abuse must not continue.**

① making it known
② making it knowing
③ making it knows
④ making it know

17 **Many of the former patients remain anonymous, but allege ______ which surgical procedures would be performed on them, not receiving pain medication after surgery, among other allegations.**

① to be uninformed by
② to have uninformed
③ being uninformed about
④ being uninformed

[18-19] Choose the one that makes the sentence grammatically INCORRECT.

18 **Human understanding, when it ①has once adopted an opinion, either as being the received opinion ②and as being agreeable to itself, ③draws everything else to support and ④agree with it.**

19* **Not ①seeing any video games the kids ②wanting and ③acknowledging we certainly don't need any of them, I continued ④browsing in the toy department.**

[20-21] Choose the one that is grammatically INCORRECT.

20* ① I would rather you came here, tomorrow than today.
② It is time you washed away your own ridiculous privilege.
③ If only I had a larger budget, this wouldn't be a problem.
④ When the test began, I wished I know the answer.

21 ① BTS ascended to the zenith of stardom in a year defined by struggles to have concerts and meet fans.
② Those funds are already committed, so they are not available for research in developing countries.
③ Children deserve to have their basic needs met and to be surrounded by caring adults.
④ The Dakota tribe is prioritized the distribution of vaccines to those who speak the Dakota language.

[22-50] Read the following passages and answer the questions.

22-23

'Product placement', also called 'embedded marketing,' is a merchandising strategy for brands to reach their target audiences by embedding their products into another form of media. This placement of branded goods or services is often found in entertainment, namely in movies or television. For examples of branded product placement in the media, think of movies you've seen. If the lead actor is drinking a clearly labeled 'Coke' or using a clearly labeled 'Samsung' cell phone, then this is product placement. In most cases, large brands will have paid huge sums of money for their brand to be placed in movies. While the product placement cost can be high, the payout can be even higher for the brand. For example, Hershey embedded its chocolate into the movie *E.T.* and their profits jumped by 65%. Aside from an increase in profits, product placement can also boost brand recognition. *The Journal of Management and Marketing Research* estimates that 57.5% of television viewers recognized a brand embedded in a show when the brand was also advertised during the show. Even if that doesn't translate to immediate sales, higher brand recognition will benefit your business in Ⓐ______.

22* **According to the passage, what are the two benefits of product placement?**

① Increases in profits and brand awareness
② Increases in profits and decreases in costs
③ Economical advertising and creative branding
④ Trendy advertising and efficient branding

23* **Which of the following best fits into Ⓐ?**

① a creative way
② a short time
③ the mean time
④ the long run

24-25

It is commonly thought that poetic language is beyond ordinary language, something essentially different, special, and higher that uses extraordinary instruments like metaphor, which are beyond the reach of someone who just talks. But great poets use basically the same tools we use; what makes them different is their talent for using these tools, and their skill in using them, which they acquire from sustained attention, study, and practice. Metaphor is a tool so ordinary that we use it unconsciously and automatically, with so little effort that we hardly notice it. It is Ⓐ______: metaphor suffuses our thoughts, no matter what we are thinking about. It is accessible to everyone: as children, we automatically, as a matter of course, acquire a mastery of everyday metaphor. It is conventional: metaphor is an integral part of our ordinary everyday thought and language. And it is Ⓑ______: metaphor allows us to understand our selves and our world in ways that no other modes of thought can. Far from being merely a matter of words, metaphor is a matter of thought — all kinds of thought: thought about emotion, society, human character, language, the nature of life and death, etc.

24 Which of the following is the major topic of the passage?

① Great poets gifted at using poetic tools creatively
② Metaphor as a conventional rhetorical device
③ Metaphor's pervasiveness in everyday thought and language
④ Poetic language as an extraordinary tool exclusive for poets

25 Which of the following ordered pairs best fits into Ⓐ and Ⓑ?

① omnipresent — irreplaceable
② absolute — immutable
③ ubiquitous — impermanent
④ complementary — non-substitutable

26-27

Research has shown that 'myside bias' is displayed in a variety of experimental situations: people evaluate the same virtuous act more favorably if committed by a member of their own group and evaluate a negative act Ⓐ______ if committed by a member of their own group; they evaluate an identical experiment more favorably if the results support their prior beliefs than if the results Ⓑ______ their prior beliefs; and when searching for information, people select information sources that are likely to support their own position. In addition, the interpretation of a purely numerical display of outcome data is tipped in the direction of the subject's prior belief. ⒸEven judgments of logical validity are similarly skewed. Valid syllogisms with the conclusion "therefore, marijuana should be legal" are easier for liberals to judge correctly and harder for conservatives; whereas valid syllogisms with the conclusion "therefore, no one has the right to end the life of a fetus" are harder for liberals to judge correctly and easier for conservatives.

26* **Which of the following ordered pairs best fits into Ⓐ and Ⓑ?**

① more favorably — support
② more unfavorably — challenge
③ less favorably — confirm
④ less unfavorably — contradict

27* **According to the passage, Ⓒ means that people ______.**

① confuse mechanical logic with tendencies in general
② interpret syllogisms based on their logical structure
③ evaluate syllogisms with respect to the objectivity of the conclusion
④ judge logic based on whether the conclusion agrees with their prior belief

28-30

The famous French philosopher Denis Diderot lived nearly his entire life in poverty, but that all changed in 1765. Diderot was 52 years old and his daughter was about to be married, but he could not afford to provide a dowry. When Catherine the Great, the Empress of Russia, heard of Diderot's financial troubles she offered to buy his library from him for a huge amount of money. Suddenly, Diderot had money to spare. Shortly after this lucky sale, Diderot acquired a new scarlet robe. Diderot's scarlet robe was so beautiful that he immediately noticed how Ⓐ______ it seemed when surrounded by the rest of his common possessions. He soon felt the urge to buy some new things to match the beauty of his robe. He replaced his old rug with a new one from Damascus. He decorated his home with beautiful sculptures and a better kitchen table. These reactive purchases have become known as the Diderot Effect. It states that obtaining a new possession often creates a spiral of consumption leading you to acquire more new things. As a result, we Ⓑend up buying things that our previous selves never needed to feel happy or fulfilled.

28 **Which of the following is the best title for the passage?**

① The Diderot Effect: Why We Buy Things We Don't Need
② The Ingenuity of Diderot: How He Overcame Poverty
③ The Privacy of Diderot: What Is Not Known
④ The Double Life of Diderot: Man of Poverty and Luxury

29 **Which of the following best fits into Ⓐ?**

① out of focus
② out of season
③ out of place
④ out of the question

30 **Which of the following is closest in meaning to Ⓑ?**

① Eventually come to buy things
② Decisively stop buying things
③ Unconsciously suspend buying things
④ Constantly hesitate to buy things

31-32

Some university students are expressing concern about software being used to catch cheating during online exams. Although most instructors have adapted their courses to avoid online exams during the pandemic, some still require them. For these, students are required to download proctor programs that access their web cameras that monitor the students during the exam to make sure they are not cheating. The programs were developed specifically for universities and are not intrusive AI-powered software or external service providers. That means the programs do not allow remote access to the computers on which they are installed, so they cannot spy on files, browsing history, or other applications. But student representatives say students still have privacy concerns. "It is putting a camera into every student's home, and they might not be comfortable with that. For example, what if a roomate accidentally walks in on a student who's taking an exam," one student asked. "If a prof sees that and deems it as suspicious behavior, they could fail a student because of that." Some student associations are asking universities to develop a different way to monitor timed exams, especially when students are already under added stress due to the pandemic.

31* **Which of the following is the major topic of the passage?**

① Anti-cheating software preferred by most professors
② Students' ambivalence about being spied upon by AI
③ Anti-cheating programs spying on a student's files
④ Use of anti-cheating software causing controversy

32* **According to the passage, which of the following is NOT true?**

① Something innocent during online exams could be considered suspicious behavior.
② External service providers are not involved in the anti-cheating program.
③ Students want universities to change how they proctor timed exams.
④ The proctor programs are designed to monitor a student's private files.

33-34

No one doubts, theoretically, the importance of fostering in school good habits of thinking. Thinking not connected with increase of efficiency in action has something the matter with it. And skill obtained apart from thinking is not connected with any sense of the purposes for which it is to be used. It consequently leaves the students at the mercy of their routine habits and of the authoritative control of others who know what they are about and who are unscrupulous as to their means of achievement. And information severed from thoughtful action is dead, a mind-crushing load. Since it simulates knowledge and thereby develops the poison of conceit, it is a most powerful obstacle to further growth in the grace of intelligence. The sole direct path to enduring improvement in the methods of instruction and learning consists in centering upon the conditions which exact, promote, and test thinking. Thinking is the method of intelligent learning, of learning that employs and rewards mind.

33* **Which of the following is the major topic of the passage?**

① Importance of good training in thinking for students
② Importance of acquiring information through thinking
③ Importance of intelligence to find purposes in life
④ Importance of habit-formation through methodical thinking

34* **According to the passage, people who have skill without critical thinking ______.**

① do not know how to modify it for improved outcome
② do not put it in action for someone else's purposes
③ are easily manipulated by people with ill intent
④ are unable to form constructive habits in learning

35-37

A rare, 60-page map of the world illustrated 430 years ago during the Renaissance era is finally on display. Historians know some basic details about the Ⓐ______, Urbano Monte(1544-1613), who lived in Milan, Italy. Because of his family's affluence, Monte didn't have to work. Rather, he spent his time collecting books for his library and pursuing scholarly interests, including map-making. A visit to the first Japanese embassy in Europe piqued his interest in geography. So, he embarked on his map-making project to consolidate geographic knowledge. Relying on contemporary sources, he drew the map, which employs a unique Arctic perspective. This projection is very unusual but fairly accurate for its time. One of the places that seems the most distorted is Antarctica, because if you look from the top, it's going to be really big at Ⓑthe bottom. In addition to drawing what he knew of the world's continents and islands, Monte speckled the map with illustrations of fantastic beasts, including unicorns, mermaids, griffins, and even a giant bird carrying an elephant. He also drew political leaders and their armed forces, including Philip II of Spain and several ships from his Spanish Armada dotting the Pacific and Atlantic oceans. Curiously, even though Monte had met with the Japanese delegation, he drew the Japanese islands horizontally instead of vertically. However, he made Japan quite large and filled in its geography, displaying his knowledge about the Land of the Rising Sun.

35 Which of the following best fits into Ⓐ?

① anthropologist
② geologist
③ oceanographer
④ cartographer

36 Which of the following is closest to what Ⓑ refers to?

① The North Pole
② The South Pole
③ The Land of the Rising Sun
④ The Pacific and Atlantic oceans

37 Which of the following is true of Monte's map?

① It was designed for the convenience of those who would travel the world.
② It is based on field trips and is very accurate from today's standards.
③ It depicts a world populated by mythical creatures as well as prominent figures.
④ It shows a unique Antarctica-centered view of the world for the time.

38-40

As unproven theories and rumors multiplied online during the US election, major social media platforms took more aggressive action than ever before to limit the reach of unsubstantiated or false claims that could undermine confidence in the democratic process. But one area that has become increasingly worrisome to misinformation researchers is live-streamed videos. In the months leading up to the election, platforms have taken down violent content, made misleading posts less visible, and added warning labels to false claims. Those are all tools that are nearly impossible to apply in real-time to live video. ⒶThis framework, which is very effective for static content, does not work as well in this situation. The streams often occupy an ambiguous gray zone, where it is difficult for the platform's automated detection systems or human moderators to quickly flag this type of inappropriate content. ⒷThat is in part because it is harder to search video content as opposed to text. It is a lot harder to scrutinize what is going on, and it is a lot more time-consuming. A feed of mostly opinion, speculation, or coverage of a live event, like a protest, can suddenly take a hard turn into conspiratorial narratives.

38 Which of the following is the best title for the passage?

① Power of Social Media in the Recent US Election
② Difficulties of Detecting Misinformation in Live Video
③ Ambiguity of Video and Text Contents in Social Media
④ Effects of Media Violations during the US Election

39 According to the passage, which of the following best characterizes Ⓐ?

① Record, edit, and upload
② Recommend, allow, and ban
③ Remove, reduce, and inform
④ Acknowledge, tolerate, and accept

40 Which of the following is closest to what Ⓑ refers to?

① Searching video content
② Automated detection system
③ Difficulty in detecting bad content
④ Scrutinizing conspiratorial narratives

41-42

Custom has not been commonly regarded as a subject of any great importance. The inner workings of our own brains we feel to be uniquely worthy of investigation, but custom, we often think, is behavior at its most commonplace. As a matter of fact, it is the other way around. The fact of first-rate importance is the predominant role that custom plays in experience and in belief, and the great varieties it may manifest. Nobody ever looks at the world with pristine eyes. One sees it edited by a definite set of customs and institutions and ways of thinking. Even in their philosophical probings people cannot go beyond these stereotypes; their very concepts of the true and the false will still have reference to their particular traditional customs. The life history of individuals is first and foremost an accommodation to the patterns and standards traditionally handed down in their community. From the moment of their birth the customs into which they are born shape their experience and behavior. Every child that is born into their group will share its customs with it, and no child born into one on the opposite side of the globe can ever achieve a thousandth part. There is no social problem that is more incumbent upon us to understand than the role of custom.

41 **Which of the following is the major topic of the passage?**

① The significance of the study of custom
② The vital role of community in forming custom
③ The fallacy of looking at custom with stereotypes
④ The formative force of the brain in creating custom

42 **Which of the following can be inferred from the passage?**

① How brain works is made visible only in how we act.
② Human growth is a process of accommodation to custom.
③ Universality of custom is evidence of human commonalities.
④ A child has the innate abilities to distinguish the true and the false.

43-44

It seems obvious that the more human-like robots are, the more familiar we find them. But it's only true up to a point — then we find them Ⓐ______. The 'uncanny valley' is a characteristic dip in emotional response that happens when we encounter an entity that is almost, but not quite, human. It was first hypothesized in 1970 by the Japanese roboticist Masahiro Mori, who proposed that as robots became more human-like, people would find them to be more acceptable and appealing than their mechanical counterparts. But this only held true up to a point. When they were close to, but not quite, human, people developed a sense of unease and discomfort. If human-likeness increased beyond this point, and they became very close to human, the emotional response returned to being Ⓑ______. It is this distinctive dip in the relationship between human-likeness and emotional response that is called the uncanny valley. Anything with a highly human-like appearance can be subject to the uncanny valley effect, but the most common examples are androids, computer game characters, and life-like dolls.

43* **Which of the following ordered pairs best fits into Ⓐ and Ⓑ?**

① negative — demanding
② exotic — discomforting
③ affirmative — awkward
④ disturbing — positive

44* **According to the passage, which of the following is NOT true?**

① Life-like dolls can induce the uncanny valley effect.
② People would find human-like robots appealing to a certain extent.
③ The less human-like robots are, the more acceptable we find them.
④ The uncanny valley effect relates to human emotional responses.

45-47

Deep reading, as opposed to the often superficial reading we do on the Web, is Ⓐ______ practice, one we ought to take steps to preserve as we would a historic building or a significant work of art. Its disappearance would imperil the intellectual and emotional development of generations growing up online, as well as the perpetuation of a critical part of our culture: the novels, poems, and other kinds of literature that can be appreciated only by readers whose brains, quite literally, have been trained to apprehend them. ⒷRecent research findings in cognitive science, psychology, and neuroscience have demonstrated that deep reading — slow, immersive, rich in sensory detail and emotional and moral complexity — is a distinctive experience, different in kind from the mere decoding of words. Although deep reading does not, strictly speaking, require a conventional book, the built-in limits of the printed page are uniquely conducive to the deep reading experience. A book's lack of hyperlinks, for example, Ⓒfrees readers from making decisions — Should I click on this link or not? — allowing them to remain fully immersed in the narrative. That immersion is supported by the way the brain handles language rich in detail: by creating a mental representation that draws on the same brain regions that would be active if the scene were unfolding in real life. The emotional situations and moral dilemmas that are the stuff of literature are also vigorous exercise for the brain, propelling us inside the heads of fictional characters and even, studies suggest, increasing our real-life capacity for empathy.

45 **Which of the following best fits into Ⓐ?**

① a burgeoning ② an endangered
③ an established ④ a flexible

46 **Which of the following CANNOT be inferred from Ⓑ?**

① Skimming a passage is not favorable for deep reading.
② Using the Web is the superior way to do deep reading.
③ Deep readers, free from distractions, are attuned to the nuances of language.
④ Deep readers tend to have high capacity for empathy in reality.

47 **Which of the following is closest in meaning to Ⓒ?**

① Allows the reader to decide at any time
② Makes it unnecessary for the reader to decide
③ Deprives the reader of opportunity to make decisions
④ Imposes responsibility on the reader to make decisions

48-50

Swedish researchers studied 121 patients with depression, bipolar disorder, and other psychiatric diagnoses, all of whom had sleep problems. They randomly assigned them to two groups. Ⓐ<u>The first</u> slept with an 18-pound blanket weighted with metal chains, and the second with an identical looking three-pound plastic chain blanket. The study used the Insomnia Severity Index, a 28-point questionnaire that measures sleep quality, and participants wore activity sensors on their wrists to measure sleep time, awakenings, and daytime activity. More than 42% of Ⓑ<u>those</u> using the heavy blanket scored low enough on the Insomnia Severity Index to be considered in remission from their sleep troubles, compared with 3.6% of the controls. The likelihood of having a 50% reduction on the scale was nearly 26 times greater in the weighted blanket Ⓒ<u>group</u>. The weighted blankets did not have a significant effect on total sleep time, but compared with Ⓓ<u>the controls</u>, the users had a significant decrease in wakenings after sleep onset, less daytime sleepiness, and fewer symptoms of depression and anxiety. The senior author acknowledged that this is only one study and doesn't provide scientific proof that the blankets work. "I have colleagues using it, and they love it," he said, "but that's Ⓔ______. This study is only an indication that they may work, and more studies should be done."

48* **Which of the following is the passage mainly about?**

① Weighted blankets to improve sleep quality
② A certified therapeutic aid for people with sleeping disorder
③ Studies on mental health conducted in Sweden
④ A cure found for people with depression

49* **Which of the following is different from the others in what it refers to?**

① Ⓐ　　② Ⓑ
③ Ⓒ　　④ Ⓓ

50* **Which of the following best fits into Ⓔ?**

① conclusive　　② underestimated
③ not a hypothesis　　④ not proof

HANKUK UNIVERSITY OF FOREIGN STUDIES

한국외국어대학교

2021학년도 T2
▸▸ 50문항 · 60분

[문항별 배점: 01-13 1점/ 14-17 1.5점/ 18-30 2점/ 31-40 2.5점/ 41-50 3점]

[01-04] Choose the one that best completes the sentence.

01 His hearing was _______ by an explosion at a construction site near his home.

① impaired ② rehabilitated
③ promoted ④ enabled

02 Certain events have a huge, irreversible impact as seen in the French Revolution, which brought about _______ social change.

① incidental ② circumstantial
③ drastic ④ moderate

03 He was on the _______ of moving on from the project when a single late-night experiment proved successful.

① committee ② summit
③ decision ④ verge

04 We had to make sure that the old foes were not seated next to each other because they _______ each other.

① admired ② trusted
③ detested ④ commended

[05-09] Choose the one that best replaces the underlined word.

05 When the historian <u>ascribed</u> the brick to the historic structure, Hadrian's Wall, none of his colleagues believed him.

① prescribed ② attributed
③ conscripted ④ contributed

06 The governor has <u>championed</u> the movement to ratify the Equal Rights Amendment since taking office.

① patronized ② repealed
③ monopolized ④ defeated

07 While it is sadly too late for John, there is hope beyond these <u>dismal</u> facts.

① depressing ② attested
③ undeniable ④ complicated

08 Although the detailed program of the conference is <u>tentative</u> at this point, it has been announced, for sure, that there will be three keynote speeches.

① tenable ② conclusive
③ putative ④ temporary

09 As a salesman, your <u>cardinal</u> rule is to do everything you can to satisfy the customer.

① religious ② gigantic
③ principal ④ potential

[10-13] Choose the one that is closest in meaning to the CONTEXTUAL meaning of the underlined word.

10 **After the performance, the actors go offstage and come back for the <u>convention</u> of the encore.**

① agreement ② tradition
③ assembly ④ conference

11 **She came a long way to see me, and I really enjoyed her <u>company</u> over the weekend.**

① guest ② companionship
③ enterprise ④ partner

12 **I would never agree to do that even if I were assured of a <u>clean</u> getaway.**

① complete ② blank
③ virtuous ④ unsoiled

13 **To my surprise, my question provoked a <u>burst</u> of anger from the salesman.**

① puncture ② explosion
③ fracture ④ rupture

[14-15] Choose the one that is closest in meaning to the given sentence.

14 **I had scarcely closed my eyes when the phone rang.**

① The phone rang as soon as I closed my eyes.
② Just before I closed my eyes, the phone rang.
③ I managed to fall asleep despite the phone ringing.
④ I couldn't sleep at the sound of the phone ringing.

15 **The governor's silence to the given question struck her colleagues as helpless.**

① The governor did not answer the question, which made her colleagues helpless.
② Helplessness in the face of questions made the governor strike her silent colleagues.
③ As she was silent when given the question, the governor's colleagues seemed to her as being helpless.
④ The governor's colleagues thought she was helpless because she remained silent after being questioned.

[16-17] Choose the one that best completes the sentence.

16 **She peeled the woolen blanket from her lap, ______.**

① revealing the pistol ② revealed the pistol
③ the pistol revealing ④ the revealed pistol

17 **______ for your advice, I would have made serious mistake.**

① If it had been not ② If not had it been
③ It had not been ④ Had it not been

[18-19] Choose the one that makes the sentence grammatically INCORRECT.

18 **The question is very ①<u>understandable</u>, but no one ②<u>has found</u> a ③<u>satisfied</u> answer to it ④<u>so far</u>.**

19 **I have ①<u>no idea</u> how it will turn out, but I'm not worried ②<u>in the slightest</u> because it's so clear ③<u>that she</u> knows exactly ④<u>that is</u> going to look like.**

[20-21] Choose the one that is grammatically INCORRECT.

20 ① He isn't an engineer, and she isn't either.
② He hasn't finished yet, and she hasn't either.
③ He didn't work there, and neither did she.
④ He hasn't seen John, and neither does she.

21 ① It is eager for Tom to please Jerry.
② It is hard for Tom to read the book.
③ It is important for Tom to find the exit.
④ It is dreadful for Tom to go to the place.

[22-50] Read the following passages and answer the questions.

22-23

The ball drops in New York's Times Square. The crowd counts down to Big Ben chiming. Sydney Harbor erupts in fireworks. However your city marks it, there's something exciting about welcoming in a new year and the fresh start it brings. On New Year's Day we push out into new waters. What friendships and opportunities might we find? For all its excitement, though, a new year can be unsettling. None of us knows the future or what storms it may hold. Many New Year's traditions reflect this: Fireworks were invented in China to supposedly ward off evil spirits and make a new season prosperous. And New Year's resolutions date back to the Babylonians who made vows to appease their gods. Such acts were an attempt to make an unknown future secure. When they weren't making vows, the Babylonians were busy conquering people. Today we push out from the shore into Ⓐnew, uncharted waters. There may be overwhelming challenges awaiting us. Whatever we face, we need to remind ourselves that we are not alone in this venture.

22 **Which of the following is closest to what Ⓐ refers to?**

① Our unknown but secure future
② One year of life filled with uncertainties
③ Uncertainty of the success of our resolutions
④ A lot of things to be conquered ahead of us

23 According to the passage, which of the following is true?

① Most new year traditions date back to ancient China.
② The Chinese tried to expel evil spirits by means of fireworks.
③ New Year resolutions were originally intended for self-improvement.
④ Babylonians tried to please their gods by waging war.

24-25

Imagine clothing that changes shape to fit you. Researchers searching for ways to reduce wasted textiles have found a way to take advantage of keratin's shape-memory properties. The implications for the sustainable use of natural resources are clear. With recycled keratin protein, we can reduce the environmental impact of the textile and fashion industry. The key to keratin's shape-changing abilities is its hierarchical structure. A single chain of keratin is arranged into a spring-like structure known as an alpha-helix. Two of these chains twist together to form a coiled coil. Many of these are assembled into large fibers. The organization of the alpha helix and the connective chemical bonds give the material both strength and shape memory. To make an item, the material's permanent shape is programmed using a solution of hydrogen peroxide and monosodium phosphate. Once the memory is set, it can be reprogrammed into new shapes. Imagine having one item of clothing whose style you can change daily to your preferred design; you Ⓐ______.

24 Which of the following best fits into Ⓐ?

① may constantly be in shape
② need never shop for clothes again
③ become a true textile professional
④ will have a stronger memory

25 According to the passage, which of the following is true?

① Using Keratin for clothing will increase the environmental damage by the textile industry.
② The fashion industry is currently a highly sustainable industry.
③ The large fibers are made of numerous alpha-helixes straightened into long strands.
④ New shapes can be programmed into the keratin after the basic shape is set.

26-27

The brain is not the unchanging organ that we might imagine. It not only goes on developing, changing, and deteriorating with age, but also is substantially shaped by what we do to it and by the experience of daily life. When I say 'shaped,' I'm not talking Ⓐ______; I'm talking literally. At a micro-cellular level, the nerve cells, forming an infinitely complex network and making up the constituent parts of the brain, actually change in response to certain experiences and stimuli. The brain, in other words, is Ⓑ______ not just in early childhood, as is widely believed, but right through adulthood. The surrounding environment has a huge impact both on the way our brains develop and how that brain is transformed into a unique human mind.

26 **Which of the following is the passage mainly about?**

① There are critical periods that have a profound impact on the brain.
② The brain mechanism is relatively insensitive to external influences.
③ The brain undergoes a process of change throughout human life.
④ There is no particular pattern in which the human brain matures.

27 **Which of the following ordered pairs best fits into Ⓐ and Ⓑ?**

① rhetorically — vulnerable
② metaphorically — inflexible
③ equivocally — pliable
④ figuratively — malleable

28-30

A Massachusetts police officer declined to charge two women accused of trying to steal groceries — and instead bought them Christmas dinner. Officer Matt Lima responded to a report of shoplifting on December 20th at a Stop & Shop location, where two women with two young children were accused of putting groceries into bags at a self-checkout kiosk Ⓐ______. The women said they had fallen on hard times and were trying to provide a Christmas dinner for the children. Lima says he was reminded of his own children and used his own money to buy $250 in grocery gift cards. "His actions exemplify what it means to protect and serve the members of our community," Chief George McNeil said on the department's website. Lima told a local TV station the women were "thankful" and "shocked." "I just did what I felt was right," he told the reporter. "It's not about me, Ⓑ<u>I just tried to put myself in that family's shoes</u> and show a little bit of empathy."

28 **Which of the following is the major topic of the passage?**

① A generous act of a police officer
② Frequent shop-lifting of groceries
③ A televised theft at Stop & Shop
④ Police officers on duty at Christmas

29 **Which of the following best fits into Ⓐ?**

① by jumping the line
② without a cashier's help
③ without scanning them
④ not knowing how to proceed

30 **Which of the following is closest in meaning to Ⓑ?**

① I tried to understand the situation from their perspective.
② I thought objectively about the consequences of their criminal act.
③ I understood their dire situation from the condition of their shoes.
④ I assessed their situation from a law-enforcement point of view.

31-32

When you discover the power of speaking less and listening more, your whole attitude shifts. The question of 'How to win an argument?' changes into 'What can I learn from it?' Amardeep Parmar put it beautifully by saying, "Not every situation needs losers." And when there are no losers, you also think differently about what it means to win. From this perspective, winning an argument means growing from it as much as possible, rather than defeating anyone. This way, everyone involved can be a winner. To make that possible, people must not just speak but also listen. While listening to someone you disagree with may not be easy, remembering these three tips may help. You can't force anyone to change their mind no matter how hard you try. Winning an argument is about the feeling you want to create, Ⓐ______. If you want to have a constructive debate, stop attaching your self-worth to 'being right.' If you remember these, speaking less and listening more will become second nature. You won't have to force yourself to do it. You'll be a winner in every argument without needing to fight for it.

31 **Which of the following is the best title for the passage?**

① All that Matters is that You Listen More
② Differences between Winning and Losing an Argument
③ Competitive Debate: A Key to be Constructive
④ What You Can Learn from Your Second Nature

32 **Which of the following best fits into Ⓐ?**

① not the listening
② not the emotion
③ not the outcome
④ not the perspective

33-34

From its very origins in resistance to revolutionary movements in the late 18th century, conservatism has had two broad contrasting moods. The first is an attachment to the world as it is, and a resistance to too drastic a change in anything. The second is an attachment to what once was — and a radical desire to overturn the present in order to restore the past. Some have attempted to distinguish these two responses by defining conservatism as the more moderate version and Ⓐreactionism as the more virulent. But Edmund Fawcett, in *Conservatism: The Fight for a Tradition*, a truly magisterial survey of the thought and actions of conservatives in Britain, France, Germany, and the United States, insists more interestingly that they are both part of conservatism in its different moods.

33 **According to the passage, which of the following is most likely to be in line with the first mood of conservatism?**

① A strong aspiration for a promising future
② A desire to reinstate the ways of the past
③ A quest for an alternative way of life
④ A defense of the status quo against disruption

34 **According to the passage, which of the following is true of Ⓐ?**

① It is a mild version of conservatism.
② It has a strong desire for restoring past values.
③ It has a tendency to undermine traditional values.
④ It is excluded from conservatism by Fawcett.

35-37

Medical illustrations have been made possibly since the beginning of the science of medicine. Many illuminated manuscripts and Arabic scholarly treatises of the medieval period contained illustrations representing various anatomical systems, pathologies, or treatment methodologies. Many of these illustrations can look odd to modern eyes, since they reflect early reliance on classical art rather than direct observation, and thus, the representation of internal structures can be Ⓐ______. An early high-water mark was the 1543 publication of Andreas Vesalius's *De Humani Corporis Fabrica Libri Septum*, which contained more than 600 exquisite woodcut illustrations based on careful observation of human dissection. Since the time of the Leonardo da Vinci and his depictions of the human form, there have been great advancements in the art of representing the human body. The art has evolved over time hand-drawn illustration to digital imaging using the technological advancements of the digital age. Berengario da Carpi was the first known anatomist to include medical illustration within his textbooks. *Gray's Anatomy*, originally published in 1858, is one well-known human anatomy textbook that showcases a variety of anatomy depiction techniques.

35 **Which of the following is the best title of the passage?**

① Development of Surgical Skills
② History of Medical Illustration
③ Evolution of Digital Imaging Techniques
④ Development of Anatomical Knowledge in Art

36 **Which of the following best fits into Ⓐ?**

① fanciful
② authentic
③ organized
④ realistic

37 **According to the passage, which of the following is NOT true?**

① Arab scholars had illustrations in their medical works.
② Andreas Vesalius's book had woodblock depictions of human body.
③ After Leonardo da Vinci, great development in medical art occurred.
④ *Gray's Anatomy* was the first textbook containing digital-imaging illustrations.

38-40

Scientists nowadays point out that morality in fact has deep evolutionary roots pre-dating the appearance of humankind by millions of years. All social mammals, such as wolves, dolphins, and monkeys, have ethical codes, adapted by evolution to promote group cooperation. For example, when wolf cubs play with one another, they have 'fair game' rules. If a cub bites too hard or continues to bite an opponent that has rolled on his back and surrendered, the other cubs will stop playing with him. In chimpanzee bands, dominant members are expected to respect the property rights of weaker members. If a junior female chimpanzee finds a banana, even the alpha male will usually avoid stealing it for himself. If he breaks this rule, he is likely to lose status. Apes not only avoid taking advantage of weak group members, but sometimes actively help them. A male pygmy chimpanzee called Kidogo, who lived in the Milwaukee County Zoo, suffered from a serious heart condition that made him feeble and confused. When he was first moved to the zoo, he could neither orient himself nor understand the instructions of the human care-takers. When the other chimpanzees understood his Ⓐ______, they intervened. They often took Kidogo by the hand and led him wherever he needed to go. If Kidogo became lost, he would utter loud distress signals and some ape would rush to help.

38 **Which of the following is the best title for the passage?**

① Violations of 'Fair Game' Rules by Primates
② The Evolutionary History of Social Mammals
③ Cooperative Animal Behavior as the Origin of Morality
④ Similarity of Human and Chimpanzee Morality

39 **Which of the following best fits into Ⓐ?**

① prerogative ② predicament
③ personality ④ preference

40 **According to the passage, which of the following is NOT true?**

① All social beings prefer group cooperation to ethical codes.
② Low status apes expect dominant ones to respect their possessions.
③ If a wolf cub keeps biting too hard, the other cubs will stop playing with him.
④ Other chimpanzees helped Kidogo because they knew he was ill.

41-42

In England, Orwell's *Animal Farm* was mostly favorably reviewed, notably by Cyril Connolly, and the initial print run of 4,500 copies sold out within a few days, as did subsequent print runs. Orwell, after years of relative neglect, found himself feted and in demand. The book also broke through in the United States. It was an American Book of the Month Club selection, which meant 540,000 copies were printed, and was reviewed by the celebrated critic Edmund Wilson in *The New Yorker*, who said it was "absolutely first rate" and predicted that Orwell would emerge as one of "the ablest and most interesting writers that the English have produced in this period." A few weeks before his death on January 21st, 1950, Orwell, now mortally sick, said darkly: "I've made all this money and now I'm going to die." In the 1950s, the CIA used *Animal Farm* as a source of anti-Soviet propaganda and circulated huge numbers of copies. It was of course banned in the Soviet Union and its satellites, and even today it is outlawed in many oppressive states.

41 According to the passage, which of the following is NOT true of *Animal Farm*?

① It was reviewed by critics in England.
② The number of its initial-print copies didn't meet the demand.
③ It sold well in England and the United States.
④ It is still used to overthrow oppressive regimes.

42 According to the passage, which of the following is NOT true of Orwell?

① He was not widely popular until publishing Animal Farm.
② He was highly praised by Edmund Wilson.
③ He was successful at the time of his death.
④ He was defamed by the CIA's use of Animal Farm.

43-44

'Whitewashing' refers to casting white actors as characters who are non-white or of indeterminate race. For decades, whitewashing has taken a diverse, multicultural world and made it one color. The resulting world according to movies, TV, music, art, literature, and history often tends to be almost 100 percent white. This picture has never been particularly pretty. Racism and white supremacy factor into Ⓐthis monochromatic alternate universe, where white dominates the big picture, pushing other colors to the sidelines or out of the frame entirely. Ultimately, whitewashing in Hollywood causes the credibility of movies to suffer, which is sadly typical in an industry cluttered with historically inaccurate films. It drastically slashes opportunities for actors of color, who are already shut out of white roles and now must compete with white actors for non-white parts. In and out of Hollywood, whitewashing also negatively affects children in minority groups, who grow up seeing very few authentic representations of themselves in entertainment, art, and history. The result is that whites can portray anybody and everybody, while people of color are not only prohibited from being whites but also cannot even be themselves.

43 According to the passage, which of the following is true?

① Non-white actors benefit greatly from whites portraying anybody.
② Whitewashing increases the credibility of Hollywood movies.
③ Using white actors in non-white roles creates an inauthenticity of portrayal.
④ Whitewashing reflects the world in an ugly, but realistic way.

44 Which of the following is closest in meaning to Ⓐ?

① An imaginary world with only white people
② The inclusion of black and white people in film
③ An alternative view of racism in America
④ The time when there were no whites in America

45-47

In the 1990s, there was a wave of research demonstrating the shocking consequences of touch deprivation on human development. Several studies showed that children from Romanian orphanages, who were barely touched in the first years of life, had cognitive and behavioral deficits later on, as well as significant differences in brain development. In adulthood, people with reduced social contact have a higher risk of dying earlier compared with people with strong social relationships. Ⓐ______: for instance, even gentle touch has been shown to increase the amount of food intake in a group of institutionalized elderly adults, leading to better health. Science is now beginning to provide an account of why touch matters so much. Touch on the skin can reduce heart rate, blood pressure, and cortisol levels — all factors related to stress — in both adults and babies. It facilitates the release of oxytocin, a hormone that provides sensations of calm, relaxation, and being at peace with the world. Every time we hug a friend or snuggle a pet, oxytocin is released in our body, giving us that feel-good sensation. Ⓑ______, oxytocin reinforces our motivation to seek and maintain contact with others, which assists in the development of Humans' socially oriented brains. Oxytocin also plays a vital role in the relationship we have with ourselves.

45 **Which of the following is the best title of the passage?**

① Shocking Experiments in Romaninan Orphanages
② Touch Motivation by Oxytocin Secretion in the Body
③ The Importance of Touch and its Scientific Analysis
④ Cortisol vs. Oxytocin: A Delicate Balance in the Body

46 **Which of the following best fits into Ⓐ?**

① The risks of touch deficit are evident
② Social bonding is forged by touch
③ Touch is especially important as we age
④ Touch intensity is what matters most

47 **Which of the following best fits into Ⓑ?**

① Nevertheless
② In this way
③ On the other hand
④ Quite surprisingly

48-50

A lobster needs a safe hiding place to rest, free from predators and the forces of nature. However, there may be only a small number of high-quality shelters. This means that lobsters often encounter one another when out exploring. A lobster has complex defensive and aggressive behaviors in conflict. It begins to dance around, like a boxer, opening and raising its claws, moving backward, forward, and side to side, mirroring its opponent. At the same time, it employs special jets under its eyes to direct streams of liquid at its opponent. The liquid spray contains a mix of chemicals that tell the other lobster about its size, sex, health, and mood. Sometimes one lobster can tell immediately from the display of claw size that it is much smaller than its opponent, and will back down without a fight. The chemical information exchanged in the spray can have the same effect, i.e., Ⓐ______. If the two lobsters are very close in size and apparent ability, however, or if the exchange of liquid has been insufficiently informative, they will proceed to the next level. With antennae whipping madly and claws folded downward, one will advance, and the other retreat. Then the defender will advance, and the aggressor retreat. After a couple of rounds of this behavior, the more nervous of the lobsters may feel that continuing is not in his best interest. He will flick his tail reflexively, dart backwards, and vanish, to try his luck elsewhere. However, if neither blinks, the lobsters move to the final stage, which involves genuine combat.

48 **Which of the following is the major topic of the passage?**

① Best shelters for lobsters in the ocean
② Lobsters' defense mechanisms in combat
③ Ways lobsters resolve territorial conflicts
④ Lobsters' offensive and defensive dances

49 **Which of the following best fits into Ⓐ?**

① displaying its fury to its opponent
② convincing a less healthy lobster to retreat
③ conveying the message about their territorial claim
④ commencing the combat dance to win the shelter

50 **According to the passage, which of the following is true?**

① Supply and demand for shelter promotes cooperation.
② The liquid exchange provides sufficient information about the desired shelter.
③ A combat dance involves whipping claws and folding antennae.
④ Claw size is an early consideration for deciding whether to fight.

HANKUK UNIVERSITY OF FOREIGN STUDIES

한국외국어대학교

2021학년도 T3
▸▸ 50문항 · 60분

[문항별 배점: 01-13 1점/ 14-17 1.5점/ 18-30 2점/ 31-40 2.5점/ 41-50 3점]

[01-04] Choose the one that best completes the sentence.

01 It might seem obvious to say that novels are ______ but some are composed almost entirely of facts.

① fictitious ② realistic
③ factional ④ picturesque

02 The old man realized that a tsunami was ______ after seeing the ocean receding unusually rapidly.

① contingent ② immanent
③ permanent ④ imminent

03 Although her real task was to collect secret information from the enemies, the spy's ______ mission was to raise funds for them.

① unfeigned ② ostensible
③ surreal ④ insurgent

04 Opposition to health regulations is ______ whenever there is a direct threat to others from communicable diseases.

① stratified ② attenuated
③ supplemented ④ implemented

[05-09] Choose the one that best replaces the underlined word.

05 The deceitful investigator was accused of doctoring data in his research paper, which is ethically problematic.

① mastering ② stipulating
③ extrapolating ④ fabricating

06 While useful as an introduction, this study is replete with flaws that restrict its value.

① riddled ② reinforced
③ unparalleled ④ compatible

07 His dream was a voyage starting with an ascent of Alaska's highest peak followed by a canoe trip to the Arctic Ocean.

① panorama ② spectacle
③ precipitation ④ scaling

08 As a star ages, it becomes unstable and starts to pulsate, gaining and losing size and brightness over a period of years.

① fluctuate ② amplify
③ stagnate ④ wane

09 The alcoholic singer's management team sequestered him in a rehab center while telling the public he was busy creating new songs.

① facilitated ② evicted
③ confined ④ vested

[10-13] Choose the one that is closest in meaning to the CONTEXTUAL meaning of the underlined word.

10 **Today no one would accept such a naive explanation for a <u>lapse</u> in security, nor should they.**

① breach
② interval
③ respite
④ termination

11 **The fact that justice <u>hinges</u> on witnesses telling the truth in court requires serious penalties for those who lie.**

① links
② pivots
③ rotates
④ depends

12 **His political career ended when he <u>compromised</u> himself by accepting bribes.**

① abased
② abandoned
③ settled
④ divulged

13 **The old man in front of me in the queue had a really loud voice and spoke in a <u>broad</u> Yorkshire accent.**

① liberal
② extensive
③ obvious
④ generous

[14-15] Choose the one that is closest in meaning to the given sentence.

14 **I gave her a piece of my mind and she won't so much as look at me now.**

① She completely ignores me after I criticized her.
② She turns a blind eye to me while I am fond of her.
③ She is not receptive of my affectionate feelings toward her.
④ She reads my mind so well that she doesn't have to see me.

15 **The video of Min's dancing has racked up over 400,000 views, and he's already been approached in public for his autograph.**

① Min's dancing video had been posted over 400,000 times and he became an almost instant celebrity.
② Strangers began to ask Min for his autograph after his dance video reached over 400,000 views.
③ Min had danced in public in his life and he has been asked to post his dancing video by over 400,000 followers.
④ The public are more interested in Min's autograph than his dancing video even though it has already gained over 400,000 views.

[16-17] Choose the one that best completes the sentence.

16 **Paul sold the machine and donated ______ the disabled, as he had a mentally disabled sister.**

① the money to a charity for
② a charity for the money to
③ for the money a charity to
④ the money for a charity from

17 **My guess is we are going to need ______ our health insurance policy to afford any of these hospitals.**

① to every cent we can claim out of
② claiming out of every cent we can
③ claiming we can every cent out of
④ to claim every cent we can out of

[18-19] Choose the one that makes the sentence grammatically INCORRECT.

18 **Nothing in recent years ①has so widely attracted the interest and ②attention of women ③throughout the world ④for the present popularity of crochet work.**

19 **Observation of ①children often shows, as early as in the beginning of ②its second year, a marked ③preference for the parent of the opposite sex and ④other indications of early Oedipal tendencies.**

[20-21] Choose the one that is grammatically INCORRECT.

20 ① Starting in the new year, the new policy bans smoking in public places.
② Knowing she loved tea, I brewed some while I was waiting for her.
③ Worried by the news, he frantically called the police to find out more.
④ Using in this way, this gadget will save you hours every day.

21 ① He let himself into the room and sat down on the sofa, waiting for her to get home.
② Your helping me with my homework will be doing myself no favors.
③ Having nothing left to do, he went into the kitchen and made himself some dinner.
④ You will drive yourself crazy if you keep thinking about your previous mistakes.

[22-50] Head the following passages and answer the questions.

22-23

Every habit is initiated by a cue, and we are more likely to notice cues that stand out. Unfortunately, the environments where we live and work often make it easy not to do certain actions because there is no obvious cue to trigger the behavior. It's easy not to practice the guitar when it's tucked away in the closet. It's easy not to take your vitamins, when they are out of sight in the pantry. When the cues that spark a habit are subtle or hidden, they are easy to ignore. By comparison, Ⓐ______ can draw your attention toward a desired habit. In the early 1990s, the cleaning staff at Schiphol Airport in Amsterdam installed a small sticker that looked like a fly near the center of each urinal in the men's toilets. Apparently, when men stepped up to the urinals, they aimed for what they thought was a bug. The stickers improved their aim and significantly reduced 'spillage' around the urinals. Further analysis determined that the stickers cut bathroom cleaning costs by eight percent per year.

22 **Which of the following is the best title for the passage?**

① How to Develop Cues for a Desirable Habit
② How to Obtain Habits of Reducing Costs
③ The Importance of Noticeable Cues to Trigger Habits
④ Effective Ways of Encouraging Not to Do Certain Actions

23 **Which of the following best fits into Ⓐ?**

① disregarding underlying hidden cues
② creating obvious visual cues
③ getting used to living environments
④ setting up an explicit objective

24-25

In the 17th century, religion provided a logical and comfortable accounting for a person's place within the world and the universe beyond it, both in life and in the hereafter. The Great Chain of Being, a cornerstone of Elizabethan cosmology, was a structure that, in its beautiful simplicity and perfection, made every part of the natural world accountable in a Ⓐ______. With God at the top, the chain descended through the angels to humans, lower animals, and finally to inanimate objects. All was ordered in a way that accounted for a person's position in respect to the environment. Predestination, like the Great Chain of Being, was a tenet of all Protestant religions of the 17th century. One's place in the afterlife was foreordained at birth, and there was nothing that one could do to alter it. In other words, no amount of misbehavior or exemplary behavior would change the predestined course of events.

24 **Which of the following best fits into Ⓐ?**

① gigantic cycle
② religious event
③ predestined disorder
④ hierarchical arrangement

25 **According to the passage, which of the following is NOT true?**

① Seventeenth century religion offered its own logical accounts for people's positions in the universe.
② Admirable Protestant behavior improves your chances for a better afterlife.
③ Humans are not at the top of the Great Chain of Being.
④ Protestant religions of the time held that a person's fate was predetermined.

26-27

A circular map with the North Pole at its center details 24 different cultural groups, about 400,000 people, wheeling around the Arctic circle. The groups are very diverse. Some, like the Nenets of Siberia, are traditionally reindeer herders, whereas the Inuit have long relied on sea mammals and still derive much of their nourishment and materials from life under the sea ice. This map makes us rethink our customary projections that locate Arctic cultures as the upper remotes of European, North American, or Russian states. To Arctic peoples themselves, the distances are shorter; they know their neighbors. Trade and influence around Arctic groups have been going on for millennia.

Ⓐ<u>The revelatory exhibition</u> that has been on at the British Museum and online brings these cultures together and explores their various adaptations to their climate and their remarkable resilience, physical and cultural. As it happens, the offline show is undergoing a freeze-thaw cycle of its own due to COVID-19. Postponed from spring, the museum opened to the public on October 22, only to close again on November 5. It reopened on December 3 to booked ticket holders, but closed again when London went into stricter restrictions. The plan, lockdown allowing, is for it to stay open until February 21.

26 Which of the following is the passage most likely to be from?

① An introductory textbook of Arctic artifacts
② A scholarly essay on the culture of the Arctic
③ A newspaper report on an exhibition of the Arctic
④ A pamphlet of exhibition rules and regulations

27 According to the passage, which of the following is NOT true of Ⓐ?

① It was online and offline at the same time.
② It shows the freeze-thaw cycle of the Arctic Ice.
③ It presents various Arctic cultures and lifestyles.
④ Its offline show opened only to people with reservations on December 3.

28-30

The loss of many traditional jobs in everything from art to healthcare due to AI will partly be offset by the creation of new human jobs. Doctors who focus on diagnosing known diseases and administering familiar treatments will probably be replaced by AI doctors. But precisely because of that, there will be much more money to pay human doctors and lab assistants to do groundbreaking research and develop new medicines or surgical procedures. AI might help create new human jobs in another way. Humans, instead of competing with AI, could focus on servicing and leveraging AI. For example, the replacement of human pilots by drones has eliminated some jobs but created many new opportunities in maintenance, remote control, data analysis, and cyber security. The US Armed Forces needs thirty people to operate every unmanned drone flying on missions, while analyzing the resulting harvest of information occupies at least eighty people more. In 2015, the US Air Force lacked sufficient trained humans to fill all these positions and, therefore, faced an ironic crisis in manning its unmanned aircraft. If so, the job market of 2050 might well be characterized by human-AI Ⓐ______. In fields ranging from policing to banking, teams of humans-plus-AIs could outperform both humans and computers.

28 Which of the following is the best title for the passage?

① AI: New Opportunities for the US Armed Forces
② Jobs in the Future: Integration of Humans and AI
③ A New Era: AI Taking away our Jobs
④ The Crisis of Humanity: AI's Dominance of Humans

29 Which of the following best fits into Ⓐ?

① generalization rather than specialization
② qualification rather than quantification
③ distinction rather than similarities
④ cooperation rather than competition

30 According to the passage, which of the following is NOT true?

① AI may replace medical practitioners who diagnose known diseases.
② Drones have replaced human pilots, but created other related jobs.
③ AI helped the US military achieve efficiency in operating its drones.
④ Humans and AI could create synergy when complementing each other.

31-32

Social media addiction is largely driven by a neurobiological pathway referred to as the dopamine system. Dopamine is a neurotransmitter that plays a role in motivating behavior by making us desire things. It's released in diverse situations, such as when we eat food we love, after we exercise, and while we listen to music, among others. But, most importantly, relevant to our present discussion, it is released when we Ⓐ_______. When we engage in such an activity that triggers the release of dopamine, it delivers a rewarding feeling which makes us want to do it again. We engage in behaviors we feel rewarded by. Difficulties occur when you need to engage in the behavior more frequently and for longer periods of time to get the same sense of reward. We call this 'tolerance.' For example, think about when you post a picture on Instagram. How often do you go back to see the number of 'likes' you've received? Do you feel more rewarded when you get 20 likes versus two? Most of us who use social media would answer 'yes.' This is an example of positive reinforcement, which encourages us to reengage in rewarding behaviors.

31 **Which of the following is the best title for the passage?**

① The Mechanism of Social Media Addiction
② The Importance of Social Tolerance
③ The Role of Dopamine in Media
④ Positive Reinforcement on Instagram

32 **Which of the following best fits into Ⓐ?**

① give rewards frequently
② overcome challenges by ourselves
③ have successful social interactions
④ tolerate difficult situations

33-34

Nigeria and Cameroon are located in West Africa. Their shared 2,400 km border, which runs from Lake Chad in the north to the Bakassi Peninsula in the south, has been a constant source of conflict between the two nations. This border dispute, which was born of colonial creation, is the outcome of the numerous treaties between the British and German colonial powers, treaties which derived their legality from the Berlin Conference of 1884-1885, at which no Africans were present. Nigerians think that the Bakassi Peninsula is critical to the security, economic (fishing and oil), and geo-strategic interests of Nigeria and also that before the 1913 Anglo-German Agreement, it had been an essential part of Nigerian territory. The 1913 Agreement shifted the Nigeria-Cameroon border towards Nigeria and thus, gave the Bakassi Peninsula to Cameroon. However, clue to post-1913 developments, the Bakassi Peninsula reverted back to Nigeria who continued its governance until the Nigerian Civil War (1967-1970) when Cameroon laid claim to it. Eventually, in 2002, Cameroon took the case to the International Court of Justice who set the border solely based on the 1913 Anglo-German Agreement and not on prior history or subsequent acts, and thereby assigned control of the peninsula to Cameroon.

33 **Which of the following is the major topic of the passage?**

① The role of oil, fishing, and security in disputes
② The worldwide effects of European colonialism
③ The history of an African border dispute
④ Historical border conflicts between Britain and Germany

34 **According to the passage, which of the following is true?**

① Nigeria is unconcerned about the border in the north.
② The economy is the sole issue regarding the Bakassi Peninsula.
③ Europeans set the legal Nigeria-Cameroon border.
④ The 1913 agreement moved the border in favor of Nigeria

35-37

Anthropomorphism, in which animals and even inanimate objects take on characteristics and capabilities of human beings, is probably the easiest feature of Native American myths for contemporary Americans of European descent to adjust to. After all, anthropomorphism is nearly ubiquitous in our own culture today, from children's books and fairy tales to movies and advertising campaigns on TV. But it is important to understand the nature of Native American anthropomorphism, which is significantly different from what European descendants are accustomed to. In Western cultures, so very long separated from their mythic, animistic pasts, anthropomorphism carries largely Ⓐ______ value, and today it performs the function of entertainment more than anything else. In the old-time Native American traditions, though, anthropomorphism is much more: it is also a consequence of cosmology and religion. Most Native cultures look back to a remote time when the difference between people and animals was blurred, before humans emerged as a distinct race of beings on earth. Animals (or 'animal people') were thus our forerunners on this earth. The hard dichotomy between 'Man' and 'Beast' that characterizes Western worldviews is largely absent in Native America. People are distinct from animals, to be sure, but there is still an ancient kinship between them; the relationship is not one of alienation and dominion.

35 Which of the following is the major topic of the passage?

① The unity of man and beast for non-Native Americans
② The cultural significance of Western anthropomorphism
③ The nature of Native American anthropomorphism
④ The interaction between European and Native American anthropomorphism

36 Which of the following best fits into Ⓐ?

① an allegorical
② a profound
③ a substantial
④ a paramount

37 According to the passage, which of the following is true?

① In Western cultures, anthropomorphism is cosmological and religious.
② Native Americans believe that humans and animals are clearly demarcated.
③ Personified animals in movies are common examples of anthropomorphism.
④ Native American anthropomorphism is related to cosmopolitanism.

38-40

In his experiment, psychologist Petter Johansson showed participants pairs of pictures of faces and asked them to choose the one they found more attractive. Then they were given the picture and asked to justify their select-on. But unbeknown to them, Johansson had deployed his magic to make a switch; they were actually handed the picture of the man or woman they had not picked. You might assume that everyone would notice. If so, you would be wrong. Amazingly, Ⓐonly a quarter of people spot the switch. To repeat, the faces were of different people, and there were easily identifiable differences between them. One might be brown-haired and with earrings; the other might be blonde and with no earrings. After the switch, the subjects explained why they had chosen the person they had actually not chosen! "When I asked them, why did you choose this face?" says Petter Johansson, "they started to elaborate on why this was the preferred face, even if, just a few seconds before, they had preferred the other face." When he explained to them what he had done, he was usually met with surprise and often disbelief. The most intriguing cases were those in which people justified the manipulated choice by highlighting something absent in their original choice. "For instance, if they say. 'Oh, I prefer this face because I really like the earring,' and the one they originally preferred didn't have any earrings, then we can be certain that whatever made them make this choice, it can't have been the earrings." What can we conclude from this? Well, it turns out that we Ⓑ______ why we choose what we choose. We often have to figure it out for ourselves, just as we have to figure out the motives and reasons of others.

38 **Which of the following is the passage mainly about?**

① The human decision-making process is opaque to our understanding.
② The face change technique is one of the most popular magic tricks.
③ Psychologists' rudimentary magic skills are useful for their experiments.
④ Making people change their minds without noticing is challenging.

39 **Which of the following is closest to what Ⓐ refers to?**

① A small number of participants noticed the exchange.
② A small number of participants changed their choice.
③ A few participants pretended to have the right choice.
④ A few participants accepted the positive result.

40 Which of the following best fits into Ⓑ?

① don't have a clear understanding of
② fully grasp the motivation behind
③ are well-trained to identify
④ don't pretend to know

41-42

Some people may well list the many problems that beset algorithms and conclude that people should never trust them. But this is a bit like cataloging all the drawbacks of democracy and concluding that no sane person would ever choose to support such a system. Winston Churchill famously said that democracy is the worst political system in the world, except for all the others. Rightly or wrongly, people might reach the same conclusions about Big Data algorithms: Ⓐthey have lots of hitches, but we have no better alternative. As scientists gain a deeper understanding of the way humans make decisions, the temptation to rely on algorithms is likely to increase. Hacking human decision-making will not only make Big Data algorithms more reliable, but also will simultaneously make human feelings less reliable. As governments and corporations succeed in hacking the human operating system, we will be exposed to a barrage of precision-guided manipulation, advertisement, and propaganda. It might become so easy to manipulate our opinions and emotions that we will be forced to Ⓑ_______ algorithms in the same way that a pilot suffering an attack of vertigo must ignore what his own senses are telling him and put all his trust in the machinery.

41 Which of the following is closest in meaning to Ⓐ?

① Algorithms are entangled with too much data.
② People recognize themselves as imperfect beings.
③ Big Data algorithms suffer from numerous shortcomings.
④ Conclusions about Big Data algorithms come with lots of logical gaps.

42 Which of the following best fits into Ⓑ?

① ignore ② question
③ judge on ④ rely on

43-44

In his seminal work on oration, the Roman rhetorician Quintilian (AD 35-96) draws a distinction between gestures that naturally proceed from us simultaneously with our words and those by which one indicates things by means of mimicry. These are gestures that describe objects through descriptive action or pantomime. They should be avoided by the orator. Quintilian says, "The orator's gesture should be adapted to the conveyance of the speaker's thought rather than to his actual words." Pointing to the self or to another to whom one is making reference is acceptable, for this indicates the object of thought, but it is not correct to use gestures to illustrate the words that are being spoken. According to Quintilian, the orator uses gestures to convey the force of what is being said and to indicate the objects of his thought, but not as a substitute for what he says in words. To do this is to follow the practices of the popular stage and it would not be fitting for the dignity of the law courts.

43 **Which of the following is the best title for the passage?**

① Quintilian's Ideas on the Method of Pointing
② Ways of Giving a Public Speech in Quintilian's Time
③ The Appropriately Descriptive Actions of Quintilian
④ Quintilian's Concept of the Correct Use of Gestures

44 **According to the passage, which of the following is NOT true?**

① Gestures of pantomime should not be seen in the law courts.
② Good orators' gestures depict the movement or shape of what they are talking about.
③ There is a type of gesture to indicate things by mimicking them.
④ It is acceptable for an orator to point to someone as an addressee.

45-47

The words that people use to refer to us can create what is known as vicarious identification. By this process seemingly innocuous words can have a negative effect on the hearer. Think of the word 'baby' used as a term of endearment. There is nothing wrong with calling your significant other 'baby,' right'? Well, some people think there is. Think about the characteristics of your average baby — helpless, dependent, and reliant on others to care for them. It can be argued that when people are repeatedly referred to with a word like 'baby' — even by a person they love — a vicarious identification gradually takes place whereby they begin to think of themselves as having those traits. In other words, they start to see themselves as powerless and dependent, as someone who relies on others to take care of them. This might sound far-fetched but think about it. The way we think of ourselves is largely shaped by what we believe others think of us. And we tend to act according to the expectations that we think others have of us. So, a child who knows he is thought of as a troublemaker is more likely to continue making trouble, whereas the child who is perceived as a winner is more likely to push herself to win. To be clear, philosophers do not think Ⓐthis is something that happens consciously. It is insidious, eating away at our self-perception without us even being aware of it. The words people use to refer to us end up informing the way we understand ourselves.

45 **Which of the following is the major topic of the passage?**

① The diversity of terms of endearment
② Ways we learn to depend on others
③ The process of learning to see by ourselves
④ The role of words in forming one's identity

46 **According to the passage, which of the following is true?**

① The effect of words on the hearer is harmless.
② How we think others think of us influences our behavior.
③ Being called a baby makes you aware of how dependent you are.
④ Winners push themselves to be winners because of fear.

47 **Which of the following does Ⓐ refer to?**

① vicarious identification
② the philosophical involvement
③ the child's misbehavior
④ others' expectation of us

48-50

A research team recently created the Brain Age Index (BAI), a diagnostic model that relies on artificial intelligence (AI) to estimate the difference between a person's chronological age and the biological age of their brain when computed through electrical measurements with an electroencephalogram (EEG) during sleep. A higher BAI signifies deviation from normal brain aging, which could reflect the presence and severity of dementia. The model provides an indication of whether a person's brain is aging faster than normal. This is an important advance because, before now, it has only been possible to measure brain age using brain imaging with magnetic resonance imaging (MRI), which is much more expensive and impossible to measure at home. Sleep EEG tests are increasingly accessible in non-sleep laboratory environments, using inexpensive technologies such as headbands and dry EEG electrodes. To confirm whether high BAI values truly indicate dementia, the researchers computed values for over 5,000 people with symptoms ranging from dementia to no dementia. BAI values rose across the groups as cognitive impairment increased, and patients with dementia had an average value of about four years older than those without dementia. Ⓐ<u>BAI values also correlated with scores from standard cognitive assessments conducted by clinicians before the sleep study</u>.

48 **Which of the following is the purpose of the passage?**

① To compare new and old technologies
② To describe a new scientific model
③ To explain experimental results
④ To summarize research on aging

49 **According to the passage, which of the following is true?**

① The BAI is an AI-based instrument designed for treating cognitive impairment.
② A biological brain age over four years ahead of its chronological age may suggest cognitive decline.
③ MRI is more expensive than EEG but more readily used at home by the public.
④ EEG sleep data are increasingly inaccessible to scientists unless they have a sleep laboratory.

50 **Which of the following is implied by Ⓐ?**

① The BAI measure was initially accepted by researchers on cognitive decline.
② Standard cognitive assessments needed to be verified by BAI researchers.
③ The BAI scores could potentially be used instead of clinicians' appraisals.
④ The BAI values can be used to nullify the results of clinicians' assessments.

끝날 때까지 끝난 게 아니다

이O하
한국외국어대학교 독일어과
편입구분: 학사편입

어휘 학습법

제 편입 공부의 절반이었고, 3월부터 12월까지 하루라도 가볍게 넘길 수 없는 과목이었습니다. 학원에서 매일 시험 보는 데일리테스트는 기본이고, 독해 지문에서 모르는 단어가 있으면 모두 적어 단어장으로 만들었습니다. 단어 공부는 어제 단어장에 쓴 것을 오늘 복습하고 또 오늘 쓴 것을 내일 복습하며, 일주일 치의 분량은 주말에 몰아서 보는 반복 학습을 12월까지 꾸준히 했습니다.

문법 학습법

조수현 교수님의 수업을 들으며 그날그날 복습한 후, 빈 종이에 주요 문법 사항을 안 보고 쓸 수 있도록 암기했습니다. 문법 또한 며칠 지나면 금방 까먹기 때문에, 하루에 30분이라도 취약한 부분을 다시 외워서 써볼 수 있도록 했고, 단어 공부하듯이 문법도 노트에 취약 부분을 적어서 암기했습니다.

논리 학습법

단어와 문법과 독해의 혼합형입니다. 그동안 해왔던 공부를 기반으로, 논리 문제의 키포인트를 찾아 답을 유추할 수 있도록 방향을 잡았습니다. 김현정 교수님과 김응석 교수님의 방식을 최대한 따라가려 노력했고, 그 방법이 키워드를 찾을 수 있는 빠른 길이었습니다.

독해 학습법

저는 구문 공부부터 시작했습니다. 담임선생님 주도로 매주 구문시험을 봤고, 2회독을 하면서 문장을 짧은 시간 내에 해석하는 능력을 키울 수 있었습니다. 그리고 독해 수업시간에는 교수님의 지문과 문제를 해석하는 노하우를 받아 적어서 단어장처럼 만들어 암기했고, 그날 수업한 지문은 꼭 질문해서 마무리했고, 어려운 지문은 따로 핸드폰으로 찍어서 시간 날 때마다 읽어보며 긴 지문에 익숙해지려 노력했습니다.

한국외국어대학교 | 2020학년도 인문계 A형 | 50문항 · 60분

어휘

▶▶ 동의어 유형에서는 quench(=satiate), repugnant(=disgusting), crux(=gist), meticulous(=thorough), inadvertent(=unintended)가 출제됐는데, 제시된 단어는 모두 편입시험에 한 번 이상 출제된 기출 어휘였다. 그리고 제시어의 뜻을 몰랐다 하더라도, 제시어가 들어있는 문장과 보기로 제시된 단어가 모두 어렵지 않아, 문장을 읽고 제시어의 뜻을 유추해 쉽게 보기를 고를 수 있었다. 문맥상 동의어 문제에서는 civil(=considerate), oblique(=indirect), apprehend(=understand), bearing(=relevance)이 출제됐는데, 네 개의 제시어는 모두 여러 가지 뜻이 있는 다의어로, 제시어의 뜻 이 모두 선택지에 제시되어 있는 것이 특징이다.

문법&재진술

▶▶ 출제된 문법사항으로는 부사어를 강조하는 'it ~ that 강조구문', 보어자리에 적절한 명사절, 명사 microbes를 받은 대명사 they, 'just as A, so B' 구문, 소유격 관계대명사 'of which', 사람과 사물에 따라 과거분사와 현재분사로 달라지는 '감정동사' 등 편입시험에 일반적으로 많이 물어보는 문법사항을 물어보았다. 제시된 문장과 같은 의미의 문장을 고르는 재진술 문제도 2문제 출제됐다. 두 문제 모두 문장의 의미를 제대로 파악하기 위해서는 특정 구문을 알고 있어야 하는데, 14번은 '부정주어 so ~ as(~만큼 …한 것은 없다)'와 few와 a few의 의미차이, 15번은 'B rather than A(A라기 보다는 B)' 구문을 물어보았다. 두 표현 모두 편입영어에서 자주 출제되는 구문이지만, 이 표현들을 제대로 익히지 못했던 수험생들은 정답을 고르기 어려웠을 것이다.

논리완성

▶▶ 한 문장으로 구성된 어휘형 논리완성 4문제가 출제됐다. 의학 분야에서 학사 학위 이상을 필요로 하는 직업인 '소아과 의사(pediatrician)'를 고르는 문제, 두 시간 정도의 스포츠 관람에 익숙한 관람객들이 3일간의 크리켓 경기를 통해 느꼈을 감정인 '아주 지루한(interminable)'을 고르는 문제, 산악 도로의 지형적인 특정과 어울릴 만한 '구불구불한(serpentine)'을 고르는 문제, '잡석더미'로 변해버린 버스 터미널의 상태와 관련해서 버스터미널의 상황을 설명하는 '괴멸되었다(annihilated)'를 고르는 문제가 출제됐다. 빈칸에 들어갈 명확한 단서가 빈칸의 앞뒤로 제시되었고, 보기에 제시된 단어 역시 편입시험에 자주 출제되는 어휘여서 비교적 쉽게 정답을 고를 수 있었다.

독해

▶▶ 한국외대 독해는 지문의 길이가 길지 않지만, 읽어야 할 지문의 수가 많고 배점이 높다. 또한 글의 제목, 내용일치와 같이 지문의 전체적인 이해와 관련된 문제가 주를 이루므로, 고득점을 위해서는 속독 능력이 필수이다. 지문의 내용을 살펴보면, 자기 계발의 최근 추세인 닉센(niksen), 메리엄 웹스터에서 2019년 올해의 단어로 선정된 성 중립적인 단어 they, 여성에게 인공자궁 기술이 가져다줄 잠재적 이점과 같이 현재 사회와 문화에서 이슈가 되고 있는 주제부터 르네상스 시대부터 이어져 온 예술의 특징, 미국 집거미의 특징, 정보 생태계를 오염시키는 세 가지 범주와 같이 예술, 동물, 심리와 관련된 다양한 글이 지문으로 출제됐다.

HANKUK UNIVERSITY OF FOREIGN STUDIES

한국외국어대학교

2020학년도 인문계 A형
▸▸ 50문항·60분

[문항별 배점: 01-13 1점/ 14-17 1.5점/ 18-30 2점/ 31-40 2.5점/ 41-50 3점]

[01-04] Choose the one that best completes the sentence.

01 A career as a _______ requires both a bachelor's degree as well as an advanced degree in medicine.

① patriot ② patriarch
③ pediatrician ④ pedestrian

02 The three-day cricket match seemed _______ to our guests; they were used to watching sports for only a couple of hours.

① irresolute ② interminable
③ comprehensible ④ fleeting

03 To reach Pleasantville, the traveller should drive with extreme caution along the _______ curves of the mountain road.

① serpentine ② shady
③ rugged ④ precipitous

04 The bus station was ______ and its two main buildings were practically rubble.

① revamped
② overhauled
③ refurbished
④ annihilated

[05-09] Choose the one that best replaces the underlined word.

05 The explorer stopped to <u>quench</u> her thirst at the stream but was scared away by an enraged bear.

① satiate
② absorb
③ savor
④ curb

06 The meal was prepared perfectly, but the diners found it <u>repugnant</u>.

① mediocre
② disgusting
③ tasteless
④ sumptuous

07 The objective of this panel was to address the <u>crux</u> of the problems faced by citizens.

① apex
② gist
③ end
④ periphery

08 Even after a century of <u>meticulous</u> investigation, the relation of the solar cycle to terrestrial weather remains enigmatic.

① cursory
② thorough
③ prolonged
④ scientific

09 The newspaper's error was <u>inadvertent</u>; the editor did not mean to include the victim's name.

① tolerant
② negligible
③ inevitable
④ unintended

[10-13] Choose the one that is closest in meaning to the CONTEXTUAL meaning of the underlined word.

10 **He could barely bring himself to be <u>civil</u> to the guests.**

① private ② domestic
③ considerate ④ unarmed

11 **My sister's <u>oblique</u> answers to my questions made me suspicious.**

① indirect ② unequal
③ slanting ④ diagonal

12 **Science is the systematic method by which we <u>apprehend</u> what is true about the world in which we live.**

① fear ② arrest
③ seize ④ understand

13 **Short-term fluctuations in the trajectory have little or no <u>bearing</u> on how one might view the long-term situation.**

① demeanor ② sustaining
③ relevance ④ reproduction

[14-15] Choose the one that is closest in meaning to the given sentence.

14 **Few foods are so innately well-suited to change into other products as is milk.**

① Milk goes bad as quickly as other products.
② Milk can be easily converted into other products.
③ Milk is the most suitable product for people's health.
④ Milk has nutrients that other products cannot provide.

15 **Constantly reacting to events rather than being prepared for them marks those who lack initiative.**

① Preparation is as important as reaction for those who lack initiative.
② Those who lack initiative are identified by their constant need to react to events.
③ Initiative is given to those who prepare in advance for events.
④ Lack of initiative appears to indicate you're well prepared.

[16-17] Choose the one that best completes the sentence.

16 **______ our experience that we human beings grow wiser and gain greater control over our lives.**

① It is making sense of by
② By making sense of it is
③ By it is making sense of
④ It is by making sense of

17 **The most effective propaganda is ______, and images tend to be much more shareable than written texts.**

① that which will be shared
② which will share that
③ that will be shared
④ which that will be shared

[18-19] Choose the one that makes the sentence grammatically INCORRECT.

18 **Microbes affect ①<u>human life</u> in many ways, from the day of our birth to the day of our death, and ②<u>even thereafter</u>, since ③<u>it attacks</u> our mortal remains and reduce them ④<u>to mere</u> dust.**

19 **Just as ①<u>there are</u> no two sets of fingerprints ②<u>alike</u> in the world, ③<u>so that</u> the imprints of animals have ④<u>similar uniqueness</u>.**

[20-21] Choose the one that is grammatically INCORRECT.

20 ① Mr. Kang, with whom I worked for many years, is retiring tomorrow.
② In my school, I met inspiring peers, some of whom became my friends.
③ She asked me a lot of questions, most of which I couldn't answer.
④ The building, on the top of which we can see from here, was beautiful.

21 ① Those sentenced were involved in organized crime.
② The majority remained satisfying with the new treatment.
③ People living in town by themselves had a hard time.
④ The door has been kept closed all day long.

[22-50] Read the following passages and answer the questions.

22-23

A big stereotype about the Gypsy way of life is that it's flashy, revealing, and attention grabbing. But we don't get a full picture of Gypsy culture. For example, Gypsy fashion for free-flowing clothes is guided by modesty, and strict cleanliness codes are common, developed through centuries of life on the road when hygiene was of utmost importance. If you search for "Gypsy" online, you'll find story after story that perpetuates the myth that the Gypsy community is ridden with crime, tax avoidance, and voluntary unemployment. Nothing could be further from the truth. Members of Gypsy communities are, in fact, statistically underrepresented in the mainstream prison population. Just like with any other community, you will find criminals, just as you will find teachers, nurses, police officers, artists, and entrepreneurs. Many Gypsies have made it through mainstream education to top universities, whilst at the same time retaining their identity.

22 **Which of the following is the best title for the passage?**

① Myths About Gypsy Culture
② Dress Tastes in Gypsy Culture
③ Changes in the Gypsy Community
④ The Strong Identity of the Gypsy Community

23 Which of the following is implied by the author?

① Gypsies wear provocative clothes.
② Gypsies aspire to live on benefits.
③ Gypsies are not work-shy.
④ Gypsies lack education.

24-25

The latest self-help trend is *niksen*, a Dutch word for literally doing nothing or being idle. Practicing *niksen* is as simple as just hanging around looking at your surroundings, listening to music without purpose, or simply sitting in a chair. While mindfulness is about concentrating on the moment, *niksen* is more about taking time to just let your mind Ⓐ______ rather than focusing on the details of life. *Niksen* has historically been dismissed as laziness; however, as stress levels climb globally and their crushing health impacts, like burnout, are getting more recognition from the medical community, doing nothing is increasingly being considered a positive, stress-fighting tactic. The research is strong when it comes to the benefits of slowing down, from emotional perks, like reducing anxiety, to physical advantages, like Ⓑ______ the aging process and strengthening the body's ability to fight off a common cold. These potential health effects might be enough to encourage even the most hectic and overburdened among us to practice *niksen*.

24 Which of the following ordered pairs best fits into Ⓐ and Ⓑ?

① behold — generating
② fixate — reversing
③ diverge — engaging
④ wander — curtailing

25 According to the passage, which of the following is NOT true?

① Traditionally, *niksen* has been viewed favorably.
② *Niksen* and mindfulness involve mental processes.
③ There are physical benefits to practicing *niksen*.
④ The advantages of *niksen* have been scientifically established.

26-27

In examining writing on metaphor, it becomes helpful to consider it as existing on a continuum of linguistic conventionality. The terms "conventional metaphor" and "novel metaphor" seem to be mirrored by terms such as "dead metaphor" and "living metaphor" in academic studies. The contention stands that whereas conventional, dead metaphors are no longer noticed (e.g. the computer's memory is full), novel, living metaphors can still be perceived as a sometimes shocking act of imaginative union (e.g. depression is a cancer of the mind). Metaphors are typically codified as "A is B" relationships, whereby in the process of interpretation certain characteristics of B are transposed onto A. Although the language of metaphors often uses the word "is," the "is" represents a relationship best expressed by the term: "can be thought of as," not by "equals" or "is equivalent to."

26 Which of the following is the best title for the passage?

① Extensive Use of Metaphors in Language
② Metaphors for Language in Popular Culture
③ Ways of Categorizing and Interpreting Metaphors
④ Working Mechanism of Cognitive Operation in Metaphors

27 According to the passage, which of the following is true?

① Conventional metaphors are easily noticed by readers.
② Dead metaphors are sometimes shocking to readers.
③ "Depression is a cancer of the mind," is a novel metaphor.
④ In metaphors, the word "is" means "is equivalent to."

28-30

When people learn to play video games, they are learning a new literacy. Of course, this is not the way the word "literacy" is normally used. Traditionally, people think of literacy as the ability to read and write, but there are two reasons we should think of literacy more broadly. First, in the modern world, language is not the only communicational system. Today images, symbols, graphs, diagrams, artifacts, and many other visual symbols are particularly significant. Thus, the idea of different types of "visual literacy" is important. For example, knowing how to read interior designs, modernist art, and videos on MTV are other forms of visual literacy. The second reason is even though reading and writing seem so central to what literacy means traditionally, reading and writing are not such general and obvious matters. After all, we never just read or write; rather, we always read or write *something in some way*. So there are different ways to read different types of texts. Literacy is Ⓐ______, then, in that the legal literacy needed for reading law books is not the same as the literacy needed for reading physics texts or superhero comic books. There are, even in regard to printed texts, different literacies.

28 **Which of the following is the best title for the passage?**

① The Advent of Visual Literacy
② Limits of Reading and Writing
③ Broader Perspectives of Literacy
④ A Lesson from Traditional Literacy

29 **Which of the following best fits into Ⓐ?**

① confounded ② triangular
③ coherent ④ multiple

30 **According to the passage, which of the following is NOT true?**

① Traditional literacy means the ability to read and write.
② Visual literacy is needed to read diagrams and artwork.
③ Traditional writing is done in generalized and obvious ways.
④ There are different literacies for different kinds of printed texts.

31-32

Grandchildren often get their early values from parents and grandparents. As they mature, however, they are more likely to grow their own set of values. Families are closest when they share values, but few families will ever be in total agreement. A generation gap develops when younger generations find older generations lacking in social tolerance and even prone to hypocrisy. Grandparents should not abandon their values and standards, but a willingness to listen to the younger generation can go a long way. Moreover, grandparents need to Ⓐpractice what they preach. Remember, love for grandparents isn't built into the grandparent-grandchild relationship. Instead, grandchildren learn to value their grandparents and the way they occupy that role. Detached or uninvolved grandparents are unlikely to find a place of honor in the family circle. Grandparents who create family drama and conflict are unlikely to be valued family members, either. To conclude, Ⓑ______ and it is the grandparent who should be determined to build a strong and lasting relationship with grandchildren.

31 **Which of the following is closest in meaning to Ⓐ?**

① Exercise their speech skills for better communication.
② Never fail to keep their promise with grandchildren.
③ Provide their grandchildren with words of wisdom.
④ Behave the way they advise other people to do.

32 **Which of the following best fits into Ⓑ?**

① grandchildren don't automatically value their grandparents
② grandparents are naturally loved by their grandchildren
③ grandparents should be strict with their grandchildren
④ grandchildren should detach from their grandparents

33-34

From the 15th century to the current day, the Renaissance maxim holds true: "Every painter paints himself." Beyond straightforward self-portraits, artists through the ages have left special signatures on their canvases, covertly inserting their own faces into their works in unusual and inventive ways. This sense of self-importance for the artist arose in the Renaissance, a period with humanist values that prized individualism and creativity. During that era, two trends for hidden self-portraits emerged in Europe. In Italy, artists tended to include their portraits on the right side of paintings or altarpieces, with their eyes looking knowingly out at the viewer. Northern Renaissance artists, however, liked to toy with dense and precise symbolism that showed off their technical skills. The self-portraits they worked into their oil paintings are usually found distorted in reflective surfaces, like mirrors. The traditions begun in this artistic golden age have persisted to this day.

33 **Which of the following is the best title for the passage?**

① When Did Painters Start to Work for a Patron?
② Why Did Painters Expect Appreciation of Their Work?
③ How Did Artists Hide Self-Portraits in Their Paintings?
④ What Were Art History's Greatest Unsolved Mysteries?

34 **According to the passage, which of the following is true?**

① Renaissance artists valued usual and conventional paintings.
② In Italy, artists drew faces that avoided the glances of viewers.
③ Northern Renaissance artists liked to insert distorted self-images.
④ Modern artists decline to include their own portraits in their paintings.

35-37

The American house spider produces a web with adhesion that can be strong enough to stick to a wall or weak enough to detach from the ground and thus act as a spring-loaded trap for walking prey. How does the spider produce both strong and weak anchors for its web with a single type of glue? The spider anchors its web to a wall, a ceiling, or a similar surface by weaving highly adhesive patches of silk, called "scaffolding discs," which are strong enough to withstand the impact of flying prey. Researchers have discovered that, on the other hand, the patches of silk that are attached to the ground, called "gumfoot discs," have an entirely different architecture. With far fewer attachment points than scaffolding discs, gumfoot discs allow the web to detach with ease and yank off the ground any prey that has walked into it. The researchers, who Ⓐ______, are already working toward developing a synthetic adhesive that mimics this intelligent design strategy employed by the house spider. They hope to create an adhesive that can be used both for common bandages and for treating bone fractures.

35 Which of the following is the best title for the passage?

① Who Is Afraid of Spiders?
② The House Spider's Sticky Secret
③ Figure out What Spiders Like Most
④ Biological Calls for Working with Spiders

36 Which of the following best fits into Ⓐ?

① designed health research studies
② uncovered this wonder of nature
③ constructed scaffolding discs
④ ignored gumfoot discs

37 According to the passage, "gumfoot discs" are ______.

① highly adhesive patches of silk
② strong enough to stick to a wall
③ weak enough to detach from the ground
④ made of more attachment points than scaffolding discs

38-40

While some women experience pregnancy and childbirth as joyful, natural, and fulfilling, others find themselves recoiling in horror at the physical demands of carrying and sustaining a child in their womb, and even more so at the potential brutality of giving birth. Some might view the blood, sweat, and tears as a necessary and unavoidable part of life. Others assume a less forgiving view of the process as "barbaric." Most oscillate between the Ⓐtwo positions, or else sit somewhere in between. Whatever one's position on the matter of the "naturalness" of pregnancy, it can't be denied that the development of artificial-womb technology would radically change the debate. First, there are the therapeutic benefits it promises: women prone to risky pregnancies could transfer the fetus to an artificial womb, thereby allowing fetal development to continue at little cost to their own physical health; likewise, fetuses at risk of premature birth could be transferred to artificial wombs to complete their development as required. The blood, sweat, and tears, it seems, might not be so intrinsic to the process after all. Second, the technology could have important social benefits for women. Artificial wombs would eliminate a crucial condition that currently ensures women's oppression by neutralizing Ⓑthe heavily gendered roles played in reproduction. But if fetuses were to develop in artificial wombs, women would finally be free to pursue their interests and desires.

38 **Which of the following is the major topic of the passage?**

① Females' liberation from homekeeping
② Mental and physical health for females
③ Planned pregnancies and physical health
④ Potential benefits of artificial-womb technology

39 **Which of the following is closest to what Ⓐ refers to?**

① Pros and cons of artificial wombs
② Brutal and horrific views on pregnancy
③ Proponents of artificial and natural wombs
④ Positive and negative views on pregnancy and childbirth

40 **Which of the following is implied by Ⓑ?**

① Social pressure on women for reproduction
② Health risks of childbearing and nursing
③ Child-raising demands on women
④ Workplace handicaps for females

41-42

Merriam-Webster announced that the personal pronoun *they* was its 2019 Word of the Year, noting that the tiny, unassuming word had undergone a rather radical transformation in usage in recent years, and found itself at the heart of some wide-ranging cultural conversations in the process. "English famously lacks a gender-neutral singular pronoun to correspond neatly with singular pronouns like *everyone* or *someone*, and as a consequence *they* has been used for this purpose for over 600 years," the dictionary publisher explained. "More recently, though, *they* has also been used to refer to one person whose gender identity is non-binary, a sense that is increasingly common in published, edited text, as well as social media and in daily personal interactions between English speakers." In other words, the usual singular pronouns *he* or *she*, rooted as they are in a male-female division of gender, can often prove misleading, inaccurate, or disrespectful when describing a person who doesn't identify strictly as a man or woman. Faced with a lack of satisfying singular options, folks have taken to doing what your high school English teacher might have red-penciled 10 years ago: using the typically plural pronoun *they* Ⓐ_______.

41 **Which of the following is the passage mainly about?**

① Merriam-Webster's word of the year
② The etymology of the pronoun *they*
③ The predicament of *they* in English
④ Culture as a mirror of language

42 **Which of the following best fits into Ⓐ?**

① to indicate plurality
② to describe one person
③ as a first-person pronoun
④ as a gender-specific pronoun

43-44

Subtle changes in the way a person walks can be an early warning sign of cognitive decline and a signal of the need for advanced testing. The findings are the first to link a physical symptom to Alzheimer's, which up until now required doctors to begin a diagnosis by focusing on cognition and administering lengthy neurological exams. Monitoring deterioration and other changes in a person's gait is Ⓐ______ because it doesn't require any expensive technology or take a lot of time to assess. The disease affects 5.4 million mostly older people in the United States, numbers expected to spike to 16 million in 2050 as baby boomers age. Walking requires a perfect and Ⓑ______ integration of multiple areas of the brain. Walking changes occur because the disease interferes with the circuitry between these areas of brain. In the Mayo Clinic, researchers measured the stride length and velocity of more than 1,340 participants through a computerized gait instrument at two or more visits 15 months apart. They found that study participants with lower velocity and length of stride experienced significantly larger declines in cognition, memory, and executive function.

43 **Which of the following is the best title for the passage?**

① A Solution to Cognitive and Memory Decline
② How to Prevent Alzheimer's by Changing Gait
③ The Faster You Walk, the Healthier You Become
④ Walking Changes: An Early Warning of Alzheimer's

44 **Which of the following ordered pairs best fits into Ⓐ and Ⓑ?**

① ideal — simultaneous
② challenging — instant
③ preferred — stationary
④ accurate — intermittent

45-47

The present craze for cute things is motivated in part by the urge to escape from our threatening world into a garden of innocence in which childlike qualities arouse protective feelings, and bestow contentment and solace. "Cute cues" include behaviors that appear helpless, charming, and yielding, and anatomical features such as outsize heads, saucer-like eyes, and clumsy motions. Perhaps our response to cute cues evolved to motivate us to give our offspring the extensive care and nurturing that they need to prosper. But if cuteness were merely about the charming, innocent, and unthreatening; or if our attraction to it were motivated just by protective instincts, it would not be so ubiquitous. Those qualities speak only of what we might call the "sweet" end of a whole spectrum of cuteness. As we move toward the "uncanny" end of the spectrum, sweet qualities get distorted into something darker, more indeterminate, and more wounded: something like Balloon Dog, which seems at once powerful, made of stainless steel, and powerless, hollow, and lacking a face. The non-definability that pervades cute things, the erosion of borders between what used to be seen as distinct realms, such as childhood and adulthood, is also reflected in the blurred gender of many cute objects. It is reflected, too, in their frequent blending of human and nonhuman forms, as in Hello Kitty.

45 What is the purpose of this passage?

① To characterize and explain cuteness
② To promote cute and charming objects
③ To outline the production of cute objects
④ To argue for a preferred style of cuteness

46 According to the passage, which of the following is NOT true?

① The blurring of genders is an example of the vagueness of cuteness.
② Indeterminate and wounded characteristics pervade sweet objects.
③ The urge to escape has partly motivated the present trend for cuteness.
④ Our attraction to "uncanny" objects is due to more than evolution.

47 According to the passage, which of the following is NOT a cute cue?

① graceful movements ② oversize, round eyes
③ helpless appearance ④ compliance

48-50

There are three categories of content being used to pollute the information ecosystem: disinformation, misinformation, and "malinformation." Spreaders of disinformation, false content designed to cause harm, are motivated by one of three distinct goals: to make money, to have political influence, or to cause trouble for the sake of it. Those who spread misinformation, false content shared by a person who does not realize it is false or misleading, are driven by sociopsychological factors. These people are performing their identities on social platforms in order to feel connected to others. Disinformation turns into misinformation when people share disinformation without realizing it is false. Finally, a new term, "malinformation," describes Ⓐ______ information that is shared with the intent to cause harm. An example of this happened when foreign agents hacked into politicians' emails and leaked personal secrets to the public to damage reputations. It must be noted that the most effective disinformation always has a kernel of truth to it, and indeed most of the content being disseminated now is not fake, but misleading. Instead of wholly fabricated stories, influence agents are reframing Ⓑ______ content and using hyperbolic headlines.

48 Which of the following best fits into both Ⓐ and Ⓑ?

① political ② genuine
③ imaginative ④ motivational

49 According to the passage, which of the following is NOT true?

① Some people spread disinformation just to cause trouble.
② People who spread misinformation are unaware it is false.
③ Sociopsychological factors aid the spread of misinformation.
④ The damage caused by malinformation is not purposeful.

50 According to the passage, which of the following is an example of spreading disinformation?

① Publishing invented stories of someone online in order to have them fired
② Hacking someone's email and then posting lurid details of their personal life to a website
③ Believing and retweeting an unverified story about someone's illegal activity
④ Investigating a story about an official engaged in illegal behavior

HANKUK UNIVERSITY OF FOREIGN STUDIES

한국외국어대학교

2020학년도 인문계 C형
▶▶ 50문항 · 60분

자연계
▶▶ 영어 25문항, 수학 20문항 · 90분

인문 · 자연계 공통 영어문제 별도 * 표시

[문항별 배점: 01-13 1점/ 14-17 1.5점/ 18-30 2점/ 31-40 2.5점/ 41-50 3점]

[01-04] Choose the one that best completes the sentence.

01* Although the project was ______ by serious problems, it proved successful.

① assisted ② beset
③ encouraged ④ revealed

02* The family's ______ decision to donate their land for a park showed their unselfishness.

① altruistic ② premature
③ stingy ④ biased

03* Quantum theory was initially regarded as absurd and ______ with common sense.

① persistent ② incompatible
③ disqualified ④ content

04 The scope of the journal is quite restricted; they publish only articles ______ to education policies.

① dominant ② compared
③ pertinent ④ permitted

[05-09] Choose the one that best replaces the underlined word.

05 This AI technology can be lucratively rented out to governments and companies.

① potentially ② extensively
③ profitably ④ safely

06 Undergoing the huge loss of lives due to the savage storms, the exploration team remained undaunted.

① fearless ② wavering
③ disoriented ④ intimidated

07* Quilts were traditionally a frugal way of making use of worn-out clothing.

① ingenuous ② creative
③ predictable ④ thrifty

08* Most emergency evacuation plans state that precedence must be given to the injured.

① approval ② procession
③ relocation ④ priority

09* City Council has begun archiving over 300 years' worth of documents they want to keep.

① storing ② formulating
③ memorizing ④ reviewing

[10-13] Choose the one that is closest in meaning to the CONTEXTUAL meaning of the underlined word.

10* We thought of informing you of the event, but we figured that you'd want to rest after your trip.

① computed ② appeared
③ depicted ④ expected

11* **The new product occupied a <u>prominent</u> place in the store and was easy to spot.**

① noticeable ② renowned
③ protruding ④ creditable

12 **Bushfires in Australia have <u>claimed</u> nearly 800 people since 1850.**

① asserted ② demanded
③ killed ④ merited

13 **After her father passed away, she took over the <u>maintenance</u> of her family.**

① repair ② continuance
③ payment ④ livelihood

[14-15] Choose the one that is closest in meaning to the given sentence.

14* **You were too quick to trust my chances of winning.**

① It was rash of you to trust I would win.
② I had no chance of winning in the first place.
③ I would have won if only you had trusted me.
④ You should have taken time when you wanted to win.

15 **Since you haven't anything else to do, you might as well help me set the table.**

① I wouldn't ask you to help if you had nothing else to do.
② You are not busy and have volunteered to help prepare a meal.
③ Although you are not busy, you don't want to help me set the table.
④ I'd like you to help me set the table because you are not busy.

[16-17] Choose the one that best completes the sentence.

16 It is important to note that cuneiform ______ form of writing.

① was known the earliest
② the earliest was known
③ was the earliest known
④ known the earliest was the

17* ______, the politician blamed the opposition for his mistake.

① Unwilling to admit that he was wrong
② He was wrong and unwilling to admit
③ Admitting wrong that he was unwilling
④ That he was wrong unwillingly admitted

[18-19] Choose the one that makes the sentence grammatically INCORRECT.

18* ①Success stories are a frequently investigated ②genres of culturally ③shared narratives in areas ④such as literature, journalism, and sport.

19 He hastily picked up ①the remains of what ②it looked like a fast food meal, ③sweeping plates from the table and stuffing them ④into a plastic bag.

[20-21] Choose the one that is grammatically INCORRECT.

20 ① The graft and bribery scandal gave him a black eye.
② The same cause does not always give rise the same effect.
③ Police wanted all witnesses to give an account of what they saw.
④ Even though the chances were slim, he gave it his best shot.

21* ① He lied to the professor about why he was late.
② Joshua doesn't know the way how to swim.
③ She picked what she wanted the most.
④ I'll choose whatever works for the plan.

[22-50] Read the following passages and answer the questions.

22-23

The Bebop era, 1944-1955, represents for many the most significant period in jazz history. Some consider it the period when musicians began stressing artistic rather than commercial concerns, put innovation ahead of convention, and looked toward the future instead of paying homage to the past. Others view Bebop as jazz's ultimate dead end, the style that instituted solemnity and elitism within the jazz community, stripped jazz of its connection with dance, and made it impossible for anyone except serious collectors, academics, and other musicians to enjoy and appreciate the music. Each assessment contains enough grains of truth to merit closer examination, and there have been many studies devoted to addressing and evaluating these arguments. However, it is undeniable that jazz changed forever during the Bebop years.

22* **Which of the following is the best title for the passage?**

① The Bebop Era: Jazz Made Easy
② Criticism towards the Bebop Era
③ How the Jazz Age Changed Bebop
④ A History of Jazz: The Bebop Era

23* **According to the passage, the Bebop era ______.**

① stressed commercialism
② separated jazz from dance
③ was enjoyed by the masses
④ showed nostalgia for the past

24-25

Science is hard enough to understand, especially when there are so many "facts" floating around that aren't actually true. You've probably heard that the Great Wall of China is the only man-made structure you can see from the moon. Interestingly, this myth has been around at least since 1932, when a *Ripley's Believe it or Not!* cartoon deemed the Great Wall of China is "the mightiest work of man, the only one that would be visible to the human eye from the moon." Of course, that was almost 30 years before a machine would touch down on the moon, so the claim was ridiculous. Astronauts have now confirmed that even the Great Wall actually can't be seen from space, except at low altitudes. Even at those relatively low heights, it's actually easier to see roads and plane runways, whose colors don't blend into the ground like the Great Wall's do. However, it does not mean that Ⓐ______, because it is the largest wall ever made.

24* **According to the passage, which of the following is true of the Great Wall of China?**

① It was mentioned in a cartoon.
② In 1962, the astronauts saw it from the moon.
③ It can be seen from high altitudes in space.
④ It is easily distinguished from the ground.

25* **Which of the following best fits into Ⓐ?**

① you should disbelieve a widely shared myth
② no one has figured out how it was built
③ this weird fact is scientifically true
④ the landmark isn't impressive

26-27

Never call back an unknown number because you could be opening the door to scammers. You might assume calling back is safe because a number is from your area code, but Ⓐ<u>they</u> are adept at faking phone numbers that come up on caller ID. Criminals purposely use familiar area codes to gain your trust. People are curious and thieves are counting on their victims to think Ⓑ<u>they</u> may have missed something important. At least, answering the phone or calling back increases your vulnerability to future scams because it confirms the number is attached to a real person willing to call back an unknown number. This tells scam artists Ⓒ<u>they</u> can use another ploy on another day. And at worst? Scammers could dupe you into giving out personal information. Even if Ⓓ<u>they</u> simply ask, "Can you hear me?" you should hang up. A recording of your answer, "Yes," can give them access to your bank, insurance, and other financial information. Just do not answer unknown numbers; remember that vital information will be left in your voicemail.

26* **According to the passage, which of the following is true?**

① Criminals can record your answers to steal from you.
② The normal curiosity of people protects them from scammers.
③ People should make the effort to call back an unknown number.
④ Scammers cannot get your financial information if you answer briefly.

27* **Which of the following is different from the others in what it refers to?**

① Ⓐ ② Ⓑ
③ Ⓒ ④ Ⓓ

28-30

Louise suffers from muscular dystrophy. While trying to exit a train station one day, she found herself facing a large flight of stairs without an elevator or escalator. On the verge of tears, Louise saw a woman suddenly appear, pick up her bag, and gently help her up the stairs. When she turned to thank her, she was gone. Michael was late for a meeting. Already stressed from a relationship breakdown, he started battling London's traffic only to get a flat tire. As he stood helplessly in the rain, a man stepped out of the crowd, opened the trunk, jacked up the car, and changed the tire. When Michael turned to thank him, he was gone. Who were these mysterious helpers: kind strangers or something more? The popular image we have of angels as radiant or winged creatures is only half true. While some appear Ⓐthis way, others come with dirty feet and are easily mistaken for everyday people. We don't know if Louise's and Michael's helpers were angels, but they could have been. Angels are at work right now, and they can appear Ⓑ_______.

28* **Which of the following is the main theme of the passage?**

① Devils bring distresses and angels remove them.
② As society changes, so does the concept of angel.
③ Angels appear in many different forms in our daily life.
④ Angels are radiant creatures appearing in moments of distress.

29* **Which of the following is closest to what Ⓐ refers to?**

① As supernatural beings
② As a herald of good news
③ As helpers for the distressed
④ As human and non-human benefactors

30* **Which of the following best fits into Ⓑ?**

① as radiant as radiant can be
② as often as one wishes to see them
③ as ordinary as a person on the street
④ as miraculously as told in religious scriptures

31-32

A stubborn old lady was walking down the middle of a street to the great confusion of the traffic and with no small danger to herself. It was pointed out to her that the sidewalk was the place for pedestrians, but she replied: "I'm going to walk where I like. We've got liberty." It did not occur to the old lady that if liberty entitled the pedestrian to walk down the middle of the road, then the end of such liberty would be universal chaos. There is a danger of the world getting liberty-drunk these days like the old lady, and it is just as well to remind ourselves of what the rules of the road mean. They mean that in order for the liberties of all to be preserved, the liberties of everybody must be Ⓐ______. When a policeman at a busy intersection steps into the middle of the road and puts out his hand, he is the symbol not of tyranny, but of liberty. You may, being in a hurry, feel that your liberty has been outraged. Then, if you are a reasonable person, you will reflect that if he did not interfere with you, he would interfere with no one, and the result would be a frenzied intersection you could never cross at all. You have submitted to a Ⓑ______ of private liberty in order to enjoy a social order which makes your liberty a reality.

31* **Which of the following is the main theme of the passage?**

① The world is too liberty-drunk these days.
② Individual liberty always leads to social chaos.
③ Policemen are necessary for unreasonable drivers.
④ You should compromise private liberty for social order.

32* **Which of the following ordered pairs best fits into Ⓐ and Ⓑ?**

① denied — denial
② alloted — allotment
③ secured — security
④ curtailed — curtailment

33-34

Cicero said, "A room without a book is a body without a soul." Certainly when I enter someone's home for the first time, I am likely to be drawn to the bookshelf to learn more about the personality of its owner. In a sense, books have always been more than just repositories of information. The look and feel of a book is as much a part of its appeal as its contents. There is something immensely satisfying about opening a new book: the smell of the paper, the feel of the cover, the design on the dust jacket, and the weight of the volume all contribute to the impression it makes. Books have a symbolic power. We shudder when we hear of a book burning, associated down the ages with tyranny and oppression. Books as cultural icons remind us of freedom of speech and enhanced opportunities; they remind us of the intellectual aspirations of the human race. But in the future will the book still be read? I believe it will. More books are being written and published than ever before; the book has withstood the advent of the cinema, television, and computer, and is likely to be around in centuries to come.

33* **Which of the following is the best title for the passage?**

① Political Roles of Books
② A History of Publication
③ The Power and Future of Books
④ Why Books Mattered in the Past

34* **According to the passage, which of the following is NOT true?**

① Books' attractiveness includes more than information.
② The cover of a book is as appealing as its contents.
③ The number of books published will gradually decline.
④ Books symbolize human aspirations to better ourselves.

35-37

According to Fijian legend, the great chief Lutunasobasoba led his people across the seas to Fiji. Most authorities agree that people came into the Pacific from Southeast Asia via the Malay Peninsula. On Fiji, the Melanesians and the Polynesians mixed to create a highly developed society long before the arrival of the Europeans. The European discoveries of the Fijian islands were accidental. The first of these discoveries was made in 1643 by a Dutch explorer. Major credit for the discovery and recording of the islands went to the Englishman Captain William Bligh who sailed through Fiji in 1789. The first Europeans to land and live among the Fijians were runaway convicts from the Australian penal settlements. Traders and missionaries came by the mid-19th century. Cannibalism practiced in Fiji at that time quickly disappeared as missionaries gained influence. When Ratu Seru Cakobau accepted Christianity in 1854, the rest of the country soon followed and tribal warfare came to an end. From 1879 to 1916 Indians came as indentured laborers to work on the sugar plantations. After the indentured system was abolished, many stayed on as independent farmers and businessmen.

35 According to the passage, which of the following is NOT true?

① The first people to land on Fiji may have come from Southeast Asia.
② Fiji was civilized even before the European arrival.
③ It was Captain William Bligh who got most of the credit for the discovery of Fiji.
④ Most Indians left Fiji once the indentured labor system ended.

36 According to the passage, where did the first European settlers come from?

① Malaysia ② The Netherlands
③ Britain ④ Australia

37 According to the passage, what happened immediately after Cakobau's religious conversion?

① Native Fijian religions were prohibited.
② Wars among tribes heightened across the country.
③ Christianity became the major religion among Fijians.
④ More missionaries arrived in the country from Europe.

38-40

A lingua franca is a language or mixture of languages used as a medium of communication by people whose native languages are different. It is also known as a trade language, contact language, and global language. The term "English as a lingua franca" refers to the teaching, learning, and use of English as a common means of communication for speakers of different native languages. The status of English is such that it has been adopted as the world's lingua franca for communication in Olympic sport, international trade, and air-traffic control. Unlike any other language, English has spread to all five continents and has become a truly global language. According to Nicholar Ostler, however, we need to draw a distinction between a language which is spread through nurture, a mother tongue, and a language that is spread through recruitment, a lingua franca. The latter is a language you consciously learn because you need to. A mother tongue is a language you learn because you can't help it. The reason English is spreading around the world at the moment is because of its utility as a lingua franca. Globish, a simplified version of English used around the world, will be there as long as it is needed, but since it's not being picked up as a mother tongue, it's not typically being spoken by people Ⓐ______. It is not getting effectively to first base, the most crucial base for long-term survival of a language.

38 **Which of the following is the major topic of the passage?**

① Superiority of mother tongues
② English as a lingua franca
③ How to develop Globish
④ Survival of a language

39 **Which of the following best fits into Ⓐ?**

① outside their own country ② for business purposes
③ in American colleges ④ to their children

40 **According to the passage, a lingua franca CANNOT be defined as ______.**

① a language used by people with different native languages
② a trade language, contact language, and global language
③ a language unconsciously learned from one's parents
④ a language that is spread through recruitment

41-42

Have you ever played with a baby and felt a sense of connection, even though they couldn't yet talk to you? New research suggests that you might quite literally Ⓐbe on the same wavelength. A team of researchers has conducted the first study of how baby and adult brains interact during natural play, and they found measurable similarities in their neural activity in the same regions of their brains. In other words, baby and adult brain activity rose and fell together as they shared toys and eye contact. Previous research had shown that adults' brains sync up when they watch movies and listen to stories, but little is known about how this neural synchrony develops in the first years of life. The researchers suggested that neural synchrony may have important implications for social development and language learning.

41 Which of the following is the main theme of the passage?

① Unlike adults, babies sync up easily and quickly.
② Babies need parental attention for their neural development.
③ Babies and adults playing together have synchronized neural activity.
④ The pathways to infants' social development have been identified.

42 Which of the following is closest to what Ⓐ refers to?

① They experience similar brain activity in the same brain regions.
② Their wavelengths are uniquely determined by biological programing.
③ Their brain wavelengths remain constant regardless of the age differences.
④ Their brains develop structural and functional similarities through interaction.

43-44

Astronauts make a lot of sacrifices when they venture off of the Earth. Besides the dangers of space travel and time away from family, there is microgravity which comes with a whole new set of rules that changes many things about everyday life. There are things astronauts can't do in space. Many popular foods are too difficult to transport to and eat in space. Bread, for example, can result in crumbs that can damage equipment or accidentally get inhaled by astronauts. Therefore, tortillas have been used since the 1980s. When it comes to beverages, carbonated drinks are off the table because they are not buoyant in a weightless environment. NASA said, "carbonated drinks currently don't make the trip because the carbonation and the soda will not separate in microgravity." Salt and pepper have also been banned for their ability to float away and potentially damage equipment or get in astronauts' mouths, ears, or noses. Thankfully, NASA has developed liquid versions as a substitute.

43 **Which of the following is allowed to be eaten in space?**

① Bread
② Tortillas
③ Carbonated drinks
④ Ground pepper

44 **According to the passage, there are things astronauts can't do in space because of _______.**

① limited space
② lack of substitutes
③ absence of oxygen
④ a weightless environment

45-47

Climate change is emerging as one of the primary geopolitical challenges of the early 21st century. Unlike mass casualty terrorism, climate change does not have a single shocking event that can encourage collective mitigation efforts by both developed and developing states. International efforts to counter the causes of climate change have, thus far, only been marginally successful. Ⓐ______, some of the more damaging effects of climate change, such as extreme weather, heat waves, droughts, and floods, will likely continue to appear in the years and decades ahead. From a geopolitical perspective, climate change may influence the rising or declining of nations in an increasingly multipolar world. It may also induce or worsen resource competition between states, particularly with regard to energy resources, water, and food. Climate change may also exert a general weakening effect on lesser developed countries, thus requiring increasingly intrusive and costly humanitarian assistance and disaster response missions, some of which may be conducted by military agencies. Overall, these trends suggest that climate change will continue to emerge as a significant factor that shapes and defines future military missions and deployments.

45 Which of the following is the passage mainly about?

① The geopolitics of climate change
② World conflict by climate change
③ Ways and solutions to climate change
④ Establishment of organization for climate change

46 Which of the following is best fits into Ⓐ?

① Controversially ② Consequently
③ Ironically ④ Similarly

47 According to the passage, which of the following is NOT mentioned as a potential effect of climate change?

① The rise and fall of terrorism
② Resource competition among nations
③ Increasing need for humanitarian assistance
④ Military engagements and deployments

48-50

For six decades or more, America's political history has been driven by cultural warfare. Culture War 1.0 began in the 1950s as religious enthusiasts sought to win hearts and souls for Christ in a society that was rapidly liberalizing and secularizing. This first culture war was mostly fought over issues of Ⓐ______, such as whether creationism was a viable alternative to the theory of biological evolution and whether limits should be placed on institutionalizing Christian values in the public sphere. In Culture War 2.0, the supernatural, metaphysics, and even religion have become irrelevant. Culture War 2.0 rotates around, among others, the new rules of engagement. They relate to how we deal with our disagreements. In Culture War 1.0, if an evolutionary biologist gave a public lecture about the age of the Earth based on geological dating techniques, creationists would issue a response, insist that such dating techniques are unreliable, challenge him to a debate, and ask pointed questions during the Q&A session. In Culture War 2.0, disagreements with a speaker are sometimes met with attempts at de-platforming: rowdy campaigns for the invitation to be canceled before the speech can be delivered. If this is unsuccessful, critics may resort to disrupting the speaker by screaming and shouting, engaging noise makers, or ripping out the speaker wires. The goal is not to counter the speaker with better arguments or even to insist on an alternative view, but to prevent the speaker from airing her views at all.

48 **Which of the following is the best title for the passage?**

① Creationism in Culture Wars
② America's Changing Culture Wars
③ Enlightenment and Cultural Revolution
④ Conservativism vs Liberalism in the Modern World

49 **Which of the following best fits into Ⓐ?**

① unity and diversity
② technology and evolution
③ religious faith and values
④ traditions and innovations

50 **According to the passage, Culture War 2.0, as compared with Culture War 1.0, is ______.**

① more violent and intolerant
② more sophisticated and tricky
③ less friendly but more tolerant
④ less fierce and more accommodating

합격을 완성할 단 하나의 선택

김영편입 영어
2025 한국외국어대학교
기출문제 해설집

해설편

2024 한국외국어대학교(T1 A형)

01 ②	02 ①	03 ③	04 ②	05 ④	06 ②	07 ④	08 ②	09 ②	10 ③
11 ④	12 ①	13 ④	14 ③	15 ③	16 ①	17 ③	18 ④	19 ③	20 ④
21 ③	22 ②	23 ①	24 ④	25 ①	26 ①	27 ②	28 ②	29 ④	30 ①
31 ②	32 ③	33 ④	34 ①	35 ①	36 ③	37 ④	38 ③	39 ③	40 ①
41 ④	42 ③	43 ②	44 ③	45 ②	46 ②	47 ①	48 ①	49 ④	50 ①

01 논리완성 ②

그 축구 선수의 목소리가 날카롭고 듣는 사람들을 짜증나게 하는 목소리라고 했으므로, 그가 대중 앞에 섰을 때 보일 수 있는 행동은 자신의 목소리를 최대한 드러내지 않는 것이다. 따라서 정답은 ② '말수가 적은, 과묵한'이다.

squeaky a. 끼익[찍] 하는 소리가 나는, 날카로운 목소리의 annoying a. 짜증스러운 bewildered a. 어리둥절한 laconic a. 말수가 적은, 과묵한 affable a. 상냥한, 사근사근한 rubicund a. (문어) (얼굴 등이) 붉은, 불그레한, 홍조를 띤

그 축구 선수는 자신의 날카롭고 짜증나는 목소리가 싫어서 공공장소에서는 말수가 적다.

02 논리완성 ①

저명한 연구 팀에 합류할 수 있는 기회를 여러 번 놓쳤다고 했으므로 그 과학자의 성격은 사교적이지 못하고 완고하다는 것을 추론할 수 있다. 따라서 빈칸에는 ① '다루기 힘든, 고집 센'이 적절하다.

collaboration n. 공동작업 prominent a. 현저한, 유명한 refractory a. 다루기 힘든, 고집 센 buoyant a. 부력이 있는, 활황인, 자신감이 있는 corporeal a. 신체의, 형체를 가진 miscellaneous a. 여러 가지 종류의, 이것저것 다양한

그 과학자는 협업에 대한 완고한 접근 방식 때문에 저명한 연구팀에 합류할 수 있는 기회를 여러 번 놓쳤다.

03 논리완성 ③

not only절과 but also절이 나란히 병치되어 있다. the junk가 anything that is not essential과 상응하므로 빈칸에는 get rid of와 같은 ③ '버리다, 포기하다'가 와야 한다.

weigh down ~을 (마음·기분을) 짓누르다 atrophy v. 위축되다 emulate v. 모방하다 jettison v. 버리다, 포기하다 subjugate v. 예속시키다, 지배[통제]하에 두다

우리는 우리를 짓누르는 잡동사니를 버려야 할 뿐만 아니라 필수적이지 않은 것을 모두 제거해야 할 필요도 있다.

04 논리완성 ②

이유를 나타내는 for절에서 '그녀도 내가 요구하는 정보를 얻어낼 것이라는 것을 내가 알고 있었기 때문이었다'고 했으므로 나는 그녀의 환심을 사려고 최선을 다했을 것이다. 따라서 빈칸에는 '재귀대명사+with'와 함께 '~의 환심을 사다'라는 뜻의 표현을 만드는 ②가 적절하다.

capitulate v. (오랫동안 거부하던 것에) 굴복하다 ingratiate oneself with ~의 환심을 사다 apprehend v. 파악하다, 체포하다 conspire v. 음모[모의]를 꾸미다, 공모하다

나는 그녀에게 환심을 사기 위해 최선을 다했다. 왜냐하면 만약 누구든 내가 요구하는 정보를 얻을 수 있다면 그녀도 그렇게 할 것이라는 것을 내가 알고 있었기 때문이었다.

05 동의어 ④

Arctic n. 북극(권) despondent a. 낙심한, 풀이 죽은(= morose) rapturous a. 기쁨에 넘친, 황홀한 spirited a. 생기 있는, 혈기 넘치는 opulent a. 부유한, 풍요로운

그들은 기후변화에 낙담하지 말고 행동에 나서라는 격려의 메시지를 전 세계에 전하며 북극을 떠났다.

06 동의어 ②

plateau n. 고원, 대지 precarious a. 불안정한, 위험한(= insecure) boisterous a. 난폭하고 시끄러운 egregious a. 지독한, 어처구니없는 exemplary a. 본보기의, 전형적인

그는 지난 몇 년 동안 어떻게든 더 높은 단계로 도약했는데, 이는 불안정한 그의 건강 상태를 고려하면 더욱 놀라운 일이다.

07 동의어 ④

grandiose a. 웅장한, 장엄한(= eminent) regal a. 제왕의, 당당한 bearing n. 태도, 능력 obsequious a. 아부하는, 추종하는 courteous a. 예의바른, 정중한 erratic a. 별난, 괴짜의

여왕의 장엄한 태도와 위풍당당한 자태는 여왕이 입장하자마자 방 안의 모든 사람을 침묵하게 만들었다.

08 동의어 ②

composure n. 침착, 평정(= poise) at all costs 무슨 수를 써서라도 eccentricity n. 기이한 행동, 기벽 umbrage n. 불쾌, 분개 ferocity n. 잔인, 흉폭

우리들 대부분이었더라면 그 모욕에 분노로 대응했을 테지만, 그는 무슨 수를 써서라도 평정심을 유지해야 한다는 것을 이해하고 있었다.

09 동의어 

auspicious a. 길조의, 상서로운(= fortunate) sinister a. 불길한, 사악한 strenuous a. 분투하는, 정력적인 formidable a. 위협적인, 겁먹게 하는

그 축제는 일 년 중 가장 상서로운 시기로 여겨지는 가장 따뜻한 봄철에 열린다.

10 문맥상 동의어 ③

slate는 다의어로서 '후보자로 내세우다', '예정이다', '호되게 비판하다' 등의 의미를 가지고 있는데, 주어진 문장에서는 '예정하다'의 의미로 쓰였다.

high court 고등법원 slate v. 예정하다(= schedule) deliver v. (판결 등을) 선고하다 verdict n. 평결, 판결 criticize v. 비판하다, 비난하다 cover v. 씌우다, 포함하다 appoint v. 임명하다, 지정하다

고등법원은 이번 달 말에 판결을 내릴 예정이다.

11 문맥상 동의어 ④

term은 명사로서 '종결', '용어', '말투', '기간', '조건', '관계' 등의 다양한 의미를 가지고 있는데, 주어진 문장에서는 '종결'의 의미로 쓰였다,

maturity benefit 만기 급부 insurance policy 보험 증서 term n. 종결(= termination) semester n. 학기 expression n. 표현; 표정 agreement n. 합의, 동의

만기 지급 보험금은 보험이 종결된 후 받는 금액이다.

12 문맥상 동의어 

irregular는 '불규칙의', '비정상적인', '비정규의', '불안정한' 등의 의미를 가지고 있는 다의어인데, 주어진 문장에서는 '비정규적인'이란 의미로 쓰였다.

irregular a. 불규칙한; 비정규의(= unofficial) conflict zone 분쟁지대 discontinuous a. 불연속적인, 단속적인 asymmetrical a. 비대칭적인 nonconforming a. 관행[규범]을 따르지 않는, 국교를 신봉하지 않는

분쟁 지역에 비정규군이 존재하는 것이 군인과 범죄자를 구별하기 어렵게 만든다.

13 문맥상 동의어 

lost는 형용사로서 '분실한', '낭비한', '패배한', '열중하는', '자포자기의' 등의 뜻을 가지고 있는데, 주어진 문장에서는 '열중하는' 정도의 의미로 쓰였다.

dip below 밑으로 떨어지다 bustling a. 부산한, 북적거리는 lost a. 열중하는(= engrossed) stolen a. 훔친, 몰래 행해진 defeated a. 패배한 squander v. 낭비하다, 탕진하다

해가 지평선 아래로 내려가자, 사람들은 도시 생활의 리듬에 빠져 북적이는 거리를 거닐었다.

14 재진술 

주어진 문장에서 핵심적인 정보는 환풍기가 고장 났다는 것과, 그로 인해 방안에 연기가 머물러 있었다는 것이다. 주어진 문장과 같은 의미를 가진 문장은 ③이다.

fan n. 선풍기, 부채, 환풍기 chamber n. 방, 사무실 malfunction v. 제대로 작동하지 않다 operate v. 작동하다 linger v. 오래 남다, 머물다 let out 해방하다, 빠져 나가다

환풍기가 고장 나서 연기가 방 안에 그대로 머물러있었다.
① 연기가 방 안으로 유입되었을 때 환풍기가 제대로 작동하지 않았다.
② 연기가 방 밖으로 배출된 후에야 환풍기가 다시 작동했다.
③ 환풍기가 작동할 수 없었기 때문에 연기가 방 안에 머물러있었다.
④ 환풍기가 다시 작동하고 나서야 연기가 밖으로 배출되었다.

15 재진술 

주어진 문장에서 핵심적인 정보는 '나는 that절의 내용을 의심한다, 즉 that절의 내용이 사실이 아니라고 생각한다'는 것이고 that절 내용은 '변호사가 의뢰인을 구하기 위해 거짓말을 하고 있다'는 것이다. 결국 '변호사가 의뢰인을 구하기 위해 거짓말을 하고 있는 것은 아니라고 나는 믿는다'는 뜻이기 때문에 주어진 문장과 같은 의미를 가진 문장은 ③이다. doubt that절은 '~라는 것을 의심한다, 믿지 않는다'는 뜻이고 suspect that절은 '~라고 의심한다, 수상쩍게 생각한다'는 뜻이므로 ②는 suspect를 doubt로 고쳐야 주어진 문장과 같은 뜻이 된다.

attorney n. 변호사 client n. 의뢰인 suspect v. 의심하다, 알아채다, 생각하다

나는 변호사가 의뢰인을 구하기 위해 거짓말을 하고 있다는 것을 강하게 의심한다.
① 의뢰인을 구하기 위해 거짓말을 하는 것이 변호사가 의심하는 것이라고, 나는 생각한다.
② 나는 변호사가 의뢰인을 구하기 위해 진실을 말하지 않고 있다고 의심한다.
③ 의뢰인을 구하기 위해 거짓말을 하는 것은 변호사가 하고 있는 것이 아니라고, 나는 믿는다.
④ 나는 변호사가 그의 의뢰인이 거짓말을 하지 않고 있다는 것을 안다고 생각한다.

16 올바른 어순 ①

빈칸에 가장 먼저 올 단어는 There is 다음에 오는 명사이다. 따라서 여기서는 '두려움'이라는 뜻의 명사로 쓰인 dread가 먼저 오고, 그 다음은 종속접속사 lest와 '주어+조동사'인 help should가 와야 한다. lest ~ should는 '~할까 봐'라는 의미를 갖는 숙어적 표현이다.

dread a. 두려운, 무시무시한 lest ~ should ~할까 봐(= in case)(특정한 감정의 원인을 나타냄)

전투에서 우리가 승리하기도 전에 적에게 도움이 닿지 않을까 하는 두려움이 나의 마음 한구석에 항상 자리 잡고 있다.

17 올바른 어순 ③

2형식 동사 is의 주격보어로 최상급 형용사 most severe가 먼저 오고, 그 다음에는 '주어+be동사'인 it is가 생략된 when절인 when contracted가 이어져야 문장이 완성된다.

document v. 입증하다, 뒷받침하다 infection n. 전염병 contract v. 병에 걸리다 severe a. 심한

이런 종류의 전염병은 물고기로부터 감염될 때 가장 심각하다는 것은 잘 입증되어 있다.

18 타동사의 목적어 ④

이 문장은 동명사 Engaging부터 studies까지가 주어이고 allows로 시작하는 술부와 may로 시작하는 술부가 and로 연결되어 있는데, 두 번째 술부에서 prepare는 사람이 주어가 아니어서 타동사이므로 목적어가 있어야 한다. students를 가리키는 대명사 them을 목적어로 하여 ④를 prepare them for로 고쳐야 한다.

engage in 참여하다, 종사하다 interdisciplinary a. 다른 학문 분야와 제휴하는 field n. 분야

학제 연구에 참여하는 것은 학생들로 하여금 다양한 분야의 지식을 탐구할 수 있게 해주고, 또한 그들을 현대 노동력(노동시장)에 진입하게 준비시켜 줄 수도 있다.

19 대명사의 수일치 ③

③ their가 가리키는 것은 단수 명사 the lighthouse이다. 그러므로 ③ their를 its로 고쳐야 한다.

storm-scarred a. 폭풍에 시달인 whisper v. 속삭이다 ancient skin 오래된 피부(표면) bear v. 품고 있다

폭풍에 시달린 등대는, 그 오래된 표면에 영원한 이야기를 담은 채, 바람과 조수에 대해 부드럽게 속삭인다.

20 정비문 ④

utter는 뒤의 명사를 수식하는 한정적인 용법으로만 쓰이는 형용사이므로 utter를 be동사의 보어로 서술적 용법으로 사용한 ④가 문법적으로 틀린 문장이다. utter를 같은 '완전한'이라는 뜻으로 서술적으로 쓰일 수 있는 perfect로 고쳐야 한다. ① 서술적으로 쓰인 형용사 bereft를 부사 visibly가 수식하고 있다. ② 서술적으로 쓰인 형용사 unaware를 부사 blissfully가 수식하고 있으며 amiss도 서술적으로만 쓰이는 형용사이다. ③ all은 '전적으로, 완전히'라는 뜻의 부사이고 rife는 서술적으로만 쓰이는 형용사이다.

break off 분리되다, 헤어지다 bereft a. 빼앗긴, 잃은, 상실감을 느끼는 visibly ad. 눈에 띠게, 역력히 blissfully ad. 행복에 넘쳐서 amiss a. 정상이 아닌, 잘못된 illiteracy n. 문맹 rife a. 많은, 풍부한, 만연한

① 실비아가 그들의 관계를 끊었을 때 그는 눈에 띄게 상실감을 느꼈다.
② 케빈은 행복하게도 아무런 잘못된 점도 알지 못한 채로 있다.
③ 그것은 전적으로 문맹이 만연한 분리된(인종차별적인) 공동체의 결과이다.
④ 할리우드에서 여성의 아름다움에 대한 기준은 완전하다.

21 정비문 ③

③은 접속사 that 다음에서 he said가 was의 주어가 될 수 없어 절을 이루지 못하므로 문법적으로 틀린 문장이다. 주어 자리에는 명사/명사구/명사절이 와야 하므로 he said를 명사절 what he said로 고쳐야 한다. ① today는 미래시제와 같이 쓰일 수 있고 what은 의문 대명사이다. ② wrong이 명사이고 What은 관계형용사이다. All wrong that you did ...와 같다. ④ 가정법 과거여서 would not criticize와 knew이고 cost는 직설법적으로 과거시제 동사이다.

haunt v. 괴롭히다, 출몰하다 border on 어떤 상태에 가깝다 racism n. 인종주의 bet v. 확신하다 cost a fortune 엄청나게 비싸다

① 나는 오늘 스트레스를 해소하기 위해 무엇을 할지 아직 결정하지 않았다.
② 당신이 과거에 저지른 모든 잘못이 항상 되돌아와 당신을 괴롭힐 것이다.
③ 모든 사람은 그가 한 말이 인종 차별에 가깝고 정치적으로 올바르지 못하다는 데 동의했다.
④ 나는 당신이 그 그림이 비싼 값에 팔렸다는 걸 안다면, 그 그림을 비판하지 않을 것이라고 확신한다.

22-23

빅데이터는 트렌드 예측과 소비자 행동 분석에서 점점 더 중요한 역할을 하고 있다. 오늘날 브랜드는 빅데이터를 활용하여 온라인 소비자 경험을 맞춤화하고, 고객이 주도할 수 있도록 지원함으로써 새로운 전략을 수립하고 있다. 패션 업계의 주요 업체들은 빅데이터 열풍에 동참하고 있다. 선두주자 중 하나인 Amazon은 올해 초 구매를 위해 로그인할 때, 사이즈를 물어봄으로써 고객의 신체 사이즈를 파악하려는 시도를 했다. 이 방대한 체형 데이터는 기본적으로 시간이 지남에 따라 체형이 어떻게 변화하는지를 더 잘 이해하기 위해 Amazon에서 수집하는 빅데이터 풀이다. 특히 반품의 40% 이상이 단지 옷이 맞지 않아서 발생하기 때문에, 이 데이터가 온라인 소매업체에 잠재적으로 줄 수 있는 유익은 전례 없을 정도로 많다. 따라서 고객이 원하는 '완벽한 핏'을 제공할 수 있는 가능성을 높이는 것은 고객들을 더욱 만족시키고 반품 건수를 크게 줄일 것이다.

forecast v. 예측하다 tailor v. 맞추다, 조정하다 get on bandwagon 시류에 편승하다 measure up 측정하다 perfect fit 몸에 꼭 맞는 옷 drastically ad. 급격하게

22 글의 주제 ②

이 글의 핵심적인 내용은 다양한 온라인 패션업체들이 빅데이터의 자료들을 활용하여 반품을 줄이고 고객의 만족도를 높이고 있다는 것이다. 따라서 이 글의 주제는 ② '온라인 패션 소매업에서의 빅데이터 활용'이다.

다음 중 이 글의 주제는?
① 패션업계의 주요 선두주자들
② 온라인 패션 소매업에서의 빅데이터 활용
③ 소비자 불만 처리를 위한 아마존의 전략
④ 광고에서 데이터에 따른 의사 결정의 우월성

23 빈칸완성 ①

단지 옷이 맞지 않아서 반품의 40%이상이 발생한다면, 고객의 체격에 관한 데이터를 미리 갖고 있으면 옷이 몸에 맞지 않아 발생하는 반품은 줄일 수 있어서 업체에 많은 유익을 줄 것이다. 따라서 빈칸에는 데이터가 업체에 해줄 수 있는 것(유익, 역할)이 전례 없을 정도로 많다는 의미로 ①의 '전례 없는'이 적절하다.

다음 중 Ⓐ에 들어가기에 가장 적절한 것은?
① 전례 없는
② 모호한
③ 정도에서 벗어난
④ 사소한

24-25

동시통역의 과정을 이해하는 것은 큰 과학적 도전이다. 하지만 최근 소수의 연구자들이 이 과제를 수행하면서, 뇌의 한 영역인 미상핵이 주목받고 있다. 미상핵이 언어를 전문으로 하는 영역은 아니지만, 신경과학자들은 의사 결정과 신뢰 같은 과정에서 미상핵이 하는 역할 때문에 미상핵을 잘 알고 있다. 그것(미상핵)은 여러 뇌 영역의 활동을 조율하여 놀랍도록 복잡한 행동을 만들어내므로 마치 오케스트라 지휘자 같다. 이것은 해석 연구들의 결과들이 지난 10~20년 동안 신경과학에서 나온 가장 큰 아이디어 중 하나와 연결되는 것처럼 보인다는 것을 의미한다. 이제 인간의 많은 정교한 능력은 특정 작업을 전담하는 특수한 뇌 영역이 아니라, 움직임과 청각 등 보다 일반적인 작업을 제어하는, 영역들 간의 빠른 조율에 의해 가능하다는 것이 분명해졌다. 동시통역은 우리의 상호작용하는 뇌에 의해 가능해진 위업인 것 같다.

simultaneous interpretation 동시통역 take up the task 일을 시작하다 caudate nucleus 미상핵(尾狀核) coordinate v. 조율하다 stunningly ad. 깜짝 놀랄 정도로 sophisticated a. 정교한, 섬세한 dedicated to 전념하는, 헌신하는 lightning-fast a. 번개처럼 빠른 feat n. 위업 interactive a. 상호작용의

24 내용일치 ④

'동시통역은 우리의 상호작용하는 뇌에 의해 가능해진 위업인 것 같다.'는 단서로부터 ④ '동시통역을 전담하는 전문적인 뇌 영역이 있다.'라는 진술이 본문의 내용과 부합하지 않음을 알 수 있다.

본문에 따르면, 다음 중 사실이 아닌 것은?
① 몇몇 연구자들이 동시통역 과정을 연구하고 있다.
② 미상핵은 의사결정과 신뢰에 관여한다.
③ 움직임과 청각은 일반적인 과업으로 간주되는 활동 중 하나이다.
④ 동시통역을 전담하는 전문적인 뇌 영역이 있다.

25 빈칸완성 ①

빈칸 다음에 오는 진술, 즉 '(미상핵이) 여러 뇌 영역의 활동을 조율하여 놀랍도록 복잡한 행동을 만들어낸다.'라는 단서로부터 빈칸에는 ① '오케스트라 지휘자'가 와야 함을 추론할 수 있다.

다음 중 Ⓐ에 들어가기에 가장 적절한 것은?
① 오케스트라 지휘자
② 헌신적인 관찰자
③ 신경외과의
④ 효과적인 필터

26-27

"슈링크플레이션"은 표시가격을 그대로 유지하면서 제품의 크기를 줄이는 관행이다. 슈링크플레이션에서 '슈링크'는 제품 크기의 변화와 관련이 있고, '-플레이션' 부분은 물가 상승, 즉 인플레이션과 관련이 있다. 양에 의해(양을 조절하여) 가격을 올리는 것은 주로 식음료 산업에서 기업이 투입 비용 상승에 직면하여 이익 마진을 은밀하게 높이거나 유지하기 위해 사용하는 전략이다. 슈링크플레이션의 주요 원인은 제품을 만드는 데 필요한 원자재, 기계 작동을 위한 연료, 공장 가동을 위한 전기, 그리고 인건비 등 생산 비용의 증가이다. 슈링크플레이션은 기본적으로 숨겨진 형태의 인플레이션이다. 기업들은 제품 가격 인상을 고객이 알아차릴 가능성이 높다는 것을 알고 있기 때문에, 최소한의 축소는 아마도 눈에 띄지 않을 것이라 생각하고 제품 크기를 줄이는 방법을 선택한다. (기업들은) 가격을 올리는 것이 아니라, 조금 더 적은 양을 담은 패키지에 동일한 금액을 청구함으로써 더 많은 수익을 쥐어짜낸다. 학계 연구에 따르면, 소비자는

패키지 축소보다 명시적인 가격 인상에 더 민감하게 반응하는 것으로 나타났다. 그러나 이러한 관행은 소비자의 브랜드 인식과 재구매 의도를 부정적으로 만들고, 시간이 경과함에 따라 판매량이 정체되거나 감소하는 결과를 초래할 수 있다.

shrinkflation n. 슈링크플레이션(제품의 가격은 그대로 두지만 크기나 중량을 줄여 가격을 인상하는 판매 전략) sticker price 표시가격 boost v. 신장시키다 profit margin 이윤 in the face of ~에 직면하여 commodity n. 원자재 run v. 운영하다 spot v. 알아차리다 go unnoticed 눈에 띄지 않고 넘어가다 squeeze out 쥐어짜다 charge v. 청구하다 repurchase v. 재구매하다

26 글의 주제 ①

이 글은 슈링크플레이션이 무엇인지를 정의를 내리고, 기업들이 슈링크플레이션을 시도하는 이유, 그리고 그 문제점 등을 포괄적으로 다루고 있다. 그러므로 이 글의 주제는 ① '슈링크플레이션의 정의와 이유'이다.

다음 중 이 글의 주제는?
① 슈링크플레이션의 정의와 이유
② 경제 침체의 신호들
③ 기업들이 이윤을 투자하는 방법
④ 슈링크플레이션에 대한 학계의 연구

27 빈칸완성 ②

Ⓐ 가격을 그대로 유지하면서 제품의 양을 줄이는 것은 본질적으로 고객의 눈을 속이기 위해 '은밀하게' 하는 행위이다. Ⓑ 기업들이 슈링크플레이션을 행하는 주된 이유는 고객들이 가격인상에 민감하게 반응한다는 것을 '알고 있기' 때문이다.

다음 중 Ⓐ와 Ⓑ에 들어가기에 가장 적절한 쌍은?
① 명시적으로 — 의식이 있는
② 은밀하게 — 알고 있는
③ 약간 — 망각의
④ 상당히 — 의심스러운

28-30

우리는 파트너와 친구를 선택하는 것과 같은 방식으로 형제자매를 선택하지 않는다. 물론 부모도 우리가 선택하지는 않지만, (부모는) 성인이 되는 과정에서 우리를 양육함으로써 우리에게 부모 역할을 해준다. 형제자매는 그냥 거기에 있는 것이다. 하지만 우리의 성장에 관해서라면, 그들은 부모보다 더 큰 영향을 미칠 수 있다. 이런 사실은 형제자매가 나이가 많고 멋있든, 어리고 답답하든 상관없이 마찬가지이다. 형제자매의 영향력 중 일부는 그들이 단지 존재한다는 것과 관련이 있다. 82%의 어린이가 형제자매와 함께 사는데, 이는 아버지와 함께 사는 어린이보다 더 많은 비율이며, 70세 노인의 약 75%는 살아있는 형제자매가 있다. 형제나 자매가 있는 사람들에게 형제나 자매와의 관계는 인생에서 가장 긴 시간이 될 가능성이 높다. 이러한 관계가 우리의 삶을 더 좋게 만드는지 아니면 더 나쁘게 만드는지는 좀 더 복잡한 문제이다. 긍정적인 측면에서, 청소년기에 형제자매와 긍정적인 상호작용을 하면 공감 능력, 친사회적 행동, 학업 성취도가 높아진다고 한다. 하지만 형제자매와의 관계가 나쁘면, 청소년기에 우울증과 불안에 빠질 가능성이 높아질 수 있다. 더 나아가, 형제자매를 (자신의) 모델로 삼느냐 아니면 (형제자매로부터) 자신을 차별화하려고 노력하느냐 하는 것은 특히 중요한 영향을 미친다. 한 연구에 따르면, 서로에 대해 긍정적으로 생각하는 형제자매는 비슷한 교육 수준을 달성하는 경향이 있는 반면, (형제자매와 비교해) 아빠와 불평등하게 시간을 보내고 부모의 대우가 불평등하다고 인식하는 형제자매는 교육적 운명이 엇갈리는 것으로 나타났다.

sustain v. 지탱하다, 양육하다, 부양하다 development n. (아이의) 성장 influential a. 영향력이 있는 cool a. 멋진 frustrating a. 불만스러운, 좌절감을 주는 sway n. 장악, 지배, 영향 sheer a. 순전한, 순수한 on the upside 긍정적으로 생각해보면 foster v. 발전시키다, 키우다 empathy n. 공감 prosocial a. 친사회적인 consequence n. 결과

28 글의 주제 ②

이 글은 우리가 평생 동안 가장 긴 시간을 보내야 하는 형제자매란 존재가 우리의 삶에 미치는 긍정적인 영향과 부정적인 결과를 비교적 객관적인 시각에서 다루고 있다. 따라서 이 글의 적절한 주제는 ② '형제자매가 개인의 삶에 미치는 영향'이다.

다음 중 이 글의 주제는?
① 학교에서의 형제자매 역학 관계의 해부학
② 형제자매가 개인의 삶에 미치는 영향
③ 청소년기 기간 동안 형제자매 간의 라이벌 관계
④ 형제자매와 부모의 관계

29 내용일치 

'형제자매와의 관계가 나쁘면, 청소년기에 우울증과 불안에 빠질 가능성이 높아질 수 있다'고 했으므로 ④가 사실인 진술이다. ① 친구는 선택되지만 형제자매는 선택되지 않는다. ② 나이와 성격은 이 글에서 언급되지 않았다. ③ '70세 노인의 약 75%는 살아있는 형제자매가 있다'고 했는데 75%는 대다수라 할 수 있으므로 '살아있는 형제자매가 있다'고 해야 한다.

본문에 따르면, 다음 중 사실인 것은?
① 형제자매는 부모 및 친구와 비슷한 방식으로 선택된다.
② 형제자매의 영향력은 일반적으로 나이와 성격에 기인한다.
③ 70세 노인의 대다수는 살아 있는 형제자매가 없다.
④ 서로에 대해 부정적인 감정을 갖고 있는 형제자매들은 청소년기에 불안을 느끼는 경향이 있다.

30 빈칸완성 

Ⓐ '70세 노인의 약 75%는 살아있는 형제자매가 있다'라는 진술로부터 우리가 우리의 형제자매들과 우리의 인생에서 가장 긴 시간을 함께 보낸다는 사실을 알 수 있다. Ⓑ '서로에 대해 긍정적으로 생각하는 형제자매는 비슷한 교육 수준을 달성하는 경향이 있는' 단서로부터 그와 반대의 경우, 형제자매의 교육수준이 '분기되는' 즉 달라진다는 사실을 추론할 수 있다.

다음 중 Ⓐ와 Ⓑ에 들어가기에 가장 적절한 쌍은?
① 가장 긴 — 분기되는
② 초석 — 개선된
③ 재난 — 불평등한
④ 지속되는 — 더 적은

31-32

활동 연속은 심리사회적 현상이다. 이는 시간적 매개변수 내에서 변하지 않는 업무수행, 즉 지정된 시간 내에 미리 결정된 작업을 성공적으로 완료하는 것을 요구한다. 활동 연속 중인 사람은 일반적으로 자신의 활동 연속을 외부 압력이 아닌, 자신의 의지에 기인한다고 생각한다. 하지만 활동 연속을 유지하기 위해 다른 사람들과 경쟁할 수도 있다. 활동 연속 중인 사람이, 활동 연속이 깨지지 않았다고 생각하고 지속 시간을 수량화할 수도 있다면, 즉 활동 연속이 얼마나 오랫동안 지속되었는지 알 수 있다면, 우리는 그 사람이 활동연속을 하고 있다고 말할 수 있다. 이것이 왜 중요한 것일까? 글쎄, 앱 디자이너들은 시장의 입지를 구축하고 사람들이 앱을 계속 사용하고 비용을 지불하도록 하기 위해, 이를 활용해왔다. 활동연속을 포함하는 앱은 100개 이상 있다.
예를 들어, 듀오링고 앱은 언어 학습 일수를 계산하지만, 레슨 1회, 15분 학습, 레벨 완료 등 '하루'로 간주되는 기준을 사용자가 직접 설정할 수 있다. 듀오링고를 사용하면 친구들과 경쟁하고 다른 사람들을 따라갈 수 있다. 그리고 (학습자가) 100일 연속 학습과 같은 주요 이정표에 도달하면, 그것(듀오링고)은 (학습자의) 친구에게 메시지를 보내준다. 활동 연속은 습관과 유사하지만, 전자가 전략적인 계획을 요구하고 행동이 수행되지 않으면 중단되는 반면, 후자는 반사작용과 같은 반응에 의존하여 작업을 수행한다는 점에서, 습관과 구별될 수 있다. 사고의 최소화를 위한 습관 형성의 매력에도 불구하고, (습관 형성과 달리) 활동 연속은 중단되지 않는 순서를 유지해야 하는 도전을 통해 개인에게 동기를 부여한다.

streak n. 연속, 줄, 경향 performance n. 수행 temporal a. 시간의, 때의 parameter n. 매개변수 predetermined a. 미리 결정된 time-frame n. 시간 기간 volition n. 자유의지 quantify v. 수량화하다 seize on 이용하다, 포착하다 market presence 시장 입지 incorporating a. 결합하는 cease v. 끝나다 reflex-like a. 반사적인

31 글의 주제 ②

이 글은 주로 활동 연속을 정의내리고 그 특징들과 활용들을 기술하고 있다. 따라서 이 글의 주제는 ② '활동 연속의 주요 특징들'이다.

다음 중 이 글의 주제는?
① 듀오링고가 고객을 유지하는 방법
② 활동 연속의 주요 특징들
③ 작업을 미리 결정하는 데 전략 계획이 필요한 이유
④ (활동) 연속과 동기의 차이

32 내용일치 ③

'하지만 활동 연속을 유지하기 위해 다른 사람들과 경쟁할 수도 있다.'라는 단서로부터 타인과의 경쟁은 활동연속의 필수적인 요소가 아님을 알 수 있다. 따라서 ③이 사실이 아니다.

본문에 따르면, 다음 중 사실이 아닌 것은?
① 습관은 활동연속과 비슷하지만 후자는 의지적이다.
② 듀오링고를 사용하면 활동 연속의 일일 성과 기준을 설정할 수 있다.
③ 타인과의 경쟁은 활동연속 형성에 필수적인 요소이다.
④ 깨지지 않는 순서를 유지하려는 동기는 사람들로 하여금 일부 앱을 계속 사용하도록 한다.

33-34

게으르거나 무조직적이어서, 심지어 스트레스를 받아서 당신이 (해야 할 일을) 미루는 것은 아니다. 당신이 (해야 할 일을) 미루는 것은, 주의력 결핍 과잉 행동 장애(ADHD)의 대표적인 증상인 자신의 감정을 효과적으로 조절하지 못하기 때문이다. 이는 미루는 습관을 연구하는 여러 연구 프로젝트에서 밝혀진 결과이다. 심리학자들은 "만성적으로 미루는 사람에게 그냥 하라고 말하는 것은, 임상적 기분 장애를 가진 사람에게 기운을 내라고 말하는 것과 같습니다."라고 말한다. 누구나 미루는 것은 마찬가지다. 키보드가 자동으로 타이핑을 시작하기를 기다리며 빈 컴퓨터 화면을 응시하는 사람은 ADHD 환자만 있는 것이 아니다. 신경질환이 없는 사람도 허공을 응시하며 어떻게 시작해야 할지 모른다. 그들 또한 치통이 견딜 수 없어질 때까지 치과에 가는 것을 미룬다. 그들 또한 높은 서류 더미를 책상 뒤쪽으로 밀어 놓는다. 하지만 ADHD를 가진 사람들은 과제 회피의 달인이다. 영감을 기다리는 동안, 그들은 음식을 먹고, 빠른 시간에 여러 개의 TV 프로그램을 시청하고, 소셜 미디어를 스크롤하고, 아픈 영혼을 달래는 다른 활동을 한다. 누구나 미루는 것에 대한 괴로움을 경험하지만, 미완성된 작업은 실제로 ADHD 환자에게 신체적, 정신적 고통을 유발할 수 있다. 계획, 우선순위 정하기, 동기 부여하기, 조직하기, 의사 결정하기는 ADHD 환자를 압도하고 위축되게 만들 수도 있다.

procrastinate v. 꾸물거리다, 미루다 stress out 스트레스를 받다 regulate v. 조절하다 Attention Deficit Hyperactivity Disorder 주의력 결핍 과잉행동 장애(= ADHD) chronic a. 만성적인 clinical mood disorder 임상적 기분 장애 neurotypical n. 신경전형인, 신경질환이 없는 사람 stack n. 무더기 binge-watch v. 빠른 시간에 여러 개의 TV 프로그램을 보다 soothe v. 달래다 anguish n. 고통 shut down 멈추다, 정지하다

33 글의 주제 ④

이 글은 해야 할 일을 미루는 습관이 나태나 게으름 혹은 성격의 문제가 아니라 Attention Deficit Hyperactivity Disorder (ADHD) (주의력 결핍 과잉행동 장애)에서 비롯되는 일종의 정신질환 증세라고 설명하고 있다. 따라서 이글의 주제는 ④ '미루는 버릇과 ADHD의 상관관계'이다.

다음 중 이 글의 주제는?
① ADHD 환자의 일반적인 일상
② 미루는 습관을 극복하기 위한 전략
③ 미루기가 신체적, 정신적 건강에 미치는 영향
④ 미루는 버릇과 ADHD의 상관관계

34 내용일치 ①

'게으르거나 무조직적이어서, 심지어 스트레스를 받아서 당신이 (해야 할 일을) 미루는 것은 아니다'라는 본문의 진술로부터 ① '미루는 일은 일반적으로 스트레스를 받을 때 발생한다.'가 본문의 내용과 일치하지 않는다는 것을 알 수 있다.

본문에 따르면, 다음 중 사실이 아닌 것은?
① 미루는 일은 일반적으로 스트레스를 받을 때 발생한다.
② ADHD가 없는 사람들도 일을 시작하는 것을 피한다.
③ ADHD가 있는 사람들은 자신의 감정을 조절하는 데 어려움을 겪는다.
④ 습관적으로 미루는 사람에게 시작하라고 말하는 것은 도움이 되지 않는다.

35-37

만일 당신이 ChatGPT를 사용해보았으면, 당신은 틀림없이 그것이 곧 무엇을 혁신하게 될지, 아니면 그럴 수도 있듯이, 무엇을 파괴하게 될지에 대해 궁금해졌을 것이다. 현재 공통적인 견해 중 하나에 의하면, 여러 세대에 걸쳐 인문주의 교육의 중심이었고, 여러 세대가 교육 전반에 걸쳐 실행하면서 성장해 온 글쓰기 형식이 ChatGPT의 첫 번째 희생자가 될 것이다. 만일 ChatGPT가 주어진 주제에 대해 그럴듯하게 들리는 학술 에세이를 즉각적으로 작성할 수 있게 된다면, 학술 에세이 자체에 어떤 미래가 있을까? 노암 촘스키는 "수년 동안 표절된 에세이를 발견하는 데 있어서 교수들에게 도움을 주는 프로그램들이 있어왔습니다."라고 말한다. "이제는 표절하기가 더 쉬워졌기 때문에 그것이(표절을 발견하는 것이) 더 어려워질 것입니다. 하지만 제가 생각할 수 있는 ChatGPT의 교육에 대한 기여는 그것뿐입니다." 현재 관련 기술이 발전한 상황에서 촘스키는 ChatGPT의 사용을 "기본적으로 첨단 기술적 표절"이자 "학습을 회피하는 방법"으로 보고 있다. 그는 ChatGPT의 등장을 스마트폰의 등장에 비유하고 있다. 많은 학생들이 "아이폰으로 누군가와 채팅을 하고 있습니다. 이를 해결하는 한 가지 방법은 아이폰을 금지하는 것이고, 그렇게 하는 또 다른 방법은 수업을 흥미롭게 만드는 것입니다."라고 말한다. 학생들이 본능적으로 학습을 회피하기 위해 첨단 기술을 사용한다는 것은 교육 시스템이 실패하고 있다는 신호이다. 대부분의 기술 혼란은 긍정적인 영향과 부정적인 영향을 모두 남긴다. 대학 에세이를 정말로 (표절로부터) 구해낼 수 없다면, ChatGPT가 마침내는 대학 에세이를 더 흥미로운 것으로 대체시키는 결과를 가져올 것이다.

revolutionize v. 혁신하다 humanistic pedagogy 인문주의적인 교육 instantaneously ad. 동시에, 즉각적으로 whip up 잽싸게 만들다 plausible-sounding a. 그럴듯한 plagiarize v. 표절하다 relevant a. 관련 있는, 적절한, 관련된 disruption n. 붕괴 unsalvageable a. 구원할 수 없는

35 글의 제목 ①

이 글은 ChatGPT의 등장으로 인해 대학에서 학술 에세이의 표절이 일반화된 상황을 설명하고 표절을 막기 위한 방법으로 iPhone처럼 ChatGPT의 사용을 금지하는 것과, 그것이 불가능하면 표절의 표적이 되는 에세이를 다른 더 흥미로운 것으로 대체하는 것을 제시하므로 ①이 글의 제목으로 가장 적절하다. ② 학술 에세이 표절이 제목에서 빠져 있다. ④ 표절이 일반화된 상황을 포착하지 못하는 제목이다.

다음 중 이 글의 가장 적절한 제목은?
① ChatGPT: 첨단 기술적 표절과 이를 피하는 방법
② ChatGPT: 교육의 혁명인가, 파괴인가?
③ ChatGPT: 아이폰의 출현과의 병행성
④ ChatGPT: 학술 에세이 구하기

36 내용일치 ③

'촘스키는 현재 관련 기술이 발전한 상황에서 ChatGPT의 사용을 "기본적으로 첨단 기술적 표절"이자 "학습을 회피하는 방법"으로 보고 있다.'라는 본문의 진술로부터 ③ '촘스키는 ChatGPT가 에세이 작성을 흥미롭게 만들므로 ChatGPT의 등장을 환영한다.'는 진술이 본문의 내용과 일치하지 않음을 알 수 있다.

본문에 따르면, 다음 중 사실이 아닌 것은?
① 학술 에세이는 오랫동안 인문학 교육에 필수적인 것으로 여겨져 왔다.
② 타인의 저작물을 적절하게 인용하지 않은 글을 탐지하기 위한 프로그램이 많이 개발되었다.
③ Chomsky는 ChatGPT가 에세이 작성을 흥미롭게 만들므로 ChatGPT의 등장을 환영한다.
④ 첨단 기술을 사용함으로써 학생들은 학습을 기피하는 경향이 있는데, 이는 교육 시스템이 제대로 작동하지 않음을 나타낸다.

37 지시대상 ④

다른 모든 it은 ChatGPT를 가리키지만 Ⓓ의 its는 아이폰 사용 문제를 해결하는 것(dealing with that)을 나타낸다.

38-40

음악이 누군가의 영혼을 달래줄 수 있다는 것은 의심의 여지가 없다. 그러나 음악은 신체적 고통을 일시적으로 완화시켜주는 데도 도움이 될 수 있을 것으로 판명된다. 한 소규모 연구는 63명의 젊은 성인에게 자신이 좋아하는 노래 두 곡을 가져오도록 요청했다. 연구팀은 또한 청년들에게 7곡의 노래 중 하나를 선택하게 했는데, 이 노래들은 연구 참가자들에게는 생소했다. 그들은 참가자들에게 자신이 좋아하는 음악과 편안한 기악곡 7곡 중 하나를 들으면서 모니터 화면을 응시하도록 지시했다. 그 동안 연구진은 참가자의 왼쪽 안쪽 팔뚝에 뜨거운 물체를 붙였다. 참가자들은 자신의 경험을 평가할 때, 낯선 편안한 노래나 침묵을 들을 때보다 자신이 좋아하는 노래를 들을 때 고통을 덜 느낀다고 답했다. 어떤 장르의 좋아하는 노래가 통증을 가장 많이 감소시키는지를 알아보기 위해, 연구진은 가장 좋아하는 노래와 통증에 대한 평가에 대해 참가자들과 인터뷰를 했다. 그 결과, 괴롭고 즐거우며 감동적인 노래를 들은 사람들은 차분하거나 밝은 주제의 노래를 들었을 때보다 고통을 덜 느끼는 것으로 나타났다. 또한 괴롭고 즐거운 노래를 들은 사람들은 더 많은 오한을 보고했는데, 이런 전율과 떨림은 즐거운 음악을 들었을 때 당신이 피부로 느끼는 것이다. 이 감각은 그들이 실험에서 느낀 타는 듯한 통증으로 인한 불쾌감에 대한 낮은 평가와 관련이 있었다. 비록 철저하게 연구되지는 않았지만, 연구진은 이러한 음악적 오한이 통증 차단 효과를 유발할 수 있다고 생각한다고 말했다. 하지만 취향에 따라 더 경쾌한 노래를 선택하는 것이 잘못된 것은 아니다. 음악은 스트레스 감소와 숙면 등 다양한 건강상의 이점을 제공한다.

soother n. 달래는[위로하는] 사람[것] instruct v. 지시[명령]하다 instrumental a. 악기의, 도움이 되는 rate v. 평가하다 bittersweet a. 달콤 씁쓸한, 괴롭고 즐거운 chill n. 오한 shiver n. 오한, 전율 elicit v. 이끌어내다, 유도하다 upbeat a. 경쾌한, 낙관적인

38 글의 주제 ③

이 글에서 주로 다루고 있는 것은 좋아하는 음악을 들으면 신체적 고통이 완화된다는 것이다. 그러므로 이 글의 주제는 ③ '좋아하는 노래의 진통효과'이다.

다음 중 이 글의 주제는?
① 괴롭고 즐거운 노래와 경쾌한 노래의 서로 다른 감정
② 신나는 노래의 수많은 건강상의 이점들
③ 좋아하는 노래의 통증 차단 효과
④ 음악적 오한이 쾌감에 미치는 영향

39 내용일치 ③

'괴롭고 즐거운 노래를 들은 사람들은 더 많은 오한을 보고 했는데, 이런 전율과 떨림은 즐거운 음악을 들었을 때 당신이 피부로 느끼는 것이다'라고 했다. 오한이 곧 전율과 떨림이므로 ③이 사실이다. ① 자신이 좋아하는 음악과 편안한 기악곡 7곡 중 하나를 들으라고 요구했다. ② 오른쪽 팔뚝 안쪽이 아니라 왼쪽 팔뚝 안쪽이다. ④ 신체적 고통을 달래주는 것은 진정시키는 노래가 아니라 좋아하는 노래이다.

본문에 따르면, 다음 중 사실인 것은?
① 각 참가자는 편안한 노래 7곡을 들어보라는 요청을 받았다.
② 연구자들은 참가자들의 오른쪽 팔뚝 안쪽에 뜨거운 물체를 붙였다.
③ 괴롭고 즐거운 노래는 참가자들에게 전율과 떨림을 불러일으켰다.
④ 진정시키는 노래는 신체적 고통을 달래는 데 가장 효과적인 것으로 밝혀졌다.

40 지시대상 ①

Ⓐ They는 연구자들을 나타내고, 나머지 they는 피실험자를 나타낸다.

41-42

미국에서, 'Stand Your Ground Law(스탠드 유어 그라운드 법)'는 사람들이 안전하게 상황을 벗어날 수 있었는지 여부에 관계없이 생명이 위험하다고 느낄 때, 자신을 보호할 수 있도록 허용하는 법이다. 스탠드 유어 그라운드 법은 일반인이, 자신이 있을 권리가 있는 장소에서 강제로 나가야 한다고 느껴서는 안 되며, 다른 사람이 자신의 안전에 임박한 위협이 된다고 느끼는 경우, 그 사람에게 치명적인 무력을 사용할 수 있다고 주장한다. 스탠드 유어 그라운드 법의 합법성은 가정 방어에 뿌리를 두고 있다. 이런 이유 때문에, 이 법은 사람들이 자신과 자신의 집, 즉 "성(城)"을 보호하기 위해 필요하다고 생각하는 모든 행동을 할 수 있도록 허용하기 때문에, "캐슬 독트린"이라는 또 다른 이름으로 불린다. 여기에는 치명적인 부상을 초래하더라도 자신을 방어하기 위해 총이나 칼을 사용하는 등 치명적인 무력을 사용하는 것도 포함된다. 이 법은 안전한 탈출의 합법적인 기회가 있는 경우에도, 자신과 자신의 재산을 방어하기로 선택한 사람들을 보호한다. 일부 미국 주에서는 치명적인 대응을 탈출이 불가능한 상황에 대한 반응으로 제한하고 있지만, 스탠드 유어 그라운드를 지지하는 주에서는 그렇지 않다.

premises n. 부지[지역], 구내 lethal a. 치명적인 imminent a. 임박한 legality n. 적법성, 정당함 fatal a. 치명적인 property n. 자산, 재산 legitimate a. 합법적인, 적법한

41 내용일치 ④

'스탠드 유어 그라운드 법의 합법성은 가정 방어에 뿌리를 두고 있고 이 법은 "캐슬 독트린"이라고도 불린다'고 했으므로 ④가 사실이다. ① '미국 전역에서'가 아니라 마지막 문장에서 언급된 '치명적인 대응을 제한하고 있는 일부 주에서' 그러하다. ② Stand Your Ground Law는 존재할 권리가 있는 장소에 있는 사람들을 보호하는 것이다. ③ Stand Your Ground Law가 없는 주의 경우, 탈출이 불가능한 상황에서는 치명적인 폭력이 허용된다.

본문에 따르면, 다음 중 사실인 것은?
① 미국 전역에서, 치명적인 무력이 허용되기 전에 임박한 위험을 피하려는 시도가 필요하다.
② Stand Your Ground Law는 존재할 권리가 없는 장소에 있는 사람들의 권리를 보호한다.
③ Stand Your Ground Law가 없는 주에서는 치명적인 폭력이 절대 허용되지 않는다.
④ 캐슬 독트린(Castle Doctrine)의 기본 개념은 가정 방어이다.

42 부분이해 ③

Ⓐ '이 법은 안전한 탈출의 합법적인 기회가 있는 때에도, 자신과 자신의 재산을 방어하기로 선택한 사람들을 보호한다.'에서 '탈출의 기회가 있는 때에도'라는 것은 '탈출의 기회가 있어도 시도하지 않고'라는 말이고 '자신과 재산을 방어한다'는 것은 '침입자를 쏜다'는 말이므로 Ⓐ의 내용을 가장 잘 설명하고 있는 것은 ③ '집주인은 침입자를 쏘기 전에 탈출을 시도할 필요가 없다.' 즉 먼저 탈출을 시도할 필요 없이 총을 쏠 수 있다는 말이다.

본문에 따르면, 다음 중 Ⓐ로부터 추론할 수 있는 것은?
① 침입자는 자기에게 총을 쏜 집주인에게 합법적으로 총을 쏠 수 있다.
② 집주인이 침입자로부터 탈출할 수 있으면 총격을 가하는 것은 불법이다.
③ 집주인은 침입자를 쏘기 전에 탈출을 시도할 필요가 없다.
④ 집주인은 총격보다는 임박한 위협으로부터 도망치는 것을 선호한다.

43-44

전 세계적인 뉴스 데이터베이스 Factiva에 따르면, '디지털 디톡스'에 대한 첫 언급은 2006년에 이루어졌지만, 2010년이 되어서야 사용이 유행하기 시작했다. 2013년에 디지털 디톡스가 옥스퍼드 온라인 사전에 추가되었고, 2019년 중반에는 데이터베이스의 디지털 디톡스에 대한 총 항목 수가 9,000개에 육박했다. 이러한 수치와 텍스트는 "스마트폰 과다 사용"과 "미디어 사용 제한"이 논란거리가 되었음을 반영한다. 이 주제는 소셜 미디어, 블로그, 가족 모임, 학교, 직장에서 논의되고 있다. 디지털 디톡스와

관련된 새로운 용어와 경구는 우리의 어휘를 더욱 풍부하게 만들었다. FOMO는 스마트폰과 소셜 미디어 사용을 주도하는 것으로 추정되는 "Fear of Missing Out(소외의 두려움)"이라는 새로운 조건의 약칭으로 등장했다. JOMO는 그 반대이다. 디지털 디톡스 경험자가 추구하는 "Joy of Missing Out(소외의 즐거움)"은 화면이 아닌 지금 이 순간의 삶을 즐기는 감각이다. "Phubbing(푸빙)"은 휴대전화를 차단하는 행위(휴대폰 차단)의 약어이다: 전화를 사용하여 누군가의 접근을 차단하는 것이다. Screen wall(스크린 월)은 같은 것을 다른 말로 표현한 것으로, 스크린 타임(전자기기 사용시간)이 가족 내 협상의 중심 대상으로 떠오르고 있다. 이미 2008년에 영국 우체국에서는 1,300만 명의 영국인이 휴대폰 배터리가 방전되거나 분실되었을 때 스트레스를 받는 "nomophobia(노모포비아)" 즉, "No Mobile Phobia(휴대폰 없는 공포증)"에 시달리고 있다고 밝혔다. 디지털 디톡스는 상대적으로 새로운 용어이지만 미디어 사용에 대해 이야기하기 위해 의학 용어를 사용하는 오랜 전통 위에 서 있다. 역사를 통틀어 미디어는 감염, 쓰레기, 독에 비유되었다. 디지털 디톡스는 이런 것들을 깨끗이 제거하는 은유적인 방법이다.

digital detox 디지털 디톡스, 디지털 거리 두기(디지털 기기 사용을 잠시 중단하고 휴식을 취하거나 디지털 기기 중독에서 벗어나는 일) take off 유행하다 entry n. 등재, 수록 talking point 논란거리 term n. 용어 aphorism n. 경구 shorthand n. 약칭 presumably ad. 아마도, 짐작건대 miss out 놓치다 phubbing Phone과 snubbing의 합성어로 스마트폰에 빠져 주변사람들에게 신경쓰지 않는 사람을 뜻함 snub v. 무시하다, 거부하다 screen time 스크린 타임(컴퓨터, 텔레비전 또는 게임기와 같은 장치를 사용하는 시간) nomophobia n. 노모포비아(휴대폰이 없을 때 불안을 느끼는 증상) metaphorical a. 은유적인

43 글의 주제 ②

이 글은 '디지털 디톡스'라는 용어가 출현하게 된 배경과 그 의미, 그리고 이와 관련된 다양한 신조어들을 설명하고 있다. 따라서 이 글의 주제는 ② '디지털 디톡스라는 용어의 출현 및 관련 신조어'이다.

다음 중 이 글의 주제는?
① 디지털 디톡스와 노모포비아 개념의 유래
② 디지털 디톡스라는 용어의 출현 및 관련 신조어
③ 새로운 의학용어의 은유적 개념화 과정
④ 청소년의 미디어 이용 제한 및 새로운 용어의 필요성

44 내용일치 ③

디지털 디톡스라는 용어가 옥스퍼드 온라인 사전에 추가된 것은 2013년이므로 ③이 사실이다. ① 1,300만 명의 영국인들은 JOMO가 아니라 "nomophobia(노모포비아)" 즉, "No Mobile Phobia(휴대폰 없는 공포증)로 고통 받았다. ② 디지털 디톡스라는 용어의 사용은 2010년에 유행이 시작된 것이고 계속 증가하고 있다. ④ FOMO는 스마트폰과 소셜 미디어 사용을 주도하는 것으로 추정되는 "Fear of Missing Out(실종에 대한 두려움)"이라는 새로운 조건의 약칭이다.

본문에 따르면, 다음 중 사실인 것은?
① 영국 우체국에 따르면, 2008년에 1,300만 명의 영국인이 JOMO로 고통 받았다고 한다.
② 디지털 디톡스라는 용어의 사용은 2010년에 정점에 이르렀다.
③ 2006년 옥스퍼드 온라인 사전에는 디지털 디톡스라는 용어가 존재하지 않았다.
④ FOMO는 스마트폰 사용을 줄이는 주요 동기이다.

45-47

'바넘 효과'는 일반적인 진술을, 특히 아첨하는 경우, 정확한 개인적 묘사(설명)로 받아들이는 경향을 말한다. 바넘 효과는 19세기 미국 쇼맨인 P.T. 바넘의 이름을 따서 명명되었는데, 그의 유명한 말(격언) 두 가지가 여기에 포함되어 있기 때문이다: "나의 성공 비결은 항상 모든 사람에게 작은 것을 주는 것이다."와 "매 순간마다 잘 속는 사람은 태어난다."이다. 전형적인 바넘 효과 문구는 상세하거나 구체적일 수 있지만, 실제로는 모호하고 애매하며 심지어 자기 모순적이기 때문에 모든 사람에게 적용될 수 있다. 그들이 알든 모르든, 이 현상은 점성술사, 심령술사, 점쟁이들의 주요 속임수이다. 이 효과는 1949년 미국 심리학자 버트람 포러(Bertram Forer)의 실험에서 처음 입증되었는데, 그는 대학생들에게 이전에 치른 테스트에 기초한 것으로 추정되는 성격 프로필을 주었다. 실제로 이 프로필은 점성술 책에서 발췌한 문장으로 구성되었으며, 모든 피실험자는 동일한 목록을 받았다. 성격 프로필의 설명이 자신의 성격의 기본 특성을 어느 정도 드러내는지를 0에서 5점까지의 척도로 평가하라는 요청을 받았을 때, 피실험자들은 평균적으로 5점 만점에서 4점 이상을 주며 바넘 효과를 입증했다. 하지만 바넘 효과에 대해 안다고 해서 (이 효과에) 쉽게 저항할 수 있는 것은 아니다. 하지만 심리학자들이 제공할 수 있는 최선의 조언은 이 효과를 인지하고 아첨에 굴복하지 않도록 노력하라는 것이다.

tendency n. 경향 generic a. 포괄적인 name for ~의 이름을 따서 붙이다 incorporate v. 포함하다, 창립하다 dictum n. 격언, 금언 sucker n. 잘 속는 사람 ambiguous a. 애매모호한 psychic n. 심령술사 demonstrate v. 입증하다, 설명하다 personality profile 성격 프로필 subject n. 피험자, 피실험자 flattery n. 아부, 아첨

45 글의 주제 ②

이 글은 바넘 효과의 의미가 무엇이고, 어떻게 유래했는지를 설명한 다음, 바넘 효과의 다양한 응용과 쓰임 및 그 효과의 증명 등에 대해 진술하고 있다. 그러므로 이 글의 주제로는 ② '바넘 효과 라는 용어의 유래와 응용'이 적절하다.

다음 중 이 글의 주제는?
① 아첨에 바넘 효과의 적용(활용)
② 바넘 효과라는 용어의 유래와 응용
③ 점성가들에 의한 바넘 효과 진술의 원리
④ 바넘 효과와 엔터테인먼트 산업과의 관계

46 내용추론 ②

포러의 실험은 바넘 효과의 실효성을 실증적으로 입증했을 뿐 실험 참가자들에게 정신적 피해를 주지는 않았다.

본문에 따르면, 다음 중 추론할 수 없는 것은?
① 바넘 효과가 발현되었다는 사실을 인식하더라도 아첨에 굴복하지 않기는 어려울 것이다.
② 포러의 실험 참가자들은 실험으로 인해 정신적 피해를 입었다.

③ 점쟁이들은 누구에게나 관련이 있기 때문에 전형적인 바넘 효과 진술을 사용하는 경향이 있다.
④ "당신은 관대한 경향이 있다"라는 성격 프로필 진술은 바넘 효과를 이끌어낸다.

47 빈칸완성 ①

'전형적인 바넘 효과 문구는 상세하거나 구체적일 수 있지만, 실제로는 모호하고 애매하며 심지어 자기 모순적이다'라는 것은 바넘 효과 문구가 귀에 걸면 귀걸이, 코에 걸면 코걸이가 될 수 있다는 말이다. 따라서 빈칸에 들어갈 가장 적절한 표현은 ① '누구에게나 적용 가능한'이다.

다음 중 Ⓐ에 들어가기에 가장 적절한 것은?
① 누구에게나 적용 가능한
② 심리학자들에게 유용한
③ 점성술사에게 불리한
④ 개인에게 맞춤화된

48-50

"어"와 "음"이라는 말은 사람들이 심사숙고 없이 말하는 경향이 있기 때문에, 오랫동안 심리학자들과 언어학자들의 흥미를 끌었다. 지그문트 프로이트는 사람의 무의식적 자아에 대한 통찰을 위해 언어 오류 조사를 개척했으며, 정신과 의사인 George Mahl은 1950년대에 환자의 감정 상태를 "어", "음" 및 다른 소위 비유창성(눌변. 말더듬이)과 연관시켜 이러한 전통을 이어나갔다. 이후 1980년대에 심리언어학자들은 뇌가 언어를 생성하는 방식을 연구하기 위해 비유창성을 사용하기 시작했다. 이제 "어"와 "음"의 사용이 사회 계층에 따라 패턴화되는 것으로 보인다는 데이터가 나왔다. 미국의 언어학자 Mark Liberman은 녹취된 전화 대화를 분석한 결과(에 의거하여), 여성이 남성보다 "음"을 22% 더 자주 사용하는 반면, 남성은 "어"를 여성보다 2배 이상 더 자주 사용한다고 보고했다. 또한 방언학자 Jack Grieve의 연구도 화제가 되었다. 그는 6억 건의 트윗을 매핑하여 뉴잉글랜드와 중서부 지역을 포함한 지역에서는 "음"으로 시작하는 문장을 선호하는 반면, 서쪽에서 애리조나까지 이어지는 지역에서는 "어"가 지배적이라는 것을 발견했다. Grieve는 "음"이 "어"보다 다소 공손한 표현일 수 있다고 추측한다. 그렇다면 북동부 지역에서 "음"을 선호하는 것은 단순히 지역적 격식을 표현한 것일 수도 있다. 하지만 동시에 그는 이것이 직감일 뿐이라고 인정한다. 인지 심리학자인 Herb Clark은 빅데이터가 언어에 대해 알려주는 이야기는 잠정적인 것이라고 경고한다. 데이터는 사람들이 무엇을 말하고 쓰는지는 보여줄 수 있지만 그 이유를 알려주지는 못한다. 데이터가 급증하고 컴퓨팅 속도가 점점 빨라짐에 따라, 점점 더 작은 어휘 알갱이들에 대해 언급하는 헤드라인이 많아질 것으로 예상할 수 있다. 그러나 통제된 실험만이 데이터 뒤에 무엇이 있는지를 설명하고, 빅데이터가 궁극적으로 큰 소음이 되는 것을 막을 수 있다.

intrigue v. 흥미[호기심]를 불러일으키다 deliberation n. 숙고, 심사숙고 disfluency n. 눌변, 말더듬 psycholinguist n. 심리언어학자 transcribe v. 기록하다 dialectologist n. 방언학자 make headline 화제가 되다, 대서특필되다 map v. 지도를 만들다 speculate v. 추측하다 formality n. 격식 hunch n. 직감 provisional a. 잠정적인 lexical a. 어휘의

48 글의 제목 ①

이 글은 "어"와 "음"을 사용하는 언어 패턴에 대해 남녀별, 지역별로 그 양상을 보여주고 있다. 따라서 적절한 제목은 ① '언어 패턴 베일 벗기기: "어"와 "음"'이다.

다음 중 이 글의 가장 적절한 제목은?
① 언어 패턴 베일 벗기기: "어"와 "음"
② 성별 언어 차이 매핑: 프로이트에서 빅데이터까지
③ 행 사이: 언어 비유창성에 대한 성찰적 측면
④ 무의식적인 말의 비유창성을 교정하는 방법

49 내용일치 ④

'그러나 통제된 실험만이 데이터 뒤에 무엇이 있는지 설명하고, 빅데이터가 궁극적으로 큰 소음이 되는 것을 막을 수 있다.'라는 마지막 문장으로부터 ④ '빅데이터는 우리가 말하는 근본적인 이유를 밝힐 수 있게 해준다.'가 본문의 내용과 일치하지 않음을 알 수 있다.

본문에 따르면, 다음 중 사실이 아닌 것은?
① 개인은 의식적인 생각이나 의도 없이 "어"와 "음"을 말하는 경우가 많다.
② Grieve에 따르면, "um"은 "uh"보다 공손하게 들린다.
③ Grieve는 미국인들이 "uhs"와 "ums"를 사용하는 데 있어, 지역적 차이가 있음을 발견했다.
④ 빅데이터는 우리가 말하는 근본적인 이유를 밝힐 수 있게 해준다.

50 빈칸완성 

앞에서 '데이터는 사람들이 무엇을 말하고 쓰는지는 보여줄 수 있지만 그 이유를 알려주지는 못한다'고 했고 빈칸 앞에서는 '통제된 실험만이 데이터 뒤에 무엇이 있는지를 설명하고'라고 했는데, 이것은 통제된 실험이 데이터가 하지 못하는 부분을 보완해준다는 말이므로 빈칸에도 데이터에 도움이 되는 일을 한다는 내용인 ① '빅데이터가 궁극적으로 큰 소음이 되는 것을 방지하다.'가 와야 함을 추론할 수 있다.

다음 중 Ⓐ에 들어가기에 가장 적절한 것은?
① 빅데이터가 궁극적으로 큰 소음이 되는 것을 방지하다
② 엄밀한 분석보다 이론적인 해석을 우선시하다
③ 말실수의 빈도를 줄이다
④ 뇌 연구의 단점을 보완하다

2024 한국외국어대학교(T2-1 B형)

01 ①	02 ②	03 ②	04 ③	05 ④	06 ①	07 ②	08 ④	09 ③	10 ②
11 ②	12 ④	13 ③	14 ①	15 ④	16 ①	17 ③	18 ①	19 ④	20 ③
21 ④	22 ④	23 ③	24 ①	25 ④	26 ①	27 ②	28 ③	29 ②	30 ④
31 ①	32 ②	33 ①	34 ③	35 ③	36 ③	37 ①	38 ①	39 ③	40 ②
41 ③	42 ④	43 ②	44 ①	45 ②	46 ④	47 ①	48 ②	49 ④	50 ②

01 논리완성 ①

not A but B의 구문은 B, not A 구문으로 사용될 수 있으며 'A가 아니라 B이다'는 뜻이다. 따라서 what he has done(그가 이루어 온 일, 즉 업적)과는 반대되는 말이 빈칸에 적절한데, pedigree는 능력 또는 업적과 상관없는 후보자의 '혈통(가문)'을 의미하므로 빈칸에는 ①이 적절하다.

vote v. 투표하다 illustrious a. 걸출한, 저명한 pedigree n. (사람의, 특히 훌륭한) 가계, 혈통 meritocracy n. 실력[능력]주의; 실력자[엘리트]층 inquisitiveness n. 연구를 좋아함; 캐묻기 좋아함 mediocrity n. 보통, 평범

누군가에게 투표할 때, 가장 중요한 것은 그의 걸출한 정치적 혈통이 아니라 그가 이루어 온 일이다.

02 논리완성 

혼란스러운 수비로 공격수가 쉽게 골을 넣을 만한 상황이라면, 이는 두 팀의 역량 차이를 상징적으로 보여주는 것이다. 따라서 빈칸에는 ② emblematic이 적절하다.

confused a. 혼란한, 난잡한 defense n. 방어, 수비 caliber n. 도량, 재간, 역량 enigmatic a. 수수께끼 같은, 불가사의한 emblematic a. 상징적인, 전형적인 systematic a. 체계적인, 조직적인 pragmatic a. 실용적인

혼란스러운 수비로 공격수에게 쉽게 골을 허용했는데, 이는 어떤 면에서 두 팀의 역량 차이를 상징하는 것으로 느껴졌다.

03 논리완성 ②

덩굴 식물이 건물을 푸른 잎으로 뒤덮고 있는 상황은 식물이 제대로 관리되지 않는 상황이다. 그리고 등위접속사 and가 왔으며 grass 다음은 threatened가 생략된 것이므로 의미상 비슷한 상황을 만들기 위해서는 풀이 꽃밭을 잠식했다는 의미가 되어야 한다. 따라서 빈칸에는 ② encroach가 적절하다.

vine n. 포도나무; 덩굴 식물 threaten v. ~하겠다고 위협하다, ~할 우려가 있다, ~의 징후를 보이다(to do) engulf v. 완전히 에워싸다, 휩싸다 greenery n. 녹색 나뭇잎[화초] plot n. 작은 구획의 땅, 작은 토지[지구] condense v. 응축하다; 압축하다 encroach v. 침해하다, 잠식하다 embark v. (배에) 승선하다; 착수시키다 ponder v. 숙고하다, 곰곰이 생각하다

덩굴 식물이 건물을 푸른 잎으로 뒤덮을 기세였고, 풀이 꽃밭을 잠식할 기세였다.

04 논리완성 ③

악의적인 소문이 계획적으로 퍼졌다고 했으므로 밴드의 평판에 해가 되는 상황이다. 따라서 빈칸에는 부정적인 의미의 ③ scathe(해치다)가 적절하다.

malicious a. 악의적인, 적의 있는 deliberately ad. 고의로, 의도[계획]적으로 bottom line (계상된) 순익[손실], 경비 ascertain v. (옳은 정보를) 알아내다[확인하다] debut v. (청중 앞에서) 처음 연주[연기]하다; 신상품으로 소개하다 scathe v. 상처를 입히다, 해치다 amputate v. (수술로) 절단하다

악의적인 소문이 밴드의 평판을 훼손하고 음반사의 수익에 해를 끼치기 위해 계획적으로 퍼졌다.

05 동의어 ④

credence n. 신빙성(= reassurance) mastery n. 숙달, 통달 exposure n. 노출 temerity n. 무모함, 만용 scruple n. 양심, (양심의) 가책 imprudence n. 경솔, 무분별, 무모함

이것은 특정 문장 구조의 숙달이 전적으로 나이나 언어 노출의 함수인 것은 아니라는 주장에 신빙성을 더한다.

06 동의어 ①

effervescent a. 열광하는, 활발한(= bubbly) reserved a. 보류된; 내성적인 belligerent a. 적대적인, 공격적인 impetuous a. 성급한, 충동적인; 격렬한

그 노부인의 활발한 성격은 그녀가 들어간 모든 방에 따뜻한 생기를 불어넣었다.

07 동의어 ②

speculate v. 사색하다, 깊이 생각하다(= prognosticate) irradiate v. 비추다, 밝히다; 계몽하다 arraign v. (피고를) 법정에 소환하다; 나무라다 ameliorate v. 개선하다

새해 달력을 보니, 연중 이맘때가 이렇게 어려운 세상에서 새해에 어떤 일이 기다리고 있을지 깊이 생각해 볼 때이다.

08 동의어 ④

eliminate v. 없애다, 제거하다 subscription n. 구독료 abstemious a. (음식을) 절제하는; 검소한(= spartan) indulgent a. 멋대로 하게 하는, 관대한 prosperous a. 번영한, 번창한 harmonious a. 사이가 좋은, 조화로운

월 구독료를 없애고, 외식을 줄이고, 중고품을 구입하는 것은 검소한 삶을 위한 요령이다.

09 동의어 ③

perceive v. 감지[인지]하다 attorney n. 변호사 flamboyant a. 이색적인; 대담한(= ostentatious) soporific a. 최면의; 졸리는 refined a. 교양[품위] 있는, 세련된 inconspicuous a. 이목을 끌지 못하는, 눈에 잘 안 띄는

법원 직원들은 법정에 있는 카메라가 (재판에) 참여한 변호사들의 행동을 평소보다 더 대담하게 만든다는 것을 알아차렸다.

10 문맥상 동의어 

index는 '목록', '지표', '집게손가락(= index finger)', '지수' 등의 다양한 의미가 있는데, 어깨의 외회전이 안 좋다는 것은 재활이 필요하다는 것을 나타내는 지표가 될 것이다. 따라서 index의 문맥상 동의어로 적절한 것은 ② sign이다.

external rotation 외선(外旋), 외회전 rotator cuff muscle 회전근 rehabilitation n. 재건, 부흥; 복권, 복직

어깨의 외회전이 잘 안 되는 것은 회전근에 재활이 필요한지를 알 수 있는 좋은 지표이다.

11 문맥상 동의어 ②

subject는 '주제', '국민', '제안', '피험자' 등의 다양한 의미가 있는데, 영국이라는 한 국가와 밀접한 관계가 있는 사람이라면 그 국가의 '국민, 시민'일 것이므로, 문맥상의 동의어로는 ② citizen이 적절하다.

connection n. 관련성, 연관성 classify v. 분류[구분]하다

1949년까지만 해도 영국과 밀접한 관계가 있는 거의 모든 사람은 영국 시민으로 분류되었다.

12 문맥상 동의어 ④

blunt에는 '무뚝뚝한', '있는 그대로의', '솔직한', '무딘' 등의 뜻이 있는데, 피해자가 어떤 물건을 사용한 폭행에 의해 부상을 당한 것이므로, object를 수식하고 있는 blunt의 적절한 의미는 ④ dull(무딘)로 볼 수 있다.

curt a. 무뚝뚝한, 퉁명스런 brusque a. 무뚝뚝한, 퉁명스런

의료 수사관들은 둔기 폭행의 피해자가 입은 부상에 특별히 초점을 맞췄다.

13 문맥상 동의어 

charge는 '비난하다', '(짐을) 지우다', '(의무·책임을) 맡기다', '(세금을) 과하다', '채우다' 등의 다양한 의미를 가지고 있는데, 의원회가 현재 교육 시스템을 개선하는 임무를 맡은 것이므로, charged의 문맥상 동의어는 ③ entrusted(위임받은, 맡은)가 적절하다.

accuse v. 고발하다 lunge v. 찌르다, 돌진하다 load v. (짐을) 싣다

그 위원회는 현재의 교육 시스템을 개선하는 임무를 맡았다.

14 재진술 

제시문은 불가능하다고 입증되었음에도 불구하고 그것을 해내려고 많은 노력을 기울이는 상황을 설명하고 있다. 불가능하다고 입증되었다는 것은 이러한 노력이 실패로 끝났다는 것을 의미하므로, 이를 재진술한 문장으로 적절한 것은 ①이다.

put forth 노력하다, 힘쓰다 accomplish v. 완수하다, 성취하다

불가능한 것으로 판명된 일을 해내려 하는 데 많은 노력이 기울여졌다.
① 그 일은 도저히 행해질 수 없었기 때문에 사람들은 많은 노력을 했지만 실패했다.
② 그 시도와 관련하여 상황을 개선하기 위한 많은 노력이 이루어졌다.
③ 사람들은 확인될 수 있는 것들을 이해하기 위해 많은 노력을 기울였다.
④ 사람들은 그것을 성취하는 것이 불가능하다는 것을 깨달았기 때문에 어떤 노력도 기울이지 않았다.

15 재진술 

"Hardly[Scarcely]+had+S+p.p. ~ when[before]+S+V(과거시제)"는 '~하자마자 …하다'는 의미를 가진다. 제시된 문장은 "그들은 에든버러에 도착하자마자 런던으로 돌아오라는 명령을 받았다."는 의미가 된다. 따라서 그들이 에든버러에 도착한 직후 런던에 돌아와야 했던 것이므로 제시된 문장은 ④의 의미와 같다.

그들은 에든버러에 도착하자마자 런던으로 돌아오라는 명령을 받았다.
① 그들이 런던으로 돌아오라는 말을 들었을 때, 그들은 에든버러에 도착하지 못했다.
② 그들이 에든버러로 떠난 것은 런던으로 돌아오라는 명령을 받기 직전이었다.

③ 그들은 런던으로 돌아오라는 명령을 받은 직후, 에든버러에 도착해야 했다.
④ 그들은 에든버러에 도착하자마자 런던으로 돌아와야 했다.

16 형용사의 어순 ①

명사 수식어의 순서를 정할 때는 '한정사+형용사+명사'의 어순이 되어야 한다. 따라서 한정사인 a가 제일 앞에 와야 하며, 형용사 severe의 비교급인 more severe가 그다음에 오고, 합성명사 engine performance가 그다음에 오고, 마지막으로 핵심명사인 issue가 온 ①이 빈칸에 적절하다.

excessive a. 과도한 **severe** a. 심각한 **performance** n. (기계의) 성능, 효율

과도한 엔진오일 연소는 종종 더 심각한 엔진 성능 문제의 결과이다.

17 to부정사의 용법 ③

pretend는 to부정사를 목적어로 취하며, 부정사의 부정은 부정어 not을 to부정사 바로 앞에 둔다. '못 보는 척했다'가 아니라 '못 본 척했다'이므로, 본동사인 pretended보다 한 시제 앞선 완료 부정사 to have noticed가 적절하다. 이를 종합해 보면 ③이 정답이다.

tamper with (허락도 받지 않고 마음대로) 손대다[건드리다, 조작하다]

나는 그 소년이 창고 문에 달린 자물쇠를 건드리는 것을 못 본 척했다.

18 감정 타동사의 분사 ①

감정을 유발하는 경우에는 현재분사를 쓰고, 감정을 느끼게 되는 경우에는 과거분사를 쓴다. 주어인 내가 감정을 느끼게 되는 것이므로 ①은 surprised가 되어야 한다.

discouraged a. 낙담한, 낙심한 **criticism** n. 비판, 비난

나는 그 작가가 그의 새 소설에 대해 온갖 비판을 받은 후에 낙담하고 있다는 것에 놀라지 않았다.

19 whether A or B ④

whether는 whether A or B의 구문으로 사용하므로 ④는 or artists가 되어야 한다.

didactic a. 교훈적인, 설교하는

아동 문학의 교훈적인 성격은 작가가 교사의 역할을 더 많이 하는지 예술가의 역할을 더 많이 하는지에 대한 논쟁이 남아 있기 때문에 학자들이 계속해서 연구하고 있는 것(주제)이다.

20 정비문 ③

③ be used to ~ing는 '~에 익숙하다'는 의미이다. 따라서 "플라스틱이 다양한 재료를 만드는 데 익숙하다."라는 어색한 문장이 되었으므로, 'be used to+동사원형(~하는 데 사용되다)' 표현을 사용하여 "플라스틱은 다양한 재료를 만드는 데 자주 사용된다."라는 문장으로 고쳐야 한다. to making을 to make로 고친다. ① object to는 '~에 반대하다'는 의미로 to는 전치사이다. 따라서 동명사 taking은 적절하다. ② when it comes to에서 to는 전치사이므로, 동명사 playing은 적절하다. ④ what do you say to ~ing는 '~하는 게 어떻겠니?'라는 의미로 to는 전치사이므로, 동명사 joining은 적절하다.

① 그때 내 파트너는 쓰레기를 버리는 것에 반대했다.
② 컴퓨터 게임을 하는 것에 관해서는, 그가 최고이다.
③ 플라스틱은 다양한 재료를 만드는 데 자주 사용된다.
④ 며칠 후에 우리와 함께 저녁 식사를 하는 게 어떻겠니?

21 정비문 ④

자동사 insist가 목적어를 취하기 위해서는 전치사 on이 필요하다. 따라서 ④를 He didn't insist on what progress they had made.로 고쳐야 한다. ①, ③ how로 시작하는 간접의문절은 'how+형용사+S+V'의 구조로 사용된다. ② what으로 시작하는 간접의문절로서 'what+a+형용사+명사+주어+동사'로 사용된다.

① 그녀는 그것이 얼마나 가치 있는지 몰랐다.
② 나는 그것이 얼마나 어려운 경로인지 잊고 있었다.
③ 그것은 우리가 지불해야 하는 금액에 따라 달라진다.
④ 그는 그들이 어떤 진전을 이루었는지 굳이 강조하지 않았다.

22-23

그의 패션의 화려함으로 인해 "태양왕"으로 알려진 루이 14세(Louis XIV)는 가발을 그의 궁정에 있는 남녀 모두의 필수 액세서리로 만들었다. 궁정에서 가발이 자리 잡자, 가발은 판사, 성직자 등과 같은 고위직 직업군들 사이에서 표준이 되었다. 증가하는 수요를 충족시키기 위해, 루이 14세 통치 기간 동안 프랑스에서는 가발을 제작하는 장인의 수가 급증했다. 파리에서는 가발 제작자의 수가 1673년 200명에서 1771년 945명으로 증가했다. 지방에서도 도제 수습을 마친 가발 제작자들이 전국을 돌아다니며 가발을 팔았고, 상류층이 경악을 금치 못하게도 곧 평민들도 가발을 쓰기 시작했다. 가발 경제의 핵심은 머리카락 그 자체에 있었다. 고가의 가발에는, 길이가 길고 남성의 머리카락보다 품질이 높다는 믿음 때문에, 여성의 머리카락을 사용했다. 시장의 상인들은 시골 소녀들에게서 머리카락을 사곤 했다. 금발이나 은회색 머리카락에 대한 수요가 높은 경우가 많았고, 검은색이 그 뒤를 이었다. 그중에서도 자연스런 곱슬머리가 가장 가치가 높았다. 만들어야 할 가발이 많았기 때문에 프랑스 장인들은 유럽 전역에서 머리카락을 구입했다. 이 유행은 프랑스 혁명으로 일어난 심각한 사회 변화가 가발의 유행을 종식시킬 때까지 계속되었다.

magnificence n. 장엄, 화려, 훌륭함 **wig** n. 가발 **high-ranking** a. 고위의, 중요한 **reign** n. (왕의) 통치 기간, 치세 **province** n. 주(州); 지방 **journeyman** n. (과거 도제 수업을 마치고 남 밑에서 일하던) 장인, 기능인 **consternation** n. 경악, 대경실색 **fair** n. 품평회; (대규모의)

박람회 peasant n. 소작농 artisan n. 장인, 기능 보유자 profound a. 엄청난, 심오한

22 내용일치 

"상류층이 경악을 금치 못하게도 곧 평민들도 가발을 쓰기 시작했다."고 했으므로, 상류층 사람들은 평민들이 가발을 쓰는 것을 원치 않았다고 볼 수 있다. 따라서 ④가 옳은 진술이다. ① 루이 14세의 패션이 화려하다고 했다. ② 1771년에 945명은 '도제 수습을 마친 가발 제작자(journeyman wigmaker)'의 수가 아니라 '가발을 제작하는 장인(master wigmaker)'의 수이다. ③ 자연스런 곱슬머리가 가장 가치가 높았다고 했다.

이 글에 따르면, 다음 중 옳은 것은?
① 루이 14세는 궁정에서 좀 더 소박한 헤어스타일을 요구했다.
② 파리에서 도제 수습을 마친 가발 제작자의 수가 1771년에 945명에 달했다.
③ 부유한 프랑스 여성들은 대개 직모의 수입 가발을 선호했다.
④ 상류층 사람들은 평민들이 가발을 쓰기 시작했다는 사실을 싫어했다.

23 내용추론 

루이 14세 궁정의 남녀 모두 가발을 착용했다고 언급되어 있지만, 성별에 따라 가발 스타일이 달랐는지는 이 글에 언급되어 있지 않다. 따라서 ③이 추론할 수 없다.

이 글에 따르면, 다음 중 추론할 수 없는 것은?
① 가발의 가격은 머리 색깔에 따라 차이가 있었다.
② 시골 소녀들은 머리카락을 팔아서 돈을 벌 수 있었다.
③ 궁정에서 가발 스타일은 남자와 여자가 달랐다.
④ 프랑스 혁명 이후 가발에 대한 사고방식이 크게 변했다.

24-25

언어들 사이의 가장 인상적인 차이점 중 하나는 공간에서 사물의 위치를 규정하는 방식이다. 영어와 같은 일부 언어는 자기중심적인 준거의 틀을 선호하는 경향이 있다. 예를 들어, 모델 하우스(견본 주택)를 둘러보는 중이라면 부동산 중개인이 돌출된 창문을 가리키며 "당신의 오른편에 이 집의 가장 멋진 특징이 있습니다."라고 말할 수도 있다. "당신의 오른편"이라는 표현은 당신의 관점에서 해석되어야 한다. 만약 당신이 다른 방향을 바라보고 있거나 다른 공간에 있다면, 그것은 공간상 전혀 다른 곳을 가리키며, 이 때문에 자기중심적이라고 불리는 것이다. 그러나 모든 언어가 이와 같은 것은 아니다. 일부 언어는 공간에서 사물의 위치를 규정하기 위해 당신이 있는 곳과 무관한 지구 중심적인 체계를 사용한다. 지구 중심적 시스템에는 다양한 유형이 있다. 우리가 사용하는 기본 방향(북, 남, 동, 서)은 하나의 예이지만, 다른 것들로는 "오르막길" 대 "내리막길" 또는 "주택지구" 대 "도심지" 등이 포함된다.

impressive a. 인상적인, 인상[감명] 깊은 egocentric a. 자기중심적인, 이기적인 frame of reference (개인의 판단과 이해를 지배하는) 준거틀 realtor n. 부동산업자 bay window 돌출된 창, 퇴창 interpret v. (의미를) 설명[해석]하다 perspective n. 관점, 시각 geocentric a. 지구 중심적인 cardinal direction 기본방향(위)

24 글의 제목 

이 글은 언어마다 공간에서 사물의 위치를 정하는 방식이 어떻게 다른지를 설명하고 있다. 영어는 자기중심적인 준거의 틀을 가지고 있다고 했고, 일부 다른 언어는 지구 중심적인 체계를 사용하여 공간에서의 위치를 나타낸다고 했다. 따라서 글의 제목으로 가장 적절한 것은 ①이다.

다음 중 이 글의 제목으로 가장 적절한 것은?
① 언어가 방향을 다르게 표현하는 방법
② 언어마다 다른 관점을 갖게 되는 이유
③ 여러 언어에서 지구 중심적인 체계가 작동하는 방식
④ 자기중심적 체계와 지구 중심적 체계의 기원

25 내용일치 

우리가 사용하는 기본 방향(북, 남, 동, 서)이 지구 중심적인 체계의 하나의 예라고 했다.

이 글에 따르면, 다음 중 옳은 것은?
① 자기중심성은 언어의 기본 체계이다.
② 자기중심적인 표현의 예로는 "오르막길"과 "내리막길"이 있다.
③ 지구 중심적인 관점은 당신의 위치에 따라 다른 방향을 가리킨다.
④ 기본 방향은 일부 언어에서 사용하는 지구 중심적인 체계의 한 유형이다.

26-27

최근 수십 년 동안 전통적인 교육의 단점에 대한 논의로 인해 다양한 개혁과 대안적 접근 방식이 생겨났다. 기술의 등장은 디지털 도구, 온라인 학습 플랫폼 및 맞춤형 교육 계획의 통합을 통해 학교 교육에 더욱 혁명을 일으켰다. 학교 교육의 목표는 지식을 전달하고, 비판적 사고를 함양하며, 사회적 역할을 할 수 있도록 개인을 준비시키는 것 등으로 일관되게 유지되어 왔지만, 그 방법과 구조는 계속해서 발전하고 있다. 교육과 관련한 지속적인 논의는 21세기 학습자의 다양한 요구를 충족시키는 데 있어 적응성과 혁신의 중요성을 강조한다. 학교 교육 시스템의 역사적 맥락을 이해하면 오늘날 교육자들이 직면한 과제와 기회에 대한 통찰력을 얻을 수 있다. 우리가 급변하는 세계의 복잡성을 헤쳐 나가면서, 효과적이고 포괄적인 교육에 대한 탐구는 학교 교육의 미래를 형성하는 데 있어 여전히 변함없는 원동력이 된다.

shortcoming n. 결점, 단점 alternative a. 대체 가능한, 대안이 되는 approach n. 접근법, 처리 방법 revolutionize v. 혁명[대변혁]을 일으키다; 급격한 변화를 가져오다 integration n. 통합 impart v. (정보·지식 등을) 전하다 foster v. 조성하다, 발전시키다 diverse a. 다양한 inclusive a. (거의) 모든, 포괄적인

26 글의 제목 

이 글은 지식의 전달, 비판적 사고 함양, 그리고 사회적 역할을 할 수 있도록 개인을 준비시키는 등의 학교 교육의 목표를 강조하면서, 다양한 개혁, 대안적 접근 방식, 기술 통합을 통해 "교육을 개선하기 위한 지속적인 노력"에 대해 설명하고 있다. 따라서 ①이 글의 제목으로 적절하다.

다음 중 이 글의 제목으로 가장 적절한 것은?
① 더 나은 학교 교육을 위한 끊임없는 탐구
② 학교 교육자에 대한 역사적인 관점
③ 교육에 있어서의 기술의 통합
④ 대안 학교 교육의 혁명

27 빈칸완성 ②

지식의 전달, 비판적 사고 함양, 사회적 역할을 할 수 있도록 개인을 준비시키는 것은 학교 교육의 지속적인 성격을 나타낸다. 이러한 목표는 접근 방식의 변화에도 불구하고 일정하게 유지되고 있으므로 Ⓐ에는 consistent가 적절하다. 그리고 대조의 접속사 while이 있으므로, 학교 교육의 목표가 일정하게 유지되고 있지만, 교육의 방법과 구조는 지속적으로 발전하고 있다고 해야 문맥상 적절하다. 따라서 Ⓑ에는 evolve가 적절하다.

다음 중 Ⓐ와 Ⓑ에 들어가기에 가장 적절한 짝을 나열한 것은?
① 다재다능한 — 뒤집다
② 일관성 있는 — 진화하다
③ 무익한 — 변형시키다
④ 정적인 — 침체되다

28-30

프랑스의 저명 철학자 드니 디드로(Denis Diderot)는 거의 평생을 가난하게 살았지만, 1765년에 모든 것이 바뀌었다. 디드로는 52세였고 그의 딸은 결혼을 앞두고 있었지만, 지참금을 낼 여유가 없었다. 재력은 없었지만, 당시 가장 포괄적인 백과사전 중 하나인 "Encyclopédie"의 공동 창립자이자 저자였기 때문에 디드로의 이름은 잘 알려져 있었다. 러시아의 황후 예카테리나 대제(Catherine the Great)는 디드로의 경제적 어려움을 듣고 현재 미화로 약 5만 달러의 가치가 있는 1,000파운드에 그의 장서를 사주겠다고 제안했다. 갑자기 디드로에게는 여분의 돈이 생기게 되었다. 이렇게 운 좋게 매각한 직후, 디드로는 새로운 주홍색 가운을 구입했다. 그때 모든 것이 잘못되었다. 디드로의 주홍색 가운은 아름다웠다. 실제로 그 가운은 너무 아름다워서 그가 가지고 있는 나머지 것들에 둘러싸여 있을 때 그 가운이 얼마나 부적절해 보이는지 그는 깨닫게 되었다. 디드로는 곧 자신이 가지고 있는 가운의 아름다움에 걸맞은 새로운 물건을 사고 싶은 충동을 느꼈다. 그는 자신의 낡은 양탄자를 새로운 다마스쿠스 산 양탄자로 교체했다. 그는 자신의 집을 아름다운 조각품들과 더 나은 식탁으로 꾸몄다. 그는 벽난로 선반 위에 놓을 새로운 거울과 호화로운 가죽 의자를 샀다. 이러한 반응적인 구매(필요에 따른 자동적인 구매)는 "디드로 효과"로 잘 알려져 왔다. 디드로 효과는 새로운 소유물을 얻게 되면 더 많은 새로운 것을 구매하게 되는 소비의 악순환을 종종 야기한다는 것을 설명한다. 그 결과, 우리는 이전의 자신이 행복하거나 성취감을 느끼는 데 전혀 필요하지 않았던 물건을 구매하게 된다.

dowry n. 결혼 지참금 co-founder n. 공동 창립자 comprehensive a. 포괄적인, 종합적인 library n. 도서관, 서재, 장서 spare v. (여유가 있어서) 떼어두다 scarlet n. 주홍색 robe n. 옷, 가운 out of place 부적절한 rug n. 양탄자 mantle n. 벽난로 선반 spiral n. 나선, 악순환

28 글의 제목 

새로운 물건을 구입하게 되면 그 물건과 어울리는 다른 제품을 계속 구매하게 되는 현상인 '디드로 효과'를 설명하고 있다. 따라서 ③이 글의 제목으로 적절하다.

다음 중 이 글의 제목으로 가장 적절한 것은?
① 갑작스러운 부(富)가 당신의 삶을 어떻게 향상시키나
② 실내디자인의 조화와 통일성
③ 구매가 어떻게 더 많은 구매를 초래하나
④ 물질적 소비의 철학적 의미

29 내용일치 

러시아의 황후 예카테리나 대제(Catherine the Great)가 디드로의 경제적 어려움을 듣고 그의 장서를 사주어 디드로에게는 여분의 돈이 생기게 되었고 이것으로 결혼을 앞둔 딸의 지참금을 낼 수 있었으므로 ②가 글의 내용과 일치한다. ③ 디드로는 주홍색 가운을 아름답게 생각했지만, 주홍색 가운 구입 이후 그 물건과 어울리는 다른 제품을 계속 구매하게 되었으므로, 그 가운이 그를 행복하고 만족스럽게 해주었다고 보기는 어렵다. ④ 주방 식탁이 아니라 양탄자이다.

이 글에 따르면, 다음 중 옳은 것은?
① 디드로는 백과사전을 출판해서 부유하고 유명해졌다.
② 러시아의 황후가 디드로의 책을 사서 그로 하여금 지참금을 지불할 수 있게 했다.
③ 아름다운 주홍색 가운 구입이 디드로를 행복하고 만족스럽게 해주었다.
④ 디드로는 주방 식탁을 새로운 다마스쿠스 산 식탁으로 교체했다.

30 빈칸완성 

디드로의 제품 구매는 계획적이거나 합리적인 결정이 아니라, 주홍색 가운을 산 다음 그 가운의 아름다움과 어울리는 다른 물건에 대한 새로운 필요에 반응하여 구매를 계속 이어간 것이다. 하나의 구매가 연쇄적인 반응의 구매로 악순환된 것이므로, Ⓐ에는 ④ reactive가 적절하다.

다음 중 Ⓐ에 가장 적절한 것은?
① 관습[관례]적인
② 이성적인
③ 계획적인
④ 반응적인

31-32

퍼스널 컬러 분석은 개인의 안색과 피부 톤을 바탕으로 옷, 메이크업, 액세서리 선택에 도움을 줄 수 있는 개인을 돋보이게 하는 색상을 정해주는 것을 목표로 한다. 이 과정은 60분 정도 소요되며, 컬러 컨설턴트는 수백 개의 원단 견본을 고객의 어깨에 걸쳐놓고 다크서클이나 주름을 강조하는 것이 아니라 무엇이 얼굴을 화사하게 만드는지 면밀히 검토한다. 수십 년 동안 정치인, 최고 경영자(CEO), 사회 엘리트는 되도록 좋은 인상을 주려고 이 방법을 사용해 왔다. 현재 틱톡 열풍에 힘입어, 퍼스널 컬러 분석이 캘리포니아에서 뉴욕까지 생겨나기 시작하고 있으며, Z세대의 충성도 높

은 고객들은 퍼스널 컬러 분석 절차를 버킷리스트에 올려놓고 서울 여행을 하는 경우가 늘고 있다. 미국의 뉴욕주 브루클린에서는 퍼스널 컬러 분석 한 세션의 비용이 545달러인 반면, 한국의 대부분의 스튜디오의 비용은 80달러에서 160달러 사이이다. 아무튼 고객은 개인 맞춤형 팔레트 견본, 특정 메이크업 추천, 어떤 종류의 보석류를 구매할지를 제안 받게 된다. 코로나19가 한국을 강타하기 전에도 퍼스널 컬러에 대한 열풍이 불고 있었다. 이제 퍼스널 컬러 분석은 외국인 관광객의 방문과 함께 다시 급증하고 있다. 한국인에게 관광 열풍은 엄청난 소매 지출이라는 또 다른 혜택을 가져다준다. 고객은 그들의 옷을 점검받고 싶어 하는 동시에 종종 색상 견본을 손에 들고 특정 스킨 케어 및 메이크업 제품 구매에 대한 추천을 받는다. 이런 호황은 일자리를 만들 수도 있다. 수요 급증으로 더 많은 실무자의 필요성이 드러남에 따라 한국 취업박람회에서 컬러 컨설팅 워크숍이 점점 늘고 있으며, 한국패션심리연구원과 같은 단체에서는 컬러 컨설팅을 위한 자격증 프로그램을 제공하고 있다.

assign v. 할당하다, 배정하다, 부여하다 flattering a. 돋보이게 하는 complexion n. 안색 skin tone 피부색 drape v. (옷·천 등을 느슨하게) 걸치다[씌우다] swatch n. (직물의) 견본 light up (빛·색으로) 환하게 되다[만들다] put one's best foot toward 되도록 좋은 인상을 주려고 하다, 최선의 노력을 하다 on the heels of 아무의 뒤를 바짝 뒤따라서, ~에 잇따라서 craze n. (특히 일시적인) 대유행[열풍] sprout v. (무엇이, 특히 많은 수로) 생기다[나타나다] hover v. 맴돌다, 유지하다 in any event 아무튼, 좌우간 itch n. (~하고 싶어 몸이) 근질거림, 욕구

31 글의 주제 ①

퍼스널 컬러 분석이 많은 사람들 사이에서 큰 관심을 받고 있으며, 틱톡과 같은 소셜 미디어 플랫폼에서도 선풍적인 인기를 끌고 있다고 했다. 코로나19 이후 외국인 관광객의 방문에 힘입어 국내 산업에도 큰 영향을 미치고 있음을 소개하고 있으므로, 이 글의 주제로 적절한 것은 ①이다.

다음 중 이 글의 주제로 가장 적절한 것은?
① 퍼스널 컬러 분석과 그것이 한국 산업에 주는 이익
② 정치인과 기업인을 위한 퍼스널 컬러의 중요성
③ 코로나 이후 한국 관광의 지속적인 발전
④ 한국에서 퍼스널 컬러 열풍을 일으킨 틱톡의 역할

32 내용일치 ②

"코로나19가 한국을 강타하기 전에도 퍼스널 컬러에 대한 열풍이 불고 있었다."고 했으므로, 퍼스널 컬러 분석이 코로나19 이후 유행하게 된 것은 아니다. 따라서 ②가 정답이다.

이 글에 따르면, 다음 중 옳지 않은 것은?
① 퍼스널 컬러 분석은 수백 개의 견본을 사용하며, 약 1시간 정도 소요된다.
② 퍼스널 컬러 분석은 코로나19 이후 한국에서 처음으로 유행하게 되었다.
③ 한국 스튜디오는 뉴욕 스튜디오보다 퍼스널 컬러 분석 비용이 적게 든다.
④ 더 많은 해외 고객이 현재 한국 스튜디오를 방문하고 있다.

33-34

낙선한 후보에게 투표하는 것은 정신적으로만 부담이 되는 것이 아니다. 2008년 총선 전날과 당일, 연구자들은 유권자들로부터 여러 개의 타액 샘플을 수집했다. 낙선한 후보에게 투표한 여성을 제외한 남성의 경우, 선거 결과가 발표된 직후 테스토스테론 수치가 대리 참가자가 아닌 실제 경쟁자에게서 예상되는 정도로까지 떨어졌다. 낙선한 후보를 지지하면 정치 체제에 대한 유권자들의 신뢰도 떨어질 수 있다. 1964년부터 2004년까지 설문조사를 분석한 결과, 시간이 지남에 따라 낙선한 후보를 지지한 유권자들은 다른 유권자들보다 선거 과정이 공정하다고 생각하는 경향이 적었다. 그들은 또한 전반적으로 민주주의에 대한 만족도가 낮은 경향을 보였다. 특히 2004년에는 낙선한 후보의 지지자들은 민주주의에 대한 만족도를 1점 만점에 0.55점으로 평가한 데 반해, 당선된 후보자들의 지지자들은 0.77점을 기록했다. 이러한 불만은 유권자들이 선거 패배에 놀랐을 때 더욱 커진다. 1997년 캐나다 연방 선거에서 낙선한 후보를 지지한 유권자들 중 놀라지 않은 유권자의 72%는 민주주의에 만족한 반면, 놀란 유권자는 57%에 그쳤다.

vote for ~에 (찬성) 투표하다, ~을 제안[제의]하다 taxing a. (육체적·정신적으로) 아주 힘든[부담이 큰] saliva n. 침, 타액 plummet v. 곤두박질치다, 급락하다 contestant n. (대회·시합 등의) 참가자 vicarious a. (느낌·경험이) 대리의[간접적인], 대행의 democracy n. 민주주의 disaffection n. 불평, (특히 정부에 대한) 불만, 민심 이탈 magnify v. 과장[확대]하다 startle v. 깜짝 놀라게 하다

33 부분이해 ①

낙선한 후보에게 투표한 남성에게서 관찰된 테스토스테론 수치 감소는 실제 경쟁자에게서 나타나는 수준으로까지 떨어졌다고 했다. 이는 낙선 후보를 지지한 남성들과 실제 선거에서 경쟁을 벌인 후보자가 비슷하다는 점을 설명하는 것이므로, Ⓐ가 의미하는 것과 가장 가까운 것은 ①이다.

다음 중 Ⓐ가 의미하는 것과 가장 가까운 것은?
① 낙선한 후보를 지지한 남성들은 실제 경쟁자들과 비슷한 테스토스테론 감소를 경험했다.
② 남성과 여성의 테스토스테론 수치가 실제 참가자의 수치보다 증가했다.
③ 유권자와 후보자의 관계는 경쟁의 참가자와 이를 지켜보는 사람들과의 관계와 유사하다.
④ 선거 후 유권자들의 테스토스테론 수치는 대회 참관인 수준에 도달했다.

34 빈칸완성 ③

낙선한 후보를 지지하는 유권자는 선거 과정을 공정하다고 생각할 가능성이 낮고, 민주주의 전반에 대한 만족도가 낮은 경향이 있다고 했다. 이는 낙선한 후보를 지지한 결과, 정치 시스템에 대한 신뢰가 하락했음을 시사하므로 ③이 빈칸에 적절하다.

다음 중 Ⓑ에 들어가기에 가장 적절한 것은?
① 민주주의에서 시민으로서의 성실성
② 후보에 대한 유권자들의 만족도
③ 정치 체제에 대한 유권자들의 신뢰
④ 유권자들의 정서적 건강

35-37

줄을 서서 기다리는 것은 현대의 재앙이다. 데이비드 앤드루스(David Andrews)의 저서 『왜 다른 줄이 항상 더 빨리 나아가는가?(Why does the Other Line Always Move Faster?)』에 따르면, 줄을 서는 것은 산업혁명이 노동자들의 스케줄을 시간적으로 통일시켜, 점심시간과 저녁시간에 몰려들어 줄이 생겨나기 전까지는 흔하지 않았다고 한다. 미국인들이 연간 수백억 시간을 줄 서기에 낭비하는 것으로 추정된다는 점을 감안하면, 새치기를 하려는 사람들이 있고, 그들에 대해 몹시 분개하는 사람들이 있다는 것은 당연한 일이다. 그러나 폭력을 유발하지 않고 새치기하는 것은 가능한 일이다. 다음은 사회 과학을 기반으로 한 몇 가지 조언이다. 우선 (새치기하기에) 적절한 줄을 골라라. 이를 테면, 시카고 컵스가 월드시리즈를 치르는 것과 같이 일생에 한 번 있을 법한 경기에서 새치기를 하는 것은 사실상 불가능하다. 그러나 보안 검색대와 같이 반복적으로 일어나는 상황에서는 사람들이 당신을 끼워줄 가능성이 높은데 이는 아마도 언젠가 비슷한 호의가 (자신에게도) 필요할 것으로 예상하기 때문이다. 게임 이론을 사용하여 어떤 조건에서 끼어들기가 사회적으로 허용될 수 있는지 알아본 결과, 연구자들은 일회성 줄서기에서는 사람들이 끼어들기에 대한 관용을 거의 보이지 않는다는 사실을 발견했다. 그러나 줄서기가 되풀이될 때는, 긴급히 먼저 해야 할 필요가 있다고 주장하거나 서비스 시간을 최소한으로 짧게 끝내야 할 필요가 있는 새치기꾼들을 사람들은 들여보내준다. 뇌물도 효과가 있으며, 심지어 비용이 들지 않을 수도 있다. 한 연구에서는 정체를 숨긴 한 연구원이 줄서서 기다리는 사람들에게 자기가 새치기하도록 해주면 현금을 주겠다고 제안했다. 대다수가 동의했지만, 이상하게도 그들 대부분은 현금을 거절했다. 그들은 탐욕에서가 아니라 그 제안이 끼어들려고 하는 사람의 절박함을 증명했기 때문에 그 제안을 받아들였던 것이다. 심리학자 스탠리 밀그램(Stanley Milgram)이 공동 집필한 연구에 따르면 끼어드는 것을 허용할지는 보통 끼어드는 사람의 바로 뒤에 있는 사람이 결정한다고 한다. 그 사람이 반대하지 않으면 다른 대기자들은 조용히 있는 경향이 있다. 그 실험에서는 두 명이 동시에 끼어들면 한 명이 끼어들 때보다 더 큰 분노를 불러일으켰다는 사실도 발견했다. 따라서 새치기를 하려면 혼자서 하도록 하라.

scourge n. 재앙, 골칫거리　synchronize v. 동시에 발생하다[움직이다]　gobble up 게걸스럽게 먹어 치우다　bitterly ad. 격렬히, 몹시　resent v. 분개하다, 원망하다　jump the queue 새치기하다　pointer n. (한 가지의) 충고[조언]　cut the line 새치기하다　once-in-a-lifetime (아주 특별하여) 평생 단 한 번뿐인　undercover a. 비밀로 행해지는, 비밀의　appreciate v. 진가를 알아보다[인정하다]; 인식하다　out of greed 탐욕 때문에　intruder n. 불법 침입자　desperation n. 자포자기, 필사적임　simultaneous a. 동시의　ire n. 분노, 노여움

35 글의 제목 

이 글은 폭력을 유발하지 않으면서 효과적으로 새치기 할 수 있는 전략을 제공하고 있으므로, ③이 제목으로 적절하다.

다음 중 이 글의 제목으로 가장 적절한 것은?
① 기다리는 줄에 끼어드는 사람을 피하는 방법
② 줄서서 기다리는 것의 역사적 기원
③ 새치기 기술을 시행하기
④ 줄서서 기다리기에서의 시간 소비에 대한 사회적 분석

36 내용일치 

줄에 끼어드는 사람이 새치기의 대가로 기다리고 있는 사람에게 현금을 주겠다고 제안하면, 대다수의 사람들은 현금은 거절하고 끼어들게 해주었다고 했다. 그 제안이 그들의 절박함을 증명했기 때문이라고 했다. 따라서 현금을 받고 끼어들게 해준 것이 아니므로, ③이 글의 내용과 일치하지 않는다.

이 글에 따르면, 다음 중 옳지 않은 것은?
① 산업혁명 이전에는 줄서서 기다리는 것이 일반적이지 않았다.
② 일회성의 줄을 서는 사람들은 새치기에 대해 덜 관대한 것으로 나타났다.
③ 연구에 참여한 줄서서 기다리는 사람들 대부분이 현금을 받고 침입자를 끼어들게 해주었다.
④ 끼어드는 사람의 뒤에 있는 사람이 허락하면, 다른 대기자들은 보통 불평하지 않는다.

37 빈칸완성 ①

두 명이 동시에 끼어들면 혼자서 끼어드는 것보다 더 큰 분노를 불러일으킨다고 했다. 따라서 새치기해야 할 상황이 생기면, 혼자서 끼어드는 것이 낫다고 할 수 있을 것이므로, 빈칸에는 ①이 적절하다.

다음 중 Ⓐ에 가장 적절한 것은?
① 혼자서 하라
② 진심으로 사과하라
③ 무례함에 대한 대가를 치러라
④ 친구 앞에 끼어들어라

38-40

약 5년 전, 메트로폴리탄 미술관(Met)은 기념비적인 것으로 증명된 작은 조치를 취했다. 즉, 방문객들에게 휴대폰을 사용하지 말라고 간청하는 것을 중단한 것이었다. 이 결정은 휴대폰이 현대 사회에서 어디에나 있으며, 휴대폰과 싸우는 것이 승산 없는 싸움이라는 인식에서 비롯된 것이다. 메트로폴리탄 미술관의 최고 디지털 책임자인 스리 스리니바산은 "사람들은 우리의 가장 큰 경쟁 대상이 무엇인지 묻습니다."라고 말한다. "경쟁자는 구겐하임 미술관이 아닙니다. 자연사 박물관도 아니고요. 넷플릭스입니다. '캔디크러쉬(게임)'이고요." 휴대폰이 메트로폴리탄 미술관에 머무르고 있다는 사실을 받아들이면서 박물관은 이 기술을 어떻게 활용할 수 있을지 생각하게 되었다. 한 가지 방법은 방문자가 추가 정보를 찾을 수 있는 애플리케이션을 만드는 것이다. 예를 들어, 브루클린 박물관에는 방문객들이 실시간으로 큐레이터에게 예술작품에 대해 질문할 수 있는 애플리케이션이 있다. 구겐하임 미술관과 메트로폴리탄 미술관을 비롯한 박물관에서는 비콘(어떤 신호를 알리기 위해 주기적으로 신호를 전송하는 기기) 기술을 실험했는데, 이 기술은 블루투스를 사용하여 방문자가 갤러리를 어떻게 이동하는지 추적하고 앱을 통해 추가 정보를 제공하는 것이다. 비콘 기술은 작품에 대한 자세한 이력과 특정 그림이나 갤러리에 대한 안내를 제공할 수 있는 잠재력을 가지고 있다. 스리니바산은 박물관 앱에 GPS 기술이 통합되면 사람들이 구글 지도에서 통근을 계획하는 것처럼 갤러리를 통해 경로를 계획할 수 있을 것이라는 점을 지적한다. 즉, 더 이상 이집트 문화관에서 길을 잃어버리거나 특정한 모네 일출(여러 개의 일출 그림이 있음)을 찾아 종이 지도를 확인하지 않아도 된다는 것이다.

take a step 조치를 취하다 entreat v. 간청[애원]하다 omnipresent a. 편재하는, 어디에나 있는 losing battle 승산 없는 싸움, 헛된 노력 seek out ~을 찾아내다 detailed a. 상세한, 세목에 걸친 point out 가리키다, 지적하다 plot v. (위치·항로 등을 지도에) 표시하다, (좌표를) 나타내다 commute n. 통근

38 글의 제목 ①

이 글은 박물관이 방문객들의 휴대폰 사용을 막는 대신 오히려 이를 수용하고 있으며, 블루투스 기술을 활용하여 방문객들에게 더욱 향상된 관람 경험을 제공하려는 시도에 대해 설명하고 있다. 따라서 글의 제목으로 ①이 적절하다.

다음 중 이 글의 제목으로 가장 적절한 것은?
① 박물관이 휴대폰을 켜도록 해준다
② 휴대폰이 현대 미술에 혁명을 가져왔다
③ 과학기술이 박물관을 서로 연결시켜준다
④ 박물관이 집중력을 산만하게 하는 현대물과의 싸움을 발표한다

39 내용일치 

"브루클린 박물관에는 방문객들이 실시간으로 큐레이터에게 예술작품에 대해 질문할 수 있는 애플리케이션이 있다."고 했으므로 ③이 정답이다. ① 5년 전이다. ② 비콘 기술을 채택한 곳은 구겐하임 미술관과 메트로폴리탄 미술관이다. ④ 구글 지도가 아니라 박물관의 자체 앱을 통해서 갤러리를 안내받을 수 있다.

이 글에 따르면, 다음 중 옳은 것은?
① 약 10년 전, 메트로폴리탄 미술관은 방문객들이 스마트폰을 사용할 수 있도록 허용하기 시작했다.
② 자연사 박물관은 비콘 기술을 채택했다.
③ 브루클린 박물관에서 방문객들은 앱을 통해 큐레이터에게 질문을 할 수 있다.
④ 방문객들은 구글 지도를 이용하여 갤러리 안에서 지나가는 길을 계획했다.

40 지시대상 

Ⓐ 앞 문장에서 "사람들은 우리의 가장 큰 경쟁 대상이 무엇인지 묻습니다."라는 언급이 있었고, 이에 대한 답변이 Ⓐ가 속한 문장이다. 따라서 Ⓐ it이 가리키는 것은 ② "The biggest competitor"라고 볼 수 있다. 메트로폴리탄 미술관의 가장 큰 경쟁자가 구겐하임 미술관이나 자연사 박물관 같은 다른 미술관이 아니라 넷플릭스나 캔디크러쉬 같은 휴대전화 기술이라고 해야 문맥상 적절하다.

다음 중 Ⓐ가 가리키는 것과 가장 가까운 것은?
① 구겐하임 미술관
② 가장 큰 경쟁자
③ 메트로폴리탄 미술관
④ 최고 디지털 책임자

41-42

테슬라 모델 S의 배터리 팩은 복잡한 공학기술의 위업이다. 전 세계에서 공급되는 부품들로 만들어진 수천 개의 원통형 셀(전지: 셀이 모여 배터리를 이룸)은 배기관을 통해 매연을 배출하지 않고 리튬과 전자를 수백 킬로미터 계속해서 자동차를 추진할 수 있는 충분한 에너지로 변환시킨다. 그러나 배터리의 수명이 다하면 환경적인 이점이 사라지고 문제가 발생한다. 만약 배터리가 매립지에 가게 된다면, 배터리 셀은 중금속을 포함한 문제가 되는 독소를 방출할 수 있다. 그리고 배터리를 재활용하는 것은 위험한 사업이 될 수 있다고 재료 과학자들은 경고한다. 당신이 테슬라 셀을 너무 깊게 자르거나 잘못된 곳을 자르게 되면, 그것은 누전을 일으키고, 연소하고, 유독 가스를 방출할 수 있다. 그것은 제조업체들이 향후 수십 년 동안 생산할 것으로 예상되는 수백만 개의 전기 자동차(EV) 배터리를 재활용하는 방법 등, 새로운 문제를 해결하려고 노력하는 연구자들이 직면한 많은 문제 중 하나일 뿐이다. 현재 전기 자동차 배터리는 실제로 재활용되도록 설계되지 않았다. 전기 자동차가 많지 않았을 때는 이것이 큰 문제가 되지 않았다. 그러나 이제 그 기술이 도약하고 있다. 몇몇 자동차 제조업체들은 수십 년 내에 내연기관 엔진을 점진적으로 폐지할 계획을 발표했으며, 업계 분석가들은 전기차가 지난해 1,100만 대에 불과했던 데서 증가하여 2030년에는 최소 1억 4,500만 대가 도로를 달릴 것으로 예측한다. 그래서 이제 사람들은 이것(배터리 재활용)이 문제라는 것을 인식하기 시작했다.

intricate a. (여러 부분·내용으로 되어 있어) 복잡한 cylindrical a. 원통[실린더]형의 component n. (구성) 요소, 부품 propel v. (몰거나 밀거나 해서) 나아가게 하다 tailpipe n. (자동차 등의) 배기관 emission n. (빛·열·가스 등의) 배출; 배기가스 fade v. 서서히 사라지다, 점점 희미해지다 landfill n. 쓰레기 매립지 hazardous a. 위험한 short-circuit v. 단락[쇼트]시키다; 누전시키다 combust v. 연소하기[시키기] 시작하다 toxic fume 유독 가스 tackle v. 씨름하다 phase out 단계적으로 폐지[삭감, 철거]하다

41 내용일치 

"몇몇 자동차 제조업체들은 수십 년 내에 내연기관 엔진을 점진적으로 폐지할 계획을 발표했다."고 했으므로 ③이 글의 내용과 일치한다.

이 글에 따르면, 다음 중 옳은 것은?
① 전기 자동차 배터리를 만들려면 주로 현지에서 조달된 부품이 필요하다.
② 작년에는 1,100만 개의 전기 자동차 배터리가 재활용되었다.
③ 일부 자동차 회사들은 내연기관 엔진을 만드는 것을 중단할 계획이다.
④ 테슬라 셀을 자르는 것은 비교적 안전한 과정이다.

42 빈칸완성 

만약 배터리가 매립지에 가게 된다면 위험한 이유에 대한 설명이 Ⓐ 다음에 이어지고 있다. 배터리를 재활용하는 것은 위험한 사업이 될 수 있다고 재료 과학자들은 경고한다고 했고 당신이 테슬라 셀을 너무 깊게 자르거나 잘못된 곳을 자르게 되면, 누전, 연소 그리고 유독 가스 방출을 일으킬 수 있다고 했다. 따라서 전기 자동차 배터리를 버리는 것은 문제가 되는 독소를 방출할 수 있다고 볼 수 있다.

다음 중 Ⓐ에 가장 적절한 것은?
① 핵심 소재로 대체 가능하다
② 충전 및 수리가 필요하다
③ 매립지에서 오염 물질을 흡수한다
④ 문제가 되는 독소를 방출할 수 있다

43-44

예술은 의견을 바꾸고, 가치를 심어주고, 경험을 여러 시공간으로 전함으로써 사회에 영향을 미친다. 연구는 예술이 근본적인 자아의식에 영향을 미친다는 것을 보여주었다. 그림, 조각, 음악, 문학 그리고 기타 예술은 종종 사회의 집단 기억(흔히 부모 세대에서 자식 세대로 전달되는 한 공동체의 기억)의 저장소로 간주된다. 예술은 사실에 기반한 역사적 기록이 보존할 수 없는 것을 보존하는데, 즉 특정한 시간 특정한 장소에 존재하는 것이 어떻게 느껴졌는지(살면서 느낀 감정)를 보존한다. 이러한 면에서 예술은 의사소통이다. 예술은 서로 다른 문화, 서로 다른 시대의 사람들이 이미지, 소리, 이야기를 통해 서로 소통할 수 있게 해준다. 예술은 종종 사회 변화를 위한 수단이 된다. 예술은 정치적으로나 사회적으로 소외된 사람들로 하여금 말하게 할 수 있다. 노래, 영화 혹은 소설은 그것을 접한 사람들에게 감정을 불러일으키며, 변화를 위해 이들이 결집하도록 영감을 줄 수 있다. 예를 들어, 2013년 뉴캐슬 대학의 연구원들은 현대 시각 예술을 감상하는 것이 요양원에 사는 노인들의 개인적인 삶에 긍정적인 영향을 미쳤다는 것을 확인했다. 예술은 또한 사회에 실용주의적인 영향을 미친다, 예를 들어, 학생들의 수학과 읽기·쓰기 성적과 연극이나 음악 활동 참여도 사이에 입증할 수 있는 긍정적인 상관관계가 있다. 국립미술교육협회(National Art Education Association)가 지적했듯이, 예술은 노력의 배출구로서 예술가에게 유익하다. 예술은 자기표현과 성취에 대한 인간적 욕구를 촉진할 뿐만 아니라, 경제적으로도 발전 가능성이 있다. 예술의 창작, 관리, 배포에 많은 사람이 고용된다. 그러니까 무엇을 기다리고 있는가?

instill v. 침투시키다, 스며들게 하다, 서서히 주입시키다 **translate** v. 바꾸다[옮기다], 바뀌다 **repository** n. 저장소[보관소], (지식·정보 등의) 보고(寶庫) **preserve** v. 지키다[보호하다]; 보존하다 **disenfranchise** v. ~으로부터 특권[권리, 권한]을 박탈하다 **utilitarian** a. 실용적인; 공리주의의 **demonstrable** a. 보여줄[입증할] 수 있는 **outlet** n. 발산[배출] 수단 **fulfillment** n. 이행, 수행, 완수; 실천 **viable** a. 실행 가능한, 발전 가능한, 생명력 있는 **distribution** n. 분배 (방식), 분포

43 내용일치 

2013년 뉴캐슬 대학의 연구원들은 현대 시각 예술을 감상하는 것이 요양원에 사는 노인들의 삶에 긍정적인 영향을 미쳤음을 확인했다. 이를 통해 뇌와 예술과 관련한 연구는 이전부터 있어 왔던 연구라고 볼 수 있다. 따라서 새로운 연구 분야라고 볼 수 없으므로 ②가 정답이다.

이 글에 따르면, 다음 중 옳지 않은 것은?
① 예술은 사람들이 사회를 변화시키도록 영감을 줄 수 있다.
② 뇌와 예술 사이의 관련성에 대한 관심은 새로운 연구 분야이다.
③ 노인 요양원 환자들은 예술 작품 감상으로 혜택을 받았다.
④ 연극을 하는 학생들이 수학 성적이 더 높다.

44 부분이해 

utilitarian은 '실용의, 실익의'라는 의미를 가지고 있는데, "예술은 또한 사회에 실용주의적인 영향을 미친다."고 한 다음 그에 대한 예를 Ⓐ 다음 문장에서 설명하고 있다. "학생들의 수학과 읽기·쓰기 성적과 연극이나 음악 활동 참여도 사이에 입증할 수 있는 긍정적인 상관관계가 있다."고 했는데, 이는 예술로 인한 실질적인 이점과 관련된 것이다. 따라서 Ⓐ가 의미하는 것으로 적절한 것은 ①이다.

다음 중 Ⓐ와 의미가 가장 비슷한 것은?
① 실질적인 이점
② 보수적인 효과
③ 미적 가치
④ 이론적 함의

45-47

때때로 우리는 외롭기 때문에 사물을 인간으로 생각한다. 한 실험에서 외로움을 느낀다고 보고한 사람들은 자유 의지와 의식이 다양한 장치의 속성이라고 생각할 가능성이 다른 사람들보다 더 높았다고 한다. 이번에는 또한, 사물과 친밀감을 느끼는 것이 외로움을 덜어줄 수 있다. 대학생들은 마치 휴대폰에 인간적인 특성이 있는 것처럼 휴대폰과 상호작용하도록 하는 과제를 먼저 부여받은 경우가 아니라면, 사회적으로 소외되었던 시절을 떠올리게 될 때, 페이스북 친구 수를 과장하는 것으로 보상했다. 전화기는 분명히 진정한 친구를 대신했다. 또 때때로, 우리는 제품들을 이해하기 위해 제품들을 의인화한다. 미국의 한 연구에 따르면 네 명의 응답자 중 세 명은 자신들의 컴퓨터에 대고 욕설을 내뱉었다. 그리고 컴퓨터가 그들에게 더 많은 골치를 썩일수록, 그들은 "컴퓨터가 그 자체의 신념과 욕구"를 갖고 있다고 보고할 가능성이 더 높았다. 제품을 의인화하면 그것을 버리기가 더 어려워진다. 자동차의 개성을 평가해 달라는 요청을 받은 사람들은 자동차를 곧 바꿀 의향이 있다고 답할 가능성이 적었다. 그리고 사물을 의인화하는 것은 물건을 비축하는 경향과 관련되어 있다. 그렇다면 사람들은 어떻게 사물에 특성을 부여하는가? 부분적으로 우리는 외모에 의존한다. 인간의 경우 큰 얼굴은 지배력과 관련이 있다. 마찬가지로 사람들은 특히 경쟁 상황에서 큰 모양의 자동차, 벽시계, 손목시계를 좁은 모양의 것들보다 더 월등히 높은 외관을 가지고 있다고 평가하고 이 제품들을 선호했다. 독일의 자동차 판매를 분석한 결과, 웃는 것처럼 위로 올라간 그릴과 가늘게 뜬 눈처럼 기울어진 헤드라이트를 가진 자동차가 가장 잘 팔리는 것으로 나타났다. 구매자들은 이러한 특징들이 각각 자동차의 친근함과 강한 특징을 증가시킨다고 보았다.

isolated a. 고립된, 외딴 **attribute** v. (~의 원인을) …에 귀착시키다; ~가 (…에게) 있다고 생각하다 **gadget** n. (작고 유용한) 도구, 장치 **exclude** v. 제외하다, 배제하다 **stand in for** ~를 대신하다 **personify** v. 의인화하다 **curse** v. 욕(설)을 하다 **cast off** ~을 (던져, 벗어) 버리다 **anthropomorphize** v. (신·동물을) 인격화하다, 의인화(擬人化)하다 **hoard** v. 비축[저장]하다 **assign** v. (일·책임 등을) 맡기다[배정하다, 부과하다] **dominance** n. 우월; 권세; 지배 **competitive** a. 경쟁을 하는 **upturned** a. 위로 향한; (아래위가) 거꾸로인[뒤집힌] **slant** v. 기울어지다, 비스듬해지다 **respectively** ad. 각자, 각각, 제각기

45 글의 주제 ②

사람들이 종종 기기, 컴퓨터, 자동차와 같은 사물을 의인화하는데, 이러한 경향이 외로움을 줄이거나 구매 결정에 영향을 미친다고 했다. 따라서 이 글의 주제로 적절한 것은 ②이다.

다음 중 이 글의 주제로 가장 적절한 것은?
① 산업에서 심리학의 중요성
② 사물을 의인화하는 인간의 경향
③ 의인화가 마케팅에 미치는 긍정적인 효과
④ 제품에 대한 사람들의 애착 문제

46 내용일치 ④

"독일의 자동차 판매를 분석한 결과, 웃는 것처럼 위로 올라간 그릴과 가늘게 뜬 눈처럼 기울어진 헤드라이트를 가진 자동차가 가장 잘 팔리는 것으로 나타났다."고 했으므로 ④가 이 글의 내용과 일치한다.

이 글에 따르면, 다음 중 옳은 것은?
① 한 연구에 따르면, 컴퓨터에 문제가 발생한 사람들은 컴퓨터를 의인화하지 않을 가능성이 높다.
② 자동차를 소유한 사람들은 자동차의 개성을 평가한 후 교체하기로 했다.
③ 사람들은 폭이 넓은 제품보다 좁은 제품을 선호한다.
④ 독일에서는 인간의 모습을 한 자동차가 가장 많이 팔렸다.

47 빈칸완성 ①

Ⓐ 앞 문장에서 "외로움을 느낀다고 보고한 사람들은 자유 의지와 의식이 다양한 장치의 속성이라고 생각할 가능성이 다른 사람들보다 더 높았다."고 했는데, 이것은 외로움을 느끼는 것이 사물을 인간처럼 친밀하게 느끼게 만든 것을 말하며, Ⓐ 다음에서 '사물과 친밀감을 느끼는 것이 외로움을 덜어줄 수 있다'고 했는데, 이것은 사물과의 친밀감이 외로움을 덜 느끼게 만든 것을 말한다. 즉, 'A는 B를 어떻게 하고, 이번에는 또한 B가 A(혹은 C)를 어떻게 한다'는 패턴의 문장 전개이다. 따라서 ① In turn이 빈칸에 적절하다.

다음 중 Ⓐ에 가장 적절한 것은?
① 이번에는 또한
② 그렇지 않으면
③ 설상가상으로
④ 이런 점에도 불구하고

48-50

미국 건국의 아버지 중 한 명인 제임스 매디슨(James Madison)은 "정부를 통제하고 규제해야 하는 것은 바로 대중의 이성뿐이다."라고 주장했다. 그러나 공무원들이 국민들의 의견을 들을 수 있는 수단은 제한적이다. 선출직 공무원은 전자적(이메일)으로나 시청에서 국민의 의견을 받고, 일부 기관은 때때로 복잡한 규정에 대하여 대중의 의견을 구한다. 그래도, 미국인들은 자신들이 정책 입안 과정에 영향을 미친다는 것에 대해서나 선출직 공무원이 국민의 견해를 이해한다는 것에 대해 매우 낮은 신뢰도를 보인다. 인공지능이 발전하면서 이런 상황은 더욱 악화되고 있다. 시민들로 위장한 인공지능은 정책 입안자들에게 방대한 양의 정보를 제공할 수 있다. 연방통신위원회(Federal Communications Commission)가 망 중립성 정책을 유지해야 할지에 대한 공개 의견을 받았을 때, 뉴욕 주 법무장관은 나중에 그 2,200만 개의 댓글 중 약 1,800만 개가 가짜 이름이거나 동의 없이 실명을 사용하여 조작된 것이라는 것을 발견했다. 가짜 메시지의 가장 큰 비중을 차지하는 것은 규제 완화를 원하는 브로드밴드 업계에서 만들어진 것이었다. 진짜인 댓글 중 98.5%가 망 중립성을 유지하는 것에 대해 찬성했다. 또한 연구원들은 최근 입법부 사무실에 32,398개의 이메일을 보냈는데, 일부는 시민이 직접 작성한 것이고, 일부는 몇 초 만에 진짜처럼 보이는 수천 개의 메일을 전달할 수 있는 인공지능으로 만들어진 것이다. 연구 결과에 따르면 입법부 사무실에서는 어느 것이 가짜인지 분간할 수 없었다고 한다. 우리는 가짜 의견이 넘쳐나서 진짜 의견을 압도하고 더 나아가 대중의 신뢰를 저해하게 될 사태의 시작을 목격하고 있을 뿐이다. 그래서 무엇을 할 수 있는가? 결함이 있는 시스템의 붕괴는 표면적인 복구 작업이 아니라 대대적인 업그레이드가 필요한 것인지도 모른다.

Founding Fathers (1787년의) 미국 헌법 제정자들 input n. (일·사업 등을 성공시키기 위한) 조언[시간, 지식 등](의 제공); 투입 confidence n. 신뢰; 자신(감) policymaking n. 정책 입안 retain v. 유지[보유]하다 net neutrality 망 중립성(통신망이 특정 사업자나 콘텐츠를 차별하지 않는 것) fabricate v. (거짓 정보를) 날조하다, 조작하다 consent n. 동의, 허락 discern v. 식별하다, 분간하다 overwhelm v. 압도하다 undermine v. 약화시키다 flawed a. 결함[결점]이 있는 superficial a. 깊이 없는, 피상적인

48 글의 목적 

이 글은 인공지능 발전이 대중의 의견을 압도하고 신뢰도 하락을 초래하고 있는 상황을 설명하고 있다. 망 중립성에 대한 의견 조사에서 발견된 조작된 댓글의 예와 같이 인공지능이 생성한 댓글이 국민의 의견(여론)과 정책 결정 과정에 영향을 미친 사례와 우려 사항에 대해 언급하고 있으므로, ②가 글의 목적으로 적절하다.

이 글의 주된 목적은 무엇인가?
① 인공지능으로 조작된 의견과 진짜 의견을 구별하는 방법을 설명하기 위해서
② 인공지능이 여론을 통제하는 것에 대해 경고하기 위해서
③ 미국인들에게 투표할 때 이성을 활용할 것을 요구하기 위해서
④ 망 중립성의 잠재적인 문제를 입증하기 위해

49 내용일치 

"위원회에게 보내진 진짜인 댓글 중 98.5%가 망 중립성을 유지하는 것에 대해 찬성했다."고 했으므로 ④가 정답이다.

이 글에 따르면, 다음 중 옳은 것은?
① 인공지능은 더 많은 규제를 주장하기 위해 업계에서 사용되었다.
② 2천만 건이 넘는 가짜 메시지가 위원회에 보내졌다.
③ 미국인들은 자신들이 선출된 공직자들에게 영향을 끼친다는 큰 믿음을 가지고 있다.
④ 위원회에게 보내진 진짜 의견의 대부분은 망 중립성을 원했다.

50 빈칸완성 

Ⓐ 다음에서 망 중립성 정책에 대한 공개 의견 조사에서 일부는 인공지능에 의해 만들어졌다고 했으므로, 시민으로 '가장한' 인공지능이 방대한 양의 정보를 제공할 수 있다고 해야 문맥상 적절하다. 따라서 Ⓐ에는 masquerading이 적절하다. Ⓑ 앞에서 입법부는 어느 것이 인공지능에 의해 만들어진 것인지 분간할 수 없다고 했고, 대중의 신뢰를 저해하는 상황이라면, 진짜 의견이 가짜 의견으로 인해 압도되는 상황이라고 볼 수 있다. 따라서 Ⓑ에는 drowning 또는 overwhelming이 적절하다.

다음 중 Ⓐ와 Ⓑ에 들어가기에 가장 적절한 짝을 나열한 것은?

① 조절하다 — 생성하다
② 가장하다 — 익사시키다, 압도하다
③ 제기하다 — 강조하다
④ 극복하다 — 압도하다

2023 한국외국어대학교(T1 A형)

01 ①	02 ②	03 ①	04 ②	05 ④	06 ②	07 ③	08 ④	09 ①	10 ④
11 ②	12 ③	13 ②	14 ②	15 ③	16 ④	17 ④	18 ①	19 ③	20 ④
21 ①	22 ①	23 ②	24 ③	25 ④	26 ④	27 ③	28 ①	29 ③	30 ①
31 ②	32 ④	33 ④	34 ②	35 ①	36 ③	37 ①	38 ④	39 ①	40 ②
41 ③	42 ①	43 ④	44 ④	45 ③	46 ③	47 ④	48 ②	49 ①	50 ②

01 논리완성 ①

많은 젊은 부부들이 대안적인 가족 합의를 선택한다는 것은 결혼과 자녀와 관련한 전통적인 규범을 따르지 않고 '피하는' 것이므로 빈칸에는 ①이 적절하다.

opt for ~을 선택하다 alternative a. 대체 가능한 arrangement n. 타협, 화해, 조정, 합의 eschew v. 피하다, 삼가다 supplicate v. 간청하다, 애원하다 espouse v. 옹호[지지]하다 heed v. 조심하다, 유의[주의]하다

오늘날 많은 젊은 부부들은 결혼과 자녀에 관한 전통적인 규범을 피하고 대안적인 가족 합의를 선택한다.

02 논리완성 ②

먹을 수 있는 모든 것에 대한 식욕을 가지고 있는 동물은 먹을 것에 대해 욕심을 부리는 '게걸스러운' 특징을 지니고 있다.

carnivorous a. 육식성의 appetite n. 식욕, 욕구 obstinate a. 고집 센, 완강한 voracious a. 게걸스러운 sanguine a. 낙관적인 provident a. 장래를 준비하는, 앞날에 대비하는

Ternat 박쥐는 게걸스럽고 먹을 수 있는 모든 것에 대한 식욕을 지니고 있는 육식 동물이다.

03 논리완성 ①

기업 인수를 둘러싼 논란이 커지는 상황은 관련 업계에 영향을 크게 미칠 것이므로 ① reverberate가 빈칸에 적절하다.

takeover n. 기업[경영권] 인수 reverberate v. (사람들에게) 반향[파문]을 불러일으키다 ferret v. 찾아다니다, 뒤지다 wither v. 시들다, 약해지다 dwindle v. (점점) 줄어들다

기업 인수를 둘러싸고 점점 커지는 논란은 텔레비전 업계에 계속 반향을 일으켰다.

04 논리완성 ②

그녀가 부유한 가족의 유산을 물려받지 못한 이유가 빈칸에 적절한데, 인정받지 못한 결혼을 했다고 했으므로 이는 그녀가 비밀리에 결혼을 한 것으로 볼 수 있다. 따라서 ② clandestine이 빈칸에 적절하다.

cut somebody off ~에게 유산을 물려주지 않다 unapproved a. 인정되지 않은, 허가되지 않은 unanimous a. 만장일치의 clandestine a. 비밀리에 하는, 은밀한 germane a. 적절한 postulate v. 상정하다

그녀는 인정받지 못한 비밀 결혼을 했기 때문에 그녀의 부유한 가족에게서 유산을 물려받지 못했다.

05 동의어 ④

prophecy n. 예언 strengthen v. 강화되다 apposite a. 아주 적절한 (= pertinent) quotation n. 인용; 인용구 drift n. 일반적인 경향[추세] diametric a. 직경의; 정반대의 conjecture v. 추측하다 extant a. 현존[잔존]하는

이 예언은 기존의 여론 동향을 보여주는 적절한 인용문에 의해 강화되었다.

06 동의어 ②

drawback n. 결점, 문제점 garrulous a. 수다스러운, 말이 많은 (= loquacious) representative n. 대표 nebulous a. 흐릿한, 모호한 taciturn a. 말없는, 무언의 faltering a. 비틀거리는; 더듬거리는

더 수다스러운 대표를 얻게 되는 것이 민주주의의 단점 중 하나일지도 모른다.

07 동의어 ③

institution n. 명물, 잘 알려진 사람[것, 일]; 기관, 기관의 건물 columned a. 원주로 지탱된; 기둥 모양의 ersatz a. 대용[모조]품의 (= artificial) august a. 위엄 있는 fastidious a. 세심한, 꼼꼼한 terse a. 간결한

두 기관의 건물은 웅장하고 기둥이 있으며, 미국인들이 중요한 시의 건물에 부여하는 인공적인 로마 양식을 갖추고 있다.

08 동의어 ④

inundate v. 넘칠 정도로 주다[보내다](= cloy 물리도록 먹이다, 물리게 하다) divert v. 방향을 바꾸게 하다; 전용하다 elude v. 피하다, 벗어나다 assail v. 공격을 가하다; 괴롭히다

월드컵 팬들의 노래와 구호 그리고 응원이 곧 귀에 넘칠 정도로 많이 들릴 것이다.

09 동의어 ①

impound v. 압수[몰수]하다(= confiscate) pilfer v. 훔치다, 조금씩 빼돌리다 abolish v. 폐지하다 ransack v. 뒤지다, 뒤집어엎다

시의회는 경찰이 불법 주차된 차량을 압수할 수 있도록 하는 법을 통과시켰다.

10 문맥상 동의어 ④

명사 call에는 '소환', '요구', '(심판의) 판정' '선택권' 등 다양한 의미가 있다. 경기와 관련하여 감독이 팀의 패배 원인으로 돌릴 수 있는 것은 심판의 '판정'이다.

blame A for B B를 A의 탓으로 돌리다 referee n. 심판

경기 후, 감독은 팀의 패배를 심판의 형편없는 판정 탓으로 돌렸다.

11 문맥상 동의어 ②

형용사 level에는 '수평의', '차분한', '동등한', '분별 있는' 등의 다양한 의미가 있다. 혼란스러운 상황에서 그녀만이 상황을 분별 있게 평가했다는 의미가 되는 것이 적절하므로 ②가 정답이다.

appraisal n. 평가, 판단

구매 조건에 대해 모두가 소리를 지르고 불평하는 상황에서 그녀는 그 상황을 분별 있게 평가한 유일한 사람이었다.

12 문맥상 동의어 ③

명사 issue에는 '쟁점', '자녀, 자식', '(정기 간행물의) 호', '공급' 등 다양한 의미가 있다. 가격이 저렴하게 유지된다는 것은 공급이 많이 이루어지고 있기 때문일 것이므로 issues의 문맥상 동의어로 적절한 것은 ③ supplies이다.

가격은 한동안 정부의 새로운 비축품의 대규모 공급으로 인해 저렴하게 유지될 가능성이 높다.

13 문맥상 동의어 ②

동사 negotiate에는 '협상[교섭]하다', '통과하다, 뚫고나가다' 등의 의미가 있는데, 주어진 문장은 관광객이 분주한 거리에서 군중들 사이를 빠져나왔다는 의미가 되는 것이 적절하므로 ② moved가 문맥상 동의어로 적절하다.

그 관광객은 파리의 분주한 거리에서 군중들 사이를 조심스럽게 통과했다.

14 재진술 ②

doubt+that절은 '~이 아니라고 생각한다'는 의미이며, 준사역동사 get은 'get+O+to 부정사'로 쓰여 '~시키다', '~하도록 하다'는 의미로 쓰인다. let alone '~커녕, ~은 말할 것도 없고'의 의미로 not to mention과 같은 의미로 쓰인다. 따라서 프레드에게 새우를, 루이즈에게 오징어를 먹게 할 수 없다고 생각한다는 의미인 ②가 정답이다.

나는 당신이 루이즈에게 오징어를 먹게 하는 것은 말할 것도 없고 프레드에게 새우를 먹게 할 수 있을지도 의심한다.
① 나는 루이즈에게 오징어를 먹게 하는 것보다 프레드에게 새우를 먹게 하는 것이 더 어렵다고 생각한다.
② 나는 당신이 루이즈에게 오징어를 먹일 수 없는 것은 말할 것도 없고 프레드에게 새우를 먹일 수도 없다고 생각한다.
③ 나는 루이즈가 오징어를 먹는 것을 좋아하지 않는 것이 아니라 프레드가 새우를 먹는 것을 좋아하지 않는다고 생각한다.
④ 나는 프레드에게 새우를 먹이는 것보다 루이즈에게 오징어를 먹이는 것이 더 어렵다고 생각하지 않는다.

15 재진술 ③

정부가 인질을 되찾기 위해 가능한 모든 조치를 취하지는 않을 것이라고 다시는 생각하지 않는다는 것은 인질을 되찾기 위해 정부가 역할을 다할 것이라는 의미이므로 ③이 제시문의 의미와 같다.

conceivable a. 상상할[믿을] 수 있는, 가능한 retrieve v. 구하다, 구출하다 hostage n. 인질 cross one's mind 생각이 나다, 생각이 떠오르다

나는 정부가 인질을 되찾기 위해 가능한 모든 조치를 취하지는 않을 것이라고 다시는 생각하지 않을 것이다.
① 나는 정부가 인질 구출에 필요한 조치를 취하지 않을 것이라는 믿음을 계속 유지할 것이다.
② 우리의 선출된 공무원이 죄수들을 그들의 나라로 돌려보낼 것이라는 사실은 내가 항상 생각해왔던 것이다.
③ 우리의 지도자들이 사로잡힌 자를 되찾기 위해 필요한 모든 조치를 취하지는 않을 것이라는 것은 다시는 내 마음에 떠오르지 않을 것이다.
④ 인질을 다시 데려오는 것은 내가 과거에 어떤 생각을 가졌든 간에 정부의 역할이다.

16 문의 구성 ④

빈칸 앞에 절이 왔고, 그 다음은 which is not an area에서 which is가 생략되어 있으므로 빈칸 이하에는 an area를 수식하는 주격관계대명사 that이 와야 하며, 동사 gets, 목적어 the blood, 목적보어 racing이 제시된 ④가 빈칸에 적절하다.

arcane a. 비밀의, 불가해한 jargon n. (특정 분야의 전문·특수) 용어

그녀는 불가해한 세금 용어를 잘 아는 대가인데, 그것은 피를 들끓게 하는 분야는 아니다(냉철한 분야이다).

17 if 생략 구문 ④

빈칸 앞부분에 절이 왔으므로 접속사 없이 또 다른 절이 온 ②는 적절하지 않다. if가정법에서 if가 생략되면 조동사가 문두에 놓이는 '조동사+주어+동사'의 어순으로 도치가 된다. 그리고 '청소를 하려고 할 경우에'라는 의미가 되기 위해서는try to clear가 되어야 한다. 따라서 ④가 빈칸에 적절하다.

artery n. 동맥 blockage n. 막힌 상태, 폐색 vulnerable a. 취약한 driveway n. 차도

부분적으로 동맥이 폐색된 사람들은 진입로에 깊숙이 쌓인 눈을 치우려고 하는 경우에 특히 취약하다.

18 수동태 구문 ①

이 문장의 주어는 eight other suspects이고, 관계대명사 who의 선행사는 eight other suspects이며, 접속사 while 다음에 they were가 생략되어 있다. 주절의 주어 eight other suspects와 동사 arrested가 도치된 문장인데, 용의자들이 체포한 것이 아니라, 체포된 것이므로 동사는 수동태가 되어야 한다. 따라서 ①을 were arrested로 고쳐야 한다.

suspect n. 혐의자, 용의자 allegedly ad. 주장한[전해진] 바에 의하면, 이른바 appearance n. 나타남, 출현

정상적인 생활의 모습을 유지하면서 테러조직을 위해 일했다고 전해진 또 다른 8명의 용의자가 또한 체포되었다.

19 진주어 to부정사의 의미상주어 ③

"It is+형용사+for 의미상의 주어+to V"의 가주어-진주어 구문인데, to V의 의미상의 주어인 the film 앞의 전치사는 for가 되어야 한다. 따라서 ③을 for the film으로 고친다. ② 과거추측의 'would have 과거분사'이다.

hype n. 과대 선전[광고] beforehand ad. 사전에

사전에 너무 많은 과대광고가 있었기 때문에 그 영화가 그에 대한 우리의 높은 기대치를 충족시키는 것은 거의 불가능했을 것이다.

20 정비문 ④

the same ~ as는 동일종류, the same ~ that은 동일인이나 동일 사물을 의미한다. ④에서 그녀와 나는 같은 마을 출신이라는, 다시 말해 같은 종류가 아닌 같은 장소를 의미하는 내용이 되어야 하므로 as를 that으로 고쳐야 한다.

① 그의 개는 우리가 생각했던 것보다 빨리 달렸다.
② 그 판자는 매우 긴만큼 넓었다.
③ 그 훈련은 지난번보다 덜 힘들었다.
④ 그녀는 나와 같은 마을 출신이다.

21 정비문 ①

① nothing 다음에 관계대명사 that이 생략된 관계절이 이어졌는데, 관계절은 you can say that it(=nothing) is of any use이다. 여기서 it이 관계대명사가 되어 자리가 비게 되면 you can say that is of any use가 되는데, 동사의 목적어절 that절에서 주어가 비면 무조건 틀린 문장이 된다(that-trace filter). 따라서 접속사 that을 반드시 생략해야 한다. 그리고 이유의 for절에서 직설법이 적절하므로 there be도 there is여야 한다. 문장을 고쳐 써보면 Be silent, for there is nothing (that) you can say is of any use.이다. 이렇게 삽입절이 있는 경우에 관계대명사 that이나 which는 주격이어서 생략하지 않는 것이 원칙이지만 구어적으로는 생략할 때가 많다. ② 가정법 과거완료 구문으로 if가 생략되어, "had+S+p.p., S+would+have+p.p."의 구문이 되었다. ③ 부정부사구 under no circumstances가 문두에 오면 주어와 동사가 도치되므로 is there는 옳은 표현이다.

be of use 쓸모 있다, 유용하다 be that as it may 그러함에도 불구하고, 그렇기는 하지만 under no circumstances 무슨 일이 있어도 be of interest to ~에게 흥미가 있다

① 조용히 하라. 당신이 유용하다고 말할 수 있는 것은 전혀 없기 때문이다.
② 그가 수사관이었더라면 나는 그의 모든 질문에 정직하게 대답했을 것이다.
③ 그렇기는 하지만, 어떤 상황에서도 당신이 한 일에 대해서는 변명의 여지가 없다.
④ 가까운 장래에 이익을 얻을 수 있는 기회가 있다는 것은 당신에게 흥미가 있을지도 모른다.

22-23

벌은 소리를 듣지 못하기 때문에 의사소통을 위해 음성 언어를 사용하지 않는다. 대신에, 벌은 정보를 공유하고 요청을 하기 위해 춤을 춘다. 벌은 시각을 통해 그리고 춤을 추듯 움직이며 일으키는 진동을 감지하여 신호를 받는다. 다음은 가장 일반적인 세 가지 벌 춤이다. 첫째, 8자 춤은 10미터 이상 떨어진 밀원(蜜源, 꿀이 있는 곳)의 거리, 방향, 적절성을 설명한다. 이 춤을 출 때, 벌은 두 개의 반원을 만든 다음 그 원의 지름을 지나간다. 반원의 직선은 방향을, 지나가는 속도는 거리를, 춤의 강도는 화밀(花蜜, 꿀)의 단맛을 설명한다. 그다음, 떨림 춤은 다른 벌들에게 많은 양의 꿀이 가공을 위해 벌집에 도착했음을 알린다. 이 춤에서 벌은 여유롭게 걸으며 다리를 흔드는데, 이것이 몸을 떨리게 한다. 쉐이크 댄스는 꿀이 특히 많은 곳에서 화밀(꿀)을 모으는 벌들을 도우라고 집에 있는 일벌에게 알려준다. 꿀을 모으는 벌은 한 번에 한 일벌 앞에서 몸을 떨며 분당 최대 20여 마리에게 알린다.

deaf a. 귀먹은 verbal a. 언어[말]의 vibration n. 떨림[흔들림], 진동 waggle n. 흔들기 desirability n. 바람직함 nectar n. (꽃의) 꿀, 과일즙 semicircle n. 반원 diameter n. 지름 intensity n. 강렬함, 강함 tremble n. 떪, 떨림 hive n. 벌집 leisurely ad. 천천히, 유유히 house bee 집에 있는 일벌, 내역벌(외역벌이 수집·운반해 온 꽃꿀과 꽃가루를 저장하고 벌통 내부를 청소하며 밀랍을 분비하여 벌집을 짓는 따위의 일을 하는 벌) forager n. 식량[사료] 징발자 shudder v. 몸을 떨다

22 글의 목적 ①

벌은 다른 벌들과 정보를 공유하고 요청을 하기 위해 춤을 추듯 움직인다고 했다. 그리고 세 가지 유형인 waggle dance, tremble dance, shake dance의 특징과 이 춤들이 어떤 내용을 다른 벌에게 전하는 지를 설명하고 있으므로, 이 글의 목적은 벌이 춤으로 의사소통하는 방법을 설명하기 위함이라고 볼 수 있다.

이 글의 주된 목적은 무엇인가?
① 벌이 춤으로 의사소통하는 방법을 설명하기 위해
② 벌이 꿀을 찾는 방법을 설명하기 위해
③ 벌의 종(種)에 대한 수업을 가르치기 위해
④ 벌의 춤의 정확성을 보여주기 위해

23 내용일치 ②

떨림 춤에서 꿀벌은 여유롭게 걸으며 다리를 흔드는데 이것이 몸을 떨리게 한다고 했으므로 ②가 정답이다. ① 꿀벌은 의사소통을 위해 춤만을 사용한다. ③ 8자 춤에서 꿀벌은 두 개의 반원을 만든 다음 그 원의 지름을 지나간다고 했는데 그 지름의 직선이 방향을 가리킨다. ④ 꿀이 벌집에 도착했음을 알리는 것은 tremble dance이다.

이 글에 따르면, 다음 중 옳은 것은?
① 벌은 의사소통을 위해 음성언어와 춤 모두를 사용한다.
② 다리를 씰룩씰룩 움직이며 걷는 벌은 떨림 춤을 추고 있는 것이다.
③ 8자 춤에서 반원의 둥근 쪽은 방향을 나타낸다.
④ 쉐이크 댄스는 많은 양의 꿀이 벌집에 도착했음을 의미한다.

24-25

가장 단순한 수준에서 평판은 우리에 대한 다른 사람들의 생각이다. 더 복잡한 수준에서 그것은 우리가 하는 모든 행동과 말에 대한 우리의 신뢰성과 사람들이 우리에게 개인적으로나 직업적으로 보이는 반응의 방식에 영향을 미친다. 평판을 설명하고 정량화하기가 어려울 수 있지만, 우리 중 많은 사람들은 평판이 좋은 동료와 그렇지 않은 동료를 직관적으로 알 것이다. 개인이 좋은 평판을 가진 것으로 인식되면, 이는 그들이 적절한 행동을 따를 것이라는 동료의 신뢰를 높여놓았으며, 이것이 곧 좋은 결과를 만들어 낼 것이라는 것을 의미한다. 그러나 많은 사람들은 자신의 평판의 가치가 전적으로 기능적·기술적 능력과 그들의 업무 수행 능력에 있다고 생각한다. 몇몇 동료들은 우리가 잘 해낼 수 있는 한, 사람들이 어떻게 생각하는지 신경 쓰지 말아야 한다고 조언한다. 하지만, 당신은 엄청난 재능을 가지고 있지만 자신들의 업무 수준에 합당한 성공을 이루지 못하는 동료들을 알고 있을지도 모르는데, 이는 그들이 자신들의 좋은 자질을 활용하여 가장 좋은 방법으로 자신들을 보여주는 방법을 배우지 못했기 때문이다.

reputation n. 평판, 명성 credibility n. 믿을 수 있음, 진실성, 신뢰성 describe v. 기술하다, 말로 설명하다 intuitively ad. 직관[직각]적으로 confidence n. 신뢰; 자신(감) deliver v. 잘 해내다 leverage v. ~에 지레를 사용하다 asset n. 자산, 좋을 자질, 이점, 강점

24 빈칸완성 ③

빈칸 Ⓐ의 앞에서는 개인이 좋은 평판을 가진 것으로 인식되면 좋은 결과를 만들어 낼 것이라고 했는데 이는 평판의 가치가 동료들의 신뢰에 달려있음을 뜻하며, 빈칸 다음에는 사람들은 평판의 가치가 자신들의 업무 수행 능력에 있다고 생각한다고 했으므로 빈칸을 전후로 의미가 반대가 된다. 따라서 빈칸에는 역접의 접속부사 ③ However가 적절하다.

다음 중 Ⓐ에 가장 적절한 것은?
① 대체로
② 게다가
③ 그러나
④ 그러므로

25 부분이해 ④

deliver는 '약속된 혹은 기대되는 성과를 이루다', '잘 해내다'는 의미로 쓰였으므로, Ⓑ는 "우리가 기대되는 성과를 이룰 수 있으면 사람들이 생각하는 것에 신경 쓸 필요가 없다"는 의미로 볼 수 있다. 따라서 ④가 정답이다.

다음 중 Ⓑ와 의미가 가장 가까운 것은?
① 우리가 실패할 때에도, 우리는 여전히 다른 사람들이 어떻게 생각하는지를 고려해야 한다.
② 우리가 성취하는 것은 다른 사람들이 우리를 어떻게 보느냐 하는 것만큼이나 중요하다.
③ 만약 우리가 일을 마칠 수 없다면, 우리는 다른 사람들을 의식할 필요가 있다.
④ 우리가 기대되는 성과를 이룰 수 있다면 다른 사람들에 대해 걱정할 필요가 없다.

26-27

언어 손실은 사람들이 이중 언어 또는 다중 언어를 할 수 있게 되어 모국어의 유창함을 잃어버릴 때 발생한다. 새로운 언어를 습득하는 과정은 한 사람의 모국어의 사용에 영향을 미칠 수 있다. 국제 이민이 훨씬 더 보편화됨에 따라 응용 언어학은 새로운 언어의 습득이 어떻게 언어 손실로 이어지는지 더 잘 이해하기 위한 모델을 만들었다. 언어학자들은 이민자가 제2언어(L2: 모국어로나 맨 처음 배운 언어 외에 학교에서나 일을 위해 배워서 사용하는 언어)에 유창해짐에 따라 제1언어(L1)가 점진적으로 상실되는 것을 "제1언어 손실"이라는 용어를 사용하여 설명한다. 원어민의 제1언어의 기술은 제2언어를 습득하는 동안 유창함에 변화를 겪을 수 있다. 제1언어가 영향을 받는 정도는 제1언어와 관련된 문화에 대한 노출의 감소와 함께 제2언어가 개인의 삶에서 주요해지는 정도와 상호 연관되어 있을 수 있다. 언어학자들은 제1언어와 제2언어 사이의 간섭이 정상 대 비정상으로 간주될 수 있는 정도를 확인하려고 노력했지만, "언어 정상상태"의 기준이 없는 가운데, 현재의 사고는 언어 손실을 현격한 단절이라기보다는 연속체로 보는 경향이 있다.

attrition n. 마찰; 마멸; 감소 fluency n. (말·문체의) 유창(함), 능변 bilingual a. 두 개 언어를 할 줄 아는 multilingual a. 여러 언어를 하는[사용하는] acquire v. 습득하다 immigration n. 이주, 이민 linguistics n. 언어학 proficiency n. 숙달, 능숙 undergo v. (변화 등을) 겪다, 경험하다 correlate v. 연관성[상관관계]이 있다 dominant a. 우세한, 지배적인 interference n. 간섭, 참견, 개입 normalcy n. 정상 상태 continuum n. 연속(체); 느린 변화

26 내용일치 ④

원어민의 제1언어의 기술은 제2언어를 습득하는 동안 유창함에 변화를 겪을 수 있다고 했고, 제1언어가 영향을 받는 정도는 제2언어가 개인의 삶에서 주요해지는 정도와 상호 연관되어 있을 수 있다고 했다. 따라서 제2언어를 자주 사용하는 환경에 노출된 이민자들은 더 큰 제1언어 손실을 경험할 것이므로 ④가 정답이다.

이 글에 따르면, 다음 중 옳은 것은?
① 제1언어 손실은 제1언어의 사용이 제2언어의 사용을 넘어설 때 발생한다.
② 제1언어와 관련된 문화에 노출되는 것은 제1언어의 손실을 가속화할 수 있다.
③ 언어 손실은 제2언의 습득을 야기한다.
④ 제2언어를 더 자주 사용하는 이민자들은 더 큰 제1언어의 손실을 경험할 가능성이 있다.

27 빈칸완성 ③

rather than 앞에서 '연속체'라고 했으므로 빈칸에는 이와 반대되는 ③ '현격한 단절'이 적절하다. 제2언어에 노출됨으로써 제1언어를 잃어버리는 것이 어느 한 순간에 모든 것을 잃어버리는, 전후가 확연히 구분되는 단절이 아니라 정도의 차이를 보이며 점차적으로 잃어가는 하나의 연속체라는 것이다. ① 정상 대 비정상으로 볼 수 없다고 했다. ④ 제1언어의 습득은 선천적이지만 제2언어의 습득이나 제1언어의 상실(언어손실)은 모두 후천적이다. 그러나 언어손실을 연속체로 본다는 말이 그것을 후천적인 것으로 본다는 말은 아니다.

다음 중 Ⓐ에 가장 적합한 것은 무엇인가?
① 비정상적인 사건
② 필요한 전환
③ 현격한 단절
④ 선천적인 행동

28-30

소시오패스(반사회적 인격장애)는 분명히 양심이 없거나 증오에 차있거나 증오할만한 사람을 설명하기 위해 사람들이 종종 임의대로 사용하는 용어이다. 사이코패스라는 용어는 다중 살해범과 같이 아주 위험한 소시오패스를 의미하는 데 사용된다. 소시오패스와 사이코패스는 구별 없이 종종 사용되고 부분적으로 일치할 수도 있지만, 각 용어에는 명확한 구분선이 있다. 사이코패스는 양심이 거의 없거나 전혀 없는 사람으로 분류되지만 그들의 필요에 적합한 경우에는 사회적 관습을 따를 수 있다. 소시오패스는 공감과 후회를 느끼는 능력이 약하기는 하지만 제한적이다. 그들은 또한 그들의 행동의 결과에 직면하게 되면 자제력을 잃고 공격적으로 반응할 가능성이 높다. 소시오패스와 사이코패스를 본질적으로 위험한 존재로 생각하는 것이 일반적이지만, 이것은 그 장애에 대한 실제 모습이라기보다는 TV드라마에 의해 만들어진 생각에 가깝다. 폭력은 확실히 가능하지만 소시오퍼시(사회병증)나 사이코퍼시(정신병증) 고유의 특징이 아니다. 그렇긴 하지만, 소시오패스는 그들이 원하는 것을 얻기 위해 다른 사람들을 매혹하거나 무장 해제하거나 겁을 주는 등 타인을 조종하기 위해 종종 어떤 일도 서슴지 않을 것이다. 사이코패스가 폭력적이 되면 그들은 다른 사람들을 다치게 하는 것과 마찬가지로 자신을 다치게 할 가능성이 높다. 사이코패스가 사회적으로 고립되고 슬프고 외롭다고 느낄수록, 폭력과 충동적이고 무모한 행동을 할 위험이 높아진다.

arbitrarily ad. 독단적으로; 임의로 conscience n. 양심 hateful a. 혐오스러운, 증오에 찬 hate-worthy a. 증오할 만한 mass murderer 대량[여러 사람을 살해한] 살해범 overlap v. 일부분이 일치하다, 중복되다 convention n. 관습, 관례; 인습 fly off the handle 버럭 화를 내다, 자제력을 잃다 inherently ad. 선천적으로; 본질적으로 go to extraordinary lengths 어떤 일도 서슴지 않다, 철저히 하다, 모든 노력을 다하다 manipulate v. 조종하다, 다루다 disarm v. 무장 해제시키다 impulsive a. 충동적인 reckless a. 무모한, 신중하지 못한

28 글의 제목 ①

이 글은 종종 구별없이 사용되는 소시오패스와 사이코패스의 차이점을 설명하고 있으므로 ①이 제목으로 적절하다.

다음 중 이 글의 가장 적절한 제목은 무엇인가?
① 소시오패스와 사이코패스의 차이점
② 사회병리와 정신병리에 대한 일반적인 생각
③ 사람들이 소시오패스와 사이코패스가 되는 이유
④ 소시오패스와 사이코패스가 저지른 범죄

29 내용일치 ③

이 글의 마지막 부분에서 사이코패스가 폭력적으로 되면 자신은 물론 다른 사람까지 다치게 할 가능성이 높다고 했으며, 사회적으로 고립된 사이코 패스의 경우 폭력과 충동적이고 무모한 행동을 할 위험이 높아진다고 했다. 결국 사회적으로 고립된 사이코패스의 경우 자신은 물론 사회에까지 피해를 끼치게 될 것이므로 ③이 정답이다.

이 글에 따르면, 다음 중 옳은 것은 무엇인가?
① 사이코패스들은 감정적으로 다른 사람들과 동일시할 수 있다.
② 대부분의 사람들은 소시오패스와 사이코패스의 차이점을 알고 있다.
③ 사회적으로 고립된 사이코패스는 자신은 물론 사회에도 위험을 야기한다.
④ 소시오패스는 본질적으로 위험하고 폭력에 취약하다.

30 빈칸완성 ①

사이코패스라는 용어가 어떤 의미로 사용되는지에 대한 내용이므로 Ⓐ에는 convey와 indicate가 적절하다. 한편, 소시오패스는 그들이 원하는 것을 얻기 위해 다른 사람들을 매혹하거나 무장 해제하거나 겁을 주는

등의 행동을 한다고 했는데, 이는 타인을 조종하거나 해를 가하는 행동에 해당하므로 Ⓑ에는 manipulate와 harm이 적절하다.

다음 중 Ⓐ와 Ⓑ에 들어가기에 가장 적절한 짝을 나열한 것은?
① 의미하다 — 조종하다
② 나타내다 — 불안하게[두렵게] 만들다
③ 영향을 주다 — 친구가 되어 주다
④ 비난하다 — 해를 끼치다

31-32

2억 5천만 명의 사람들이 자신이 태어난 나라 밖에서 살며 일을 하고 있다. 금세기 중반에 90억 명 이상으로 정점을 찍을 것으로 예상되는 전 세계 인구와 결부된 인간 이동성의 규모와 속도는 우리의 새로운 인구 통계학적 현실을 보여준다. 이주는 개발과 발전의 매우 중요한 원동력이며 사상을 확산시키고 전 세계를 연결할 뿐만 아니라 개인과 가족에게 기회를 제공한다. 그러나 이 문제는 또한 매우 걱정스러운 것으로 입증되었다. 그 이유는 인간의 활동이 지구를 완전히 재구성하여 우리는 과학자들이 "인류세"라고 명명한 새로운 지질학적 시대에 접어들었기 때문이다. 기후 변화 및 물 부족과 같은 환경 악화는 사람들이 어디에서 어떻게 살 수 있는지에 대해 영향을 미친다. 그것은 특히 가장 가난하고 가장 취약한 사람들의 생명을 위협하고 사람들의 생활을 유지할 수 없게 함으로써 인간을 이동하게 하고 강제로 이주하게 만든다. 환경 문제는 항상 복잡했지만, 이제는 이동의 주요 원인인 빈곤과 기회 부족과 같은 다른 취약한 요소와 얽혀서 이전에는 볼 수 없었던 규모의 환경 이주의 혼란스러운 장면으로 이어진다.

scale n. 규모 pace n. 속도 coupled with ~와 결부된 peak v. 절정[최고조]에 달하다 demographic a. 인구 통계학(상)의 migration n. 이주, 이동 geological a. 지질학의 epoch n. 시대 Anthropocene n. 인류세(인류로 인한 지구온난화 및 생태계 침범을 특징으로 하는 현재의 지질학적 시기) degradation n. 저하, 악화 untenable a. 지킬 수 없는, 유지할 수 없는 perturb v. 동요[불안]하게 하다 environmental displacement 환경 이주(환경 악화로 인한 사람들의 이주)

31 글의 제목 ②

현재 많은 사람들이 자신이 태어난 나라 밖에서 일을 하고 있으며 인간 이동성의 규모와 속도는 우리의 새로운 인구 통계학적 현실을 보여준다고 했다. 그리고 환경 악화로 인해 강제 이주를 할 수밖에 없는 환경 이주에 대해 설명하고 있다. 따라서 이 두 가지를 종합한 ②가 글의 제목으로 적절하다.

다음 중 이 글의 가장 적절한 제목은 무엇인가?
① 취약층에게 유리하게 재편된 세계
② 인간의 이동성과 환경 이주
③ 세계 인구와 이동성 사이의 관계
④ 세계를 연결하는 이주의 중요성

32 내용일치 ④

과학자들이 "인류세"라고 명명한 새로운 지질학적 시대는 인간의 활동이 우주에 큰 영향을 주는 시대를 뜻하므로 인류세는 자연적 원인을 강조하지 않는다. 다섯 번째 문장에서 인간의 활동이 지구를 재편(재구성)했다고 했다. 따라서 ④가 정답이다. ① 과학자들이 명명한 용어이므로 전문 용어이다. ② 이 글의 어조가 걱정스러워하고 당황스러워 하는 어조다.

이 글에 따르면, 다음 중 옳지 않은 것은 무엇인가?
① 인류세는 현시대를 일컫는 전문 용어이다.
② 현재의 강제 이주 상황은 필자를 당황케 한다.
③ 세계 인구는 금세기 중반까지 90억 명에 이를 것이다.
④ 인류세는 지구를 형성하는 데 있어서 자연적 원인을 강조한다.

33-34

심리학 교수인 재클린 울리(Jacqueline Woolley)에 따르면 사람들은 세 가지 방법으로 행운을 정의한다고 한다. 우선 우리는 행운이라는 용어를 종종 우연과 동의어로 사용한다. 우리는 슬롯머신에서 돈을 따는 것이 행운이라고 말할 수 있을지 모르지만, 그것은 실제로는 임의적인 일이다. 행운을 규정짓는 또 다른 방법은 우주에 존재하는 초자연적인 힘이라는 것이다. 이 힘은 다양한 시대에 다양한 사람들에게 영향을 미칠 수 있으며 일부 사람들은 의식(儀式)이나 부적으로 그 힘을 이용할 수도 있다고 생각한다. 셋째, 그것은 당신이 타고난 것과 같은 개인적인 특성으로 생각될 수 있다. 그러나 그것은 존재하는 것인가? 작가 리처드 와이즈먼(Richard Wiseman)은 행운에 마술적이거나 미신적인 것이 있다고 생각하지 않는다. 즉, 그것은 카지노에서 당신을 도와주지도 해를 끼치지도 않을 것이다. 반면에 자신이 운이 좋거나 불운하다고 생각하는 것은 자신을 인식하는 방법이며 이것은 자신의 행동과 생각에 영향을 미치고 자기 충족적 예언이 된다. 그래서 어떤 의미에서 그것은 확실히 존재한다. 그리고 그것은 오랫동안 존재해왔다. "기록된 역사를 통틀어 거의 모든 문화권에서 사람들은 미신적인 의식이나 우연에 대해 이야기합니다. 우리 시대 과학과 기술의 (엄청난) 양에도 불구하고 우리는 실제로 이런 것을 합니다."라고 와이즈먼은 말한다. "우리의 삶이 우연에 의해 지배된다는 것을 깨닫게 하는 것은 우리 내면 깊은 곳에 있는 어떤 것이며 우리는 그것(우연)을 통제하기 위해 무언가를 시도하고 있습니다."라고 울리는 동의한다. "우리 인간은 불확실성에 대해 매우 불안해합니다. 사람들은 상황이 무작위적이고 상황이 그들의 삶의 길을 안내해주지 않는다고 느낄 때와 같이 그들이 자신들의 삶을 통제할 수 없다고 느낄 때 종종 초자연적인 설명을 찾습니다."라고 그녀는 말한다.

define v. 정의하다, 규정하다 synonymous a. 동의어[유의어]의 harness v. 이용[활용]하다 ritual n. 의식, 의식적 행사 charm n. 매력; 주문, 부적 superstitious a. 미신적인 self-fulfilling a. (예언이) 자기 충족적인 prophecy n. 예언 get control over ~을 통제하다

33 내용일치 ④

과학과 기술의 많은 양에도 불구하고 사람들은 미신적인 의식이나 우연에 대해 이야기한다고 했으므로, 행운에 대한 믿음이 과학에 직면해도 사라지지 않는다고 볼 수 있다. 따라서 ④가 정답이다.

이 글에 따르면, 다음 중 옳지 않은 것은 무엇인가?
① 임의의 사건들은 종종 운이 좋은 것으로 오인된다.
② 어떤 사람들은 자신들이 복을 타고 태어났다고 생각한다.
③ 어떤 사람들은 행운을 통제하기 위해 부적을 사용한다.
④ 행운에 대한 믿음은 과학에 직면하면 사라진다.

34 빈칸완성 

사람들은 과학과 기술의 양에도 불구하고 미신적인 의식이나 우연에 대해 이야기한다고 했고, 불확실성에 대해 불안해한다고 했으므로, 자신들의 삶을 통제할 수 없다고 느낀다면 미신과 같은 초자연적인 것에 기댈 것이라고 볼 수 있다. 따라서 ②가 정답이다.

다음 중 Ⓐ에 가장 적절한 것은 무엇인가?
① 최근의 과학적 발견
② 초자연적인 설명
③ 자기 충족적 계시
④ 개인적인 장점

35-37

베블런 재(財)는 가격이 오를수록 더 가치가 있는 사치품이다. 사치품 시장에서 소비자는 그들의 부와 사회적 지위를 과시하기 위해 베블런 재를 구매할 가능성이 높다. 이러한 품목에는 고급 자동차, 요트, 개인용 제트기, 디자이너(명품) 핸드백, 값비싼 보석 및 디자이너(명품) 의류가 포함된다. 베블런 재는 사회적 지위를 획득하거나 확보하는 수단으로서 부의 과시를 보여주는 과시적 소비의 개념을 소개한 것으로 잘 알려진 노르웨이계 미국인 경제학자 소스타인 베블런(Thorstein Veblen)에게서 따온 이름이다. 대부분의 소비재는 가격이 상승하면 소비자 수요가 감소하기 때문에 수요 곡선이 하향 곡선을 그리고 있다. 그러나 베블런 재는 베블런 효과로 알려진 현상인 더 높은 가격이 높은 사회적 신분의 상징의 가치를 나타내기 때문에 수요 곡선이 상향 곡선을 그리고 있다. 베블런 재는 수요량과 가격표가 반비례한다는 수요의 법칙과 정면으로 모순된다. 베블런 재의 가격이 오르면 사회적 지위를 의식하는 소비자에게 더 가치 있는 것이 된다. 베블런 재의 가격이 하락하면 사치품으로서의 매력을 잃게 되지만 일반 소비자에게는 여전히 너무 비쌀 수 있다. 베블런 효과는 속물 효과와 밴드왜건(편승) 효과를 포함한 경제 세계의 다른 이론적 변칙들과 유사하다.

Veblen goods 베블런 재(財)(가격 상승과 함께 수요가 증가하는 상품) desirable a. 바람직한, 호감 가는, 가치 있는 showcase v. ~을 돋보이게 하다 conspicuous a. 눈에 띄는, 잘 보이는, 뚜렷한 consumption n. 소비 conspicuous consumption 과시적 소비 contradict v. 모순되다 price tag 가격표 theoretical a. 이론의, 이론적인 anomaly n. 변칙, 이례 snob effect 속물효과(특정 상품에 대한 소비가 증가하면 그에 대한 수요가 줄어드는 소비현상) bandwagon effect 밴드왜건 효과, 편승효과(유행에 따라 상품을 구입하는 소비현상)

35 글의 주제 

이 글은 미국의 경제학자 소스타인 베블런의 이름을 따서 지어진 베블런 효과를 설명한다. 제품의 가격이 오르는데도 수요가 증가하는 베블런 효과의 원인을 분석하고 있으므로 ①이 주제로 적절하다.

다음 중 이 글의 주된 주제는 무엇인가?
① 베블런 효과의 이면에 있는 메커니즘
② 상류층의 편승 소비 경향
③ 사치품의 가격은 어떻게 결정되는가
④ 베블런 효과와 속물 효과의 관계

36 내용일치 

이 글의 마지막 문장에서는 "베블런 효과는 속물 효과와 밴드왜건 효과를 포함한 경제 세계의 다른 이론적 변칙들과 유사하다."라고 했으므로 경제학에 모순되는 현상은 베블런 효과만 있는 것이 아니다. 따라서 ③이 정답이다.

이 글에 따르면, 다음 중 옳은 것은 무엇인가?
① 베블런 재의 가격이 비쌀수록 판매되는 제품은 줄어든다.
② 베블런 효과는 유명한 과시적 소비자의 이름을 따서 지어졌다.
③ 경제학에서 모순되는 현상은 베블런 효과만 있는 것이 아니다.
④ 베블런 재의 가격을 내리면 일반 소비자들도 이용이 가능하다.

37 빈칸완성 

베블런 재는 사회적 지위를 과시하는 상징으로서의 가치를 갖고 있는 것이므로 Ⓐ에는 value가 적절하다. 한편, 일반적으로는 제품의 가격이 상승하면 수요량은 줄어든다. 따라서 수요량과 가격은 반비례 관계에 있는 것이므로 Ⓑ에는 inverse가 적절하다.

다음 중 Ⓐ와 Ⓑ에 들어가기에 가장 적절한 짝을 나열한 것은?
① 가치 — 역[반대]의
② 허영심 — 직접적인
③ 기원 — 복잡한
④ 품질 — 긍정의

38-40

저작권법은 인공지능을 특별하게 다루지는 않지만 저작권법에 의거하여 보호받기 위해서 예술 작품은 다음의 요건을 충족해야 한다. 이 요건에는 작가 본인의 독창적인 작품이어야 하고, 유형(有形)의 매체로 확정되어(명확히 표현되어) 있어야 하며, 최소한의 창의성을 가지고 있어야 한다는 것이 포함된다. 예술 작품이 이 세 가지 모두를 충족하지 않으면, 저작권의 보호를 받을 자격이 없다. 인공지능 자체는 저작권을 가질 수 없는데, "작가 본인의 독창적인 작품"이라는 항목이 그 과정에 인간이 관계하고 있다는 것을 의미하기 때문이다. 이것은 인공지능으로 만들어진 예술품은 현재 규정에 의하면 소유자가 없다는 것을 의미한다. 인공지능으로 만들어진 작품의 소유권 이외에도 생길지도 모르는 추가적인 저작권 문제가 있다. 저작권자의 권리를 침해할지도 모르는 기계 학습(자신의 동작을 스스로 개선할 수 있는 슈퍼 컴퓨터의 능력)의 시대에 인공지능에 입력된 저작권이 있는 예술품을 기반으로 만들어진 최종 작품에 대한 침해 주장이 있을지도 모른다. 현행 미국법에 따르면, 인공지능 기술 자체의 소유자는 우려할 이유를 갖고 있는 사람이어서 잠재적으로 저작권 침해 소송의 위험에 처할 수도 있다. 인공지능은 일반적으로 새로운 작품을 만들기 위해 다른 사람의 작품을 복제하는 것을 검토하거나 포함한다. 그 새로운 예술 작품은 허가받지 않은 파생물일 수 있으며 이것은 침해를 야기한다. 이것은 궁극적으로 그러한 위반에 책임이 있을 수 있는 인공지능 소유자와 관련된 것이다. 하지만 예술의 저작권 보호는 인간 창작자에게 주어지는데, 인공지능이 만든 예술에는 이 점이 결여되어 있기 때문에 인공지능도 인공지능 회사도 범인이(저작권 침해자가) 아닐 가능성이 높다.

copyright n. 저작권 artificial intelligence 인공지능 Copyright Act 저작권법(저작권 보호를 저작권자의 생존기간 및 사후 50년으로 함) tangible a. 분명히 실재하는[보이는], 유형(有形)의 infringement n. (법규) 위반, 위배 reproduction n. 복사, 복제 constitute v. ~이 되는 것으로 여겨지다 breach n. 위반 culprit n. 범인; (문제의) 원인

38 글의 주제 ④

저작권법의 보호를 받기 위해서 예술 작품은 몇 가지 요건을 충족해야 하는데, 인공 지능으로 만들어진 예술 작품은 복제품이며 창작자 본인의 작품이 아니어서 요건을 충족시키지 못한다고 했다. 인공지능으로 만들어진 예술 작품과 관련한 소유권과 저작권 문제를 주로 다루고 있는 글이므로 주제로 ④가 정답이다.

다음 중 이 글의 주된 주제는 무엇인가?
① 인간에 의한 인공지능이 만든 예술 작품의 침해
② 예술에 관한 저작권법 개정
③ 인공지능의 저작권 보호 방법
④ 인공지능이 만든 예술작품의 소유권과 저작권 문제

39 내용일치 ①

현행 저작권법상 인간만이 합법적인 저작권 보호를 받고 있으므로 ①이 정답이다.

이 글에 따르면, 다음 중 옳은 것은 무엇인가?
① 인간 창작자만이 배타적으로 합법적인 저작자이다.
② 저작권 보호를 위해서는 3가지 이상의 조건이 충족되어야 한다.
③ 현행법상 인공지능으로 만들어진 예술품은 인공지능 기업이 소유한다.
④ 인공지능 작품의 소유권은 저작권법의 특별한 관심사항이다.

40 빈칸완성 ②

빈칸 Ⓐ의 앞 문장에서 "인공지능은 일반적으로 새로운 작품을 만들기 위해 다른 사람의 작품을 복제하는 것을 검토하거나 포함한다."고 했다. 이는 인공지능으로 만들어진 작품이 처음으로 만들어진 것이 아니라 원작에서 파생되어 나온 것임을 의미하므로, Ⓐ에는 ② derivative가 적절하다.

다음 중 Ⓐ에 가장 적절한 것은 무엇인가?
① 원형
② 파생물
③ 원작
④ 후퇴

41-42

자유는 은유적 사고의 경이(驚異)다. 자유의 개념은 우리 몸에서 본능적으로 느낄 수 있는데, 자유는 근본적으로 우리의 신체적 경험의 관점에서 이해되기 때문이다. 자유의 반대 개념에 대해 생각해보면, 은유적인 개념을 표현하는 말이 얼른 떠오르는데, "족쇄를 차고", "수감된", "노예가 된", "함정에 빠진", "제지당한" 등이 있다. 우리 모두는 어렸을 때 무언가를 하고 싶어 했으나 제지당해서 원하는 것을 자유롭게 하지 못했던 경험을 가지고 있다. 이러한 신체적 경험은 단순한 자유에 대한 우리의 일상적인 생각이 자유에 대해 이야기할 뿐만 아니라 자유에 대해 추론하기 위한 기초를 형성한다. 자유란 당신을 방해하는 것이 아무것도 없거나 혹은 필요한 능력을 가지고 있거나 혹은 둘 다 가지고 있기 때문에 목적을 달성할 수 있음을 의미한다. 우리가 성취하려고 하는 많은 것들은 단지 신체적인 것만이 아니다. 우리가 목표로 하는 성취는 일반적으로 도덕, 정치, 경영, 종교, 의사소통, 학문, 예술 등의 사회적인 영역으로 확장된다. 자유와 관련한 문제가 있을 때마다 우리는 자유를 은유적으로, 어떤 목적에 맞는 행동을 수행하기 위해 몸으로 신체적 기능을 한다는 측면에서, 생각하게 된다.

marvel n. 놀라운 일, 경이(驚異) metaphorical a. 은유[비유]의 viscerally ad. 내장에서; (병이) 내장을 침범하여; 본능적으로 jump out at somebody ~에게는[~가 볼 때는] 아주 분명하다[금방 눈에 띄다] requisite a. 필요한 realm n. 영역, 범위 morality n. 도덕 function v. 기능하다 purposeful a. 목적의식이 있는; 결단력 있는

41 글의 주제 ③

이 글은 자유는 관념적으로만 이해되는 것이 아니고 자유라는 개념이 예를 들어 족쇄에서 풀려나는 것과 같은 그것과 은유적 관계에 있는 실생활의 신체적 경험을 통해서 이해된다는 내용의 글이다. 즉 "이러한 신체적 경험은 단순한 자유에 대한 우리의 일상적인 생각이 자유에 대해 이야기할 뿐만 아니라 자유에 대해 추론하기 위한 기초를 형성한다."고 한 다섯 번째 문장이 주제문에 가깝다. 따라서 ③이 글의 주제로 적절하다. ② 이 글은 은유적 사고를 할 수 있는 자유가 아니라 일반적인 자유를 거론한 글이다.

다음 중 이 글의 주된 주제는 무엇인가?
① 자유의 반대 표현
② 은유적 사고의 자유
③ 우리의 자유의 개념의 신체적 기초
④ 표현의 자유의 융통성

42 내용일치 ①

우리가 성취하려고 하는 많은 것들은 단지 신체적인 것만이 아니며, 우리가 목표로 하는 성취는 사회적인 영역으로까지 확장된다고 했으므로 ①이 본문의 내용과 일치하지 않는다. ③ 성취하려고 하는 것이 종교에로 확장된 경우인데, 옳다고 믿는 대로 종교행위를 할 수 있는 자유이다.

이 글에 따르면, 다음 중 옳지 않은 것은 무엇인가?
① 목적을 달성하려는 우리의 능력과 관련하여, 자유는 신체적인 경험에 한정된다.
② 자유의 반대에 대한 은유적인 언어는 어린 시절의 경험에서 나온다.
③ 자신이 옳다고 믿는 대로 예배한다면, 사람들은 자신들이 자유롭다고 생각할 것이다.
④ 우리의 신체적 경험은 자유에 대한 우리의 이해의 기초를 형성한다.

43-44

스트리밍 서비스(디지털 형식의 영상 따위의 데이터를 연속적인 형태로 실시간 영상처럼 전송하는 기술)는 시청자의 소비 습관과 브랜드 선호도에 대한 데이터를 가지고 있으며, 이를 사용하기 위해서 새로운 방법을 모색하고 있다. 우선 작품 속 광고가 있다. 광고비를 받은 대가로, TV 프로그램이나 영화는 유명 브랜드의 상품을 눈에 잘 띄게 보여줄 것이다. 그리고 가상 간접 광고가 있다. 컴퓨터 생성 이미지 덕분에 편집 중에 상품 또는 로고가 프로그램에 삽입될 수 있었다. 현재 넷플릭스(Netflix) 및 기타 스트리밍 플랫폼의 부상으로 프로그램과 영화에 브랜드를 적용하는 관행이 더욱 정교해질 것이다. 가까운 미래에 화면에 보이는 제품은 보는 사람에 따라 달라질 수도 있다. 다시 말해서, 위스키 애호가로 알려진 시청자는 장면의 뒷 배경에 주류 브랜드의 광고를 볼 수 있지만, 같은 장면을 보는 술을 안 마시는 시청자는 탄산수 회사의 광고판을 볼 수 있다. 스트리밍 서비스는 또한 프로그램이 언제 시청되는지에 기초하여 브랜드 제품이 바뀔 수 있다. 아침에 프로그램을 시청하는 사람은 등장인물의 손에 있는 오렌지 주스 한 통을 볼 수 있는 반면, 오후에 같은 장면을 보는 다른 시청자는 탄산음료 캔을 볼 수 있다. 스트리밍 서비스는 고객에 대한 훨씬 더 많은 정보에 직접 접근할 수 있기 때문에 전통적인 TV 회사보다 이를 해낼 가능성이 더 높다. 리모컨을 클릭할 때마다 시청자는 자신에게 어필할 수 있는 제품을 결정하는 데 사용할 수 있는 자신에 대한 정보를 스트리밍 서비스에 알려준다.

product placement n. (영화·텔레비전 프로를 이용한) 작품 속 광고 in exchange for ~대신의, 교환으로 prominently ad. 두드러지게, 현저히 sophisticated a. 정교한, 복잡한 billboard n. 광고판 teetotaller n. 술을 안 마시는 사람 fizzy water 탄산수 within a person's reach 아무의 손이 미치는 (범위 내에) pull something off (힘든 것을) 해내다[성사시키다]

43 내용일치 ④

작품 속 광고의 첫 번째 형태는 광고비를 받은 대가로 TV 프로그램이나 영화가 유명 브랜드의 상품을 눈에 잘 띄게 보여주는 것이었다. 영화를 편집하는 동안 제품을 삽입하는 것은 나중에 나온 가상 간접 광고이므로 ④가 정답이다.

이 글에 따르면, 다음 중 옳지 않은 것은 무엇인가?
① 스트리밍 플랫폼은 영화 속 광고를 시청자에게 맞추길 원한다.
② 시청 시간은 어떤 제품이 방송에 삽입되는지에 영향을 줄지도 모른다.
③ 스트리밍 서비스는 사용자의 데이터와 이들의 선호도를 더욱 활용할 수 있다.
④ 영화를 편집하는 동안 제품을 삽입하는 것이 작품 속 광고의 첫 번째 형태였다.

44 빈칸완성 ④

빈칸 Ⓐ 뒤에서 시청자는 리모컨을 클릭할 때마다 자신에게 어필할 수 있는 제품을 결정하는 데 사용할 수 있는 자신에 대한 정보를 스트리밍 서비스에 알려준다고 했다. 이것은 스트리밍 서비스가 고객에 대한 정보에 직접 접근할 수 있는 것의 예이므로 빈칸 Ⓐ에는 ④가 적절하다.

다음 중 Ⓐ에 가장 적합한 것은 무엇인가?
① 그들은 제품에 대한 정보를 분석하는 데 더 능하다
② 서비스의 구독자 수가 급감하고 있다
③ 고객들이 정보를 공유하는 것을 점점 경계하고 있다
④ 고객에 대한 훨씬 더 많은 정보에 직접 접근할 수 있다

45-47

커피는 석유에 이어 두 번째로 가장 많이 거래되는 상품이며 물 다음으로 많은 양의 음료로 사용되어 많은 사람들의 삶에서 필수적인 부분이다. 2019년 전 세계 커피 소비량은 100억 킬로그램으로 추정된다. 그 규모로 인해 커피 공급망은 심각한 수질 오염, 삼림 벌채, 폐기물 배출 및 노동 착취의 원인이 된다. 비료와 살충제의 사용, 많은 물의 사용, 농기구에 의한 대기오염 등으로 인해 커피 재배가 심각한 환경적 영향을 미친다. 더욱이, 당신이 커피를 소비하는 방식에 따라 이러한 영향이 다르게 증가한다. 집에서 커피를 준비하는 일반적인 세 가지 방식인 드립 커피 메이커, 프렌치 프레스, 캡슐 머신 중에서 캡슐 머신은 구매 전 커피를 준비하는 과정과 폐기물 양에서 가장 환경에 해로운 것으로 밝혀졌다. 이런 점에도 불구하고, 1회용 커피 캡슐은 좋은 맛, 일관된 품질, 다양한 향미, 편리함 등으로 인해 현대 소비자들의 요구를 충족시키기 때문에 최근 점점 더 인기를 끌고 있다. 가장 큰 문제는 커피캡슐은 재활용이 어렵다는 것이다. 커피 캡슐에는 원뿔형으로 생긴 플라스틱 통에 5~7 그램에 이르는 갈아 놓은 커피와 플라스틱 또는 알루미늄 보호막이 들어있다. 대부분의 곳에서, 커피 캡슐을 재활용하려면 플라스틱, 음식물 쓰레기(즉, 분쇄된 커피) 및 알루미늄을 다른 용기로 분리하여 제거해야 한다. 이것은 지루한 일이기 때문에 일반적으로 커피 캡슐은 결국 보통 쓰레기로 분류되어 전혀 재활용되지 않는다.

commodity n. 상품, 물품 quantity n. 양, 수량 second only to A A다음으로 integral a. 필수적인, 필요불가결한 consumption n. 소비[소모](량) estimate v. 추산[추정]하다 be responsible for ~의 원인이 되다 exploitation n. 착취, 개발, 이용 fertilizer n. 비료 pesticide n. 농약, 살충제 tedious a. 지루한, 싫증나는, 지겨운 undifferentiated a. 구분[차별]되지 않는

45 글의 주제 ③

맛, 품질, 편리함 등으로 인해 인기를 끌고 있는 커피캡슐이 재활용이 어려워 환경오염 문제를 야기하고 있다고 설명하고 있으므로, 이 글의 주제로 적절한 것은 ③이다.

이 글의 주제는 무엇인가?
① 커피 캡슐 산업의 중요성
② 플라스틱과 알루미늄의 재활용 문제
③ 커피 캡슐과 관련된 환경 문제
④ 커피를 마시는 데 있어 환경오염을 덜 시키는 방법

46 내용일치 

커피 캡슐을 재활용하려면 플라스틱, 음식물 쓰레기(즉, 분쇄된 커피) 및 알루미늄을 서로 다른 용기로 분리하여 제거해야 하는데, 이 작업이 지루한 작업이라서 대개 캡슐을 쓰레기로 처리하여 재활용되지 않는다고 했다. 따라서 ③이 정답이다.

이 글에 따르면, 다음 중 옳은 것은?
① 커피 캡슐의 해로운 영향 때문에 캡슐이 인기를 잃고 있다.
② 커피 캡슐은 4개의 주요 부품으로 구성되어 있으며 모두 재활용될 수 있다.
③ 사람들은 캡슐을 재활용하기보다는 버리는 경향이 있다.
④ 프렌치프레스는 커피 캡슐보다 더 많은 환경 피해를 입힌다.

47 빈칸완성 ④

빈칸 Ⓐ 앞에서 집에서 커피를 만드는 세 가지 방식 중 캡슐 커피 머신이 환경에 가장 해로운 것으로 밝혀졌다고 했는데, Ⓐ 다음에는 1회용 커피 캡슐이 맛, 품질, 편리함 등으로 인해 점점 더 인기를 끌고 있다고 했다. 따라서 빈칸에는 양보의 의미를 가진 ④가 적절하다.

다음 중 Ⓐ에 가장 적절한 것은 무엇인가?
① 그러므로
② 달리 말해서
③ 이 사실 때문에
④ 이런 점에도 불구하고

48-50

미술사는 잔인하고 범죄와 연관되어 있고 남을 착취하는 예술가들로 가득하다. 미켈란젤로 메리시 다 카라바조(Michelangelo Merisi da Caravaggio)는 극적인 빛의 배치를 통해 종교적 이야기에 생명을 불어넣는 천재로 칭송을 받고 있다. 그의 많은 그림들은 또한 폭력으로 긴장되어 있으며 창작자의 성격을 암시한다. 카바라조는 공격적인 것으로 악명이 높았고 수많은 폭행 사건으로 교도소에서 시간을 보냈다. 그리고 그는 한 단계 더 나아가 살인을 저질렀다. 이와 마찬가지로 그 시대의 가장 유명한 조각가인 지안 로렌조 베르니니(Gianlorenzo Bernini)도 폭력적인 사람이었다. 그는 그의 정부(情婦)였던 콘스탄차 보나렐리(Costanza Bonarelli)를 비롯한 뮤즈(예술적 영감을 주는 여성)를 실물 같은 대리석 흉상으로 조각함으로써 반신상에 혁명을 일으켰다. 그러나 베르니니는 그녀가 자신의 동생과 가까운 사이라는 것을 확인하자 동생의 두 갈비뼈를 부러뜨리고 그녀의 얼굴에 상처를 입혔다. 미술사의 이런 이야기들은 그러한 예술가들이 저지른 범죄의 결과를 모면하게 하는 데 중요한 역할을 해왔다. 베르니니와 같은 인물의 끔찍한 범죄는 일상적으로 경시된다. 그들의 행동은 용서되고 심지어 기려지기까지 한다. 카라바조는 르네상스 시대의 "악동"으로 가볍게 규정지어져서, 파괴적인 에너지를 걸작에 쏟아 붓는 고뇌하는 예술가의 이상을 더욱 강화시켰다. 작품을 단순히 창작자를 반영하는 것으로 볼 수는 없지만, 이런 측면을 완전히 간과하는 것은 불가능하다. 예를 들어, 우리는 예술가와 예술 작품을 분리함으로써 피카소의 그림에 그려진 모델에 대한 그의 여성 혐오증을 무시한다. 이런 환원적인 이야기는 또한 걸작의 창작에 있어서 주요 협력자였던 그의 뮤즈의 영향력을 없앴다. 결론적으로 우리가 그 걸작의 미적 가치를 높이 평가할 수 있지만, 우리는 주변 사람들에게 피해를 준 예술가들의 고통스러운 세부 사항을 계속해서 다루어야 한다. 미술사의 이야기는 관객들에게 예술가에 대한 좋고 나쁜 사실들을 제시하고 그들에게 책임을 물어야 한다.

be filled with ~로 가득차다 exploitative a. 착취하는 lighting n. (사진·그림 등에서) 빛의 배치, 명암 tense a. 긴장한, 신경이 날카로운 notoriously ad. 악명 높게 aggressive a. 공격적인 assault n. 폭행, 공격 revolutionize v. 대변혁[혁신]을 일으키다 portrait bust 흉상, 반신상 carve v. 조각하다, 깎아서 만들다 muse n. (작가나 화가 등에게 영감을 주는) 뮤즈 rib n. 갈비(뼈), 늑골 wound v. 상처[부상]를 입히다 routinely ad. 판에 박힌 듯, 관례대로 downplay v. 경시하다, 대단치 않게 생각하다 frame v. (틀에 따라) 만들다, 모양 짓다, 규정짓다 flippantly ad. 경솔하게, 경박하게 boost v. 신장시키다, 북돋우다 channel v. (~에) 쏟다[돌리다] masterpiece n. 걸작, 명작; 일품 misogyny n. 여성 혐오증 agency n. (어떤 결과를 가져오는) 작용, 힘 collaborator n. 협력자 distressing a. 괴로움을 주는, 고통스러운 hold accountable 책임지게 하다, 책임을 묻다

48 글의 제목 ②

첫 문장이 이 글의 주제문이다. 첫 문장에서 "미술사는 잔인하고 범죄와 연관되어 있고 남을 착취하는 예술가들로 가득하다."라고 언급한 다음, 위대한 걸작을 창조했지만 폭력적이었던 예술가인 카바라조, 베르니니와 여성 혐오증을 가지고 있었던 피카소에 대해 설명했다. 따라서 이 글은 "예술 속 폭력의 숨겨진 이야기"를 주로 다루고 있다고 볼 수 있으므로 ②가 제목으로 적절하다.

다음 중 이 글의 가장 적절한 제목은 무엇인가?
① 르네상스 시대의 예술사
② 예술 속 폭력의 숨겨진 이야기
③ 예술을 위한 예술(예술 지상주의)의 긍정적 유산
④ 예술가와 모델 간의 협력

49 내용일치 ①

우리는 예술가와 예술 작품을 분리함으로써 피카소의 그림에 그려진 모델에 대한 그의 여성 혐오증을 무시한다고 했으므로, 피카소가 자신의 뮤즈를 예술적 파트너로 대우했다고 볼 수 없다.

이 글에 따르면, 다음 중 옳지 않은 것은 무엇인가?
① 피카소는 자신의 뮤즈를 중요한 예술적 파트너로 대우했다.
② 카라바조는 고뇌하는 예술가로 이상화되었다.
③ 베르니니와 그의 동생은 같은 여자와 불륜 관계를 가졌다.
④ 카라바조의 많은 그림은 그의 폭력적인 성격을 암시한다.

50 빈칸완성 ②

미술사의 이야기들은 예술가들이 저지른 범죄의 결과를 모면하게 하는 데 중요한 역할을 해왔다고 했고, 예술가들의 행동은 용서되고 심지어 기려지기까지 한다고 했다. 따라서 범죄를 저지른 베르니니와 같은 예술가들의 끔찍한 범죄는 경시되었다고 볼 수 있으므로 ②가 빈칸에 적절하다.

다음 중 Ⓐ에 가장 적합한 것은 무엇인가?
① 용서할 수 없는 것으로 비난받다
② 일상적으로 경시되다
③ 항상 처벌받다
④ 끔찍한 것으로 여겨지다

2023 한국외국어대학교(T2-1 C형)

01 ④	02 ③	03 ①	04 ②	05 ③	06 ④	07 ③	08 ①	09 ③	10 ④
11 ③	12 ④	13 ③	14 ①	15 ②	16 ③	17 ②	18 ②	19 ①	20 ④
21 ③	22 ①	23 ④	24 ①	25 ③	26 ③	27 ②	28 ③	29 ①	30 ④
31 ①	32 ②	33 ③	34 ②	35 ④	36 ①	37 ②	38 ①	39 ②	40 ④
41 ②	42 ①	43 ④	44 ④	45 ④	46 ②	47 ①	48 ①	49 ④	50 ②

01 논리완성 ④

경제 상황이 불확실하다면 많은 돈을 투자하는 데 위험 부담이 따를 것이므로 결국 시기적으로 투자에 부적절하다고 할 수 있다. 빈칸 앞에 부정어 not이 있으므로 '(일을 하기에) 좋은[유리한]'이라는 의미를 가진 ④가 정답으로 적절하다.

uncertain a. 불명확한, 분명치 않은 parsimonious a. 인색한, 검소한 penitent a. 죄를 뉘우치는 pompous a. 거만한, 건방진; 호화로운 propitious a. 순조로운, (형편이) 좋은; 상서로운

경제 상황이 너무나도 불확실했기 때문에, 그녀는 큰 투자를 하기에는 좋은 때가 아니라는 생각이 들었다.

02 논리완성 ③

교수님이라면 잘못을 바로잡아 좋은 결과를 얻도록 발음에 관해 '조언'이나 '충고'를 해주었을 것이다.

enunciate v. (학설 따위를) 발표하다; (이론·제안 따위를) 선언하다; (똑똑하게) 발음하다 pronunciation n. 발음 vacillation n. 흔들림, 동요; 우유부단 reenactment n. 재제정(再制定); 재연(再演) admonition n. 훈계; 권고, 충고 alliteration n. 두운(頭韻)

나는 발음에 대한 교수님의 충고가 내 연설에 어떤 마법 같은 영향을 미치기를 바라면서 조심스럽게 발음했다.

03 논리완성 ①

역접의 접속사 but이 있으므로 빈칸에는 main focus와 상반되는 의미를 포함하고 있는 표현이 들어가야 한다. 따라서 '거의 관계없는', '미미한'이라는 뜻의 ①이 정답으로 적절하다.

make up ~을 이루다[형성하다] wittily ad. 재치 있게 tangential a. 접선의, 접하는; 거의 관계없는; 미미한 notable a. 주목할 만한; 저명한, 유명한 paramount a. 최고의; 탁월한 focal a. 중심의, 초점의

세스(Seth)가 그 책의 주된 중심점을 이루고 있지만, 비중이 작은 인물들도 그에 못지않게 재치 있게 그려져 있다.

04 논리완성 ②

대통령직에 출마하는 사람은 대통령이 되고자 '열망하는 사람' 혹은 '후보자'라고 할 수 있다.

run for ~에 입후보하다 office n. 직책; 관직, 공직; (공직의) 지위 defendant n. 피고 aspirant n. 열망하는 사람; 지망자, 후보자 litigant n. 소송 당사자 confidant n. 막역한 친구

미국에서, 대통령을 지망하는 사람이 이 공직에 출마하려면 나이가 적어도 35세 이상이어야 한다.

05 동의어 ③

expunge v. 지우다, 삭제하다(= remove) shame n. 수치심; 치욕, 불명예 flee v. 달아나다, 도망하다 entrench v. 참호로 에워싸다; 확립하다; 정착시키다 insert v. 끼워 넣다, 삽입하다 prevail v. 우세하다; 널리 보급되다, 유행하다

그는 적으로부터 도망쳐야 했던 치욕을 결코 마음속에서 지우지 않았다.

06 동의어 ④

vociferous a. 큰 소리로 외치는, 소란한, (의견·감정을) 소리 높여 표현하는[외치는](= vehement (감정·주장·찬반 따위가) 격렬한) rapacious a. 탐욕스러운, 욕심 많은 edifying a. 교훈적인, 유익한 pensive a. 생각에 잠긴, 시름에 잠긴 듯한; 구슬픈

마을을 관통해서 지나가는 교통량이 증가함에 따라 지역 운동단체들은 점점 시끄러운(격렬한) 반응을 보였다.

07 동의어 ③

turn n. 순번, 차례 nonchalant a. 무관심한, 태연한(= indifferent) indecorous a. 버릇없는, 예의 없는 nonessential a. 비본질적인, 중요하지 않은 undignified a. 품위가 없는, 위엄이 없는

그 여배우는 태연해 보이려 최선을 다하면서 주연을 뽑는 오디션에서 자신의 차례를 기다렸다.

08 동의어 ①

Olympism n. 올림픽 정신 exalt v. (명예·품위 따위를) 높이다; 칭찬하다, 찬양하다(= extol) quality n. 품질; 특성; 양질, 우수성 will n. 의지 exhort v. 권고하다, 훈계하다 exhale v. (숨을) 내쉬다, (말을) 내뱉다, (공기·가스 등을) 내뿜다 extract v. 추출하다; 발췌하다

올림픽 정신은 육체, 의지, 정신의 우수성을 드높이고 한데 모으고자 하는 삶의 철학이다.

09 동의어 ③

compound v. 악화시키다, 심각하게 만들다(= worsen) deal with ~을 다루다; 처리하다; 직면하다 compose v. 구성하다; 작곡하다 alleviate v. 경감하다, 완화하다 extenuate v. (범죄·결점을) 가벼이 보다, (정상을) 참작하다

글로벌 경제 위기는 임금 삭감에 직면한 사람들의 문제를 악화시켰다.

10 문맥상 동의어 ④

primary가 '초기의', '처음의'라는 의미로 쓰였으므로, initial이 문맥상의 동의어로 적절하다.

processing n. 가공, 처리 straw mushroom 풀버섯 primary a. 주요한; 최초의, 초기의; 본래의; 원시적인 foremost a. 맨 먼저의; 주요한 original a. 최초의, 본래의; 독창적인 dominant a. 지배적인; 유력한 initial a. 초기의, 시작의

풀버섯의 가공은 여전히 초기 단계에 있으며 추가적인 가공 기술이 시급히 필요하다.

11 문맥상 동의어 ③

manipulate가 '(기계 등을) 능숙하게 다루다[조작(操作)하다]'라는 의미로 쓰였으므로, operate가 문맥상의 동의어로 적절하다.

manipulate v. (사람·여론 등을) (부정하게) 조종하다; (시장·시가 등을) 조작(造作)하다; (기계 등을) 능숙하게 다루다 sway v. 흔들다; (사람·의견 따위를) 움직이다, 좌우하다 influence v. ~에게 영향을 미치다 operate v. 조작(操作)하다, 운전하다, 조종하다; 수술하다 exploit v. (자원 등을) 개발하다; (이기적인 목적으로) 이용하다; (남의 노동력 등을) 착취하다

새로 온 엔지니어는 복잡한 기계의 다이얼을 놀라울 정도로 능숙하게 다뤘다.

12 문맥상 동의어 ④

outstanding이 '미해결의'라는 의미로 쓰였으므로, incomplete가 문맥상의 동의어로 적절하다.

subcontractor n. 하도급 업체 be obliged to 하는 수 없이 ~하다 carry out 수행하다 outstanding a. 걸출한, 현저한; 돌출한; 미결제의; 미해결의 rectify v. 개정하다; (악습 등을) 교정하다 protruding a. 돌출한 unpaid a. 지급되지 않은, 미납의 incomplete a. 불완전한

하도급 업체는 미해결된 작업을 수행하거나 그 어떤 결함도 가능한 한 신속하게 시정해야 할 것이다.

13 문맥상 동의어 ③

credit이 '칭찬'이라는 의미로 쓰였으므로, praise가 문맥상의 동의어로 적절하다.

deserve v. ~할 만하다, 받을 가치가 있다 credit n. 신용; 명예, 칭찬; 공적; 믿음 bring in (새로운 것을) 받아들이다; (의제 등을) 제출하다 belief n. 확신; 신념, 믿음 payment n. 지불, 지급 praise n. 칭찬 asset n. 자산

제시간에 프로젝트를 제출한 것에 대해 팀 전체가 칭찬받을 만하다.

14 재진술 ①

주어진 문장은 "양심의 가책이 없다면 그녀는 부정행위를 하고도 무사히 지나갔을 것이다."라는 의미인데, 이는 '양심의 가책 때문에 자신이 부정행위를 한 것을 감추지 못하고 실토했다'는 의미이므로, ①이 주어진 문장과 같은 의미의 문장으로 적절하다.

get away with ~을 잘 해내다, (나쁜 짓을 하고도) 처벌을 모면하다[그냥 넘어가다] a pang of conscience 양심의 가책 qualms of conscience 양심의 가책 conceal v. 숨기다 stings of conscience 양심의 가책 make a getaway (범인 따위가) 도망하다

양심의 가책이 없다면 그녀는 부정행위를 하고도 무사히 지나갔을 것이다.
① 양심의 가책 때문에 그녀는 자신의 부정행위를 숨기지 못했다.
② 그녀는 사기꾼의 양심 덕분에 속지 않을 수 있었다.
③ 양심의 가책에도 불구하고 그녀는 부정행위를 하고도 무사히 지나갔다.
④ 마지막 순간의 양심 때문에 그 사기꾼은 보기 좋게 도주했다.

15 재진술 ②

주어진 문장은 "그 변호사는 그의 설득력이 떨어지는 진술을 뒷받침하기 위해 억지 주장을 내놓았으나 허사였다."라는 의미인데, 직역하여 '…를 뒷받침하려는 헛된 시도로 ~를 내놓았다'는 것은 '~를 내놓았지만 …를 뒷받침하는 데 실패했다'는 말이므로 ②가 주어진 문장과 같은 의미의 문장으로 적절하다.

attorney n. 대리인; 변호사 come up with ~을 제안하다 far-fetched a. 억지로 꾸며낸, 설득력 없는 argument n. 논쟁; 주장 vain a. 헛된, 무익한 buttress v. 지지하다, 보강하다 weak a. 불충분한; 설득력이 없는 case n. 사건; (사실·이유의) 진술 devise v. 궁리하다, 고안하다 unconvincing a. 설득력이 없는 strengthen v. 강화하다 plausible a. (이유·구실 따위가) 그럴 듯한, 정말 같은 improvise v. (시·음악·축사·연설 따위를) 즉석에서 하다; 즉흥 연주를 하다 bolster v. 지지하다

그 변호사는 그의 설득력이 떨어지는 진술을 뒷받침하기 위해 억지 주장을 내놓았으나 허사였다.

① 비록 그럴듯한 주장을 생각해내지 못했지만, 그 변호사는 그의 소송사건을 변호하는 데 성공했다.
② 그 변호사는 납득시킬 수 없는 주장을 생각해냈고 그의 설득력이 떨어지는 진술을 뒷받침하는 데 실패했다.
③ 그 변호사는 그럴듯한 주장으로 그의 진술을 보강하려다가 패소했다.
④ 그 변호사가 즉흥적으로 제기한 타당한 주장이 그의 설득력이 떨어지는 진술을 보강해주었다.

16 문의 구성 ③

'~의 뜻[마음]대로 되는'은 at one's disposal로 표현하며, if you should require any further clarifications에서 if를 생략하면 주어와 조동사가 도치되어 should you require any further clarifications의 형태가 된다. 따라서 ③이 정답이 된다.

clarification n. 해명, 설명

만약 당신이 더 많은 설명을 요구한다면, 우리는 당연히 당신이 원하는 대로 해드리겠습니다.

17 올바른 어순 

빈칸 앞에 있는 전치사 of의 목적어가 필요하므로 명사 shutdown이 기준이 된다. 명사를 수식하는 과거분사 charged가 shutdown의 앞에 와야 하고 분사를 수식하는 역할을 하는 부사 politically가 charged의 앞에 와야 하므로, ②가 빈칸에 들어갈 표현으로 적절하다.

brew v. (맥주 따위를) 양조하다; (나쁜 계획이) 무르익다, (폭풍 따위가) 일려 하다 conflict n. 싸움, 다툼, 분쟁 threaten v. 협박하다; (나쁜 일이) 일어날 것 같다, (위험 따위가) 임박하다 trigger v. (일련의 사건·반응 등을) 일으키다, 유발하다 shutdown n. 일시 휴업; 폐쇄

고조되고 있는 분쟁으로 인해 유럽에 대한 가스 공급이 감소될 위험이 있어서, 정치적으로 가해진 에너지 공급 중단에 대한 두려움이 촉발되고 있다.

18 수동태 ②

compel은 '~에게 억지로 …시키다'라는 의미의 타동사인데, ②의 뒤에 목적어가 주어져 있지 않고 또한 문장의 의미상 leaders가 compel하는 행위의 대상이므로, 수동태의 문장이 되어야 한다. 따라서 ②는 are compelled to가 되어야 하며, 'be compelled to~'는 '하는 수 없이 ~하다', '~하도록 강요받다'라는 의미의 관용표현으로 쓰인다.

adversity n. 역경; 불행 composure n. 침착, 냉정

역경의 시기에, 리더들은 직원들로 하여금 안전하다고 느끼게 하기 위해 직장에서 그 어느 때보다 침착함을 더 많이 보여주도록 강요받는다.

19 명사절을 이끄는 접속사 that 

what과 that은 모두 명사절을 이끌 수 있지만, 전자의 경우에는 그 뒤에 불완전한 절이 오고 후자의 경우에는 그 뒤에 완전한 절이 온다. 주어진 문장의 경우 the sunken ship had been the largest one afloat이라는 완전한 절이 왔으므로 what이 아닌 that을 써야 한다. ①을 That으로 고친다.

sunken a. 가라앉은 afloat a. (물에) 뜬, 해상의 underscore v. 강조하다, 뒷받침하다

그 가라앉은 배가 해상의 가장 큰 배였다는 사실로 인해 더 나은 설계의 필요성이 강조되었다.

20 정비문 

'A에게 B를 제공하다'는 provide A with B 혹은 provide B for A의 형태로 쓴다. ④는 전자의 표현이 수동태로 바뀐 형태이므로, The starving were provided with a hundred tomatoes.이다. for를 with로 고쳐야 한다.

fiber n. 섬유; 섬유질 식품 intake n. 섭취량, 흡입량 consideration n. 고려, 고찰 application n. 신청, 지원; 신청서, 지원서 starve v. 굶주리다, 배고프다; 굶기다

① 그는 식이섬유 섭취량을 늘려야 한다는 권고를 받았다.
② 그녀는 속도위반으로 경찰에게 정차 명령을 받았다.
③ 모든 지원서가 신중하게 고려되었다.
④ 굶주리고 있던 사람들에게 100개의 토마토가 지급되었다.

21 정비문 ③

관계대명사 뒤에는 불완전한 절이 오고 관계부사 뒤에는 완전한 절이 온다. ③의 경우, 관계부사 where 뒤에 불완전한 절이 왔으므로 옳지 않은 표현이다. where을 관계대명사 which로 고쳐야 한다. ④ 주어 Whichever train you take from here는 Any train which you take from here와 같다.

wardrobe n. 옷장 favorite n. 마음에 드는 것, 좋아하는 것 a. 마음에 드는, 좋아하는 pristine a. 완전 새 것 같은, 아주 깨끗한; 자연 그대로의, 오염되지 않은

① 몇 벌의 모피 코트가 들어 있는 그 옷장은 나니아(Narnia)로 가는 것이다.
② 사탕을 나눠주는 선생님이 항상 학생들이 가장 좋아하는 선생님이다.
③ 우리가 있는 거리의 끝에 위치하고 있는 자연 공원이 내가 가장 좋아하는 장소다.
④ 여기서 어느 기차를 타든 당신을 채링 크로스(Charing Cross) 역까지 데려다 줄 것이다.

22-23

전 세계 2억 4천만 명 이상의 사람들이 정기적으로 축구를 하고 있다. 축구 경기는 동물의 가죽으로 만든 공을 이리저리 차는 것에서부터 월드컵 스포츠로까지 발전했다. 기록에 의하면 축구의 역사는 2000년이 넘었고 그 기원은 고대 중국과 그리스로 거슬러 올라가지만, 축구를 오늘날 우리가 알고 있는 경기로 변모시킨 것은 영국이었다. 영국인들은 상대 선수를 넘어뜨리는 것과 공을 손으로 만지는 것을 금지하는 것을 비롯한 그 경기의 최초의 규칙들을 기록한 것으로 인정받고 있다. 축구가 발전함에 따라, 더 많은 규칙들이 시행되었다. 예를 들어, 페널티킥은 1891년에 도입되었다. 레드카드와 옐로카드는 1970년 월드컵 결선에서 도입되었다. 더 최근에 있었던 변화에는 1992년에 고의로 백패스한 공을 골키퍼가 손으로 잡는 것을 금지한 것과 1998년에 뒤에서 태클을 하면 레드카드를 받도록 한 것이 포함된다.

animal-hide a. 동물의 가죽으로 만든 trace v. ~의 출처를[유래를, 기원을] 조사하다, 더듬어 올라가 (원인을) 조사하다 transition v. 변화시키다 acknowledge v. 인정하다 forbid v. 금하다, 허락하지 않다 trip v. (~의 발을 걸어) ~를 넘어뜨리다[넘어질 뻔하게 만들다] opponent n. (경기·논쟁 따위의) 적, 상대 implement v. 이행하다, 실행하다 introduce v. 소개하다, 도입하다 ban v. 금지하다 deliberate a. 고의적인; 신중한

22 글의 제목 ①

축구의 기원과 발생지, 규칙에 있어서의 변화 등을 이야기하고 있는 글이므로, '축구의 역사' 혹은 '축구의 발전'이 제목으로 가장 적절하다.

다음 중 위 글의 제목으로 가장 적절한 것은?
① 축구의 발전
② 축구공의 기원
③ 영국인들이 시행한 규칙들
④ 축구의 세계적인 인기

23 내용일치 ④

고의로 백패스한 공을 골키퍼가 손으로 잡지 못하도록 한 규칙은 1992년에 시행되었으므로, 비교적 최근부터 적용된 규칙에 해당한다.

위 글에 의하면, 다음 중 옳지 않은 것은?
① 축구는 2000년 전에 중국과 그리스에서 행해졌다.
② 최초의 축구공은 동물의 가죽으로 만들었다.
③ 1970년에 2가지 색상의 카드 체계가 시행되었다.
④ 가장 초기의 규칙 중 하나는 골키퍼가 자신에게 패스된 공을 집어 들지 못하도록 하는 것이었다.

24-25

일몰은 낭만적이고, 영감을 주고 인스타그램에 올릴 예쁜 사진을 찍기에 적합하기도 하지만, 우리들 대부분은 오직 휴가 중에만 이 특별한 경험을 위해 시간을 낸다. 그러나 일몰의 고요하고 아름다운 순간을 즐기기 위해 꼭 이국적인 장소에 있어야 하는 것은 아니다. 하루에 경이로움을 불어넣고 잠깐 멈춰 서서 이 마법 같은 순간을 즐기기 위해 몇 분의 시간을 내지 못할 이유는 전혀 없다. 일몰을 바라보는 것은 당신의 기분을 더 좋게 만들어줄 것이다. 일몰은 삶에 대한 오래 지속되는 만족감을 높여주고 스트레스를 완화시키는 많은 심리적 효과를 가지고 있다. 일몰의 놀라운 순간들을 경험하기 위해 시간을 내는 것은 그럴 만한 가치가 있을 것이다. 자연은 영혼의 천연 에너지원이어서, 일몰을 바라보면서 신선한 공기를 10분 내지 20분만 마셔도 기분이 상쾌해질 것이다. 세월이 흘러도 변치 않는 이러한 강력한 일상의 경험은 탁월한 정신적 요소를 가지고 있어서 당신의 삶에 흡수될 때 긍정적인 영향을 미칠 수 있다. 지구는 매일 우리에게 이러한 선물을 무료로 주고 있으니, 밖으로 나가 이 매혹적인 선물을 받도록 해라!

inspiring a. 고무하는, 감격시키는 Instagrammable a. <신조어> 인스타그램에 올릴 예쁜 사진을 찍기에 적합한, 인스타그램에 사진을 찍어 올려 자랑할 만한 exotic a. 이국적인 psychological a. 심리학의, 심리적인 relieve v. (고통·부담 따위를) 경감하다, 덜다; (긴장 따위를) 풀게 하다 breathtaking a. 깜짝 놀랄 만한 transcendent a. 뛰어난, 탁월한 spiritual a. 정신적인, 영적인 element n. 요소, 성분 positive a. 확신하는; 긍정적인 integrate v. 통합하다 enchanting a. 매혹적인

24 글의 주제 ①

일몰을 바라보는 것이 여러 가지 면에서 정신에 긍정적인 영향을 끼치므로 시간을 내서 일몰을 바라볼 것을 추천하고 있다. 따라서 글의 주제로는 ①이 적절하다.

다음 중 위 글의 주제로 적절한 것은?
① 시간을 내서 일몰을 지켜봐야 하는 이유
② 일상생활에서 정신적 각성의 중요성
③ 스트레스를 완화시키고 삶에 대한 만족도를 높이는 방법
④ 인스타그램에 올리기 위해 일몰의 사진을 찍어야 하는 이유

25 빈칸완성 ③

이 글은 일몰을 바라보는 것이 가진 긍정적인 면을 이야기하면서 시간을 내서 일몰을 바라볼 것을 추천하고 있으므로, 첫 번째 빈칸에는 '경이로움(=일몰)을 하루에 불어넣다'는 의미가 되게 하는 instill과 infuse가 가능하고, 두 번째 빈칸에는 '삶에 대한 만족감을 높여준다'는 의미가 되게 하는 enhance가 적절하다.

다음 중 Ⓐ와 Ⓑ에 들어가기에 가장 적절한 것들로 짝지어진 것은?
① 제압하다 — 유발하다
② 주입시키다 — 소비하다
③ 불어넣다 — 향상시키다
④ 충족시키다 — 악화시키다

26-27

기업의 총수들을 상대할 때 한 가지 확실한 성공 규칙은 다음과 같다. 발표를 할 때 맥 빠진 말을 피하라. 그리고 당신이 하고 있는 말에 자신감을 보여라. 일반적으로 리더는 얼버무리고 속이는 말을 싫어한다. 그들은 너무 자주 그런 말에 속아 넘어가서 그런 말을 싫어하지 않을 수가 없다. 몇 년 전에 나는 영업팀을 대상으로 발표를 해달라는 요청을 받았다. 나는 잠재 고객과의 직접적인 만남을 개선할 수 있는 가장 좋은 방법에 대해 상당히 날카로워 보이는 강연을 했다. 내가 방을 나서고 있는데, 나를 고용해 준 지역 책임자가

눈에 띄었다. 기회를 준 것에 대해 그에게 감사를 표한 후에, 나는 "개선할 가장 좋은 방법들에 관해 하시고 싶은 제안(말)이 있으면 그 어떤 제안도 제가 기꺼이 듣겠습니다."라고 말했다. 그는 나의 제의를 받아들였다. 그는 나를 옆으로 불러서는 부드럽게 그러나 단호하게 그는 내가 "생각"하고 있는 바를 그의 팀에게 말해달라고 나를 고용한 것은 아니었다고 말했다. 나는 전문가적인 충고를 해주도록 고용되었고 그렇게 고용된 사람으로서 나는 "내가 보기에는" 혹은 "내 생각에는"이 아니라 "내가 권하는 바는" 혹은 "내가 제안하는 바는"과 같은 단어를 사용했어야 했다는 것이다. 그날 이후로, 발표자로서의 내 어휘 목록에서 "내 생각에는"이라는 단어는 삭제되었다.

reliable a. 의지가 되는, 믿음직한 deal with ~을 다루다, 처리하다 wishy-washy a. 미온적인, 맥 빠진, 확고하지 못한 presentation n. 증여, 수여; 표현, 발표 stand behind 지지하다, 자신감을 보이다 weasel a. 교활하게 얼버무리고 속이는(= cunning and sneaky) burn v. 속이다, 감언이설로 속이다 get burned 고스란히 속아 넘어가다 encounter n. (우연히) 만남, 조우 potential a. 잠재적인 spot v. 발견하다 take up on ~을 채택하다 firmly ad. 단호하게

26 글의 제목 ③

마지막에 지역 책임자가 해준 말에 이 글의 요지가 담겨 있는데, 말이 그 사람의 인격과 신분을 나타내며 또 그런 말을 해야 한다는 것이다. 전문가가 전문가답게 확신을 갖고 '저는 ~라고 권고합니다'라고 말할 때 전문가의 말은 그 전문가와 똑같은 권위를 갖고 신뢰감을 줄 것이다. 따라서 제목으로는 ③이 적절하다.

다음 중 위 글의 제목으로 가장 적절한 것은?
① 상사의 말에 귀를 기울이는 법을 배우라
② 의심스러울 때는 질문을 하라
③ 당신이 곧 당신의 말이란 것을 기억하라
④ 당신이 원하는 의사소통 방법을 사용하라

27 부분이해 ②

take up on은 '(제의·내기 등을) 받아들이다[채택하다]'라는 의미이므로 ②가 정답이 된다.

다음 중 Ⓐ와 의미가 가장 가까운 것은?
① 그는 가장 높은 가격을 제시했다.
② 그는 나의 제의를 받아들였다.
③ 그는 내 제안을 검토했다.
④ 그는 내 제안을 수정했다.

28-30

한국 전통에서 영감을 얻은 멋진 의상을 입고 중독성 있는 춤 동작을 뽐내고 있는 선글라스 낀 댄서들의 모임인 앰비규어스 댄스 컴퍼니(Ambiguous Dance Company)는 가장 최근에 입소문이 나고 있는 경이로운 한국 댄스 그룹이다. 한국의 6개 도시를 보여주는 "Feel the Rhythm of Korea" 시리즈의 관광 홍보 영상은 약 3개월 만에 유튜브에서 1억 2,600만 회가 넘는 조회수를 달성했다. 영상에서 댄서들은 얼터너티브 팝 음악이 배경에 흐르는 가운데 도시의 덜 알려진 관광 명소에서 유쾌한 장난을 친다. 영상을 본 사람들은 그 댄서들이 한국 민담에 등장하는 장난기 어린 묘기로 유명한 신화적 존재인 "조선 히피", 즉 도깨비와 비슷하다는 댓글을 달았다. "우리를 좋아하는 사람들이 그런 댓글을 다시는 것 같아요. 저는 우리가 현대적인 댄스 그룹이라서 이해하기가 더 쉽고 또 더 간단하다고 생각합니다."라고 예술 감독인 김보람 씨가 말했다. 그 그룹은 하룻밤 사이에 센세이션을 일으킨 것처럼 보일지도 모르지만, 그것은 1세대 K팝 그룹들의 백댄서였던 김씨가 친구들과 함께 댄스 그룹을 만들었던 2007년으로 거슬러 올라간다. "우리가 술을 마시고 있었는데, 그곳에 영어 사전이 있었어요. A로 시작되는 단어로 가득 차 있던 첫 몇 페이지에서 'ambiguous'라는 단어를 보고 나서 그 단어가 좋을 것 같다는 생각이 들었어요. 이렇게 오래 갈 줄은 몰랐었죠."라고 김보람 씨는 말했다.

addictive a. 중독성 있는 funky a. 관능적인; 파격적인, 멋진 outfit n. (여행 따위의) 채비, 장비; (특정한 경우의) 의상 한 벌 inspire v. 고무하다, 고취하다; 영감을 주다 viral a. 바이러스성의; 특히 인터넷 등을 통해 사람들에게 빨리 퍼지는 marvel n. 놀라운 일, 경이(驚異) frolic v. 들떠서 떠들다, 야단법석떨다; 장난치다 lesser-known a. 별로 유명하지 않은 tourist attraction 관광 명소 alternative a. 양자택일의; 전통적[관례적]이 아닌 hipster n. 최신 유행에 민감한 사람; 히피; (사회와 어울리지 않고) 마음 맞는 사람하고만 사귀는 사람 mythical a. 신화의, 신화적인 folklore n. 민간전승, 민속, 민담 mischievous a. 유해한; 장난을 좋아하는, 장난기 있는 straightforward a. 똑바른; 정직한; 간단한 overnight a. 하룻밤 사이의, 돌연한 ambiguous a. 애매모호한 last v. 지속하다, 존속하다

28 글의 목적 ③

'앰비규어스 댄스 컴퍼니(Ambiguous Dance Company)'라는 댄스 그룹의 인기와 결성 과정에 대해 주로 이야기하고 있는 내용이므로, 글의 목적으로는 ③이 적절하다.

위 글을 쓴 주된 목적은 무엇인가?
① 한국으로의 더 많은 문화 수입에 찬성하는 주장을 펼치기 위해
② 한국의 관광을 세계적으로 홍보하기 위해
③ 한 유명한 댄스 단체를 설명하기 위해
④ 성공적인 댄스 방법을 홍보하기 위해

29 내용일치 ①

술을 마시다 우연히 그곳에 있던 영어사전에서 마음에 드는 단어를 선택하여 댄스 그룹의 이름으로 정했다고 했으므로, ①이 정답으로 적절하다. ② 비교적 덜 알려져 있는 곳을 배경으로 했다. ③ 1세대 K팝 그룹들의 백댄서로 일한 적이 있다고 했다. ④ 도깨비는 한국 민담에 나오는 신화적 존재이므로 실제 생물이 아니다.

위 글에 의하면, 다음 중 옳은 것은?
① 사전이 그 그룹의 이름을 짓는 데 도움이 되었다.
② 영상에는 인기 있는 관광 명소들이 주를 이루고 있다.
③ 앰비규어스 댄스 컴퍼니는 김씨가 댄서로 활동하고 있는 첫 번째 직장이다.
④ 댄서들의 장난기 어린 묘기는 조선 왕조 당시의 실제 존재에 바탕을 두고 있다.

30 빈칸완성 ④

빈칸 Ⓐ의 경우, 주체가 댄스 그룹이고 목적어가 춤이므로 각각 '공연하다', '뽐내다'라는 의미의 performing과 showing off가 가능하다. 빈칸 Ⓑ의 경우 목적어가 영상의 조회수이므로 '달성했다'라는 의미의 racked up이 적절하다.

다음 중 Ⓐ와 Ⓑ에 들어가기에 가장 적절한 것들로 짝지어진 것은?
① 공연하고 있는 — 청취했다
② 보고 있는 — 보았다
③ 밀집시키고 있는 — 계산되었다
④ 뽐내고 있는 — 달성했다

31-32

매일, 수십억 명의 사람들이 잠에서 깨거나 오후의 슬럼프를 이겨내기 위해 카페인에 의존하고 있다. 사실, 이 천연 각성제는 세계에서 가장 흔히 사용되는 성분 중의 하나다. 카페인은 수면에 미치는 부정적인 영향 때문에 종종 언급되지만, 여러 가지 건강상의 이점도 가지고 있다. 카페인은 일단 섭취되고 나면 장에서 혈류로 빠르게 흡수된다. 그곳에서, 카페인은 간으로 이동하여 다양한 장기의 기능에 도움을 줄 수 있는 성분으로 분해된다. 뿐만 아니라, 카페인은 효과를 빠르게 발휘한다. 커피 한 잔에 들어있는 양의 카페인이 혈류에 도달하는 데는 20분밖에 걸리지 않는다. 카페인은 기분을 좋게 만들고, 뇌의 기능을 자극하며, 알츠하이머병과 파킨슨병을 막아줄 수 있다. 커피의 섭취는 다른 몇 가지 건강상의 이점들과도 관련이 있는데, 간, 피부, 소화관의 건강을 촉진시킬 수 있다는 것이다. 전문가들은 매일 400밀리그램의 카페인을 섭취하는 것은 안전하다고 생각한다. 이것은 하루에 2~4잔의 커피를 마시는 것에 해당한다. 카페인은 한때 사람들이 생각했던 만큼 건강에 해롭지 않다. 사실은 정반대일지도 모른다. 따라서 매일 마시는 커피나 차를 건강을 증진시키는 즐거운 방법으로 간주해도 무방하다.

stimulant n. 자극제 ingredient n. (혼합물의) 성분; (요리의) 재료 negative a. 부정적인 effect n. 영향; 결과 consume v. 소비하다; 섭취하다 absorb v. 흡수하다 gut n. 창자, 장(臟) bloodstream n. 혈류 liver n. 간(肝) constituent n. 요소, 성분 assist v. 돕다, 거들다 function n. 기능, 작용 organ n. (생물의) 기관(器官), 장기 exert v. (힘·지력 따위를) 발휘하다; (영향력, 압력 등을) 행사하다, 가하다 amount n. 총계; 양(量) benefit n. 이익, 이득 digestive tract 소화관 expert n. 전문가 intake n. 흡입량, 섭취량

31 글의 주제 ①

"카페인은 수면에 미치는 부정적인 영향 때문에 종종 언급되지만, 여러 가지 건강상의 이점도 가지고 있다."가 본문의 주제문이며, 이 문장 이하에서 카페인의 건강상 이로운 점들에 대해 구체적으로 이야기하고 있다. 그러므로 ①이 정답으로 적절하다.

다음 중 위 글의 주제로 적절한 것은?
① 카페인의 다양한 건강상의 이점
② 카페인 섭취에 대한 찬반양론
③ 카페인이 체내로 들어와 몸에 영향을 미치는 방법
④ 카페인에 의해 개선될 수 있는 기관

32 내용파악 ②

"커피 한 잔에 들어있는 양의 카페인이 혈류에 도달하는 데는 20분밖에 걸리지 않는다."라고 했으므로 ②가 옳은 진술이다. ① 전문가들은 매일 400밀리그램의 카페인을 섭취하는 것은 안전한 것으로 보고 있다. ③ 소화관의 건강을 촉진시킬 수 있다고 했다. ④ 치료가 아닌 예방에 도움을 줄 수 있다.

위 글에 의하면, 다음 중 카페인에 대한 설명으로 옳은 것은?
① 하루에 400밀리그램을 섭취하는 것은 건강에 좋지 않다.
② 카페인은 20분 안에 혈류로 들어갈 수 있다.
③ 커피를 마시는 것은 음식의 소화를 방해한다.
④ 카페인은 파킨슨병에 대한 영구적인 치료제다.

33-34

1950년, 앨런 튜링(Alan Turing)은 만약 기계가 인간이라고 생각하도록 인간을 속일 수 있다면, 그 기계는 강력한 인공지능을 가지고 있는 것이라고 말했다. 그에 대해, 현대 미국 철학자 존 설(John Searle)은 "중국어 방"이라 불리는 유명한 사고(思考) 실험을 고안했는데, 이 실험은 인간으로 통한다는 것이 강력한 인공지능의 요건으로 충분하지 않음을 보여주기 위한 것이었다. 당신이 중국어를 전혀 하지 못하는 사람이라고 상상해 보자. 당신은 한자로 채워진 상자가 있고 또 입력에 응답하여 어떤 한자를 사용해야 할지에 대한 지침이 영어로 써진 암호 책이 있는 방에 갇혀 있다. 중국어 원어민들이 중국어로 쓴 메시지를 방 안으로 전달한다. 당신은 암호 책을 사용하여, 받은 한자들에 대응하는 방법을 파악한 다음, 적절한 한자들을 답신으로 내보낸다. 당신은 의미를 전혀 모르지만, 암호를 성공적으로 준수해낸다. 당신이 이 일을 너무나도 잘 해내서 중국어 원어민들은 당신이 중국어를 안다고 믿는다. 하지만 당신은 중국어를 모른다. 당신은 그저 당신이 실제로는 모르는 것을 알고 있다고 생각하도록 사람들을 속이는 방식으로 — 의미를 이해하지 못하면서도 — 기호를 재배열하는 방법을 알고 있을 뿐이다. 마찬가지로, 설에 따르면, 기계가 누군가를 속여서 사람이라고 생각하게 할 수 있다는 사실이 그것이 강력한 인공지능을 가지고 있다는 것을 의미하지는 않는다고 한다.

fool ~ into … ~를 속여 …하게 하다 in response 이에 대응하여 contemporary a. 동시대의; 현대의, 당대의 construct v. (기계·이론 등을) 꾸미다, 구성하다, 고안하다 experiment n. 실험 pass for (흔히 가짜 따위가) ~으로 통하다 sufficient a. 충분한 qualify for ~에 적임이다, 적격이다 Chinese character 한자 instruction n. 훈련; 지시; 가르침 character n. 문자 figure out 이해하다; (문제를) 풀다, 해결하다 pass out 분배하다, 배부하다 rearrange v. 재배열하다 likewise ad. 똑같이, 마찬가지로

33 글의 주제 ③

기계가 인간이라고 생각하도록 인간을 속일 수 있다면, 그 기계는 강력한 인공지능을 가지고 있는 것이라는 앨런 튜링의 견해에 대해 존 설이 인간으로 통한다는 것이 강력한 인공지능의 요건으로 충분하지 않음을 "중국어 방"이라는 사고 실험을 통해 반론을 펼친 것이 본문의 주된 내용이다. 그러므로 ③이 정답이 된다.

다음 중 위 글의 주제로 적절한 것은?
① 강력한 인공지능을 개발하기 위한 중국어의 사용
② 중국어 방에서 인공지능이 기호를 처리하는 방식
③ 강력한 인공지능이 무엇인지에 대한 반론
④ 인공지능에 있어서의 사고 실험의 역할

34 내용일치 ②

강력한 인공지능에 대한 앨런 튜링의 견해에 반론을 펼친 사람이 존 설이라는 이름의 철학자였으므로 ②가 정답으로 적절하다. ① 튜링의 견해에 반박하는 것이다. ③ 불충분하다고 해야 한다. ④ 설은 사람 같은 행동이 반드시 사람 같은 생각(이해)에 기초한 것은 아니라는 입장이다. 중국어 방 안의 사람은 중국어를 이해하지 못해 아무 생각 없이도 중국인처럼 옳은 답변(행동)을 한 것이다.

위 글에 의하면, 다음 중 옳은 것은?
① 중국어 방 실험은 튜링의 견해를 지지한다.
② 강력한 인공지능의 속성이 철학 분야에서 논의되고 있다.
③ 설은 중국어를 조작하는 것이 중국어를 안다고 말하기에 충분하다고 주장한다.
④ 기계가 사람처럼 행동할 때, 설의 관점에서는 그것은 기계가 사람처럼 생각한다는 것을 의미한다.

35-37

감금된 동물들을 구조하는 것과 관련한 가장 가슴 아픈 점들 중의 하나는 이 동물들 대부분이 구조된 후에 그들의 자연 서식지로 돌아갈 수 없다는 것을 알게 되는 것이다. 야생 동물들이 감금되고 나면, 존엄성, 신체의 건강, 정신적 안녕, 야생에서 살아가는 데 필요한 필수적인 생존 기술 등, 많은 것들을 잃게 된다. 야생 곰들은 매일 수 킬로미터의 영역을 돌아다닌다. 그들은 하루의 대부분을 굴 안에서 잠을 자면서 보낸다. 야생 곰들의 먹이는 과일, 견과류, 도토리, 잎사귀 등인데, 그들은 이러한 먹이를 가장 활동적인 시간대인 새벽이나 해질녘에 찾아다닌다. 그들은 특히 비에 젖은 땅이나 잠복해 있는 포식자를 피해 나무를 오르는 데 매우 능숙하다. 야생 곰들은 주변 환경에 매우 적응돼 있으며, 그들의 세계는 냄새, 소리, 색깔이 풍부하다. 이것을 감금된 곰들이 경험하는 것과 대비해 보라. 밀렵꾼들은 덫과 사냥개를 이용하여 야생에서 곰을 잡는다. 사냥물을 일단 손에 넣고 나면, 밀렵꾼들은 그것들을 불법 곰 농장에 판다. 이 곰들은 그들의 필요에 비해 너무나도 작은 공간 안에 갇힌 채로 하루의 대부분을 보낸다. 그들은 배가 고플 때도 먹이를 찾을 수 없고, 목이 마를 때도 물을 찾아 킁킁대며 개울 냄새를 맡을 수 없다. 결국 구조되었을 때도, 그들은 정신적인 충격을 받은 상태에 있다. 그들의 공간 인식 감각과 후각은 너무나도 크게 손상돼서 야생으로 돌아갈 준비가 돼 있지 않다. 우리가 할 수 있는 최선은 그들을 더 이상의 위험과 스트레스로부터 지키고 그들이 안전하고 건강한 환경인 보호구역 안에서 여생을 보낼 수 있도록 하는 것이다.

heartbreaking a. 애끓는, 가슴 아프게 하는 rescue v. 구조하다 captive a. 포로의; 사로잡힌, 감금된 habitat n. 서식지 captivity n. 사로잡힘; 감금, 속박 dignity n. 존엄성, 위엄 thrive v. 번창하다, 잘 자라다 roam v. (어슬렁어슬렁) 거닐다, 방랑하다 territory n. 영토, 영지; (동물의) 세력권 den n. (야수가 사는) 굴; (동물원의) 우리 acorn n. 도토리 dawn n. 새벽, 여명 dusk n. 땅거미, 황혼 extremely ad. 극도로; 대단히 adept a. 숙련된, 정통한 rain-sodden a. 비에 흠뻑 젖은 lurk v. 숨다, 잠복하다 attune v. (마음·이야기 등을) 맞추다, 조화[순응]시키다; 조율하다 poacher n. 밀렵꾼 quarry n. 채석장; 지식의 원천; (쫓기는) 사냥물; 추구의 목적[목표] sniff v. 코를 킁킁거리다, 냄새를 맡다 stream n. 개울, 시내 traumatize v. 상처 입히다, 마음에 충격을 주다 spatial awareness 공간 인식 impair v. 해치다, 손상시키다 equip v. 설비하다, 장비하다; 갖추게 하다 sanctuary n. 거룩한 장소; 은신처; 조수(鳥獸) 보호 구역; 자연 보호 구역

35 내용일치 ④

"감금돼 있던 곰은 야생에서 생활하는 데 필요한 능력을 잃어버린 경우가 많으며, 따라서 우리가 할 수 있는 최선은 그들을 더 이상의 위험과 스트레스로부터 지키고 그들이 안전하고 건강한 환경인 보호구역 안에서 여생을 보낼 수 있도록 하는 것이다."라고 돼 있으므로 ④가 본문의 내용과 일치하지 않는다. 보호구역은 자연 안에 있는 자연의 일부이다.

위 글에 의하면, 다음 중 옳지 않은 것은?
① 자연에서, 곰들은 대개 매일 수 킬로미터를 돌아다닌다.
② 야생 곰들은 새벽이나 해질녘에 가장 활동적이고 하루의 대부분을 잠을 자면서 보낸다.
③ 오랫동안 감금되어 있는 곰들은 후각을 잃을 수도 있다.
④ 구조된 곰들은 일시적으로 보호구역에 둔 다음 자연으로 돌려보내야 한다.

36 빈칸완성 ①

빈칸에 들어갈 동사의 주어인 they는 야생 곰이고, 목적어인 관계대명사 which의 선행사는 과일, 견과류, 도토리, 잎사귀 등, 곰의 먹이이므로, 빈칸에는 '(먹이를) 찾아다니다'라는 의미의 ①이 들어가야 한다.

다음 중 빈칸 Ⓐ에 들어가기에 가장 적절한 것은?
① 찾아다니다
② 책임을 지다
③ 청구하다
④ 보증하다

37 지시대상 ②

Ⓑ, Ⓓ, Ⓔ는 wild bears를 가리키고 Ⓒ는 poachers를 가리킨다.

38-40

밀레니엄 세대와 Z세대 투자자들은 대출을 통해 투자 자금을 조달할 가능성이 기성세대보다 상당히 더 높다. 한 조사 결과에 따르면, Z세대 투자자의 80%, 밀레니엄 세대의 60%가 투자를 위해 대출을 받았음을 인정했다. 기성세대는 대출을 받을 가능성이 더 낮았는데, X세대가 8%, 베이비붐 세대가 9%였다. 매우 젊은 성인들은 또한 사회적으로 책임 있는 투자에 큰 관심을 보였다. Z세대는 구매 습관을 통해 브랜드 가치가 기업을 지원하기로 결정하는 데 중요하다는 사실을 확인해 주었다. 환경, 사회 및 지배구조(ESG)의 데이터가 사업의 지속 가능성과 긍정적인 사회적 영향을 촉진하기 위한 지표로 등장했다. 밀레니엄 세대와 Z세대 투자자들은 투자에서 이러한 관심사들을 우선시했다. 1996년 이후에 태어난 Z세대 투자자들은

패션 산업과 함께 새로운 유형의 투자를 개척하는 데 특히 관심이 많았다. 빈티지 의류, 액세서리, 스니커즈 등은 스톡엑스(StockX)나 플라이트클럽(FlightClub) 같은 플랫폼에서 여러 번 판매와 재판매가 이뤄지는 경우가 많다. 재판매가 젊은 세대가 돈을 버는 주된 방법이 되면서, 금융 분야에 대한 지식은 매우 인기 있는 상품이 되었다.

investor n. 투자자 considerably ad. 적지 않게, 매우 finance v. 자금을 조달하다 loan n. 대여, 융자 survey n. 조사, 검사 identify v. 확인하다; 인지하다, 판정하다 governance n. 통치; 관리, 지배 emerge v. 나타나다 metric n. 미터법; 측정 규준 sustainability n. 지속 가능성 positive a. 긍정적인 prioritize v. 우선순위를 매기다; 우선시하다 pioneer v. (미개지·신분야 등을) 개척하다 sneakers n. 스니커즈(바닥이 고무로 된 운동화의 일종) mainstream n. (활동·사상의) 주류; (사회의) 대세 financial literacy 경제 분야에 대한 지식[능력] sought-after a. 많은 사람들이 원하는, 수요가 많은 commodity n. 물자, 상품

38 글의 주제 ①

밀레니엄 세대와 Z세대 투자자, 즉 젊은 세대의 투자 성향이 기성세대와 어떻게 다른지에 대해 이야기하고 있는 글이므로 ①이 정답으로 적절하다.

다음 중 위 글의 주제로 적절한 것은?
① 젊은 세대의 투자 전략
② 기업 브랜드 가치의 중요성
③ 투자를 위해 대출을 받기 위한 팁
④ 금융 분야에 대한 지식을 향상시키는 방법

39 내용일치 ②

"ESG의 데이터가 사업의 지속 가능성과 긍정적인 사회적 영향을 촉진하기 위한 지표로 등장했으며, 밀레니엄 세대와 Z세대 투자자들은 투자에서 이러한 관심사들을 우선시했다."라고 했으므로 ②가 본문의 내용과 일치하지 않는 진술이다.

위 글에 의하면, 다음 중 옳지 않은 것은?
① 기성세대는 대출 받은 돈으로 투자하는 것을 더 꺼린다.
② ESG는 Z세대 투자의 중심에서 멀어져가고 있다.
③ 재판매를 돕기 위해 고안된 플랫폼은 Z세대 투자자들 사이에서 인기가 있다.
④ 젊은 세대들은 투자할 때 브랜드 가치를 중요한 요소로 생각한다.

40 빈칸완성 ④

이어지는 내용에서 ESG에 우선적인 관심사를 두었다고 했는데, ESG는 환경, 사회, 지배구조 등, 기업의 비재무적인(수익과 무관한) 요소와 관련된 지표이고, 이것은 기업의 '사회적 책임'과 관련이 있다.

다음 중 빈칸 Ⓐ에 들어가기에 가장 적절한 것은?
① 지적으로 자극적인
② 현저하게 유행하고 있는
③ 경제적 측면에서 이득이 되는
④ 사회적으로 책임 있는

41-42

기술 생태계는 지속 가능한 방식으로 기술 환경의 혁신에 박차를 가하기 위해 함께 모인 다양한 주체들의 상호 연결되고 상호 의존적인 네트워크로 정의될 수 있다. 실리콘 밸리 혹은 서아프리카에서 번창하고 있는 지역적 기술 생태계를 떠올려 보라. 그 기술 생태계들은 개발자 집단에 후원, 재능, 물리적 위치, 최첨단의 연구, 조언자, 그리고 성공할 때까지 실패하고 배울 수 있는 기회를 제공한다. 기술 생태계 구축에는 그것을 활성화시키기 위한 오랜 세월에 걸친 노력과 투자가 필요하다. 그러나 기술 생태계가 가져다주는 가치는 그것을 조성하는 데 걸리는 복잡한 과정과 시간을 훨씬 능가한다. 기술 생태계는 엄청난 경제적 가치를 넘어 우리의 일상생활에까지 영향을 미친다. 가상현실을 통해 전 세계를 모험할 수 있는 호스피스 시설에 계신 조부모를 생각해 보라. 기계 학습과 인공지능을 통해 애틀랜타에 있는 내 집의 온도 조절기가 내가 세계 어디인가에서 일하고 있는 동안 스스로 조절하여 돈을 절약할 수 있게 도움을 준다는 것을 생각해 보라. 기술 혁신의 가능성은 무궁무진하지만, 그것은 오직 지속 가능한 기술 생태계라는 한 가지 핵심 요소를 통해서만 가능하다.

ecosystem n. 생태계 define v. (성격·내용 따위를) 규정짓다; (말의) 정의를 내리다 interconnect v. 서로 연결시키다 interdependent a. 서로 의존하는 diverse a. 다양한, 가지각색의 entity n. 본체, 독립체 spur v. 자극하다, 박차를 가하다 innovation n. (기술) 혁신, 쇄신 sustainable a. 유지[계속]할 수 있는; (자원 이용이) 환경이 파괴되지 않고 계속될 수 있는 thrive v. 번창하다, 번영하다 supply v. 공급하다, 지급하다 community n. 사회, 공동체; 단체 talent n. 재주, 재능; 인재 cutting-edge a. 최첨단의 mentor n. 성실한 조언자, 스승, 멘토 outweigh v. ~보다 무겁다; ~보다 중요하다; ~보다 가치가 있다 complexity n. 복잡성 cultivate v. (재능·품성·습관 따위를) 신장하다, 계발하다; 배양하다 extend v. 달하다, 미치다; 걸치다 enormous a. 거대한, 막대한 impact n. 영향 hospice n. 호스피스(말기 환자용 병원); (특히 순례자·참배자를 위한) 여행자 휴식[숙박]소 via prep. ~을 경유하여, ~을 매개로 하여 virtual reality 가상현실 thermostat n. 온도조절장치 regulate v. 통제하다; 조절하다 ingredient n. 성분, 원료; 요리 재료

41 글의 제목 ②

'기술 생태계들은 개발자 집단에 후원, 재능, 물리적 위치, 최첨단의 연구, 조언자, 그리고 성공할 때까지 실패하고 배울 수 있는 기회를 제공한다'고 했고 '기술 혁신의 가능성은 무궁무진하지만, 그것은 오직 지속 가능한 기술 생태계를 통해서만 가능하다'고 했으므로 제목으로는 ②가 가장 적절하다.

다음 중 위 글의 제목으로 가장 적절한 것은?
① 기술 생태계가 어떻게 전 세계적으로 나타났는가
② 기술 생태계가 어떻게 혁신을 지원하는가
③ 과거 및 현재의 기술 생태계 평가
④ 실리콘 밸리의 기술 생태계 강화

42 내용파악 ①

'성공할 때까지 실패하고 배울 수 있는 기회를 제공한다'는 말의 의미가 곧 시행착오의 기회를 제공한다는 것이다.

위 글에 의하면, 다음 중 기술 생태계에 대한 설명으로 옳은 것은?
① 기술 생태계는 시행착오의 기회를 제공한다.
② 기술 생태계는 때때로 혁신을 늦춘다.
③ 기술 생태계는 적은 투자로 구축될 수 있다.
④ 기술 생태계의 가치는 경제적 가치에 국한돼 있다.

43-44

한국의 인기 걸그룹 블랙핑크의 멤버인 지수가 화요일에 27살이 되었고, 팬들은 그녀의 생일을 축하하면서 약 57만 3천 달러 상당의 많은 선물을 그녀에게 보냈다. 한 팬 사이트에는 지수에게 보낼 멋진 선물을 준비했다는 게시물이 올라왔다. 선물의 대부분은 까르띠에 시계와 같이 값비싼 최고급 제품들이다. 아이돌에 대한 이 같은 호사스러운 대우는 그와 같은 물질적인 지원이 필요한지에 대해 의문을 제기하는 일부 팬들 사이에서 비난과 우려를 빠르게 불러일으켰다. "저는 이것이 너무 과하고 또 불필요하다고 생각합니다. 그들의 음악을 구입하는 것이 아이돌을 응원하는 더 좋은 방법이 아닐까요?"라고 한 팬이 물었다. 고가의 선물로 아이돌을 응원하는 것은 1990년대 후반에 한국에서 시작된 팬 문화의 일부이지만, 현재는 중국, 일본 등의 국가로 광범위하게 확대되고 있다. "팬들이 자신들의 아이돌에게 선물을 보내는 것은 매우 흔한 일이지만, 그렇게 사치스러운 선물을 보내는 것은 다소 허세에 의한 것입니다. 자신들의 아이돌을 응원하고자 하는 팬의 결정에는 악의가 없습니다. 문제의 가장 중요한 핵심은 이 고가의 응원이 전적으로 아이돌에 대한 사랑에서 나온 것이 아니라 아이돌이 체면을 세울 수 있게 도와주기 위한 것이라는 사실입니다."라고 또 다른 팬은 강조했다.

fancy a. 장식이 많은, 색깔이 화려한; (생활 방식 등이) 값비싼[고급의] exquisite a. 아주 아름다운; 더없이 훌륭한[맛있는], 최고의; 정교한; 우아한, 섬세한 lavish a. 풍성한; 호화로운; 아주 후한 stir up (강한 감정을) 불러일으키다; (논쟁·문제 등을) 일으키다[유발하다] criticism n. 비평, 비판 materialistic a. 물질(만능)주의적인 expensive a. 값비싼 originate v. 시작하다, 근원이 되다 expand v. 확대되다, 팽창되다 luxurious a. 사치스러운 vain a. 헛된; 허영심이 강한 harmless a. 무해한; 악의 없는, 순진한 emphasize v. 강조하다

43 글의 제목 ④

팬들이 아이돌에게 지나치게 비싼 선물을 주는 문화에 대해 비판하고 있는 내용이므로 ④가 제목으로 적절하다.

다음 중 위 글의 제목으로 가장 적절한 것은?
① 아이돌의 체면을 세워주는 다양한 방법들
② 블랙핑크가 선호하는 명품
③ 아이돌 팬 문화의 흥망성쇠
④ 아이돌에게 주는 팬들의 사치스러운 선물에 대한 비판

44 내용일치 

"고가의 선물로 아이돌을 응원하는 것은 1990년대 후반에 한국에서 시작된 팬 문화의 일부이지만, 현재는 중국, 일본 등의 국가로 광범위하게 확대되고 있다."고 했으므로 ④가 본문의 내용과 일치하는 진술이다. ① 블랙핑크 멤버 중 지수가 받은 것이다. ② 전체 팬의 의견은 아니다. ③ 한국에서 먼저 생겨 중국, 일본 등지로 퍼져나갔다.

위 글에 의하면, 다음 중 옳은 것은?
① 블랙핑크 멤버들은 57만 3천 달러 상당의 선물을 받았다.
② 팬들은 자신들의 아이돌을 호화로운 선물로 응원하는 것에 악의가 없다는 데 동의한다.
③ 아이돌에게 가장 먼저 값비싼 선물을 준 것은 중국인 팬들이었다.
④ 아이돌에게 명품을 선물하는 팬 문화는 일본에도 있다.

45-47

미국의 한 판사는 그들이 가장 좋아하는 배우가 예고편에 모습을 드러낸 후에 본편 영화에서는 편집된 것에 실망한 영화팬들이 허위 광고로 영화사를 상대로 소송을 제기할 수 있다고 판결했다. 두 명의 영화팬은 유니버설 픽쳐스가 자신들을 속여 2019년 영화 <예스터데이>를 대여하게 했다고 말하고 있는데, 왜냐하면 예고편에는 배우 아나 디 아르마스(Ana de Armas)가 나왔기 때문이다. 그 두 사람은 자신들이 아마존 프라임에서 그 코미디 영화를 보기 위해 각각 3달러 99센트를 지불했지만, 결국 디 아르마스가 최종적으로 선택되지 못했음을 알게 되었다. 올해 초에 제기된 집단 소송은 그 예고편이 팬들로 하여금 그녀가 중요 역할을 할 것이라 예상하도록 유도했다고 주장한다. 그러나 그들이 보게 된 것은 "아나 디 아르마스의 모습이 전혀 나오지 않는 영화였다"고 그 소송에서 말했다. 그에 따라 "이러한 소비자들은 대여나 구매에 대해 아무런 가치도 얻지 못했다."고 소송은 덧붙였다. 유니버설 픽쳐스는 예고편이 언론의 자유를 보장하는 미(美) 헌법 수정조항 제1조의 보호를 받는다고 주장하면서, 판사에게 고소를 기각해 줄 것을 요청했었다. 그러나 판사는 판결에서 예고편은 상업적인(영리를 목적으로 하는) 발언이며 정직한 광고에 관한 법률을 준수해야 한다고 말하면서 영화사의 주장을 기각했다. 판사는 "예고편은 핵심적으로, 소비자들에게 그 영화의 예고영상을 보여줌으로써 영화를 팔기 위해 고안된 광고"라고 썼다. 그 소송은 실망한 팬들을 대신하여 최소 5백만 달러를 청구하고 있다.

rule v. 판결하다 trailer n. (영화의) 예고편 sue v. 소송을 제기하다 studio n. (영화 촬영) 스튜디오; 영화사 advertising n. 광고 enthusiast n. 열광자, 팬 trick ~ into … ~을 속여서 …하게 하다 flick n. <구어> 영화 feature v. 주연시키다 fork over 지불하다 make the final cut 최종적으로 선택되다(= be finally selected) class action suit 집단 소송 file v. (신청·항의 등을) 제출[제기]하다 allege v. 단언하다, 주장하다 prominently ad. 현저하게, 두드러지게 suit n. 소송, 고소 throw out (제안·아이디어 등을) 물리치다[거부하다, 기각하다] complaint n. 불평; 고소 amendment n. (법안 등의) 수정안 constitution n. 헌법 guarantee v. 보증하다; ~을 확실히 하다, 보장하다 reject v. 거절하다; 각하하다 argument n. 논쟁, 주장 commercial a. 상업의; 영리적인 subject to ~의 지배를 받는, 복종하는, 종속하는 around prep. ~에 관한(= relating to) preview n. 영화의 예고편 on behalf of ~을 대표하여

45 글의 제목 ④

좋아하는 배우가 예고편에 모습을 드러냈지만 본편 영화에서는 나오지 않은 것에 실망한 영화팬들이 영화사를 상대로 허위 광고 소송을 제기할 수 있다는 판결이 나온 것에 관한 내용이다. 그러므로 제목으로는 ④가 적절하다. ① 소송을 제기할 수 있다는 판결이 나온 것일 뿐 배상하라는 판결이 나온 것은 아니다.

다음 중 위 글의 제목으로 가장 적절한 것은?
① 영화팬들이 소송에서 거액을 받게 되다
② 유니버설 픽쳐스가 언론의 자유를 침해하다
③ 아나 디 아르마스의 거부로 세계적인 소송이 촉발되다
④ 오해의 소지가 있는 예고편에 대한 소송이 진행되다

46 내용일치 ②

"유니버설 픽쳐스는 예고편이 언론의 자유를 보장하는 헌법의 보호를 받는다고 주장했지만, 판사는 예고편이 상업적 발언이며 정직한 광고에 관한 법률의 적용을 받는다고 말하면서 영화사의 주장을 기각했다."라고 했으므로 ②가 본문의 내용과 일치한다. ① 팬들이 아무런 가치를 얻지 못했다는 것은 소송을 제기한 쪽의 주장이다. ③ 언제 그 영화를 구매해서 보았는지는 명시돼 있지 않다.

위 글에 의하면, 다음 중 옳은 것은?
① 유니버설 픽쳐스는 팬들이 아무런 가치도 얻지 못했다고 주장했다.
② 예고편은 (자유를) 보호 받는 언론이 아니라는 판결이 내려졌다.
③ 영화 팬들은 2019년에 그 영화를 구매했다.
④ 판사는 영화사의 변론을 지지했다.

47 부분이해 ①

"정직한 광고에 관한 법률의 적용을 받는다"는 의미이므로 ①이 가장 의미가 가깝다. paid promotion(유료 프로모션)은 플랫폼이나 웹사이트에 유료로 광고를 게재하는 것을 말한다.

다음 중 Ⓐ와 의미가 가장 가까운 것은?
① 유료 광고를 관장하는 법률을 준수해야 한다
② 광고의 목적에 달려 있었다
③ 제품의 판촉활동에 관한 책임이 없다
④ 수정헌법의 제1조의 적용을 받는다.

48-50

우리가 세상을 보는 방식과 세상의 실제 모습은 같지 않다. 인류학자 그레고리 베이트슨(Gregory Bateson)이 "세상의 주요 문제들은 자연이 어떻게 작동하는가와 사람들이 생각하는 방식의 차이가 낳은 결과물이다."라고 말했을 때, 그는 기후 위기를 언급할 만했음에도 불구하고 언급하고 있지 않았다. 왜냐하면 지구 온난화의 문제들은 화석 연료를 태우거나 숲을 개간하는 것이 지구의 대기를 변화시킨다고 생각해 본 적이 없었던 많은 사람들에게 몰래 다가왔기 때문이다. 기온이 갑작스럽게 떨어지고 기후 재앙이 심해지는 지금에 와서야, 우리가 집단적으로 지구의 기후와 그 안에 있는 우리의 위치를 우연히 의식하게 되면서, 세상에 대한 우리의 인식이 변하고 있다. 개인적이든 집단적이든, 의식을 바꾸는 것은 우리의 현실 감각을 혼란케 한다. 기후 위기에 대한 정보는 우리가 우리의 친숙한 일상생활을 기후 혼란의 위험과 비용의 증가와 조화시키려 함에 따라 이상한 비현실적인 느낌을 유발할 수 있다. 하지만 어쩌면 이것이야 말로 지구가 어떻게 작동하고 우리가 어떻게 사는지에 대한 새로운 이해를 갖기 위해 필요한 것일 테니, 그것은 바로 습관적인 사고의 중단이다. 기후 위기의 위험, 손실, 슬픔에 직면하게 되면 의식이 바뀐다. 지구물리학적 현실에서 심리적 현실에 이르기까지, 힘써 해결해야 할 새로운 현실들이 매우 많이 있다. 우리가 살아가는 방식이 변하지 않은 채로 있을 수는 없다. 뜨거워지고 있는 지구의 거센 파도를 타기 위해서는, 우리는 근본적으로 새로운 방식으로 생각하고, 느끼고, 행동해야 한다.

anthropologist n. 인류학자 creep up on (특히 뒤에서) ~에게 슬금슬금 다가가다; (특히 알지 못하는 사이에) ~에게 영향을 미치기 시작하다 fossil fuel 화석연료 clear v. 개간하다 atmosphere n. 대기 tumble v. (가격 따위가) 폭락하다; 갑자기 떨어지다 disaster n. 재앙 intensify v. 강렬[격렬]하게 되다 perception n. 지각작용, 인식 stumble into ~을 우연히 만나다 disrupt v. 붕괴시키다, 분열시키다 induce v. 야기하다, 유발하다 weird a. 수상한, 불가사의한; 기묘한 reconcile v. 화해시키다; 조화시키다 interruption n. 차단; 방해; 중지 habitual a. 습관적인 absorb v. 흡수하다 grief n. 슬픔, 비탄 a raft of 다수의, 다량의 grapple with 완수하려고 애쓰다, 해결[극복]하려고 고심하다 geophysical a. 지구물리학의 psychological a. 심리학의; 정신적인

48 글의 주제 ①

'지구가 어떻게 작동하고 우리가 어떻게 사는지에 대한 새로운 이해를 갖기 위해 우리에게 필요한 것은 습관적인 사고의 중단이며, 지구 온난화에 대처하기 위해 근본적으로 새로운 방식으로 생각하고, 느끼고, 행동해야 함'을 이야기하고 있는 글이므로, 주제로는 ①이 적절하다.

다음 중 위 글의 주제로 적절한 것은?
① 지구 온난화에 대처하기 위해 습관적 사고를 수정하는 것
② 사람들이 어떻게 생각하는지가 아니라 자연이 어떻게 작용하는지를 이해하는 것
③ 사람들이 어떻게 사는지에 대한 새로운 개념을 반박하는 것
④ 현실에 대한 현재의 인식을 강화하는 것

49 내용일치 ④

둘째 문장에서 '세상의 주요 문제들은 자연이 어떻게 작동하는가와 사람들이 생각하는 방식의 차이가 낳은 결과물이라고 말했을 때, 그는 기후 위기를 언급할 만했음에도 불구하고 언급하고 있지 않았다'고 했는데, 기후 위기, 즉 기후 변화를 그가 언급하지 않았다는 것은 그가 기후 변화는 그런 주요 문제에 해당한다고 생각하지 않았다는 말이므로 ④가 정답이다.

위 글에 의하면, 다음 중 옳지 않은 것은?
① 기후 위기를 경험하는 것은 이상한 비현실적인 느낌을 초래할 것이다.
② 습관적인 사고는 우리의 행성이 어떻게 작동하고 우리가 어떻게 사는지에 대한 새로운 생각을 파악하는 데 방해가 된다.
③ 많은 사람들은 과거에 가연성 연료를 사용하는 것이 기후 위기를 야기하지 않을 거라고 생각한 적이 있었다.
④ 베이트슨 씨는 기후 변화가 자연이 어떻게 작용하는지와 사람들이 어떻게 생각하는지의 차이 때문이라고 믿었다.

50 빈칸완성 

습관적 사고의 중단은 '의식'의 변화와 관련이 있으며 또한 기존의 사고에서 벗어나서 '근본적으로' 새롭게 생각할 것을 요구하고 있는 것이다.

다음 중 Ⓐ와 Ⓑ에 들어가기에 가장 적절한 것들로 짝지어진 것은?
① 습관 — 미묘하게
② 의식 — 근본적으로
③ 대기 — 물리적으로
④ 관점 — 예측 가능하게

2022 한국외국어대학교(T1 홀수형)

01 ③	02 ①	03 ③	04 ②	05 ④	06 ④	07 ①	08 ④	09 ④	10 ②
11 ②	12 ④	13 ④	14 ③	15 ①	16 ③	17 ④	18 ④	19 ④	20 ④
21 ③	22 ①	23 ③	24 ③	25 ②	26 ②	27 ②	28 ①	29 ①	30 ①
31 ③	32 ④	33 ①	34 ②	35 ②	36 ③	37 ④	38 ③	39 ③	40 ②
41 ②	42 ③	43 ④	44 ①	45 ②	46 ①	47 ②	48 ①	49 ④	50 ①

01 논리완성 ③

단어 선택에 과도한 주의를 기울이면 역효과가 발생하여 오히려 부자연스러운 결과를 낳는 경우가 있다. 빈칸 앞에 a loss of가 있으므로 '자연스러움'을 의미하는 ③ spontaneity가 정답이다.

excessive a. 지나친, 과도한 result in (결과적으로) ~을 낳다, 야기하다 precision n. 정확(성), 정밀(성) atmosphere n. 대기; 분위기, 환경 spontaneity n. 자발적임, 자연스러움 credibility n. 신뢰성

유감스럽게도 단어를 선택하는 것에 대한 과도한 주의는 종종 자연스러움을 잃는 결과를 낳는다.

02 논리완성 ①

밤의 특성상 이따금씩 들리는 발언에 의해 침묵이 깨졌을 것이므로 remarks를 수식하는 형용사로 어울리는 것은 ① sporadic이다.

ensue v. 계속되다, 이어지다 remark n. 발언, 언급 dense a. 자욱한, 짙은 sporadic a. 산발적인, 이따금 발생하는 inaudible a. 들리지 않은 nocturnal a. 야행성의, 밤에 일어나는 incessant a. 끊임없는, 그칠 새 없는

그러고 나서 침묵이 이어졌고, 처음에는 산발적인 발언으로 침묵이 깨졌다가 다시 밤의 침묵만큼 짙어졌다.

03 논리완성 ③

인질을 구하기 위해 지불하는 몸값은 납치 범죄를 저지르는 동기가 될 수 있다. 이와 같이 나쁜 행동을 보상해 주면 악순환으로 이어질 것이므로, 인질을 구출하기 위해 몸값을 치르는 것은 '항상' 문제를 악화시킬 것이다. 따라서 빈칸에는 ③ invariably가 적절하다.

horrific a. 끔찍한, 무시무시한 ransom n. 몸값 hostage n. 인질 bilaterally ad. 쌍방으로 implausibly ad. 믿기 어렵게 invariably ad. 반드시, 언제나 momentarily ad. 일시적으로

인질을 구출하기 위해 몸값을 지불하는 것이 장기적으로는 항상 문제를 악화시킬 것이라는 것은 끔찍하지만 이해할 수 있는 진실이다.

04 논리완성 ②

의회가 추진하는 일이 자신들의 이익에 반한다면 그들은 그 일을 '방해하려고' 할 것이다. 따라서 빈칸에는 ② thwart가 적절하다.

council n. 의회 support v. 지지하다, 지원하다 thwart v. 훼방 놓다; 좌절시키다 motivate v. 이유[원인]가 되다, 동기를 부여하다

그들은 의회의 일이 그들의 이익에 위협이 된다고 생각하기 때문에 그 일을 방해하려고 할지도 모른다.

05 동의어 ④

extraordinary a. 보기 드문, 비범한; 대단한 repudiate v. ~을 거부하다, 부인하다(= renounce) reinterpret v. 재해석하다, 새롭게[다르게] 해석하다 revise v. 변경[수정]하다, 개정하다 rejuvenate v. 도로 젊게 하다, 활기 띠게 하다

초서(Chaucer)는 자신의 특별한 작품의 가치를 의심하게 됐을 뿐만 아니라 그 가치를 부인했다.

06 동의어 ④

negotiation n. 협상, 교섭, 절충 irrevocable a. 돌이킬 수 없는, 취소[변경]할 수 없는(= permanent) treaty n. 조약, 협정 ensure v. 보장하다 mutual a. 상호간의, 서로의 provisional a. 임시의, 일시적인 authoritative a. 권위 있는

긴 협상 끝에, 두 국가는 양국의 평화를 보장해줄 변경할 수 없는(항구적인) 조약을 체결했다.

07 동의어 ①

sincere a. 진정한, 진심 어린 commitment n. 약속(한 일); 의무, 책무 redress v. 바로잡다, 시정하다 entice v. 꾀다, 유도[유인]하다(= lure) appease v. 달래다, 요구를 들어주다 defile v. (신성하거나 중요한 것을) 더럽히다 undermine v. 약화시키다

진정한 사과는 경제 상황을 바로잡기 위한 정부의 노력을 알리는 신호가 되고 생산 투자를 유도할 수 있을지도 모른다.

08 동의어 ④

openness n. 개방성, 솔직 transparency n. 투명(성) exude v. (냄새·분위기 따위를) 풍기다, 발산시키다(= emanate) deceptive a. 남을 속이는, 기만적인 demage limitation 피해 대책(야기될 피해를 최소화하려는 조치) deter v. 단념시키다, 그만두게 하다 evade v. 피하다, 모면하다 placate v. (화를) 달래다

그 계획은 개방성과 투명성 대신 기만적인 피해 대책의 분위기를 풍긴다.

09 동의어 ④

entrepreneur n. 사업가 disparaging a. 얕보는, 폄하하는, 비난하는(= scathing) critical a. 비판적인 ingredient n. 구성요소 abstract a. 추상적인, 관념적인 lenient a. 관대한 superficial a. 깊이 없는, 얄팍한

최고의 기업가들은 비판적인 피드백이, 그 가장 통렬한 경우에조차도, 창업 성공에 필수적인 요소라는 것을 알고 있다.

10 문맥상 동의어 

benign은 '상냥한', '친절한', '온화한', '(병리) 양성(良性)의', '무해한'의 의미로 쓰이는 다의어이다. 주어진 문장에서, 이 병이 나중에 합병증을 일으킨다고 했는데, 이는 이 질병이 이전에 생각했던 것만큼 '무해하지 않다'는 것이므로 benign은 ② 무해한(harmless)의 의미로 쓰였다고 볼 수 있다.

health complication 합병증

그 병은 이전에 생각했던 것만큼 무해하지 않고 나중에 합병증을 일으킨다.

11 문맥상 동의어 ②

sheer는 '몹시 가파른', '완전한', '얇은', '투명한'의 의미로 사용되는 다의어이다. 테러범의 공격에 대한 사람들의 반응은 완전한 공포였을 것이므로, sheer가 ② 완전한(complete)의 의미로 쓰였다고 볼 수 있다.

테러범의 공격에 대한 사람들의 즉각적인 반응은 완전한 공포였다.

12 문맥상 동의어 ④

partial은 '부분적인', '불완전한', '불공평한', '편파적인'의 의미로 사용되는 다의어이다. 주어진 문장에서는, 비엔나 중앙 의회가 독일인들에게 매우 편파적이라는(치우쳤다는) 의미로 쓰였다. 따라서 partial은 ④ (~에) 마음이 기울어진(attached)의 의미로 쓰였다고 볼 수 있다.

grossly ad. 지독히, 극도로 fractional a. 단편적인, 얼마 안 되는

매우 광범위한 권한을 가지고 있는 비엔나(오스트리아)의 중앙 의회는 독일인들에게 매우 편파적이었다.

13 문맥상 동의어 

hail은 '환호하며 맞이하다', '~에게 인사하다', '큰 소리로 부르다'의 의미로 사용되는 다의어이다. 주어진 문장에서, 소방관은 마을 사람들에게 아이들을 구한 영웅으로 환영받길 원할 것이므로, hail은 ④ 환영하다, 맞이하다(greet)의 의미로 쓰였다고 볼 수 있다.

그 소방관은 마을 사람들이 자신을 아이들을 구한 영웅으로 맞이해주기를 희망한다.

14 재진술 

제시된 문장에서 flatten the curve(곡선을 평평하게 하다)는 '전염병의 확산을 완화하기 위한 조치를 하다'의 의미이다. "정부가 전염병의 확산을 완화하기 위한 조치를 취해야 한다"는 의미를 가진 문장은 ③이다.

take a step 조치를 취하다 decisive a. 결정적인, 결단력[과단성] 있는 countermeasure n. 대책, 보호 조치

정부는 전염병의 확산을 완화하기 위한 결단력 있는 조치를 취해야한다.

① 우리가 전염병을 근절하기 위한 대응책을 강구해야 한다는 것이 정부의 결정이다.
② 정부는 감염자들의 단조로운 생명선에 다시 활기를 불어넣기로 결정해야 한다.
③ 정부는 질병의 확산을 늦추기 위한 조치를 반드시 취해야 한다.
④ 정부는 감염의 곡선 단계를 연장해야 한다.

15 재진술 

부정주어(Nothing) is more than은 '~보다 더 …한 것은 없다'의 의미이며, 제시문은 "중국인이 장식에 대해 열정을 가지고 있는 것에 대해 더없이 놀랐다"는 의미이다. 이와 같은 의미를 가진 문장은 ①이다.

possess v. ~의 마음을 사로잡다 obsess about ~에 늘 괴로워하다, ~에 집착하다

중국인들의 마음을 사로잡는 장식에 대한 열정보다 더 나를 놀라게 하는 것은 없다.

① 나는 무엇보다도 중국인들이 집착하는 장식에 대한 열정에 놀란다.
② 나는 중국인들이 열정적인 장식가라는 것을 알아차리고 전혀 놀라지 않는다.
③ 나는 중국인들이 다른 많은 사람들과 마찬가지로 장식에 대한 열정을 갖고 있다는 것을 알고 있다.
④ 나는 중국인들의 장식에 대한 집착에만 놀랄 뿐이다.

16 관계대명사 ③

관계대명사 which의 선행사는 nearly three hundred musical scrolls이며, 이것 중 90개가 사용된다는 의미가 되어야 한다. 따라서 빈칸에는 ninety of which are나 of which ninety are가 적절하므로 ③이 정답이다.

scroll n. (종이·가죽의) 두루마리, 족자; (바이올린, 의자 등의) 소용돌이꼴 끝부분[장식] preserve v. 보존하다

약 300여개의 음악 족자(악보)가 보존되어 있으며, 그 중 90개가 왕실 추모식에 사용된다.

17 to 부정사의 수동태 ④

say 동사는 '주어+be said+ to부정사'의 형태로 쓰여 '~라고 전해지다, ~라는 말이 있다'라는 의미로 쓰인다. it은 love를 가리키고 눈이 멀어 고통을 당한다는 의미가 되기 위해서는 부정사의 수동태가 쓰여야 하므로 ④가 정답이다.

vigilant a. 경계하고 있는, 방심하지 않는 watchman n. 야경꾼, 경비원, 파수꾼 blindness n. 맹목, 무분별(無分別) afflict v. 괴롭히다, 피해를 입히다

사랑은, 비록 눈먼 사랑이 고통 받는다는 말이 있지만, 방심하지 않는 파수꾼이다.

18 so+형용사+관사+명사 ④

age가 나이를 의미할 때는 가산명사로 쓰이며, so는 '형용사+부정관사+명사'의 어순을 취한다. 따라서 ④는 so young an age가 되어야 한다.

intimidating a. (자신감이 없어지도록) 겁을 주는[겁나는]

첫 직업은 누구에게나 겁이 나는 것일 수 있겠지만, 운동선수와 무용수만큼 어린 나이에 일과 관련된 스트레스를 다루어야 하는 사람은 거의 없다.

19 to 부정사 ④

'it is time for 목적어' 다음에는 to 부정사가 오므로 ④는 to arrive가 되어야 한다.

shower v. (많은 것을) 주다

첫째 아이가 태어날 때 친구들이 당신에게 많은 선물을 주는 것은 흔한 일이지만, 둘째가 태어날 때가 되면 한 장의 카드 이상은 기대하지 마라.

20 정비문 ④

지각(감각)을 나타내는 동사는 목적보어로 원형동사, 현재분사, 과거분사 모두 가능하다. ① 그가 건물 안으로 뛰어 들어가는 주체이므로 목적격보어로 원형부정사 run은 적절하다. 지각동사가 수동태가 되면, 목적보어인 원형부정사가 to부정사가 되므로 ②의 to explode는 맞고, ④의 climb은 to climb으로 고쳐야 한다. ③ 그가 거리에서 춤을 추는 주체이므로 원형부정사 dance는 적절하다.

① 나는 그가 건물 안으로 뛰어 들어가는 것을 창문을 통해 보았다.
② 3마일 떨어진 곳에서도 폭탄이 폭파되는 소리가 들렸다.
③ 나는 그가 거리에서 춤추는 것을 거실 창문에서 볼 수 있었다.
④ 그가 대낮에 높은 벽돌담을 넘는 것이 목격되었다.

21 정비문 ③

① show(보여주다)는 '간접목적어+직접목적어'의 어순(4형식 동사의 어순)으로 사용될 수 있고 last summer이므로 과거시제 took이다. ② by the time 뒤의 절이 과거시제여서 주절 동사가 과거완료시제이다. ④ by the time 뒤의 절이 현재시제여서 주절동사가 미래완료시제이다. ③ after절과 주절은 시제가 같은 것이 일반적인데 finished와 offer의 시제가 일치하지 않는다. finished를 finish로 고치거나 offer를 offered로 고쳐야 한다.

① 해리는 지난여름에 찍은 사진을 친구들에게 보여주고 싶어 한다.
② 톰이 초인종을 알아차렸을 때는 이미 그것이 세 번 울린 후였다.
③ 모두가 메인 코스 요리를 마친 후에, 우리는 손님에게 디저트를 제공한다/제공했다.
④ 미술 전시회가 끝날 때는 이미 수천 명의 사람들이 미술 전시회를 봤을 것이다.

22-23

아이들은 나이가 들면서 산타클로스와 그의 마법이 실제로 어떻게 일어나는지에 대해 더 많은 질문을 할지도 모른다. 질문을 점점 더 자주 한다는 사실을 알게 되면, 어떻게 이 상황들을 정리해서 마무리 지을 수 있을지 생각해봐야 할 때일지도 모른다. 비록 이 변화가 일어나는 시점은 아이마다 다르지만, 일반적으로 아이들은 7살에서 10살 사이에 질문을 하기 시작한다. 아이들은 산타클로스에 대한 소식을 들으면 서로 다르게 반응할지도 모른다. "제 9살짜리 딸은 이제 동생들에게 비밀을 지킬 수 있을 정도로 성숙해진 것을 자랑스러워하는 것 같았어요!"라고 한 어머니는 기억했다. 다른 아이들은 반대의 반응을 보일수도 있고, 그렇게 오랫동안 자신들이 산타클로스를 믿었다는 사실에 대해 다소 부끄러움을 느끼거나 그들이 알고 있던 산타클로스를 잃어버린 것에 대해 슬퍼한다. 그러나 당신은 자녀에게 특정한 방식으로 반응하도록 지시해서는 안 된다. 부모로서 당신의 역할은 부정적이든 긍정적이든 자녀의 감정을 통제하는 것이 아니다. 그들의 감정에 귀를 기울이고 안전하고 사랑이 깃든 환경을 만드는 것이 당신의 역할이다. 관대함, 친절, 행복과 같은 산타의 정신에 대해 이야기하면 나이에 상관없이 산타클로스의 마법을 계속 유지하는 데 도움이 될 수 있다. 당신은 또한 가족과 함께 새로운 종류의 전통을 시작할 수 있는 기회를 이용할 수 있다. 예를 들면, 자녀들에게 크리스마스 저녁식사 준비를 돕도록 하는 것은 아이들에게 자부심을 줄 수 있고 나이가 들면서 크리스마스의 마법을 잃는 것이 아니라 얻는다는 것을 보여줄 수 있다.

figure out ~을 이해하다, 알아내다 wind down ~을 서서히[차츰] 끝내다[마치다] shift n. 변화, 변경 mature v. 어른스러워지다, 성숙해지다 grown-up n. 어른, 성인 keep a secret from ~에게 비밀로 하다 embarrassed a. 당혹한, 창피한, 무안한 govern v. 지배하다, 관리하다 spirit n. 정신, 태도 generosity n. 관대, 관용

22 내용파악 ①

"자녀에게 특정한 방식으로 반응하도록 지시해서는 안 되며 부모로서 당신의 역할은 부정적이든 긍정적이든 자녀의 감정을 통제하는 것이 아니다."라고 했으므로 아이의 감정을 긍정적인 방향으로 지도해서는 안 된다. 따라서 ①이 정답이다.

이 글에 따르면, 다음 중 산타클로스에 대한 자녀의 질문에 대해 대처해서는 안 되는 한 가지 방법은 무엇인가?
① 아이의 감정을 긍정적인 방향으로 이끌어주기
② 자녀가 감정을 표현할 때 경청하기
③ 산타클로스와 관련된 긍정적인 가치에 대해 토론하기
④ 새로운 크리스마스 가족 전통을 만들기

23 빈칸완성 ③

빈칸 앞에서 아이들은 산타클로스에 대한 소식을 들으면 다르게 반응할지도 모른다고 했고, 빈칸이 속한 문장부터 아이들의 반응이 이어진다. 동생들에게 비밀을 지킬 수 있을 정도로 성숙해졌다고 느끼게 되면 아이는 '자부심'을 느끼게 될 것이므로 빈칸 Ⓐ에는 ③ proud가 적절하다.
① 실망한 ② 무관심한 ④ 화난

24-25

한 스타벅스 커피숍의 직원들은 스타벅스 직영 매장 중 한 곳에 1980년대 이후 첫 노동조합을 설립하기로 투표로 가결했다. 버팔로 엘름우드 애비뉴에 위치한 매장에서 27명의 직원 중 19명이 찬성표를 던졌다. 참여한 사람의 수가 적었음에도 불구하고, 이 투표는 거대 커피 체인점을 뒤흔들 것으로 보인다. 스타벅스는 최고 경영자가 비행기를 타고 그곳에 도착하는 것을 비롯해서, 노조 결성에 반대하는 투표를 하도록 직원들을 설득하기 위해 온갖 노력을 다했다. 노조 운동가들은 버팔로에 모여 줌(Zoom)을 통해 개표가 진행되는 것을 지켜보았고 그 결과가 발표되자 환호했다. 그러나 버팔로에 있는 두 번째 매장의 직원들은 노조 설립에 반대했다. 세 번째 매장의 투표는 일부 투표용지가 검토 중에 있어서 아직 확정되지 않았다. 모두 합쳐 약 100명의 바리스타와 관리자가 참여했다. 버팔로의 스타벅스 직원들은 많은 일을 했지만 회사가 귀를 기울이지 않았다며 8월에 노조 결성을 위한 운동을 시작했다. 특히 모바일 앱은 여러 개의 복잡한 주문이 빠르게 연속적으로 들어오게 함으로써 그들의 작업량을 늘렸고, 그들은 이 늘어난 일을 다 해내야 하는 시간 압박에 놓여있다. 이번 투표는 미국 전역에 8,000개 이상의 직영 매장을 가지고 있는 커피 체인점에 선례를 남길 수 있는데, 이 직영 매장들 중에 1980년대 이후 지금까지 노조가 결성된 곳은 없다.

labor union 노동조합 vote in favor ~에 찬성(투표를) 하다 rattle v. ~을 덜걱덜걱 소리 나도록 하다; 흔들리게 하다 pull out all the stops (무엇을 달성하기 위해) 온갖 노력을 다하다 persuade v. 설득하다 under review 논평[조사, 검토]을 받아[받고 있는] in all 총[모두 합쳐] unionize v. 노동조합을 결성하다 overworked a. 과로한 add to ~을 늘리다, 증가시키다 workload n. 업무량, 작업량 in quick succession 연달아 set a precedent 선례를 만들다

24 글의 제목 ③

스타벅스 직영 매장 중 한 곳에서 처음으로 노동조합을 설립하기 위한 투표가 진행되었고, 노조 설립이 투표로 가결되었다고 소개하고 있다. 투표로 가결되었으므로 정해진 절차를 거쳐 곧 노조가 결성될 것이다. 따라서 ③의 '최초의 노조가 결성된 매장을 갖게 될 스타벅스'가 글의 제목으로 적절하다. ④ 노조 결성 운동은 8월에 이미 시작되었으므로 제목으로 부적절하다.

다음 중 이 글의 가장 적절한 제목은 무엇인가?
① 노조 결성에 반대투표를 할 스타벅스
② 증가된 주문을 처리할 스타벅스
③ 최초의 노조가 결성된 미국 매장을 갖게 될 스타벅스
④ 노조 결성 운동을 시작할 스타벅스

25 내용일치 

노조 설립에 반대표를 던진 매장의 직원들은 두 번째 매장의 직원들이며, 세 번째 매장의 투표는 투표용지가 검토 중에 있어서 아직 확정되지 않았다고 했으므로 ②가 이 글의 내용과 다르다.

이 글에 따르면, 다음 중 옳지 않은 것은 무엇인가?
① 모바일 앱이 직원들의 업무량을 늘렸다.
② 버팔로에 있는 세 번째 매장의 직원들은 노조 설립에 반대표를 던졌다.
③ 노조 설립 운동을 하던 사람들이 모여 개표를 지켜봤다.
④ 엘름우드 애비뉴에 있는 직원의 50% 이상이 노조 설립에 찬성표를 던졌다.

26-27

인터넷은 매력적이지 않은 콘텐츠로 가득 차 있다. Statista.com에 따르면, 3월에 45%의 이메일이 스팸 메시지였다. 대부분의 사람들은 파일에 악성소프트웨어가 있을지도 모르기 때문에 파일을 다운로드하기 전에 숙고한다. 인터넷 상에 존재하는 것에 대한 전반적인 불신이 있으며, 이는 온라인 기업가들에게 도전을 야기한다. 한편으로, 그들은 고객이 있는 곳에서 고객을 만나고 온라인에서 신뢰를 쌓을 필요가 있다. 다른 한편으로, 디지털 공해는 그들을 그들의 청중(고객)으로부터 분리시킨다. 디지털 공해는 원치 않은 디지털 방해 요소 — 당신이 디지털공간과 가상공간에서 업무를 볼 때 하던 일을 멈추게 하고, 하던 일을 더디게 하고, 혼란스럽게 하며, 좌절시키고, 심지어 당신을 위협하는 모든 것 — 의 집합적인 효과이다. 당신이 디지털 기업가라면, 가장 좋은 방법은 더 이상 쌓아 올리는 것을 중단하고 당신의 메시지를 당신이 도달하기 원하는 청중(고객)에게로 집중하는 것이다. 만약 사람들이 당신의 메시지에 관심을 갖지 않는다면, 하던 일을 멈추고 더 진정한 의사소통을 구축하기 위한 새로운 방법들을 검토해야 한다.

unappealing a. 매력 없는, 유쾌하지 못한 malware n. 악성소프트웨어 build trust 신뢰를 쌓다 digital pollution 디지털 공해 distraction n. (주의) 집중을 방해하는 것 authentic a. 믿을 만한, 확실한 evaluate v. (면밀히) 가치를 검토하다, 평가하다

26 글의 목적 ②

인터넷상에 존재하는 것에 대한 전반적인 불신으로 인해 온라인 기업가들이 고객들로부터 신뢰를 쌓는 것이 중요하다고 설명하는 글이므로, 글의 목적으로 적절한 것은 ②이다.

이 글의 주된 목적은 무엇인가?
① 스팸과 악성소프트웨어에 대한 주의를 주기 위해
② 온라인 기업가들에게 조언해주기 위해
③ 온라인 소비자들을 도와주기 위해
④ 디지털 공해를 정의하기 위해

27 지시대상 ②

Ⓐ, Ⓒ, Ⓓ는 온라인 사업가를 가리키고, Ⓑ는 고객을 가리키는 대명사이다.

28-30

프랑스의 위대한 수학자 앙리 푸앵카레(Henri Poincaré, 1854 - 1912)는 그의 많은 기발한 아이디어가 어디에서 나왔는지에 대해 몇 가지 유력한 추측을 했는데, 그것은 무의식적인 사고였다. 다시 말해, 그가 어려운 수학 문제에 쩔쩔매고 있을 때 그의 무의식은 이면에서 작업을 하고 있고 그 답이 무의식을 헤치고 의식으로 나타난다는 것이다. 마찬가지로 20세기의 저명한 독일 작곡가인 파울 힌데미트(Paul Hindemith)는 다음과 같은 놀라운 비유를 제공한다. "우리 모두는 밤중에 번쩍이는 강렬한 번개 빛의 인상을 알고 있다. 1초도 안 되는 시간에 우리는 전체적인 윤곽뿐만 아니라 모든 세부 사항을 포함한 넓은 풍경을 본다. 우리가 단 한순간에 모든 적절한 세부 사항을 적절한 위치에 두고 완전한 전체 작품을 볼 수 없다면, 우리는 진정한 창조자가 아니다." 문자 그대로 받아들일 때, 힌데미트의 주장은 작곡의 전체 과정이 무의식의 작품이라는 것을 암시하는 것처럼 보일 것이다. 완전한 악보가 무의식적인 과정에 의해 만들어져서, 다만 갑자기 눈부신 발화의 순간에 의식으로 나타날 뿐이다. 무의식의 작품이 완전하므로, 작곡가는 그 작품을 종이에 옮기기만 하면 된다. 그 옮기는 과정은 창조적인 노력이 이미 다 행해졌다는 것을 감안할 때 정말 힘들고 지루한 활동이다.

brilliant a. 훌륭한, 우수한 unconscious a. 무의식적인; 부지불식간의 burst v. 터지다, 갑자기 나타나다 notable a. 중요한, 유명한 metaphor n. 은유, 비유 composition n. 구성, 합성; (음악·미술의) 작품 entirety n. 전체, 전부 score n. 악보; (음악) 작품 break forth 갑자기 ~하다 incandescence n. 백열광; (열의 따위에) 불타는 것 break forth 갑자기 ~하다(into) transcribe v. 베끼다, 옮겨 쓰다 laborious a. 힘드는, 어려운 humdrum a. 단조로운; 평범한, 지루한

28 글의 주제 ①

수학자 앙리 푸앵카레와 작곡가 파울 힌데미트의 예를 들며, 무의식적인 사고의 결과물이 의식으로 나타나 기발한 아이디어를 만들었다고 설명하는 글이다. 이 글은 '무의식이 놀라운 결과물을 만들어내는 것'과 관련하여 설명하고 있으므로 ①이 주제로 적절하다.

다음 중 이 글의 주제는 무엇인가?
① 무의식의 기적적인 결과물
② 천재들의 놀라운 문제 해결 속도
③ 신경학 구조의 놀라운 복잡성
④ 수학과 음악의 불가사의한 연관성

29 빈칸완성 ①

빈칸 Ⓐ 다음에 이어지는 대시 이하에서 완전한 악보가 무의식적인 과정에 의해 만들어진다고 부연설명하고 있으므로, '악보를 만들어내는 작곡 과정'은 무의식에 의해 만들어지는 것임을 알 수 있다.

다음 중 Ⓐ에 가장 적합한 것은 무엇인가?
① 작곡의 전체 과정
② 음악 주제의 영감
③ 음악 작품의 기본적인 개요
④ 작곡의 가장 훌륭한 부분

30 빈칸완성 ①

앞에서 '무의식의 작품이 완전하므로'라고 했으므로, 작곡가는 그 완전한 작품을 종이에 옮겨 쓰기만 하면 될 것이다.

다음 중 Ⓑ에 가장 적합한 것은 무엇인가?
① 작품을 종이에 옮겨 쓰다
② 영감을 떠올려 다시 정리하다
③ 영감이 제공한 뼈대를 더 구체화하다
④ 영감의 조각을 잇는 세부사항을 완성하다

31-32

세상에는 두 부류의 사람들이 있는데, 마이어스 브릭스 유형 지표(MBTI) 성격 검사를 신뢰하는 사람들과 그렇지 않은 사람들이다. MBTI는 세계에서 가장 인기가 많은 성격 검사인 동시에 가장 자주 틀렸음이 밝혀진 검사이다. 매년 약 150만 명이 검사를 치르며 수백여 개의 대학뿐만 아니라 포춘(Fortune)지 선정 500대 기업 중 88%가 넘는 기업들이 직원 채용 및 교육에 MBTI검사를 활용하고 있다. 디즈니사의 공주들로부터 다스 베이더에 이르는 가공의 등장인물들마저 MBTI 유형을 부여받았다. 그 검사의 많은 인기에도 불구하고, 많은 심리학자들은 MBTI 성격 검사를 비판한다. 일부 연구에 따르면 MBTI는 같은 사람이 재검사를 받을 때 다른 결과를 얻을 수 있기 때문에 신뢰할 수 없다고 말한다. 그러나 테스트의 한계 중 일부는 MBTI의 흑백논리적인 범주와 같은 개념 설계에 내재되어 있는데, 예를 들어 당신은 외향적인 사람(E) 또는 내성적인 사람(I), (이성적으로) 판단하는 자(J) 또는 (감정적으로) 느끼는 자(F)와 같이 분류된다. 많은 사람들은 성격 차원에서 두 가지 범주로 깔끔하게 분류되지 않기 때문에 이것은 단점이다. 대신 사람들은 많은 차원을 가지고 있다. 실제로 많은 사람들은 평균에 가깝고, 상대적으로 소수의 사람들만이 양극단에 있다. 사람들을 잘 정돈된 상자(범주) 속에 넣음으로써 우리는 실제로 서로 다른 점보다 비슷한 점이 더 많은 사람들을 분리해내고 있는 것이다.

simultaneously ad. 동시에, 일제히 debunk v. (생각·믿음 등이) 틀렸음을 드러내다[밝히다] assign v. 할당하다, 배당하다 black-and-white a. 흑백의; (논리 따위가) 뚜렷한, 단순 명쾌한 extrovert n. 외향적인 사람 introvert n. 내성적인 사람 shortcoming n. 결점, 단점 neatly ad. 깔끔하게; 적절히 dimension n. 차원, 관점 tidy a. 깔끔한, 잘 정돈된

31 글의 주제 ③

MBTI 성격 검사가 가진 문제점을 설명하는 글이므로, 글의 주제로는 ③이 적절하다.

다음 중 이 글의 주제는 무엇인가?
① MBTI의 기업에서의 용도
② MBTI가 인기를 끄는 이유
③ MBTI를 둘러싼 논란
④ 다양한 MBTI 범주에 대한 설명

32 내용일치 ④

"일부 연구에 따르면 MBTI가 같은 사람이 재검사를 받을 때 다른 결과를 얻을 수 있기 때문에 신뢰할 수 없다고 말한다."고 했으므로 같은 사람이라고 해서 항상 같은 검사 결과를 받을 수는 없다. 따라서 ④가 정답이다.

이 글에 따르면, 다음 중 옳지 <u>않은</u> 것은?
① 사람들마다 내향성의 정도가 다를 수 있다.
② MBTI는 사람들을 판단하는 자 또는 느끼는 자로 분류한다.
③ 많은 기업들은 MBTI를 활용하여 구직자를 평가한다.
④ 같은 사람은 검사에서 항상 같은 결과를 받을 것이다.

33-34

대부분의 대중들은 그래피티와 거리 예술을 혼동하기 쉽다. 예술계에서도 두 용어는 서로 바꾸어 사용되고 있으며, '거리의 예술'이라는 유동적인 개념을 가리킨다. 그러나 이 두 가지가 주류문화에게 하나의 하위문화로서 아무리 단일하고 하나로 결합해 있는 것처럼 여겨진다 해도, 두 가지를 구분하는 중요한 차이점들이 있다. "그래피티는 거리 예술보다 먼저 생긴 것이며 거리 예술은 그래피티에서 영감을 얻는다."라고 StreetArtNYC에서 오랫동안 큐레이터로 활동했던 로이스 스타브스키(Lois Stavsky)는 말한다. 그래피티는 글자를 기반으로 하며 그래피티를 쓰는 사람들은 대부분 독학한 사람들이다. 이 예술 형식은 도시 청년들을 위한 일종의 자기표현으로 도심 지역에서 나타났다. 그래피티는 그것의 '꼬리표'가 글 쓴 사람에 의한 퍼스널 브랜딩(자기선전) 행위이기 때문에 자기 본위적이다. 그래피티는 불법이지만, 바로 이러한 불법적인 위험 때문에 반(反)문화적인 우위를 점하게 된다. 반면에, 거리 예술은 정규 교육을 받은 예술가에 의해 가장 자주 행해진다. 처음에 예술가들은 그래피티에서 힌트를 얻어 길거리를 자신들의 캔버스로 삼아 기존 제도(기득권층)에 반대하는 뜻을 표현했으며 그들의 작품은 일반적으로 대중에게 어떤 메시지를 전달한다. 거리 예술은 보통 허가를 받아 그리거나 의뢰를 받아 그린다.

conflate v. 하나로 합치다; 융합하다 graffiti n. (공공장소에 하는) 낙서, 그래피티 interchangeably ad. 교환 가능하게 fluid a. 유동적인 singular a. 유일한, 뛰어난, 두드러진 cohesive a. 결합력 있는, 단결된 mainstream n. 주류 subculture n. 하위문화 predate v. ~보다 먼저[앞서] 오다 draw inspiration from ~으로부터 영감을 얻다 egoistic a. 이기주의의; 자기 본위의 countercultural a. 대항[대응] 문화의 edge n. 우위 take one's cue from ~을 보고 배우다 commission v. (미술음악 작품 등을) 의뢰[주문]하다

33 글의 주제 ①

대중들은 그래피티와 거리 예술을 같은 것으로 혼동하는 경향이 있지만, 두 예술에는 중요한 차이점이 있다고 설명하고 있으므로 ①이 글의 주제로 적절하다.

다음 중 이 글의 주제는 무엇인가?
① 그래피티와 거리 예술의 차이점
② 거리 예술은 예술이지만 그래피티는 예술이 아닌 이유
③ 그래피티와 거리 예술의 기원
④ 그래피티가 거리 예술에게서 입은 은혜

34 내용일치 

"거리 예술은 정규 교육을 받은 예술가에 의해 가장 자주 행해진다."라고 했으므로 ②가 정답이다. 독학한 사람들은 그래피티를 하는 사람들이다.

이 글에 따르면, 다음 중 옳지 <u>않은</u> 것은 무엇인가?
① 거리 예술은 그래피티에서 영감을 받았다.
② 거리 예술가들은 대부분 독학한 사람들이다.
③ 그래피티는 글자를 기반으로 한 일종의 자기표현이다.
④ 그래피티는 그 불법성 때문에 반문화적인 우위를 가지고 있다.

35-37

NFT, 즉 대체 불가능한 토큰은 어떤 품목, 말하자면, 예술 작품의 독특한 디지털 표현이다. NFT는 정품 인증서 또는 날인 증서와 유사하며 블록체인에 기록된다. 일반적으로 NFT는 당신이 이전에는 상품으로 생각하지 못했던 무언가를 디지털 형식으로 나타낸다. 예를 들어, 잭 도시(Jack Dorsey)의 첫 번째 트윗, 농구 경기의 TV 영상 클립, jpeg파일 형태로 픽셀화된 만화 유인원 등이 있다. NFT는 비디오 게임 안의 가상 레이싱카, 해리 스타일스(Harry Styles)가 입은 카디건의 사진, 디지털 예술 작품 등, 거의 모든 것으로부터 만들어질 수(즉, 블록체인에 기록될 수) 있다. NFT를 만드는 것은 작품에 대한 자신의 소유권을 증명하고, 작품의 희소성을 보장하는 두 가지를 한다. 디지털로만 존재하는 어떤 것을 팔기 원한다면, 문제는 디지털로 존재하는 모든 것들을 무한히 복사할 수 있다는 것이다. NFT는 복사를 막지는 않는다. 그러나 NFT는 당신으로 하여금 사본들을 이 하나뿐인 개념상의 '원본'과 구별할 수 있게 해 준다. 그리고 NFT는 당신이 그것을 소유하고 있다는 것을 원장(元帳)을 통해 증명한다. 물론 당신이 그것을 팔기 전까지 말이다. 그리고 그것이 실제적인 핵심이다. 어떤 것을 NFT로 만듦으로써 당신은 상품을 만들고 있는 것이다. 당신이 판매촉진(판촉) 담당자를 믿는다면, NFT는 예술이 사고 팔리는 방식뿐만 아니라 우리가 어떤 종류의 예술과 어느 예술가를 가치 있게 여기는지도 변화시켜서, 예술계를 변화시킬 준비가 되어 있다. NFT를 지지하는 사람들은 NFT가 예술 시장, 특히 디지털 예술 시장에서 기존 거래 방식에 혁명을 일으킬 것이라고 말한다.

non-fungible token 대체 불가능한 토큰(NFT)(블록체인에 저장된 데이터 단위) akin a. ~와 유사한 authenticity n. 출처가 분명함, 진품임 deed n. (서명 날인한) 날인 증서 commodity n. 상품, 물품 pixelated a. 화소로 된[처리된] mint v. (화폐를) 주조하다 certify v. 증명하다, 보증하다 scarcity n. 부족, 결핍 infinitely ad. 대단히, 무한히

notional a. 개념상의; 비현실적인 ledger n. (은행·사업체 등에서 거래 내역을 적은) 원장(元帳) promoter n. 기획자, 주창자, 옹호자, 판매촉진(판촉) 담당자 poise v. (~의) 준비를 하다, (~할) 각오를 하다 proponent n. 지지자, 옹호자

35 글의 주제 ②

대체 불가능한 토큰인 NFT가 무엇이며, 어떻게 운용되고, 예술 시장을 어떻게 변화시킬 것인지 설명하고 있으므로 ②가 글의 주제로 적절하다.

다음 중 이 글의 주제는 무엇인가?
① NFT에서 블록체인의 역할
② NFT의 운용과 영향
③ '원본' NFT의 예
④ NFT의 혁신된 모델

36 내용파악 ③

"NFT는 복사를 막지는 않는다. 그러나 NFT는 당신으로 하여금 사본들을 이 하나뿐인 개념상의 '원본'과 구별할 수 있게 해준다."고 했으므로 ③은 NFT와 관련하여 사실이 아니다.

이 글에 따르면, 다음 중 NFT에 대한 사실이 아닌 것은?
① 그것은 이전에는 상품으로 간주되지 않았던 것을 디지털로 표현한다.
② 그것은 미술 시장에서 진품 증명서나 날인 증서에 해당한다.
③ 그것은 원작품이 무한히 복제되는 것을 막는다.
④ 그것은 디지털 예술 작품의 기존 거래 시스템을 혁신할 것으로 기대된다.

37 빈칸완성 ④

NFT는 당신이 작품을 소유하고 있다는 것을 원장을 통해 증명한다고 했다. 이는 '소유권'에 해당하므로 빈칸에는 ④ ownership이 적절하다.
① 기업가 정신 ② 가상현실 ③ 이중성 ④ 소유권

38-40

'메타버스(metaverse)'라는 단어는 닐 스티븐슨(Neal Stephenson)이 1992년에 발표한 반이상향적인 하이테크 공상 과학 소설인『스노 크래시(Snow Crash)』에서 종종 기원을 찾을 수 있으며, 많은 사람들은 어니스트 클라인(Ernest Cline)의 2011년 소설『레디 플레이어 원(Ready Player One)』의 중심에서 펼쳐지는 눈부신 경험의 미로에서 보다 최근의 영감을 찾아낸다. 그러나 메타버스는 공상 과학적인 것이 전혀 아니다. 그것은 심지어 새로운 것도 아니다. 온라인 커뮤니티는 1980년대 중반부터 존재해 왔으며, 1990년대에는 채팅방, AOL 인스턴트 메신저, 최초의 소셜 미디어 사이트와 함께 성장했다. 게임 "월드 오브 워크래프트"는 2000년대 초 수백만 명의 사람들에게 지속적인 사회의 장이 됐고 커뮤니티가 게임 안팎에서 계속해서 생겨났다. 현재, "포트나이트(Fortnite)"에 로그인하고, 콘솔 플랫폼을 통해 친구들과 채팅에 참여하고, 그들과 게임을 시작하는 것은, 특히 젊은 세대들에게 대부분의 물리적 상호작용만큼이나 사회적인 경험이다. 가상현실(VR)이나 증강현실(AR)에서든 단순히 화면에서든, 메타버스의 약속은 부(富), 사회화, 생산성, 쇼핑 및 엔터테인먼트에 있어서 우리의 디지털 삶과 물리적 삶을 더 많이 겹치게 해주겠다는 것이다. 이런 두 세상은 이미 섞여 있으므로 헤드폰이 필요하지 않다. 위치 정보를 통해 자동차가 얼마나 멀리 떨어져 있는지를 당신에게 알려주는 우버(Uber) 앱을 생각해 보라. 넷플릭스(Netflix)가 이전에 시청한 콘텐츠를 판단하여 추천하는 방법에 대해 생각해 보라. 메타버스는, 그 핵심적인 면에서, 현재의 인터넷이 진화한 것이다.

trace v. (기원·원인을) 추적하다 dystopic a. 반이상향의 cyberpunk n. 하이테크 공상 과학 소설 dazzling a. 눈부신, 휘황찬란한; 현혹적인 warren n. 많은 사람이 살고 있는 건물[지역], 복잡한 미로 sprout v. 생기다, 나타나다 log onto ~에 접속하다 launch into ~을 시작하다 overlap n. 공통부분, 겹침 interweave v. ~을 혼합하다, 섞다 gauge v. 판단하다, 측정하다

38 글의 제목 ③

메타버스라는 단어의 기원과 함께 메타버스가 1980년대부터 존재해 왔으며 우리의 삶을 변화시켜왔음을 설명하는 글이므로 ③이 제목으로 적절하다. 메타버스는 새로운 것이 아니며, 우리의 삶을 변화시켜왔으므로 ④는 정답이 될 수 없다.

다음 중 이 글의 가장 적절한 제목은 무엇인가?
① 메타버스의 후퇴
② 메타버스: 가까이 와 있다
③ 메타버스가 이미 도래했다
④ 메타버스가 우리의 삶을 어떻게 변화시킬 것인가

39 내용일치 ③

"메타버스의 약속은 부(富), 사회화, 생산성, 쇼핑 및 엔터테인먼트에 있어서 우리의 디지털 삶과 물리적 삶을 더 많이 겹치게 해주겠다는 것이다."라고 했으므로 ③이 정답이다.

이 글에 따르면, 다음 중 옳은 것은?
① 메타버스는 공상과학 작가들의 상상력이 만들어낸 것일 뿐이다.
② "포트나이트" 게임을 하는 것은 물리적인 상호작용이지 사회적인 상호작용이 아니다.
③ 메타버스는 우리의 디지털 삶과 물리적 삶을 중첩되게 해준다.
④ '메타버스'라는 단어는 "레디 플레이어 원"에서 처음 등장했다.

40 빈칸완성 ②

위치 정보를 통해 자동차가 얼마나 멀리 떨어져 있는지를 당신에게 알려주는 우버와 추천 콘텐츠를 제공하는 넷플릭스의 기술의 핵심에는 메타버스가 있다고 했는데, 이는 인터넷 기술이 '진화(발전)하여' 가능하게 된 것이므로 ② evolution이 빈칸에 적절하다. ① 쇠퇴 ③ 축약 ④ 조작

41-42

지금까지 몇 년 동안 무인 자동차의 연구와 개발은 놀랍게 진화했고, 몇 가지 직관적이고 창의적인 변화가 목격되었다. 거대 자동차 회사에 의해 도로에서와 시뮬레이션으로 이러한 자율 주행 차량에 대한 다양한 시연이 있어왔다. 그러나 자율 주행 차량에서는 안전의 척도가 항상 중대한 관심 사항이었다. 다양한 무인 자동차의 도로 주행 실험에서 심각한 사고가 있었다. 예를 들면, 2016년에 테슬라 운전자가 자율 주행 모드를 사용하던 중 자동차 충돌 사고로 사망했다. 2018년 우버의 자율 주행차가 한 여성을 치어 숨지게 한 사건이 발생했다. 따라서 자율주행차의 안전 사양을 연구하는 것은 핵심 요건이다. 여기 무인 자동차를 위해 채택된 몇 가지 창의적인 방안들이 있다. 어댑티브 크루즈 컨트롤(적응식 정속주행 시스템)은 앞차와 보조를 맞추기 위해 자동으로 속도를 줄이고 높이며 작동하는 지능형 크루즈 컨트롤이다. 이 기술은 충돌을 피하는 데 도움이 된다. 사각지대 감지는 속도에 관계없이 차량 주변을 360도 전자 장비로 커버해주는 또 다른 핵심 기술이다. 볼보에서 개발한 이 기술은 나란히 주행하는 자동차들뿐만 아니라 차량 바로 뒤의 교통의 흐름도 추적한다. 마지막으로, 차로 이탈방지 보조시스템은 전방의 조향각을 조정하여 바른 차선 내에서 주행할 수 있도록 해준다. 그것은 차량이 차선을 벗어나면 조향 핸들을 활용하여 작동한다.

evolve v. 발달[진전]하다 tremendously ad. 엄청나게 intuitive a. 직감[직관]에 의한 witness v. 목격하다 autopilot n. 자동 조종 장치 keep pace with ~와 보조를 맞추다, ~에 따라가다 collision n. 충돌(사고), 부딪침 blindspot n. (특히 운전 중인 도로의) 사각 지대 track v. 추적하다, 뒤쫓다 steering n. (차량의) 조종 장치 deploy v. 전개하다[시키다]; (자원·장비 따위를) 효율적으로 활용하다

41 글의 제목 

무인 자동차의 안전을 위해 채택된 사양인 어댑티브 크루즈 컨트롤, 사각지대 감지, 차로 이탈방지 보조시스템을 소개하는 글이므로, 제목으로는 ②가 적절하다.

다음 중 글의 가장 적절한 제목은 무엇인가?
① 자율주행차의 위험성
② 무인 자동차의 안전 사양
③ 테슬라, 우버, 그리고 자율 주행차
④ 자율 주행차와 관련한 교통 법규

42 내용일치 

"어댑티브 크루즈 컨트롤은 앞차와 보조를 맞추기 위해 자동으로 속도를 줄이고 높이며 작동하는 지능형 크루즈 컨트롤이다. 이 기술은 충돌을 피하는 데 도움이 된다."고 했으므로 ③이 정답이다.

이 글에 따르면, 다음 중 옳은 것은?
① 사각지대 감지는 테슬라에서 개발한 안전 사양이다.
② 자율주행차와 관련된 사고로 인한 사망자는 없다.
③ 어댑티브 크루즈 컨트롤은 충돌을 피하기 위해 자동차의 속도를 조절한다.
④ 자동차 회사들은 무인 자동차의 시연을 계속 시뮬레이션으로 해왔다.

43-44

배가 고프거나 다이어트 중이거나 건강식을 하려고 할 때 당신이 상상하는 그런 종류의 음식의 무게에 눌려 신음하는 커피 테이블 위에 카메라가 펼쳐진다. 유리그릇에 수북이 쌓인 감자칩, 햄버거 3개, 토핑이 가득한 큰 사이즈의 피자 1개, 많은 양의 치킨윙이 그것이다. 유튜브에 나오는 많은 양의 음식 콘텐츠는 결코 새로운 개념은 아니다. 유튜버들이 건강에 좋지 않은 많은 양의 음식을 먹고, 마이크에 대고 후루룩거리며 오도독 먹을 것을 씹는 '먹방' 영상은 지금 몇 년째 유튜브의 큰 사업이 되어왔다. '먹방' 영상은 원래 거의 10년 전에 등장했는데, 2010년에 한국 블로거들에 의해 처음으로 만들어졌다. 음식과 식사가 집단 문화의 중심축이고 엄격한 예절에 의해 좌우되는 한국 사회에서 '먹방' 영상의 중요성에 대한 많은 글들이 작성되었다. 이러한 문화에 반대하는 방법 중의 하나인 최초의 포맷으로서의 '먹방' 영상은 우리가 먹으면 안 된다고 알고 있는 음식을, 일반적으로 매력적으로 화면에 등장하는 아바타를 통해, 대리로 즐기는 방식이었다. 영양사들은 이러한 태도와 우리가 '먹방' 콘텐츠에서 보는 그런 종류의 지나친 탐닉이 문제가 될 수 있다고 주장한다. 이런 유형의 영상은 특히 다이어트 중이거나 맛있는 음식을 자제하는 사람들에게 재미있을 수 있지만, 시청자들 — 특히 불규칙한 식습관에 취약한 시청자들 — 은 위험에 처해질 수 있다. '먹방' 영상은 폭식 후에 종종 더 많은 식사제한이 뒤따르고 이것이 또 다시 폭식을 부추기는 위험한 식사 주기를 강화시킨다.

groan under the weight of ~의 무게를 못 이겨 신음하다[삐걱거리다] mound n. 많은 양 slurp v. (무엇을 마시면서) 후루룩 소리를 내다, 후루룩 마시다 crunch v. 아작아작[오도독] 씹다 pillar n. 기둥; 받침 vicariously ad. 대리로서, 대리로 dietician n. 영양사(營養士) overindulge v. 지나치게 탐닉하다 reinforce v. 강화하다, 보강하다 binge n. 폭음[폭식]하기 fuel v. 부채질하다; 자극하다

43 내용일치 

"먹방 영상은 폭식 후에 더 많은 식사제한이 뒤따르고 이것이 또 다시 폭식을 부추기는 위험한 식사 주기를 강화시킨다."고 했으므로 정크 푸드에 대한 당신의 식욕을 만족시키는 건강한 방법이 아니라 오히려 건강을 해치는 방법이라고 볼 수 있다. 따라서 ④가 정답이다. ② 시청자에게는 먹방 유튜버가 자기 대신 먹어주는 아바타이다.

이 글에 따르면, 다음 중 옳지 않은 것은?
① '먹방' 영상은 일반적으로 건강하지 않은 음식을 다룬다.
② 대부분의 '먹방' 유튜버들은 매력적인 경향이 있다.
③ '먹방' 유튜버들은 일반적으로 그들의 영상에서 지나치게 탐식한다.
④ '먹방' 영상들은 정크 푸드에 대한 당신의 식욕을 만족시키는 건강한 방법이다.

44 부분이해 

vicariously는 '대리로서', '대리로'라는 의미로 먹방 영상은 다른 사람이 음식 먹는 것을 보고 대리로 즐기는 방법이므로 Ⓐ가 의미하는 것은 ① '다른 사람을 통해 간접적으로 음식을 경험하는 것'이라고 볼 수 있다.

다음 중 Ⓐ와 의미와 가장 가까운 것은 무엇인가?
① 다른 사람을 통해 간접적으로 음식을 경험하는 것
② 자신에게 금지된 경험을 허용하는 것
③ 자신에게 하루 동안 폭식하는 것을 허용하는 것
④ 식사와 식사제한을 번갈아 하는 식사 주기를 택하는 것

45-47

우리는 1990년대 초의 인터넷을 둘러싼 낙관론에서 크게 진보해왔다. 그러고 나서 뉴스를 민주화하고 사회적 결속을 강화할 수 있는 인터넷의 잠재력에 대한 이상향적인 견해가 있었다. 사실 불과 10년 전만 해도 우리는 온라인 통신이 아랍의 봄에서 일조한 역할을 칭찬했었다. 이제는 소셜 미디어의 주제가 언급되면, 그것은 인종차별주의, 거친 음모 이론, 또는 여성 및 소수 집단을 괴롭히고 침묵시키는 것과 훨씬 더 자주 관련되어 있다. 그릇된 정보에 대한 우려 이외에도, 많은 연구에 따르면 자신의 신원이 드러나지 않도록 보호받고 있다고 생각하는 사용자들은 공격적으로 행동할 가능성이 더 높은데, 이것은 일반적으로 '탈억제 효과'로 설명되는 것의 해로운 형태이다. 그리고 최근의 연구는 온라인 학대를 경험한 사람들의 72%가 익명 계정이나 허위 계정의 표적이 된 적이 있었다는 것을 발견했다. 억제되지 않은 익명성에 의해 야기된 위험의 증거는 명백하다. 그러나 익명성을 전면 금지하는 것은 불균형적인 대응이라고 주장하는 많은 사람들이 있다. 일부 사용자들은 단지 괴롭히거나 화를 부추기기 위해 익명의 뒤에 숨지만, 다른 이용자들은 신원을 밝히기를 보류해야 할 완전히 정당한 이유가 있다. 그들은 기업이나 부서의 범법 행위를 밝히는 내부고발자일 수도 있는데, 이들은 그렇게 하지 않으면 보복당할 가능성이 있다. 그들은 정치적 반체제 인사일수도 있고 학대하는 파트너를 피하려는 사람일 수도 있다. 또는 그들은 단순히 어떤 아이디어들을 온라인으로 탐색해보는 것을 그 결과에 직면할 필요 없이 할 수 있기를 원하는 훨씬 덜 극적이지만 똑같이 타당한 이유가 있을지도 모른다. 우리는 이렇게 합법적이지만 상충하는 공공 이익을 조화시킬 방법을 찾아야 한다.

come a long way (사람·일이) 크게 발전[진보]하다 optimism n. 낙관론, 낙관[낙천]주의 utopian a. 유토피아적인, 이상향적인, 공상적인 potential n. 가능성, 잠재력 democratize v. 민주화하다 reinforce v. 강화하다, 보강하다 social cohesion 사회적 응집성 bullying n. 약자를 괴롭히기 silence v. (반대 의견을 말하지 못하도록) 침묵시키다 identify v. 확인하다, 알아보다 aggressively ad. 공격적으로; 적극적으로 disinhibition n. 탈억제 online abuse 온라인 학대(소셜 미디어, 모바일 앱, 인터넷 등의 온라인상에서 이뤄지는 따돌림이나 불법적 행위) anonymous a. 익명의 unrestrained a. 억제되지 않은 outright a. 완전한, 전면적인 harass v. 괴롭히다, 희롱하다 troll n. 트롤(인터넷 토론방에서 남들의 화를 부추기기 위해 보낸 메시지 혹은 이런 메시지를 보내는 사람) withhold v. 보류하다, 억누르다 whislteblower n. (기업 비리 등의) 내부 고발자[밀고자] wrongdoing n. 범법[부정] 행위 retribution n. (강력한) 응징[징벌], 보복 dissident n. 반체제 인사 abusive a. 폭력적인

45 글의 주제 ②

억제되지 않은 온라인 익명성의 위험을 설명하며, 익명성을 전면 금지하는 것이 불균형적인 대응이라고 주장하는 사람들의 경우를 소개하고 있다. 내부고발자, 반체제 인사 또는 학대하는 파트너를 피하려는 사람들과 같이 어떤 경우에는 익명성이 필요한 경우도 있으며, 온라인 익명성과 관련한 적절한 대책을 찾아야 한다고 주장하고 있다. 따라서 이 글은 온라인 익명성과 관련된 문제에 대해 주로 다루고 있으므로 ②가 주제로 적절하다.

다음 중 이 글의 주제는 무엇인가?
① 음모 이론가에 의한 소셜 미디어의 남용
② 온라인 익명성과 관련된 문제
③ 온라인에서 반체제 인사들의 안전을 유지하는 문제
④ 상반되는 두 주장의 조화

46 내용일치 ①

내부고발자, 정치적 반체제 인사, 학대하는 파트너를 피하려는 사람, 단순히 어떤 아이디어들을 온라인으로 탐색해보는 것을 그 결과에 직면할 필요 없이 할 수 있기를 원하는 사람 등, 일부의 경우에는 온라인 익명성이 보장되어야 할 타당한 이유가 있다고 했으므로, 온라인 익명성을 원하는 이유가 모두 불법적인 것은 아니다. 따라서 ①이 정답이다.

이 글에 따르면, 다음 중 옳지 <u>않은</u> 것은 무엇인가?
① 사람들이 온라인 익명성을 원하는 이유는 불법적이다.
② 내부고발자는 안전상의 이유로 신원을 숨길 필요가 있다.
③ 익명 계정이나 허위 계정은 대부분의 온라인 학대의 원천이다.
④ 자신이 익명이라고 생각하는 사람들은 공격적으로 행동하지 못하도록 억제되지 않는다.

47 부분이해 ②

"그러나 익명성을 전면 금지하는 것은 불균형적인 대응이라고 주장하는 많은 사람들이 있다."고 했는데, Ⓐ 다음 문장에서 온라인에서 신원을 밝히지 못하는 이유에 대한 사례가 소개되고 있으므로 Ⓐ는 온라인의 익명성을 완전히 금지하는 것이 너무 강한 대응이라는 ②의 의미와 가장 비슷하다.

이 글에 따르면, 다음 중 Ⓐ의 의미와 가장 가까운 것은 무엇인가?
① 비대칭적으로 대응하는 것은 많은 사람들의 온라인 논쟁 전략이다.
② 많은 사람들은 여전히 온라인의 익명성을 완전히 금지하는 것은 너무 강력한 대응이라고 생각한다.
③ 일부에 따르면, 익명성의 금지를 거부하는 것이 적절한 대응이라고 한다.
④ 익명성의 금지를 주장하는 많은 사람들은 온라인에서 적절하게 대응하고 있다.

48-50

오미크론의 경제적 영향은 어떠한가? 그 최신 변종 코로나바이러스는 너무나 맹렬한 속도로 확산되어 예측자들은 여전히 숨을 죽이고 있으며, 그 바이러스의 경제적 영향이 시차를 두고 발표되는 공식자료에서 명백해지기까지는 시간이 걸릴 것이다. 그러나 더 신속한 수많은 지표는 소비자들과 근로자들이 자신들의 행동을 어떻게 조절하고 있을지에 대한 어느 정도의 통찰을 제공해줄 수 있다. 우선 먼저 사람들이 나가서 돌아다니고 싶어 함을 고려하라. 구글의 실시간 데이터를 사용하는 이동성 지수에는 직장, 소매점, 휴양지, 교통 중심지를 방문하는 것이 포함된다. 이 수치는 팬데믹 이전 수준에 못 미치는 수준이긴 하지만 미국에서는

상당히 안정적이었고 최근 영국과 독일에서는 약간 하락했다. 그러나 그 알려진 중요한 수치들의 기저에는 활동의 종류에 따라 더 큰 차이가 있다. 사무실로의 복귀는 지연되어온 것처럼 보인다. 미국과 독일에서 직장으로 출근하는 것은 팬데믹 이전 수준보다 각각 약 25%와 16% 낮아졌다. 정부가 재택근무 지침을 발표한 영국에서는 30% 낮아졌다. 이와는 반대로, 소매 및 레크리에이션 관련 활동은 세 국가 모두에서 계속 회복되고 있다. 이것은 사람들이 특히 연말연시가 시작되면서 집을 떠나는 이유에 대해 더 분별력 있게 되었을 수 있음을 보여준다. 그것은 또한 쉽게 재택근무를 할 수 있는 사람들은 그렇게 하고 있었다는 것을 보여주는 것일지 모르는데, 이는 새로운 변이에 대한 경제의 적응력이 증가했다는 신호이다.

variant n. 변종, 이형(異形) ferocious a. 흉포한; 맹렬한, 격렬한 forecaster n. 예측하는 사람, (특히) 기상 요원 catch one's breath 숨을 죽이다, 마음을 죄다; 한숨 돌리다 lag n. 지연, 지연 정도 indicator n. 지표 out and about (병을 앓고 난 후에) 다시 나다니는 stable a. 안정된, 안정적인 underlie v. ~의 아래에 있다[놓이다], ~의 기초가 되다 stall v. 지연되다 respectively ad. 각자, 각각 discriminating a. 구별할 수 있는; 식별력이 있는 the festive season 연말연시(크리스마스와 신년 휴가를 포함하는 기간)

48 글의 주제 ①

최신 변종 코로나바이러스인 오미크론의 경제적 영향을 구글의 실시간 데이터를 통해 파악할 수 있으며, 사람들의 사무실로의 복귀는 지연되어왔지만 소매 및 레크리에이션 관련 활동은 회복되고 있음을 보여준다고 했다. 따라서 이 글의 주제로 적절한 것은 ① '실시간 데이터가 보여주는 오미크론의 경제적 영향'이다.

다음 중 이 글은 주로 무엇에 관한 것인가?
① 실시간 데이터가 보여주는 오미크론의 경제적 영향
② 근로자-소비자 관계에 오미크론이 미치는 영향
③ 소비자들이 자주 찾는 장소의 변화
④ 새로운 변이에 적응하지 못한 경제의 실패

49 내용일치 ④

"미국과 독일에서 직장으로 출근하는 것은 팬데믹 이전 수준보다 각각 약 25%와 16% 낮아졌다. 정부가 재택근무 지침을 발표한 영국에서는 30% 낮아졌다."고 했으므로 영국은 직장으로의 통근 비율이 가장 많이 감소한 국가이다. 따라서 ④가 정답이다. ① 경제적 영향이 공식 자료에서 명백해지기까지는 시간이 걸릴 것이므로 지금은 이용할 수 없다. ② 미국의 경우이다. ③ 경제적 영향을 알려면 좀 더 기다려야 하고 이 글은 주로 활동의 종류에 따라 다른 이동성의 변화에 대해 설명하고 있다.

이 글에 따르면, 다음 중 옳은 것은?
① 오미크론의 경제적 영향은 공식 자료로 이용 가능하다.
② 영국과 독일의 이동성 지표는 안정적이어 왔다.
③ 오미크론의 발병이후 전반적인 경제는 악화되었다.
④ 영국은 직장으로 통근 비율이 가장 많이 감소한 것으로 나타났다.

50 빈칸완성 ①

빈칸 Ⓐ의 앞에서 직장으로의 복귀는 재택근무가 가능하다 보니 지연되어왔지만, 소매 및 레크리에이션 관련 활동은 미국, 영국, 독일 모두에서 계속 회복되고 있다고 했으므로 사람들이 무턱대고 집을 나서지 않고 집을 나서야 할 이유를 분별하기 때문이라고 볼 수 있다. 따라서 빈칸에는 ①이 적절하다.

다음 중 Ⓐ에 가장 적합한 것은 무엇인가?
① 그들이 집을 떠나는 이유에 대해 분별력 있게
② 직장 복귀에 대해 열정적 이게
③ 오미크론 감염에 대해 우려하게
④ 쇼핑하는 것에 대해 걱정하게

2022 한국외국어대학교(T2 홀수형)

01 ②	02 ①	03 ①	04 ④	05 ①	06 ①	07 ③	08 ③	09 ①	10 ②
11 ④	12 ②	13 ②	14 ②	15 ③	16 ④	17 ③	18 ③	19 ③	20 ④
21 ④	22 ②	23 ④	24 ④	25 ①	26 ③	27 ②	28 ①	29 ②	30 ①
31 ④	32 ③	33 ③	34 ②	35 ②	36 ①	37 ①	38 ④	39 ①	40 ④
41 ②	42 ③	43 ③	44 ③	45 ①	46 ②	47 ②	48 ④	49 ①	50 ③

01 논리완성 ②

실제보다 더 안전하게 보이도록 하는 것은 안전테스트의 결과를 '왜곡' 혹은 '조작'하는 것과 관련이 있다.

unethical a. 비윤리적인 transcend v. 초월하다 skew v. 비뚤어지게 하다, 왜곡하다 compile v. 편집하다, 편찬하다 refrain v. 그만두다, 삼가다

비윤리적인 연구원들은 안전테스트의 결과를 왜곡하고 자동차를 실제보다 더 안전하게 보이게 할 것으로 알고 있는 도구를 사용했다.

02 논리완성 ①

경제력은 팽창주의를 '유지' 혹은 '확대'하는 데 필요한 힘이므로, ①이 정답으로 적절하다.

expansionism n. (상거래·통화 등의) 팽창주의, 팽창론; (영토 등의) 확장주의 sustain v. 유지하다, 계속하다; (손해 따위를) 받다, 입다 stall v. (말·자동차·군대 등을) 오도가도 못 하게 하다; 엔진을 멎게 하다 relinquish v. 포기하다, 단념하다 subdue v. 정복하다, 진압하다; 압도하다

확실히, 팽창주의를 유지할 수 있는 그 국가의 경제력은 미심쩍다.

03 논리완성 ①

양국이 긴장 관계에 있는 가운데 한쪽이 다른 한쪽을 공격했다면, 이것은 상황을 '더 나쁘게 만드는' 결과를 초래할 것이다.

tense a. 팽팽한; 긴장한 exacerbate v. 악화시키다; 격분시키다 eradicate v. 근절하다 envision v. 상상하다, 구상하다 espouse v. 지지하다, 신봉하다

이번 공격은 이미 긴장 상태에 있는 양국 간의 관계를 악화시킬 것이다.

04 논리완성 ④

매우 뛰어난 성적을 받는 것은 일종의 '업적'이라 할 수 있다.

reside v. 살다 attribute n. 속성, 특성 training n. 훈련, 단련 example n. 예, 실례 feat n. 위업, 공적

영어권 국가에 거주해 본 적이 없는 학생에게는 영어에서 A+를 받는 것이 쉬운 성과가 아니다.

05 동의어 ①

obsolete a. 쓸모없이 된; 쇠퇴한, 진부한, 시대에 뒤진(= outdated) absolute a. 절대적인 meritorious a. 공적 있는, 가치 있는; 칭찬할만한 variable a. 변하기 쉬운, 변덕스러운

일부 젊은이들은 이처럼 빠르게 변하는 시대에는 자기 나라의 전통적 가치가 시대에 뒤진 것이라고 생각한다.

06 동의어 ①

postwar a. 전후(戰後)의 criticism n. 비평, 비판 tarnish v. (명예 등을) 더럽히다, 손상시키다(= taint) regain v. 되찾다, 회복하다 perish v. 멸망하다; 사라지다 stabilize v. 안정시키다, 견고하게 하다

그의 전후(戰後) 정책은 그의 평판을 손상시킬 수 있었을 비판을 그에게 안겨 주었다.

07 동의어 ③

liver n. 간(肝) susceptible a. 민감한; (~에) 걸리기[영향 받기] 쉬운(= prone) infection n. 전염, 감염 available a. 이용할 수 있는, 입수할 수 있는 digressive a. 여담의, 지엽적인 invincible a. 정복할 수 없는, 무적의

간 질환을 앓고 있는 환자들은 세균에 감염되기 쉽다.

08 동의어 ③

surge n. 급상승, 급등(= hike) airfare n. 항공 운임 strike n. 타격; 파업 ebb n. 썰물; 쇠퇴 recess n. 쉼, 휴식

최근에 있었던 항공 운임의 급등은 국제 항공 여행객들에게 충격으로 다가왔다.

09 동의어 ①

redundant a. 여분의, 과잉의, 남아도는(= superfluous) plausible a. (이유·구실 따위가) 그럴 듯한, 정말 같은 sarcastic a. 빈정거리는, 비꼬는 liable a. 책임이 있는

그 식당의 서빙 직원들은 새로운 서빙 로봇의 도입으로 남아돌게 되었다.

10 문맥상 동의어 ②

delicate가 '연약한', '허약한'이라는 의미로 쓰였으므로, fragile이 문맥상 동의어로 적절하다.

delicate a. 섬세한; 미묘한, (취급에) 신중을 요하는; 허약한 intricate a. 뒤얽힌, 복잡한 낙관적인 fragile a. 깨지기 쉬운, 허약한 sensitive a. 민감한, 예민한 discreet a. 분별 있는, 신중한

거미줄은 비록 구조적으로는 허약하지만, 허리케인 위력의 바람을 견딜 수 있을 만큼 튼튼하다.

11 문맥상 동의어 ④

yield가 '산출하다', '내놓다'라는 의미로 쓰였으므로, provide가 문맥상 동의어로 적절하다.

yield v. 굴복하다; 생기게 하다, 산출하다, 내놓다 qualitative a. 질적인 surrender v. 항복하다, 굴복하다 stop v. 멈추게 하다, 중지하다 profit v. ~의 이익이 되다 provide v. 주다, 공급하다

이것은 상황이 분명한 사례 연구에서 가장 잘 수행될 수 있는데, 이런 사례 연구가 질적 조사결과를 내놓기 때문이다.

12 문맥상 동의어 ②

board가 '위원회, 국 (局)'이라는 의미로 쓰였으므로, group이 문맥상 동의어로 적절하다.

board n. 판자; 위원회, 원(院), 청(廳), 국 (局); 무대; 식사 plank n. 두꺼운 판자; 강령 group n. 그룹, 집단 stage n. 무대 meal n. 식사

그 폭력적인 영화는 영화검열국으로부터 성인 등급을 받았다.

13 문맥상 동의어 ②

sport가 '웃음거리'라는 의미로 쓰였으므로, mockery가 문맥상 동의어로 적절하다.

smother v. 숨 막히게 하다; 듬뿍 바르다 sport n. 스포츠, 경기; 오락; 장난; 놀림거리, 웃음거리 athletics n. 운동경기 mockery n. 비웃음, 냉소; 흉내 companion n. 동료 entertainment n. 대접

핫 소스를 듬뿍 바른 프라이드치킨은 (입 주변을 엉망으로 만들므로) 종이 냅킨을 4장도 채 갖지 않고 먹으려 했다가는 웃음거리가 된다.

14 재진술 ②

'퍼레이드에는 많은 학생들이 행진하고 있었고 많은 사람들이 그들을 지켜봤는데, 나 자신도 그들 중의 하나였다.'라는 의미인데, '나'는 행진하는 학생들에 속해 있었던 게 아니라 행진을 지켜본 사람들 중의 하나였으므로, ②가 주어진 문장과 같은 의미의 문장으로 적절하다.

march v. 행진하다 parade n. 열병, 행렬, 퍼레이드

퍼레이드에는 많은 학생들이 행진하고 있었고 많은 사람들이 그들을 지켜봤는데, 나 자신도 그들 중의 하나였다.
① 나는 많은 학생들과 함께 퍼레이드에서 행진했고 사람들은 우리를 지켜보았다.
② 많은 학생들이 퍼레이드에서 행진했고 나는 다른 많은 사람들과 함께 그들을 지켜보았다.
③ 많은 사람들이 나와 함께 퍼레이드에서 행진하거나 혹은 그것을 지켜봤다.
④ 많은 사람들이 지켜보는 가운데 많은 학생들이 퍼레이드에서 행진했지만, 나는 그곳에 없었다.

15 재진술 ③

주어진 문장은 '뒷면과 표지가 단연코 가장 좋은 부분인 책들이 있다.'라는 의미인데, 내용은 형편없고 겉포장만 그럴듯하게 만든 책들이 있음을 말하는 것이므로 ③이 주어진 문장과 같은 의미의 문장으로 적절하다.

appreciate v. 평가하다, 감정하다; 진가를 인정하다 pay attention to ~에 주의하다

뒷면과 표지가 단연코 가장 좋은 부분인 책들이 있다.
① 위대한 책들은 심지어 뒷면과 표지까지도 훌륭하다.
② 좋은 책들의 진가를 알아보기 위해서는 뒷면과 표지를 읽어야 한다.
③ 어떤 책들은 너무나도 조악해서 그 책들의 가장 좋은 부분은 뒷면과 표지다.
④ 어떤 작가들은 뒷면과 표지를 책의 가장 좋은 부분으로 만들기 위해 주의를 기울인다.

16 문의 구성 ④

now that 뒤에는 평서문 형태의 완전한 절이 온다. ①은 조동사와 주어가 도치된 형태이므로 적절하지 않고, ②, ③은 주어가 3인칭 단수이므로 조동사 has가 쓰여야 한다. 따라서 ④가 정답이 된다.

province n. 지방, 지역; (행정 구획으로서의) 주(州), 성(省), 도(道) **vaccinate** v. ~에게 예방접종을 하다, ~에게 백신주사를 놓다 **loosen** v. 느슨하게[헐겁게] 하다[되다], 늦추다, 늦춰지다

여행 규정이 완화되었기 때문에, 그 지방에서는 사람들에게 여행 전에 백신 접종을 완전히 받으라고 조언하고 있다.

17 생략 구문 ③

① even이 impossible 앞에 오면 '심지어 불가능하기까지 한'의 뜻으로 difficult와 'B, not A(A가 아니라 B)'구문을 이루기에 부적절하고 even 없이 not impossible이면 '불가능한 것이 아니라 어렵다'가 되어 적절해진다. 즉 even은 'difficult, sometimes even impossible(어렵고, 때로는 불가능하기까지 하다)'처럼 긍정구문에 더 적절하다. ② though 다음에 it is가 생략된 것으로 보아도 '심지어 불가능하기까지 하지만 어렵다'는 부적절한 의미가 된다. ④ 형용사 뒤에 접속사 even though가 온 구조이므로 부적절하다. ③ if 다음에 it is가 생략되었고 if는 though의 의미로 쓰여 '불가능하지는 않더라도'가 되어 빈칸에 적절하다.

calculate v. 계산하다 **impact** n. 충격; 영향 **ecosystem** n. 생태계

많은 과학자들은 지구온난화가 생태계에 어떤 영향을 미치는지를 계산하는 것이, 불가능하지는 않더라도, 어려운 일이라고 말하고 있다.

18 few와 little의 용법 구분 ③

few는 셀 수 있는 것에 쓰고 little은 셀 수 없는 것에 쓴다. 얼마나 알고 있는가는 셀 수 있는 것이 아니므로 ③에는 few가 아닌 little을 써야 한다. ③을 how little로 고친다.

task n. 임무; 과업 **advertisement** n. 광고, 선전 **demonstrate** v. 증명하다; (감정·의사 등을) 밖으로 나타내다, 드러내다

광고가 하는 일은 사람들에게 그들이 자신이 원하는 것에 대해 실제로 얼마나 적게 알고 있는지를 보여주는 것이다.

19 현재분사의 용법 ③

현재분사에는 능동과 진행의 의미가 있고, 과거분사에는 수동과 완료의 의미가 있다. 특히, 타동사의 현재분사는 목적어를 취할 수 있다. ③의 뒤에 목적어가 주어져 있으므로 ③은 현재분사 involving으로 고쳐야 한다.

artifact n. 인공물, 가공품 **complicated** a. 복잡한 **process** n. 진행, 경과; 과정 **involve** v. 수반하다, 필요로 하다

화각 공예품을 만드는 것은 많은 시간과 노력을 수반하는 복잡한 과정이다.

20 정비문 ④

'the number of+복수명사'는 단수동사로 받는다. 그러므로 ④에서 be동사 are을 is로 고쳐야 한다. 이때 the infected는 'the+과거분사'의 형태로, '감염된 사람들'이라는 복수보통명사로 취급한다. ① 학문명(linguistics)은 형태가 복수더라도 단수동사로 받는다. ② 기간, 거리, 금액, 무게 등의 복수명사(ten years)가 하나의 단위를 나타낼 때는 단수로 취급한다. ③ not only A but also B 구문이 주어로 쓰인 경우 동사는 B에 일치시킨다. the students여서 are이다.

linguistics n. 언어학 **the humanities** 인문학, 고전문학 **faculty** n. 능력; 학부; 교수진 **vital** a. 절대로 필요한, 지극히 중요한 **infect** v. 감염시키다, 전염시키다 **significantly** ad. 상당히, 뚜렷하게

① 언어학은 인문학의 핵심 분야 중 하나이다.
② 10년은 혼자 집에 머물러있기에 결코 짧은 시간이 아니다.
③ 대학에서는 교수진뿐만 아니라 학생들도 필수적이다.
④ 불행하게도, 감염자의 수가 상당히 크게 늘어나고 있다.

21 정비문 ④

④에서 looking at의 목적어 it은 주어인 Her new book을 가리키므로 삭제해야 한다. ① 'be ready to부정사' 구문에서 to부정사의 목적어가 문장의 주어와 같을 때 to부정사의 목적어는 쓰지 않는다. inspect 다음에 it이 있으면 틀린다. ② an argument which is rather difficult to refute와 같으므로 난이 형용사 difficult 다음 to 부정사의 목적어가 없는 것이 맞다. rather는 'rather+a+형용사+명사'의 형태가 일반적이지만, 'a+rather+형용사+명사'의 형태도 가능하다. ③ 형용사 long 다음 to부정사의 목적어가 주어인 The report와 같으므로 to read 다음에 목적어가 없는 것이 맞다.

inspect v. 조사하다, 검사하다 **thesis** n. 논제, 주제; 논문 **argument** n. 주장; 논거, 논점 **refute** v. 논박하다, 반박하다 **definitely** ad. 명확히, 명백히; 확실히

① 그 집은 며칠 내로 당신이 검사하도록 준비되어 있을 것이다.
② 그 논문은 반박하기 다소 어려운 주장을 포함하고 있다.
③ 그 보고서는 하루 저녁에 읽기에는 너무 길었다.
④ 그녀의 새 책은 확실히 볼 만한 가치가 있다.

22-23

리더십의 개념은 시대를 거치면서 점진적으로 변해왔다. 그리고 이러한 점진적인 변화는 많은 비생산적인 이론과 통념을 낳았다. 어떤 사람들에게 리더십은 직장에서 일어나는 모든 일에 대해 책임을 떠맡는 것을 의미한다. 그런 리더들은 모든 일을 자신이 해야 한다고 느낄 수밖에 없는데, 왜냐하면 만약 그렇게 하지 않으면 좋은 리더가 아니라고 생각하기 때문이다. 또 다른 사람들은 자신들이 리더의 위치에 있기 때문에 자신 외의 모든 사람들보다 똑똑하다는 것을 거듭 입증해서 팀이나 조직을 지휘하는 것을 정당화해야 한다고 느낀다. 이것은 리더십에 대해 흔히 하는 오해다. 지적인 리더들은 사람들을 잘 이끌기 위해 자신들이 모든 것을 알아야 할 필요는 없다는 사실을 받아들이는 법을 배웠다. 리더십 코칭은 직원들과 동료들이 가진 고유한 능력을 활용하기 위해 업무를 위임하는 능력과 같은 기술을 높이

평가한다. 지적인 리더는 모든 의미 있는 관계가 고유한 자원이라는 것을 이해하고 그에 맞게 직원들을 다룬다.

concept n. 개념, 생각 give birth to ~을 생겨나게 하다; ~의 원인이 되다 counterproductive a. 의도와는 반대된, 역효과를 낳게 하는 myth n. 신화; 사회적 통념 assume v. (태도를) 취하다; (임무·책임 따위를) 떠맡다 justify v. 정당화하다 at the helm (조직·사업 등을) 책임지고 있는; 배의 키를 잡고 있는 hold ~ in high regard ~을 존중[중시]하다 peer n. 동료

22 내용파악 ②

Ⓐ에 대해 이하 세 문장에서 언급하고 있는데, ①, ③, ④는 이에 해당되는 반면, ②는 지적인 리더에 대한 내용이다.

위 글에 의하면, 다음 중 Ⓐ의 예가 아닌 것은?
① 리더는 직장에서 일어나는 모든 일에 책임을 떠맡는다.
② 리더는 의미 있는 관계를 중요시한다.
③ 리더 자신이 모든 일을 다 한다.
④ 리더는 다른 사람들보다 더 똑똑하다.

23 빈칸완성 ④

직원들과 동료들이 가진 고유한 능력을 활용하기 위해서는 그들이 잘하는 일을 할 수 있도록 업무를 잘 분장하고 '위임해야' 할 것이다.

다음 중 Ⓑ에 들어가기에 가장 적절한 것은?
① 지시하다
② 자신의 책임이 아니라고 말하다
③ 줄이다
④ 위임하다

24-25

1960년대 이래로, '국악'을 음악팬들에게 더욱 매력적인 것으로 만들기 위한 돌파구를 찾는 것에 대해 진지하게 생각해온 일단의 음악인들이 있어왔다. 한국의 전통음악에 현대의 음악 청취자들을 끌어들이고자 하는 그들의 끊임없는 노력은 50년 후인 2010년대 중반에 이른 바 '조선 팝'의 등장과 함께 마침내 실현됐는데, '조선 팝'은 업계 전문가들과 언론이 새롭게 만들어낸 용어로, '신구(新舊)의 만남'을 함축하고 있다. '국악'인들은 어떻게 하면 자신들의 음악을 대중들에게 의미 있는 것으로 만들까 하는 생각으로 오랫동안 씨름해오고 있었다. '국악'은 마치 문화유산처럼 수세기 동안 변한 게 전혀 없어서 현대의 음악 청취자들에게 아무것도 줄 게 없다는 일치된 의견이 대중들은 물론 음악가들 사이에서도 형성돼 있었다. '국악'을 매혹적인 팝 음악으로 변모시키고 팬층을 더 넓히기 위해서는 '국악'에 대한 이런 부정적인 인식이 바뀌어야 했다. '조선 팝'의 독특한 조합은 거부할 수 없을 정도로 세련된 새로운 종류의 음악을 만들어낸다. 그것은 다양한 장르에서 현대적인 요소를 수용하는 한편, 전통음악을 바탕으로 한국의 퓨전밴드가 연주하는 모든 종류의 음악을 아우른다.

breakthrough n. 돌파구, 획기적인 약진 appealing a. 매력적인, 흥미를 끄는 ceaseless a. 끊임없는, 부단한 entice v. 꾀다, 유혹하다 materialize v. 실현되다, 실현하다 advent n. 도래(到來), 출현 term n. 기간; 조건; 용어 coin v. (화폐를) 주조하다; (신어·신표현을) 만들어내다 imply v. 함축하다, 암시하다; 의미하다 consensus n. (의견·증언 따위의) 일치; 합의; 여론 archaic a. 고풍의, 낡은 heritage n. 상속재산; 유산; (문화적) 전통 contemporary a. 동시대의; 현대의, 당대의 perception n. 지각, 인식 riveting a. 황홀하게 하는, 매혹적인 broaden v. 넓히다, 확장하다 irresistibly ad. 억누를[저항할] 수 없을 정도로 hip a. 유행에 밝은; 세련된, 현대적인; 히피의 encompass v. 포위하다; 포함하다 element n. 요소, 성분

24 내용일치 ④

국악에 현대의 음악 청취자들을 끌어들이고자 하는 노력은 단시간이 아니라 50년 만에 결실을 보게 됐으므로, ④가 옳지 않은 진술이다. ③ 언론이 조선 팝이라는 용어를 만들었다는 것은 언론이 조선 팝(국악)을 대중들에게 소개하고 설명하는 가운데 그 용어를 만들었다는 말이다.

위 글에 의하면, 다음 중 사실이 아닌 것은?
① 과거에는 '국악'의 팬층이 한정적이었다.
② '국악'은 다른 장르와의 융합을 통해 보다 매력적인 것이 되었다.
③ 언론은 '조선 팝'의 대중적인 인상에 부분적으로 기여하였다.
④ '조선 팝'은 현대적인 요소를 수용한 덕분에 하룻밤 사이에 센세이션을 일으키고 있다.

25 빈칸완성 ①

국악을 음악팬들에게 더욱 매력적인 것으로 만들려 하는 것, 국악이 현대의 음악청취자에게는 아무 것도 해줄 수 없다는 인식에서 벗어나는 것과 관련된 표현이 들어가야 하므로, ①이 정답으로 적절하다.

다음 중 Ⓐ에 들어가기에 가장 적절한 것은?
① 그들의 음악을 대중들에게 의미 있는 것으로 만들다
② 그 산업의 변방에 머물러 있다
③ 그들의 음악적 기원으로 되돌아가다
④ 현대의 도전에 저항하다

26-27

왜 모기는 여러분의 귀에서 윙윙거리는 것일까? 그 소리는 모기의 날개에서 나오는 것으로, 모기의 날개는 모기가 내려앉을 곳을 찾아 여러분의 머리 주위를 맴돌 때 그 짜증나는 윙윙거리는 소리를 만들어낸다. 수컷과 암컷 모기 모두가 윙윙거리지만, 수컷 모기는 여러분의 피를 마시고 싶어하지 않기 때문에 여러분은 아마도 수컷 모기의 윙윙거리는 소리를 알아차리지 못할 것이다. 그래서 수컷 모기는 여러분의 귀에서 멀리 떨어져 있으며, 대신에 화밀(花蜜)을 먹고 산다. 다가와서 여러분을 짜증나게 하는 것은 다름 아닌 암컷 모기다. 과학자들은 모기의 윙윙거리는 소리가 여러분을 짜증나게 하는 행동 그 이상의 것이라는 사실을 발견했다. 실제로는 암컷 모기가 어울리는 짝을 찾는 방법이라는 것이다. 암컷 모기는 몸집이 더 크기 때문에 수컷보다 날개를 더 느리게 퍼덕이며, 그 결과 더 낮은 음조로 윙윙거리는 소리를 낸다. 수컷은 암컷 모기의 뚜렷이 구별되는 윙윙거리는 음조를 이용하여 그들을 인지한다. 수컷 모기는 암컷이 조용히 쉬고 있을 때는 그들을 무시하지만, 암컷이 날고 있어서 윙윙거릴 때는

짝짓기를 하고 싶어 한다. 어떤 사람들은 윙윙거리는 모기는 물지 않는다고 믿고 있다. 글쎄, 그건 사실이다. 윙윙거리고 있는 한, 그들은 날고 있는 것이므로 여러분을 물지 못한다. 하지만 그들이 윙윙거림을 멈추자마자, 조심하도록 해야 한다.

buzz v. (벌·기계 따위가) 윙윙거리다 annoying a. 성가신, 귀찮은 nectar n. 과즙, 화밀(花蜜) suitable a. 어울리는, 알맞은 flap v. (날개 따위를) 퍼덕[퍼드덕]거리다 pitch n. 가락, 음률의 높이 recognize v. 알아보다; 인지하다

26 빈칸완성 ③

수컷의 음조는 높고 암컷의 음조는 낮다고 했으므로, 둘의 음조는 뚜렷하게 구별된다고 할 수 있다. 따라서 빈칸 Ⓐ에는 distinctive가 적절하다. 한편, 암컷이 날면서 윙윙거릴 때 수컷이 짝짓기를 하고 싶어 한다면, 암컷이 그러한 소리를 내지 않을 때에는 아무런 반응을 보이지 않을 것이므로 빈칸 Ⓑ에는 ignore가 적절하다.

다음 중 Ⓐ와 Ⓑ에 들어가기에 가장 적절한 짝을 나열한 것은?
① 매혹적인 — 유인하다
② 색다른 — 성가시게 하다
③ 뚜렷이 구별되는 — 무시하다
④ 짜증나게 하는 — 매혹하다

27 부분이해 ②

윙윙거리는 소리가 들리지 않게 됐다는 것은 모기가 날고 있지 않다는 것이고, 이는 곧 사람을 물기 위해 몸에 앉았다는 것이므로, 모기에게 물리지 않도록 조심하라는 것이다.

다음 중 Ⓒ가 암시하고 있는 것은?
① 그것은 수컷 모기다.
② 그것은 여러분을 물기 위해 앉았다.
③ 그것은 짝을 찾고 있다.
④ 그것은 화밀을 찾으러 갔다.

28-30

'거북목 증후군'으로도 불리는 전방 머리 자세는 목이 앞쪽으로 기울어져 머리가 환추(還推, 제1경추) 앞에 위치하는 자세로 정의된다. 이 자세는 무게중심을 머리의 무게에 비례하여 앞으로 이동시킨다. 현대 생활의 많은 나쁜 습관들이 전방 머리 자세를 야기할 수 있다. 이런 습관들에는 휴대폰이나 컴퓨터 모니터를 보는 데 너무 많은 시간을 소비하거나, 무거운 배낭을 메거나, 머리를 너무 높이 들고 자는 것이 포함된다. 다른 원인으로는 과거의 목 부상, 약한 목 근육, 그리고 야구, 골프, 테니스와 같이 몸의 한쪽은 사용하지 않고 아끼는 운동을 하는 것이 포함될 수 있다. 시간이 지나면서, 전방 머리 자세는 생활습관을 바꿈으로써 바로잡을 수 있다. 목의 곡선을 자연스럽게 지탱해주는 베개를 선택하도록 하라. 컴퓨터 화면을 머리에서 한 팔 정도 거리에 두고 모니터의 위쪽 끝을 눈높이에 맞춰서 화면을 계속 내려다보지 않도록 함으로써, 근무하는 장소를 인체공학적으로 만들도록 하라. 가장 중요한 것은 자세를 개선하기 위해 규칙적으로 운동을 하는 것이다.

posture n. 자세 syndrome n. 증후군 define v. (말의) 정의를 내리다, 뜻을 밝히다 slant v. 기울다, 경사지다 anterior a. 앞의 atlas n. 지도책; 환추(環椎), 제1경추 vertebra n. 척추골, 등뼈 the center of gravity 무게중심 relative a. 상대적인; 상관적인; 비례하는 contemporary a. 동시대의; 현대의 elevate v. 올리다, 높이다 pillow n. 베개 work station (사무실 따위에서 근로자 한 사람에게 주어지는) 작업 장소 ergonomic a. 인체공학의

28 글의 제목 ①

본문은 전방 머리 자세의 정의, 원인, 교정 방법에 대한 내용이므로, 제목으로 ①이 적절하다.

다음 중 위 글의 제목으로 가장 적절한 것은?
① 전방 머리 자세의 원인과 치료법
② 운동경기를 하는 것과 전방 머리 자세
③ 휴대폰 장기 사용의 위험성
④ 목 근육 운동 방법

29 내용일치 ②

전방 머리 자세를 바로 잡는 방법으로 '목의 곡선을 자연스럽게 지탱해주는 베개를 선택하는 것'을 언급한 것으로 보아 수면 습관도 전방 머리 자세와 관련이 있음을 알 수 있다.

위 글에 의하면, 다음 중 사실인 것은?
① 건강한 자세란 머리를 과도하게 뻗은 자세다.
② 전방 머리 자세는 잘못된 수면 습관으로 인해 발생할 수도 있다.
③ 머리 자세를 개선하는 데 있어서 운동은 다른 습관만큼 중요하지 않다.
④ 모니터를 눈높이 이하로 유지하는 것이 좋은 자세에 이상적이다.

30 빈칸완성 ①

야구, 골프, 테니스는 모두 오른손잡이냐 왼손잡이냐에 따라 몸의 한쪽만 치우치게 사용하는 운동이라는 공통점이 있다. 따라서 한쪽은 사용하지 않고 아껴서 약해지는 것이므로 빈칸에는 '소중히 하다, 아끼다'라는 뜻의 ①이 적절하다.

다음 중 Ⓐ에 들어가기에 가장 적절한 것은?
① 아끼다
② 낫게 하다
③ 균형을 맞추다
④ 나타내다

31-32

지능은 종종 우리의 지적 잠재력으로 정의된다. 바로 우리가 가지고 태어난 것으로, 측정할 수 있으면서도, 바꾸기 어려운 능력을 일컫는다. 그러나 지능에 대한 다른 견해들이 나타났다. 그런 개념 가운데 하나는 하워드 가드너(Howard Gardner)가 제안한 '다중 지능' 이론이다. 이 이론은 지능에 대한 전통적인 심리측정학적 견해가 너무 제한적이라는 의견을 제시한다.

사람들이 가지고 있는 모든 범위의 능력을 포착하기 위해, 가드너는 사람들이 지적 능력만을 가지고 있는 것이 아니라 음악적, 대인 관계적, 공간-시각적, 언어적 지능을 포함하는 많은 종류의 지능을 가지고 있다는 이론을 내세웠다. 어떤 사람이 음악적 지능과 같은 특정 영역에서 특히 강할 수 있지만, 그 사람은 틀림없이 다른 능력도 다채롭게 가지고 있을 것이라는 것이다. 가드너의 이론은 일부 심리학자와 교육자들로부터 비판을 받게 되었다. 가드너를 비판하는 이 사람들은 지능에 대한 가드너의 정의가 지나치게 광범위하고 그가 말하는 8가지 서로 다른 '지능'은 단순히 재능과 성격적 특성을 나타낸다고 주장한다. 그럼에도 불구하고, 다중 지능 이론은 교육자들 사이에서 상당한 인기를 누리고 있다. 많은 교사들이 그들의 교육 철학에 다중 지능을 활용하고 가드너의 이론을 교실에 융합시키기 위해 노력하고 있다.

intelligence n. 지능 define v. (말의) 정의를 내리다, 뜻을 밝히다 intellectual a. 지적인, 지력의 potential n. 잠재력 capacity n. 능력, 재능 conception n. 개념, 생각 psychometric a. 정신측정의, 심리측정의 limited a. 제한된 possess v. 소유하다, 가지고 있다 theorize v. 이론을 세우다 interpersonal a. 사람과 사람 사이의, 개인 간의 spatial-visual a. 공간-시각적인 linguistic a. 언어의, 언어학의 criticism n. 비판, 비평 critic n. 비평가, 평론가 trait n. 특색, 특성 considerable a. 중요한; 상당한, 적지 않은 utilize v. 활용하다

31 글의 주제 ④

가드너의 다중 지능 이론을 소개하면서, 이에 대해 비판하는 사람들이 있긴 하지만 학습 현장에서 이 이론이 인기를 얻고 있음을 이야기하고 있다. 따라서 ④가 정답으로 적절하다.

다음 중 위 글의 주제로 적절한 것은?
① 지능에 대한 전통적인 심리측정학적 견해
② 개인적 재능의 다양한 유형
③ 다중 지능에 대한 비판
④ 가드너의 다중 지능 이론

32 빈칸완성 ③

많은 교사들이 가드너의 다중 지능을 활용하고 있다면 그것을 학습 공간에 녹아들 수 있도록 했을 것이므로, 빈칸에는 '융합시키다'라는 의미의 ③이 가장 적절하다.

다음 중 Ⓐ에 들어가기에 가장 적절한 것은?
① 조사하다
② 무효로 하다
③ 통합[융합]하다
④ 침투시키다

33-34

역사학자들은 미시시피 강 서쪽의 미국 농업이 재편성된 것은 19세기에 반복적으로 발생한 메뚜기의 습격으로 인한 것으로 보고 있다. 정부 곤충학자들의 조언에 따라 농부들은 작물을 다양화하기 시작했다. 밀은 그 지역을 거의 독점하게 되었었지만, 메뚜기에 특히 취약했다. 메뚜기가 매우 괴멸적인 공세를 펼치기 직전인 1873년에, 미네소타 주의 농지 가운데 거의 2/3에서 밀을 생산하고 있었다. 그 습격의 마지막 해에는 이미 그 비율(분수)이 1/6 이하로 떨어졌다. 농부들은 완두콩과 콩이 메뚜기에 훨씬 덜 취약하다는 것과 옥수수가 밀보다 더 튼튼한 곡물이라는 것을 알게 되었다. 대체 작물을 심는 것 외에, 많은 농부들이 낙농업과 쇠고기 생산으로도 눈을 돌렸다. 목초지도 메뚜기로 인해 종종 피해를 입었지만, 이 땅들은 거의 항상 농작물보다는 더 나은 상태로 남아 있었다.

credit v. (공로·명예를) ~에게 돌리다 locust n. 메뚜기 agriculture n. 농업, 농경 entomologist n. 곤충학자 diversify v. 다양화하다, 다각화하다 wheat n. 밀 monopolize v. 독점하다 vulnerable a. 취약한 withering a. 괴멸적인, 압도적인 offensive n. 공격, 공세 fraction n. 파편; 분수 pea n. 완두콩 bean n. 콩 robust a. 튼튼한, 강건한 alternative a. 대체되는, 달리 택할 crop n. 농작물, 곡물 dairy n. 낙농업 pasture n. 목장, 목초지

33 내용일치 ③

메뚜기의 습격으로 황폐화된 것은 밀이었으며, 밀을 대신하여 콩과 완두콩을 재배하기 시작했다고 했으므로, ③이 옳지 않은 진술이다.

위 글에 의하면, 다음 중 사실이 아닌 것은?
① 목초지는 메뚜기로 인한 피해를 농작물만큼 심하게 입지 않았다.
② 농부들은 정부 관리의 권고 이전에는 주로 밀 재배에 집중했다.
③ 완두콩과 콩은 메뚜기의 습격으로 황폐화되었고 그 결과 농부들은 낙농업에 집중하기 시작했다.
④ 농부들은 밀이 옥수수보다 메뚜기에 더 취약하다는 것을 깨달았다.

34 글의 흐름 

메뚜기로 인해 밀 경작이 큰 피해를 입은 것은 '도전'으로, 대체 작물 재배로 눈을 돌려 피해를 줄인 것은 '적응'으로 표현할 수 있다.

다음 중 위 글 속의 정보의 흐름을 가장 잘 나타내고 있는 것은?
① 취약함 이후의 손해
② 도전 이후의 적응
③ 동요 이후의 절망
④ 울적함 이후의 격려

35-37

<오징어 게임>은 만족할(그칠) 수 없을 정도로 사람들을 매혹시켰고 그로 인해 온라인 쇼핑사이트에서는 악당 의상이 매진되고 파리 청소년들은 <오징어 게임> 팝업샵 밖에서 주먹다짐을 벌이게 되었다. 그 드라마가 매우 흥미롭고 특히 젊은이들 사이에서 관심의 강도가 현저하게 높다는 것은 의문의 여지가 없다. 그런데 아이들은 도대체 왜 그러는 것일까? 비록 이 작품이 디스토피아적 환경에서 나온 보다 새로운 스타일인 '죽음의 게임' 장르이긴 하지만, 아마 틀림없이, 밝은 색상과 의상에 가려진 폭력과 죽음은 적어도 중세 이후로 우리와 함께 해왔을 것이다. 그러나 <오징어 게임>은 죽음의 게임 장르 내에서 독특한 흥행요소를 가지고 있다. 과거에는 근본적인 불안이 그 어떤 미지의 전쟁이나 기상이변에 뒤이은 세계 종말 이후를 배경으로 한 환경 붕괴였다. 이제는(이 작품에서는) 그 위협이 빚인데, 빚은 빅토리아 시대(번영의 시대) 이후로 인기 있는 적이 없는 주제이다. 역설적으로, 극사실적이면서도 완전히 비현실적인 이 드라마는 현대인의 삶에 너무나도 현실적인 정신 질환 뒤에 있는 불안을 강조한다.

글로벌 금융위기 이후 10년이 지난 오늘날, 전 세계가 "내가 이 빚을 갚을 수 있을까? 죽을 때까지 게임을 하는 게 더 쉽지 않을까?"라는 핵심 메시지를 담은 드라마를 시청하고 있다는 것은 우연이 아닐지도 모른다. 아마도 아이들이 문제가 아닐 것이며, 더 많은 어른들이 시청해야 할 것이다.

squid n. 오징어 generate v. 발생시키다, 산출하다 insatiable a. 만족을[물릴 줄] 모르는, 탐욕스러운 villain n. 악인 costume n. 복장, 의상 Parisian n. 파리 사람, 파리 방언 fistfight n. 주먹싸움 compelling a. 강한 흥미를 돋우는, 감탄하지 않을 수 없는 intensity n. 강렬, 격렬; 강도 remarkable a. 주목할 만한, 현저한 what's gotten into ~? ~가 왜(무슨 생각에서) 그러는가? arguably ad. 아마 틀림없이 mortality n. 죽어야 할 운명 dystopian a. 디스토피아적인 property n. 재산; 성질, 특성 underlying a. 근원적인 anxiety n. 불안 environmental a. 환경의 collapse n. 붕괴, 와해 post-apocalyptic a. 세계 종말 이후의 backdrop n. 배경, 배경막 threat n. 위협 paradoxically ad. 역설적으로 financial a. 금융의 crash n. 폭락, 붕괴

35 글의 제목 ②

<오징어 게임>은 오늘날 많은 현대인이 가지고 있는 현실적인 불안, 즉 빚에 대한 부담과 불안을 다루고 있다고 했으므로, 제목으로는 ②가 적절하다.

다음 중 위 글의 제목으로 가장 적절한 것은?
① <오징어 게임>: 진부한 죽음의 게임
② <오징어 게임>: 현대 생활의 불안
③ 어린이들을 위해 <오징어 게임>을 금지해야 한다
④ 세계적인 인기를 누릴 자격이 없는 <오징어 게임>

36 내용파악 ①

①은 '죽음의 게임' 장르에서 <오징어 게임> 이외의 과거의 작품들의 배경 중의 하나에 속한다.

위 글에 의하면, 다음 중 <오징어 게임>에 대한 사실이 아닌 것은?
① 세계 종말 이후의 상황을 배경으로 한다.
② 특히 젊은 층을 사로잡았다.
③ 비현실적으로 보이지만 현실적인 위협을 다루고 있다.
④ 죽음의 게임 장르 내에서 독특한 흥행 요소를 가지고 있다.

37 빈칸완성 ①

"내가 이 빚을 갚을 수 있을까? 죽을 때까지 게임을 하는 게 더 쉽지 않을까?"라는 핵심 메시지를 담은 드라마라는 언급으로부터 ①을 정답으로 선택할 수 있다.

다음 중 Ⓐ에 들어가기에 가장 적절한 것은?
① 빚
② 전쟁
③ 가족
④ 자연재해

38-40

몸값(요구하는 돈)이 지불될 때까지 누군가의 데이터를 훔치고 잠그는 랜섬웨어가 최근 들어 쓰나미처럼 발생하면서 사이버 보안 전문가들이 오랫동안 경고해 온 공포가 되살아났다. 주요 기반시설에 대한 공격은 병원, 학교, 심지어 파이프라인에까지 큰 피해를 입혔다. 이러한 위협을 추적하는 업계 전문가들에게, 랜섬웨어의 늘어난 빈도, 정교함, 파괴력은 기업이 랜섬웨어를 방어하는 데 있어 여전히 큰 결함이 있음을 시사한다. 랜섬웨어에 의한 피해를 막기 위해서는 새로운 기술을 수용하고, 보안 프로세스를 개선하고, 직원들에게 위협을 억제하는 방법을 숙지하게 하는 것 등을 중심으로 하는 새로운 다중 접근 방식이 필요하다. 현재 많은 새로운 변종 랜섬웨어가 감염된 컴퓨터에 몇 주 동안 잠복하면서 정보를 수집하고 데이터를 훔치고 있긴 하지만, 공격자는 여전히 피싱과 같은 오래된 기술에 의존하여 접근하고, 인증을 도용하고, 악성 프로그램을 심는다. 실제로, 현재 성공한 악성 프로그램 공격의 94%는 피싱에서 시작되므로, 방어는 업그레이드된 이메일 필터링에서 시작된다. 조직은 공격을 받은 후에 신속하게 복구할 수 있도록 백업 및 정기적인 백업 테스트를 사용해야 한다. <사람들로 하여금 랜섬웨어를 의식하게 만드는 것은 그것을 피하도록 가르친다.> 의심스러운 이메일을 클릭하기 전에 단 2초만 더 생각해 볼 것을 사용자에게 요청하면, 많은 랜섬웨어 공격이 조직 안에 발판을 마련하지 못하게 할 수 있을 것이다.

ransom n. 몸값 ransomware n. 랜섬웨어(컴퓨터시스템을 감염시켜 접근을 제한하고 몸값을 요구하는 악성 소프트웨어의 일종) expert n. 전문가 critical a. 비평의, 평론의 infrastructure n. 기간시설 wreak havoc on ~을 파괴하다, 파멸시키다 threat n. 위협 frequency n. 횟수, 빈도 sophistication n. (기계 등의) 복잡[정교]화 destructiveness n. 파괴적임, 파멸적임 stem v. 저지하다, 막다 embrace v. 포옹하다; 받아들이다 ensure v. 보장하다, 보증하다; 확실하게 하다 curb v. 억제하다 threat n. 위협 strain n. 종족, 혈통; 변종(變種) lurk v. 숨다, 잠복하다 infect v. 감염시키다 phishing n. 피싱(인터넷·이메일 등을 통해 개인 정보를 알아내어 돈을 빼돌리는 사기) access n. 접근, 출입 credential n. 신임장, 증명서 inject v. 주사하다, 주입하다 malware n. 악성 코드, 악성 프로그램 toehold n. 발붙일 곳, 발판, (조그마한) 거점

38 글의 주제 ④

랜섬웨어에 의한 피해를 막기 위해서는 새로운 기술을 수용하고, 보안 프로세스를 개선하고, 직원들에게 위협을 억제하는 방법을 숙지하게 하는 것 등을 중심으로 하는 새로운 다중 접근 방식이 필요함을 이야기하고 있는 글이므로, ④가 정답으로 적절하다.

다음 중 위 글의 주제로 적절한 것은?
① 악성코드는 어디에나 존재하므로 조직은 불필요한 이메일을 보내지 말아야 한다.
② 클릭하기 전에 생각하는 것이 사이버 보안에서 가장 중요하지 않은 부분이다.
③ 사이버 보안 전문가들은 랜섬웨어 문제에 대해 지나치게 우려하고 있다.
④ 랜섬웨어로부터 조직을 보호하기 위해서는 다양한 기술이 필요하다.

39 내용일치 ①

'타인의 컴퓨터를 공격하는 사람은 여전히 피싱과 같은 오래된 기술에 의존하고 있으며, 실제로, 현재 성공한 악성 프로그램 공격의 94%는 피싱에서 시작된다'고 했으므로 ①이 옳은 진술이다.

위 글에 의하면, 다음 중 사실인 것은?
① 최근 랜섬웨어 공격의 기원은 이전의 사례들과 유사하다.
② 피싱은 더 이상 랜섬웨어 공격으로 피해를 입히는 주된 원인이 아니다.
③ 시스템을 백업하면 랜섬웨어의 공격을 충분히 방어할 수 있다.
④ 직원의 행동은 사이버 공격의 성공에 거의 영향을 미치지 않는다.

40 문장삽입 ④

주어진 문장은 '사람들로 하여금 랜섬웨어를 의식하게 만드는 것은 그것을 피하도록 가르친다.'라는 의미이므로, 컴퓨터를 다룰 때 랜섬웨어를 의식해서 행동할 것을 권하는 내용 앞인 D에 위치하는 것이 자연스럽다.

41-42

인간은 1950년대 이래로 약 90억 톤의 플라스틱을 만들었는데, 그 중 9%만이 재활용되었고 12%만이 소각되었다. 나머지 79%는 매립지나 자연환경에서 축적됐으며, 심지어 '생분해성'이라는 라벨이 붙은 플라스틱의 대부분도 바다에서는 분해되지 않는다. 이러한 환경 위기 속에서 자연의 짐을 가볍게 하는 것을 돕기 위해, 연구원들은 현재 플라스틱 처리를 위한 대안적인 방법들을 살펴보고 있다. 그러한 해결책 가운데 하나가 플라스틱 제품의 주원료 중의 하나인 폴리우레탄을 먹어 없앨 수 있는 특정 버섯 종(種)의 형태로 나오고 있다. 만약 우리가 플라스틱을 먹어 없애는 이 버섯의 능력을 이용할 방법을 찾을 수 있다면, 이 천연 퇴비제조기들은 지구를 깨끗하게 만드는 데 해답이 될 수 있을 것이다. 버섯을 이용하여 플라스틱을 분해한다는 아이디어에 한계가 없는 것은 아니다. 가령, 바다와 같은 새로운 환경에 새로운 유기체를 방출하는 것은 까다로운 일이 될 수도 있다. 한 가지 접근 방법은 플라스틱 파편을 먼저 모은 다음 그 버섯이 통제된 환경에서 마법을 부리도록(플라스틱을 분해하도록) 하는 게 될 것이다. 그렇긴 해도, 연구결과는 이런 종류의 버섯들이 몇 주 또는 몇 달 안에 플라스틱을 분해하여 동물, 인간, 혹은 식물을 위한 단백질이 풍부한 식량을 생산할 수 있다는 것을 분명히 보여준다.

incinerate v. 소각하다 accumulate v. 쌓이다, 축적되다 landfill n. 쓰레기 매립지 biodegradable a. 미생물에 의해 무해한 물질로 분해할 수 있는, 생물 분해성의 break down 분해되다 lighten v. (짐을) 가볍게 하다; 완화하다, 경감하다 alternative a. 달리 택할; 대신의 mushroom n. 버섯 species n. 종류, 종(種) consume v. 소비하다; 다 먹어[마셔]버리다 polyurethane n. 폴리우레탄(합성섬유 따위의 원료) ingredient n. (혼합물의) 성분, 합성분; 원료 harness v. (자연력을) 동력화하다, 이용하다 composter n. 퇴비를 주는[만드는] 사람 organism n. 유기체, 생물 tricky a. 속이는; (일 따위가) 다루기 힘든 debris n. 부스러기, 파편 fungus n. 버섯 That being said 그렇다 하더라도 protein-rich a. 단백질이 풍부한

41 글의 제목 

폴리우레탄을 먹어 없애는 특정 버섯을 이용하여 플라스틱을 분해하려는 시도에 대해 주로 이야기하고 있는 글이므로, 제목으로 ②가 가장 적절하다.

다음 중 위 글의 제목으로 가장 적절한 것은?
① 최고의 천연 퇴비 찾기
② 플라스틱을 먹어치우는 버섯
③ 폐기물과의 싸움
④ 단백질이 풍부한 버섯

42 빈칸완성 

빈칸 앞의 '자연의 부담'은 '엄청나게 많은 플라스틱이 매립지나 자연환경에서 축적됐고, 생분해성 플라스틱도 바다에서는 분해되지 않는 것'을 가리킨다. 이와 같은 상황에서 연구원들은 플라스틱을 보다 효율적으로 '처리(disposal)'하는 방법을 찾고자 할 것이다. 다음 문장에서 예로 언급하고 있는 폴리우레탄을 먹어 없애는 버섯을 사용하는 것도 플라스틱을 '처리'하는 방법에 관한 것이다.

다음 중 Ⓐ에 들어가기에 가장 적절한 것은?
① 플라스틱 중단하기
② 플라스틱 재생산
③ 플라스틱 처리
④ 플라스틱 버리기

43-44

'글램핑'이라는 단어는 2016년에 『옥스포드 영어 사전』에 추가되었다. 그 단어는 새로운 것이지만, 글램핑이 의미하는 개념, 즉 호화로운 텐트, 레저용 차량, 혹은 그 밖의 캠핑 시설에서 지내는 것이라는 개념은 새로운 것이 아니다. 16세기에 스코틀랜드의 애솔(Atholl) 백작은 제임스(James) 5세와 그의 어머니가 스코틀랜드 북부 고지에서 호화로운 체험을 할 수 있도록 준비했다. 백작은 호화로운 텐트들을 치고서는 그의 집에 있는 온갖 음식들로 그 텐트들을 채웠다. 호화로운 텐트 생활의 가장 화려한 예는 영국의 헨리(Henry) 8세와 프랑스의 프랑수아(Francis) 1세 사이의 1520년 외교 정상회담인 황금천 들판의 회담(the Field of the Cloth of Gold)일 것이다. 2,800여 개의 텐트가 세워졌고, 분수에는 적포도주가 흘렀다. 약 400년 후인 1920년대에, 아프리카 사파리(원정여행)는 부유한 유럽인들 사이에서 '반드시 경험해보아야 하는 것'이 되었다. 그러나 부유한 여행자들, 심지어 모험을 찾는 여행자들조차도 안락함이나 호화로움을 포기하려 하진 않았다. 전기 발전기에서부터 접이식 욕조, 샴페인 보관함에 이르기까지, 여행자들은 모험을 하는 동안에도 가정에서 누릴 수 있는 모든 호사스러움을 제공받았다.

concept n. 개념, 생각 denote v. 표시하다, 의미하다 luxurious a. 사치스러운, 호사스러운 vehicle n. 차량, 탈것 accommodation n. (호텔·객선·여객기·병원의) 숙박[수용] 시설; 공공시설 lavish a. 풍성한, 호화로운 pitch v. (천막을) 치다; (주거를) 정하다 provision n. 공급, 지급; (pl.) 양식, 식량; 저장품 extravagant a. 낭비하는; 사치스러운 palatial a. 호화로운; 웅장한 diplomatic a. 외교의, 외교관의 summit n. 산꼭대기, 정상; 정상회담 erect v. (몸·기둥 따위를) 똑바로 세우다;

(건조물을) 건설[건립]하다 fountain n. 분수 safari n. 사파리(사냥, 탐험 등을 위한 원정여행) sacrifice v. 희생시키다; 포기하다, 단념하다 generator n. 발전기 afford v. ~할 여유가 있다; 주다 domestic a. 가정의, 국내의

43 내용일치 ③

아프리카 사파리를 하는 부유한 여행객들에게 전기 발전기에서부터 접이식 욕조, 샴페인 보관함에 이르는 모든 집안의 호사스러움이 제공되었다는 내용을 통해, ③이 정답으로 적절함을 알 수 있다.

위 글에 의하면, 다음 중 사실인 것은?
① 레저용 차량이 글램핑 사파리에서 텐트보다 더 인기가 있었다.
② 호화로운 천막과 적포도주가 제임스 5세에 의해 백작에게 제공되었다.
③ 호화로운 편의시설이 부유한 글램퍼들에게 제공되었다.
④ 헨리 8세와 프랑수아 1세는 글램핑을 하면서 혼자 있는 것을 즐겼다.

44 내용추론 ③

글램핑과 호텔투숙 모두가 호사스러운 것이어서 둘의 비용을 비교할 수는 없으므로 ③이 정답으로 적절하다. ④ 글램핑의 가장 화려한 예인 황금천 들판 회담의 경우 분수에서 적포도주가 흘러나왔다.

다음 중 추론할 수 없는 것은?
① 부유한 사람들은 야생에서도 호화로운 시설을 선호한다.
② '글램핑'이라는 단어는 오래된 개념을 말하는 새로운 방법이다.
③ 사파리(원정여행)에서 글램핑이 호텔에 머무는 것보다 더 저렴하다.
④ 알코올 음료는 글램핑 문화의 일부이다.

45-47

만약 여러분이 잠자는 데 어려움을 겪는 사람이라면, 누군가가 여러분에게 백색 소음을 이미 제안했을 것이다. 좋든 나쁘든 간에, 우리의 뇌는 우리가 잘 때도 감각 자극을 계속해서 처리하는데, 이것은 배우자가 코를 고는 소리, 개가 짖는 소리, 심지어 물이 새는 싱크대도 필시 우리를 잠 못 이루는 밤의 희생자가 되게 할 수 있음을 의미한다. 우리가 밤에 소음으로 잠을 깨는 이유는 정확히는 소음 그 자체 때문이 아니라 소음의 갑작스러운 변화 때문이다. 백색 소음은 이와 같은 소음의 변화를 감추고 우리의 뇌가 좀 더 일관된 소리 환경의 이점을 누리도록 함으로써 효과를 발휘한다. 밤에 숙면을 취할 수 있다는 이점 외에도, 백색 소음은 기억력과 집중력과 관련해서도 유망한 결과를 보여주었다. 음향 치료에 대한 많은 연구들은 백색, 분홍색, 갈색과 같은 특정한 소리 색조에 초점을 맞춰 왔는데, 그렇다면 그것들의 정확한 차이는 무엇일까? 아마도 이것들 중 가장 친숙하다고 할 백색 소음은 사용하지 않는 주파수에 맞춰진 라디오와 같은 소리를 낸다. 백색광이 가시(可視)광선 스펙트럼의 모든 파장을 동일한 강도로 포함하고 있는 것과 유사하게, 백색소음은 인간의 귀에 들리는 모든 가청(可聽) 주파수에 걸쳐 동일한 세기를 갖고 있다. 분홍색 소음은 높은 주파수를 줄여 놓은 백색 소음이다. 분홍색 소음은 비나 바람이 꾸준하게 내리거나 부는 소리를 닮았고, 종종 백색 소음보다 진정 효과가 더 큰 것으로 여겨진다. 분홍색 소음에 대한 여러 연구들은 분홍색 소음을 들으면서 잠을 자면 다음날 우리의 기억력을 향상시킬 수 있고, 장기적으로 기억을 향상시킬 잠재력도 있다는 것을 보여주었다. 갈색 소음은 높은 주파수를 한층 더 낮춘 것이다. 분홍색 소음보다는 약간 더 '거친' 느낌으로, 강물이나 강한 바람의 거센 소리를 닮았다. 갈색 소음과 관련된 일반적인 효과는 긴장 완화, 집중력 향상이며, 당연히 수면 개선 효과도 포함된다.

process v. (자료를) 처리하다 sensory a. 감각의, 지각의 stimulus n. 자극; 격려 snore v. 코를 골다 bark v. (개·여우 따위가) 짖다 leaky a. 새기 쉬운; 새는 구멍이 있는 victim n. 희생자, 피해자 restless a. 침착하지 못한; 제대로 쉬지 못하는 sonic a. 소리의, 음파의 promising a. 유망한 concentration n. 집중, 전념 therapy n. 치료, 치료법 hue n. 색조; 색상 frequency n. 주파수 wavelength n. <물리> 파장 visible a. (눈에) 보이는 intensity n. 강도; 농도 steady a. 한결같은 soothing a. 마음을 진정시키는, 달래는 듯한 potentially ad. 잠재적으로 roar n. 으르렁거리는 소리, 고함소리 current n. 흐름, 해류 associate v. 연상하다, 관련시키다

45 글의 제목 ①

숙면에 도움을 줄 수 있는 소음들, 즉, 백색 소음, 분홍색 소음, 갈색 소음의 특징과 서로 간의 차이점에 대해 주로 이야기하고 있으므로, 제목으로 ①이 적절하다

다음 중 위 글의 제목으로 가장 적절한 것은?
① 백색, 분홍색, 갈색 소음의 차이점
② 백색, 분홍색, 갈색 소음을 간과하는 이유
③ 음향치료의 장단점
④ 밤에 잠을 더 잘 자는 방법

46 내용일치 

'우리가 밤에 소음으로 잠을 깨는 이유는 정확히는 소음 그 자체 때문이 아니라 소음의 갑작스러운 변화 때문이다.'라고 했으므로, ②가 본문의 내용과 일치하는 진술이다.

위 글에 의하면, 다음 중 사실인 것은?
① 우리의 뇌는 우리가 자는 동안 감각 자극의 처리를 중단한다.
② 소음 자체보다는 소음의 변화가 우리를 밤에 잠에서 깨도록 만든다.
③ 분홍색 소음은 높은 주파수를 증가시킨 백색 소음이다.
④ 갈색 소음은 집중력은 향상시킬 수 있지만 수면은 향상시키지 않는다.

47 빈칸완성 ②

light와 visible의 관계를 sound에 적용하면, audible이 빈칸에 들어가야 함을 알 수 있다.

다음 중 Ⓐ에 들어가기에 가장 적절한 것은?
① 무관한
② 들리는
③ 적용된
④ 보이지 않는

48-50

사건 반복의 경우, 전체 장면들이나 줄거리 주제들이 전부 혹은 개별적으로 반복되는데, 때로는 최소한의 변형이 이뤄지기도 한다. 그림(Grimm) 형제의 작품을 보고 자란 사람이라면 누구나 사건 반복에 대해 다 잘 알고 있을 것이다. 『신데렐라』에서, 왕자가 길에서 유리 구두를 주워서 그 구두를 신었던 발을 찾아 나설 때, 큰언니의 발에 신겨 보지만 소용이 없는 장면이 나온다. 이와 같은 '발에 신겨 보기' 사건은 두 번 더 반복된다. 작은언니를 대상으로 한 첫 번째 반복은, 큰언니가 구두를 발에 꼭 맞게 하기 위해 발가락을 절단한 반면 작은언니는 발뒤꿈치를 절단한다는 것을 제외하면, 큰언니가 신발을 신어보는 것이 사실상 똑같이 반복되는 것이다. 두 번 모두 구두는 피로 가득 차고, 왕자는 사기꾼을 그녀의 가족에게 돌려보낸다. 세 번째는 물론 신데렐라의 차례인데, 이번 사건은 결과와 내용이 처음 두 사건과 확연히 다르다. 실제로, 세 번째 신겨보기는 전체 연속 장면의 정점을 찍게 되고 이야기의 해결로 이어진다. 하지만 이것은 종종 사건 반복이 작용하는 방식이다. 다소 평행선을 달리던 일련의 사건들은 마지막 사건에서 절정에 달하고, 모든 것이 해결되면서 이전 사건들에 의해 생성된 긴장도 해소된다.

episodic a. 에피소드적인, 삽화로 이루어진 plot n. 줄거리 motif n. 주제, 테마 wholesale ad. 도매로; 대규모로 piecemeal ad. 차츰; 조각조각으로 minimal a. 최소한도의 to no avail 헛되이 virtually ad. 사실상, 실질적으로 amputate v. (손발 등을) 절단하다 fit a. 꼭 맞는, 적당한 culmination n. 최고조; 절정에 달함 sequence n. 연속, 연쇄; <영화> (연속된) 한 장면 parallel a. 평행의, 나란한 generate v. 발생시키다 preceding a. 이전의

48 글의 주제 

'사건 반복'의 기법을 『신데렐라』 이야기를 예로 들면서 설명하고 있는 글이므로, ④가 정답으로 적절하다.

다음 중 위 글의 주제로 적절한 것은?
① 그림 형제의 『신데렐라』
② 세 번째 반복의 의미
③ 절정에 달한 긴장을 확대하는 것
④ 사건 반복의 작용 방식

49 내용일치 

'평행선을 달리던 일련의 사건들은 마지막 사건에서 절정에 달하고, 모든 것이 해결되면서 이전 사건들에 의해 생성된 긴장도 해소된다.'고 했으므로, 마지막 반복이 가장 중요하다고 할 수 있다.

위 글에 의하면, 다음 중 사실인 것은?
① 사건 반복의 경우, 마지막 반복이 이전의 것들보다 더 중요하다.
② '발에 신겨 보기' 사건에서 신데렐라의 두 자매는 결국 감옥에 가게 된다.
③ 사건 반복을 위해서는 줄거리 주제나 장면을 완전히 바꿔야 한다.
④ 신발에 맞게 하기 위해 신데렐라의 작은언니는 자신의 발가락을 자른다.

50 빈칸완성 ③

신데렐라의 큰언니와 작은언니 모두 실제로는 구두가 발에 맞지 않는데도 억지로 발의 크기를 줄여 왕자의 마음을 사려 했다. 이는 남을 속이려 한 행동이므로, '사기꾼'이란 의미의 ③이 두 사람을 가리키는 말로 적절하다.

다음 중 Ⓐ에 들어가기에 가장 적절한 것은?
① 형제
② 공주
③ 사기꾼
④ 하녀

2021 한국외국어대학교(T1-1)

01 ②	02 ③	03 ②	04 ①	05 ②	06 ④	07 ①	08 ②	09 ①	10 ④
11 ①	12 ③	13 ③	14 ③	15 ①	16 ①	17 ③	18 ②	19 ②	20 ④
21 ④	22 ①	23 ④	24 ③	25 ①	26 ④	27 ④	28 ①	29 ③	30 ①
31 ④	32 ④	33 ②	34 ③	35 ④	36 ②	37 ③	38 ②	39 ③	40 ③
41 ①	42 ②	43 ④	44 ③	45 ②	46 ②	47 ②	48 ①	49 ④	50 ④

01 논리완성 ②

갈릴레오의 우주관이 과거에 어떻게 여겨졌는지가 빈칸에 들어가야 하는데, 그가 거의 유죄를 선고받을 뻔했다는 내용을 통해 당시 사람들은 갈릴레오의 우주관을 '이단적인' 것으로 여겼음을 짐작할 수 있다. 따라서 ②의 heretical이 빈칸에 적절하다.

convict v. (범죄에 대해) 유죄를 선고하다 canonical a. 규범[표준]적인 superficial a. 피상적인 heretical a. 이단의; 이교도의 cursory a. 피상적인, 겉핥기식의 orthodox a. 정통의, 옳다고 인정된

갈릴레오(Galileo)의 우주관은 이단적인 것이어서, 거의 유죄를 선고받을 뻔했다. 하지만 그의 우주관이 지금은 표준적인 것으로 여겨진다.

02 논리완성 

인터넷 사용자들이 자신의 컴퓨터가 주로 있는 곳을 숨기는 소프트웨어를 사용한다면, 위치 제한을 '피할' 수 있을 것이다. 따라서 ③의 circumvent가 빈칸에 적절하다.

base v. 근거를 두다, 기지를 두다, 주둔시키다 intensify v. 강화하다 observe v. 관찰하다 circumvent v. 교묘히 회피하다 fluctuate v. 변동하다

이론적으로, 인터넷 사용자들은 자신의 컴퓨터가 어디에 있는지 숨기는 소프트웨어를 사용함으로써 위치 제한을 교묘히 회피할 수 있다.

03 논리완성 

and yet은 '그러나'라는 뜻이므로, and yet 전후에는 상반된 내용이 와야 한다. 주어진 문장의 and yet 앞에서 '말하기 능력 면에서는 뛰어나다'고 했으므로, and yet 다음에는 이와 상반되게 발음상의 오류로 '이해하기(알아듣기) 어렵다'고 해야 적절하다. 따라서 ②의 unintelligible이 정답이다.

pronunciation n. 발음 ungainly a. 보기 흉한 unintelligible a. 이해하기 어려운 inadvertent a. 고의가 아닌, 우연의 indigenous a. 토착의; 타고난

외국어를 말하는 사람들은 대부분의 말하기 능력 측면에서는 매우 뛰어날 수 있지만, 발음상의 오류 때문에, (상대방이) 이해하기 어려울 수 있다.

04 논리완성 

골문 안에 손으로 공을 넣은 것과 규칙위반을 관련시킨 것을 통해 이 선수를 '축구' 선수로 보는 것이 적절하며, 발을 사용해야 하는 축구선수가 손으로 공을 넣었다면, '노골적인' 규칙위반이 되므로 ①이 빈칸에 적절하다.

punch v. 주먹으로 치다 violation n. 위반 referee n. (스포츠 경기의) 심판 blatant a. 노골적인 unintentional a. 고의가 아닌 ambiguous a. 애매모호한 hidden a. 숨겨진

그 선수는 공을 주먹으로 쳐서 골문 안으로 넣었는데, 이것은 심판을 제외한 거의 모든 사람들이 목격한 노골적인 규칙위반이었다.

05 동의어 

tacit a. 암묵적인(= implied) traumatic a. 대단히 충격적인 expressed a. 표현된 outspoken a. 거침없이 말하는 unanimous a. 만장일치의

그들이 겪었던 대단히 충격적인 경험을 언급하지 말자는 암묵적인 합의가 생존자들 사이에 있었다.

06 동의어 

celebrity n. 연예인 gossip n. (나쁜 의미로) 남에 대한 소문, 험담 mendacious a. 거짓의(= deceitful) propaganda n. 선전 provocative a. 도발적인 reasonable a. 합리적인 aggressive a. 공격적인

인터넷 뉴스는 사실이라기보다는 연예인들에 대한 무의미한 가십과 거짓된 정치선전으로 넘쳐나고 있다.

07 동의어 ①

assuage v. 완화하다, 경감하다(= mitigate) guilt n. 죄책감 justify v. 정당화하다 exonerate v. 무죄임을 밝혀주다 vindicate v. 무죄를 입증하다

많은 시간을 아이와 함께 보내지 못하는 많은 부모들은 종종 아이들에게 장난감을 사줌으로써 죄책감을 덜려고 노력한다.

08 동의어 ②

construe v. 해석하다(= interpret) over time 오랜 시간 동안 compose v. 작곡하다 coin v. (새로운 말을) 만들어내다 enumerate v. 열거하다

법원이 다양한 단어들을 해석하는 방식은 시간이 지나면서 변해왔다.

09 동의어 ①

prodigal a. (돈 등을) 낭비하는(= profligate) grant n. (정부나 단체에서 주는) 보조금 prosaic a. 평범한; 지루한 proficient a. 능숙한, 숙련된 prodigious a. 엄청난, 굉장한

회의 주최자는 중요하지도 않은 프로젝트에 수천 달러를 써가며 국가 보조금을 낭비했다.

10 문맥상 동의어 ④

austere는 '(사람이) 근엄한', '금욕적인, 내핍 생활을 하는', '꾸밈없는, 소박한' 등의 의미가 있는데, 여기서는 '꾸밈없는, 소박한'의 의미로 쓰였으므로, '꾸밈없는, 아무런 장식이 없는'이라는 뜻의 unadorned가 정답으로 적절하다.

neat a. 정돈된, 깔끔한 rocking chair 흔들의자 barren a. 척박한, 황량한 destitute a. 극빈한, 가난한 stern a. 근엄한, 엄격한; 심각한 unadorned a. 꾸밈없는, 아무런 장식이 없는

그 방은 꾸밈없고 깔끔했으며, 침대 하나와 흔들의자 하나만 있었다.

11 문맥상 동의어 ①

mundane은 '속세의, 세속적인', '세계의, 우주의', '평범한, 일상적인' 등의 의미가 있는데, 여기서는 '평범한, 일상적인'이라는 의미로 쓰였으므로, '보통의, 평범한'이라는 뜻의 ordinary가 정답으로 적절하다.

narrator n. 서술자, 이야기하는 사람 suspect v. ~이라고 생각하다 of interest 흥미 있는 ordinary a. 보통의; 평범한 secular a. 세속적인 earthly a. 현세의, 속세의 material a. 물질의; 육체적인

많은 서술자들은 단지 마지못해 글을 썼을 뿐이며, 그들의 인생 이야기가 너무 평범해서 사람들에게 아무런 흥미도 불러일으키지 못할 것이라고 생각했다.

12 문맥상 동의어 ③

equity는 '공평, 공정', '소유권, 이권', '(한 회사의) 자기 자본', '(자산의) 순수가치' 등의 의미가 있는데, 여기서는 '(자산의) 순수가치'라는 의미로 쓰였으므로, '가치'를 뜻하는 value가 정답으로 적절하다. home equity(주택 순자산)는 주택을 팔 경우, 주택담보 대출 잔고를 빼고 실제로 받게 될 금액을 말한다.

over the years 수년 간 tap into ~을 활용하다 expense n. 비용 ownership n. 소유권 fairness n. 공정 value n. 가치 stock n. 주식

수년 동안, 그들은 그들의 주택 순자산을 불필요한 경비에 활용하는 것을 조심스럽게 피해왔다.

13 문맥상 동의어 ③

asylum은 '(외국 정치범에게 허락되는) 망명, 피난', '(고아, 노인 등의) 보호소, 수용소', '은신처, 피난처' 등의 의미가 있는데, 여기서는 '피난처'라는 의미로 쓰였으므로, haven이 정답으로 적절하다. retreat에도 '피난처'의 의미가 있으나 주로 도시생활이나 직장생활에서 뒤로 물러나 찾는 '은둔처, 은퇴처'의 의미로 쓰여서 grant retreat to refugees로는 잘 쓰이지 않고, '난민들에게 피난처를 제공하다'라는 뜻으로 grant asylum to refugees나 grant haven to refugees를 쓴다.

grant v. 주다, 승인하다 refugee n. 난민, (국외) 망명자 war-torn a. 전쟁으로 피폐해진 sanatorium n. 요양소; 휴양지 institution n. 기관; (고아원 등의) 보호시설 haven n. 안식처, 피난처; 항구 retreat n. 퇴각, 은퇴, 은신처, 피난처

유럽의 국가들은 전쟁으로 피폐해진 국가에서 온 난민들에게 피난처를 제공하기를 점차 꺼리고 있다.

14 재진술 ③

all the more for[because]는 '~이니까 더욱 그렇다'라는 뜻으로, 제시문은 이 구문을 응용한 표현이다. "당신이 케이팝을 좋아한다면, 그것이 더욱더 그 공연에 가야 하는 이유이다."라는 뜻의 제시문은 결국 "당신이 케이팝을 좋아하는 것이 그 공연에 가야 할 또 하나의 이유이다."라는 의미이므로, ③이 정답이다.

당신이 케이팝을 좋아한다면, 그것이 더욱더 그 공연에 가야 하는 이유이다.
① 일단 당신이 그 공연에 간다면, 당신은 틀림없이 케이팝을 좋아할 것이다.
② 당신은 그 케이팝 공연에 가야하는 데는 많은 이유가 필요 없다.
③ 당신이 케이팝을 좋아하는 것이 그 공연에 가야할 또 하나의 이유이다.
④ 당신이 케이팝을 좋아하든 좋아하지 않든 그 공연은 재미있을 것이다.

15 재진술 ①

제시문은 supposed 다음에 접속사 that이 생략된 형태로, "성숙함이란 무엇이 진짜로 중요한지를 안다는 것을 의미한다고 그녀는 생각했다."

라는 의미이다. 이것을 바꿔 말하면, "진짜로 중요한 것을 안다는 것이 그녀가 생각하기에 성숙함의 의미를 규정짓는 것이었다."라는 의미이므로, ①이 정답이며, 참고로 ①에서 she felt가 what defined maturity에 삽입된 구문이다.

suppose v. ~이라고 생각하다 **maturity** n. 성숙함 **recognize** v. 알다; 인식하다 **identify** v. 인지하다, 알아보다 **supposed** a. 상상된, 생각된, 가정의, 가상의 **view** n. 견해, 관점

성숙함이란 무엇이 진짜로 중요한지를 안다는 것을 의미한다고 그녀는 생각했다.
① 진짜로 중요한 것을 인지하는 것이 그녀가 생각하기에 성숙함의 의미를 규정짓는 것이었다.
② 가정된 성숙함은 그녀의 관점에서 진짜로 중요한 것의 인식이다.
③ 성숙함이 실제 사물에서의 중요성에 대한 가정이라고 그녀는 믿었다.
④ 가정된 성숙함을 아는 것이 그녀가 생각하기에 진짜로 중요한 것이다.

16 가목적어 구문 ①

'~을 알리다'는 뜻의 make ~ known 구문이 쓰였는데, make의 목적어가 명사가 아니라 that절일 경우, 가목적어 it을 내세우고 진목적어인 that절은 문미에 배치할 수 있다. 따라서 가목적어 it과 목적격 보어인 known이 쓰인 ①의 making it known이 빈칸에 적절하다.

detain v. 감금하다, 억류하다 **abuse** n. 학대

그 센터에 감금된 사람들은 학대가 계속되어서는 안 된다는 것을 오늘 알리고 있다.

17 동명사의 병치와 전치사 

빈칸 뒤에 온 which surgical procedures ~ after surgery는 간접의문절로, 이 간접의문절을 받기 위해서는 원칙적으로 전치사가 필요하다. 따라서 전치사가 없는 ②와 ④는 빈칸에 부적절하고, allege 다음에는 동명사가 목적어로 와서 뒤에 나온 부정의 동명사 not receiving과 병치를 이루게 된다. 따라서 ③의 being uninformed about이 적절하다.

anonymous a. 익명의 **allege** v. 주장하다 **surgical** a. 수술의 **pain medication** 진통제 **uninformed** a. 모르는

이전에 환자였던 사람들 중 상당수가 여전히 익명으로 있지만, 그들에게 어떤 수술절차가 행해질 것인지에 대해 아무 통지를 받지 못했음을 주장하는데, 다른 주장들보다 특히 수술 후 진통제를 받지 못했음을 주장한다.

18 등위상관접속사 either A or B 

등위상관접속사의 용법을 알고 있는지 묻고 있다. either as being ~ or as being …(either A or B) 구문으로, either는 or과 호응하므로, ②를 or as being으로 고쳐주어야 한다.

received a. 일반적으로 인정되는 **agreeable** a. 모순이 없는

인간의 이해력은, 그것이 어떤 견해를 일반적으로 인정되는 견해로나 자체적으로 모순이 없는 견해로 일단 받아들이고 나면, 다른 모든 것을 끌어들여 그 견해를 뒷받침하고 그 견해와 일치되게 한다.

19 문의 구성 

문맥상 아이들이 '원하는' 비디오 게임이 되어야 하므로, ②를 정동사인 want로 고쳐주어야 하는데, 이때 video games와 the kids 사이에는 목적격 관계대명사 that이 생략돼 있다. ③의 acknowledging은 등위접속사 and에 의해 not seeing과 병치된 형태이다.

browse v. 상품을 천천히 구경하다

아이들이 원하는 비디오 게임은 쳐다보지도 않고, 그 비디오 게임들 중 어떤 것도 우리한테는 확실히 필요 없다고 인정하고서, 나는 장난감 파는 곳에서 천천히 구경을 계속했다.

20 정비문 

I wish 다음에는 가정법 과거와 가정법 과거완료만 올 수 있는데, ④에서 I wished 다음에 know가 와서 틀렸다. 부사절의 시제와 주절의 시제가 동일하므로, I wished 다음에는 '가정법 과거'가 적절하다. 따라서 know를 knew로 고쳐야 한다.

① 나는 네가 오늘이 아니라 내일 여기에 왔으면 좋겠다.
② 말도 안 되는 너만의 특권을 없애버릴 때이다.
③ 내가 예산만 더 많다면, 이것은 문제가 되지 않을 것이다.
④ 시험이 시작되었을 때, 내가 정답을 알면 좋을 텐데라는 생각이 들었다.

21 정비문 

수동태 'be동사+과거분사' 다음에는 일반적으로 목적어가 올 수 없다. prioritize는 '~을 우선적으로 처리하다'는 뜻의 3형식 타동사로, the distribution of vaccines를 목적어로 받을 수 있도록 수동태인 is prioritized를 능동태인 prioritizes로 고쳐야 한다. 진행시제인 is prioritizing으로 고쳐도 좋다.

① BTS는 콘서트와 팬 미팅을 위해 노력한 1년 만에 스타덤의 정상에 올랐다.
② 그 기금은 이미 위탁됐기 때문에, 개발도상국에서 연구용으로 이용할 수가 없다.
③ 아이들은 마땅히 기본적인 욕구를 충족시켜주고, 주변에 어른들이 있어서 보살펴주어야 한다.
④ 다코타(Dakota) 족은 다코타어를 말하는 사람들에게 우선적으로 백신을 분배하고 있다.

22-23

'임베디드 마케팅(끼워 넣기 마케팅)'이라고도 불리는 제품간접광고(PPL)는 브랜드들이 제품을 다른 형태의 매체에 끼워 넣음으로써 그들의 목표 대상에게 다가가는 판매 전략이다. 브랜드의 제품이나 서비스를 이렇게 끼워 넣는 것은 영화나 TV와 같은 오락물에서 종종 발견된다. 대중매체에서 제품간접광고를 하는 예로, 당신이 보았던 영화를 생각해 보라. 만일 주연배우가 '코카콜라' 라벨이 분명하게 붙은 음료수를 마시거나 '삼성' 라벨이 분명하게 붙은 휴대폰을 사용하고 있다면, 이것은 제품간접광고에 해당한다. 대부분의 경우, 대형 브랜드들은 자사 브랜드가 영화에 들어가도록 거액을 지불했을 것이다. 제품간접광고의 비용이 높을 수도 있지만, 그에 대한 보상은 그 브랜드에게 훨씬 더 클 수 있다. 예를 들어, 허쉬(Hershey)는 영화 "E.T."에 자사의 초콜릿을 끼워 넣었더니 수익이 65%나 급상승했다. 제품간접광고는 수익을 증가시킬 뿐 아니라, 브랜드 인지도도 끌어올릴 수 있다. 『경영마케팅연구 저널』은 어떤 브랜드가 어떤 TV프로에서 광고되었을 때 그 브랜드가 그 프로에 끼워 넣어진 것을 TV 시청자들 중 57.5%가 인지했다고 추정한다. 비록 이것이 매출로 곧바로 이어지지는 않지만, 높아진 브랜드 인지도가 결국에는 당신의 사업에 이익을 가져다줄 것이다.

product placement (영화·텔레비전 프로를 이용한) 제품간접광고(PPL) merchandising n. 판매 strategy n. 전략 embed v. ~을 꽂아[끼워]넣다 namely ad. 즉, 다시 말해 lead actor 주연배우 payout n. 보상 aside from ~뿐 아니라 boost v. 끌어올리다 estimate v. 추정하다 translate v. ~로 변화하다

22 내용파악 ①

본문에서 제품간접광고는 수익의 증가뿐 아니라, 브랜드 인지도도 끌어올릴 수 있다고 했으므로, ①이 정답이다.

다음 중 제품간접광고의 두 가지 이점은 무엇인가?
① 수익 증가와 브랜드 인지도 상승
② 수익 증가와 비용 감소
③ 경제적인 광고와 창조적인 브랜딩
④ 최신 유행하는 광고와 능률적인 브랜딩

23 빈칸완성 ④

빈칸이 들어있는 주절 앞의 부사절에 양보의 접속사 even if가 왔으므로 부사절의 내용과 주절의 내용은 서로 대조를 이루어야 한다. 부사절에서, 높아진 브랜드 인지도가 즉각적인 매출로 이어지지는 않는다고 했으므로, 주절에는 즉각적인 것과 대조가 되는 '장기적으로는, 결국에는(in the long run)' 당신의 사업에 유익이 될 것이라고 해야 문맥상 적절하다. 따라서 ④의 the long run이 빈칸에 적절하다.

다음 중 빈칸 Ⓐ에 가장 적절한 것은?
① 창조적인 방식
② 단기간
③ 그 동안
④ 결국

24-25

시적 언어는 평범한 언어 이상의 것으로 흔히 여겨진다. 즉 단지 대화만 하는 일반인은 사용할 수 없는, 은유와 같은, 특별한 도구를 사용하는 본질적으로 다르고 특별하며 보다 고상한 어떤 것으로 여겨진다. 그러나 위대한 시인들은 기본적으로 우리가 사용하는 도구들과 똑같은 것을 사용한다. 위대한 시인들을 다르게 만드는 것은 이러한 도구를 다룰 줄 아는 그들의 재능과 기량인데, 이 재능과 기량은 지속적인 관심, 연구, 그리고 연습을 통해 그들이 얻은 것이다. 은유는 너무나도 평범한 도구라서 우리는 무의식적으로, 자동적으로, 그리고 거의 노력하지 않고 그것을 사용하며, 그 결과 우리는 은유를 거의 알아차리지 못한다. 은유는 어디에나 있다. 즉, 은유는 우리가 무엇을 생각하든 간에 우리의 생각을 뒤덮고 있다. 은유는 모든 사람들이 사용할 수 있다. 어릴 적에 우리는 일상적인 은유를 자동적으로, 당연한 것으로서 숙달한다. 은유는 관습적이다. 즉 은유는 우리의 평범한 일상적인 생각과 언어에서 없어서는 안 되는 한 부분이다. 그리고 은유는 대체할 수가 없다. 즉 은유는 우리로 하여금 우리 자신과 우리 세계를 특정한 방식으로 이해하게 해주는데, 다른 어떤 사고방식도 그렇게 이해하게 해주지는 못한다. 은유는 단순히 말의 문제가 아니라, 생각의 문제로, 감정, 사회, 인간의 성격, 언어, 삶과 죽음의 본질 등에 대한 온갖 종류의 생각의 문제이다.

poetic a. 시적인 extraordinary a. 특별한; 대단한 metaphor n. 은유 sustained a. 지속적인 unconsciously ad. 무의식적으로 suffuse v. ~을 뒤덮다 accessible a. 사용할 수 있는 as a matter of course 물론 mastery n. 숙달; 전문지식 conventional a. 전통적인 integral a. 없어서는 안 되는

24 글의 주제 ③

이 글은 은유가 시인에게만 한정된 특별한 것이 아니라 우리가 알아차리지 못할 정도로 일상적으로 사용되고 있음을 이야기하고 있다. 따라서 ③의 '일상적인 생각과 언어에 만연한 은유'가 글의 주제로 적절하다.

다음 중 이 글의 주제는?
① 시적 도구들을 창조적으로 다룰 재능이 있는 위대한 시인들
② 전통적인 수사적 장치로서의 은유
③ 일상적인 생각과 언어에 만연한 은유
④ 시인들에게만 한정된 특별한 도구로서의 시적 언어

25 빈칸완성 ①

빈칸 Ⓐ와 Ⓑ는 은유의 속성에 대해 묻고 있는데, Ⓐ 다음에 "은유는 우리가 무엇을 생각하든 간에 우리의 생각을 뒤덮고 있다."라고 했으므로, 우리의 생각이 어디에 있든, 그곳에 은유가 있다는 의미가 되도록 '편재하는(omnipresent, ubiquitous)'이 빈칸에 들어가야 적절하다. 그리고 Ⓑ 다음에는 "은유는 우리 자신과 우리 세계를 특정한 방식으로 이해하게 해주고, 다른 어떤 사고방식도 그렇게 이해하게 해주지는 못한다."라고 했으므로, Ⓑ에는 다른 어떤 것도 은유를 '대체할 수 없는(irreplaceable, non-substitutable)'이 적절하다. 따라서 두 빈칸에 모두 적절한 ①이 정답이다.

다음 중 짝 지어진 쌍 중에서 Ⓐ와 Ⓑ에 가장 적절한 것은 무엇인가?
① 편재하는 — 대체할 수 없는
② 절대적인 — 변경할 수 없는
③ 편재하는 — 일시적인
④ 보완적인 — 대체할 수 없는

26-27

연구에 따르면, '내편 편향(확증 편향)'이 다양한 실험적인 상황에서 드러난다고 한다. 즉 사람들은 똑같은 미덕의 행동도 자기 집단 구성원이 한 것이면, 더 유리하게 평가하고, 부정적인 행동도 자기 집단 구성원이 한 것이면, 덜 불리하게 평가한다는 것이다. 그들은 동일한 실험을 실험 결과가 그들의 기존 신념과 모순될 경우보다도 기존 신념을 지지할 경우에 더 유리하게 평가하며, 정보를 검색할 때 사람들은 그들의 입장을 지지할 것 같은 정보원을 선택한다. 게다가 실험결과 데이터를 순전히 수치로 나타낸 것을 해석하는 것도 피실험자의 기존 신념 쪽으로 기울어진다. 심지어 논리적인 타당성에 대한 판단조차도 마찬가지로 왜곡된다. "따라서 대마초는 합법적이어야 한다."라고 결론 내리는 타당한 삼단논법은 진보진영이 올바르게 판단하기는 더 쉽고 보수진영이 그렇게 하기는 더 어렵다. 반면에 "따라서 아무에게도 태아의 생명을 끝낼 권리는 없다."라고 결론 내리는 타당한 삼단논법은 진보진영이 올바르게 판단하기는 더 어렵고 보수진영이 그렇게 하기는 더 쉽다.

myside bias 내편편향, 확증편향 evaluate v. 평가하다 interpretation n. 해석 numerical a. 숫자로 나타낸 tip v. 기울어지다 direction n. 방향 validity n. 타당성 skew v. 왜곡하다 syllogism n. 삼단논법(대전제와 소전제의 두 전제와 하나의 결론으로 이루어진 연역적 추리법) liberal n. 진보주의자 conservative n. 보수주의자

26 빈칸완성 ④

부정적인 행동을 평가하는 경우이므로 집단 소속 여부와 무관하게 more favorably는 불가능하다. 자기 집단 구성원이 저지른 경우 덜 불리하게(less unfavorably) 평가하는 정도일 것이며, 마찬가지로 똑같은 실험이라도 자신의 신념과 '모순될(contradict)' 때보다 자신의 생각을 지지할 때 그 실험결과를 더 유리하게 평가할 것이므로, ④가 정답이다.

다음 중 짝 지어진 쌍 중에서 Ⓐ와 Ⓑ에 가장 적절한 것은 무엇인가?
① 더 유리하게 — 지지하다
② 더 불리하게 — 이의를 제기하다
③ 덜 유리하게 — 확인하다
④ 덜 불리하게 — 모순되다

27 부분이해 ④

밑줄 친 ©는 "심지어 논리적인 타당성에 대한 판단조차도 마찬가지로 왜곡된다."라는 뜻으로, '심지어(even)'라는 말은 앞의 말을 부연 설명할 때 쓰는 말이다. 결과 데이터의 수치해석조차 기존에 믿고 있던 방향으로 기울어진다고 한 다음 ©가 왔으므로, © 역시 어떤 주장의 논리적인 타당성을 판단할 때에도 기존에 믿고 있던 방향에 따라 정해진다고 해야 문맥상 적절하다. 따라서 "결론이 그들의 기존 신념과 일치하는지에 따라 논리를 판단한다."는 ④가 정답이다.

본문에 따르면, ©는 사람들이 ______는 것을 의미한다.
① 기계적인 논리를 일반적인 경향과 혼동한다
② 삼단논법을 그들의 논리적인 구조에 따라 해석한다
③ 삼단논법을 결론의 객관성과 관련하여 평가한다
④ 결론이 그들의 기존 신념과 일치하는지 여부에 따라 논리를 판단한다

28-30

프랑스의 유명 철학자 드니 디드로(Denis Diderot)는 거의 평생을 가난하게 살았지만, 1765년에 이 모든 상황이 달라졌다. 디드로가 52세였고, 그의 딸이 결혼을 앞두고 있었는데, 그는 딸의 결혼 지참금을 마련할 형편이 되지 못했다. 러시아의 여황(女皇) 캐서린(Catherine) 대제는 디드로가 금전적인 어려움을 겪고 있다는 소식을 듣고 디드로에게서 그의 장서(藏書)를 거액에 구입하겠다고 했다. 갑자기, 디드로에게 여윳돈이 생겼다. 운 좋게 거액의 돈을 받고 매각한지 얼마 안 돼서, 디드로는 진홍색 가운을 구입했다. 그 진홍색 가운은 너무나 아름다워서 그가 소지하고 있던 평범한 물건에 둘러싸이니 그는 그것이 주변과 얼마나 어울리지 않은지를 대번에 알 수 있었다. 그는 곧 그 아름다운 가운과 어울리도록 새로운 것들을 사고 싶은 충동이 일었다. 그는 자신의 낡은 카펫을 다마스쿠스에서 수입된 새 카펫으로 교체했다. 그는 아름다운 조각품들과 더 좋은 식탁으로 그의 집을 꾸몄다. 이렇게 어떤 것에 대한 반응으로 구매하게 되는 것은 디드로 효과로 알려지게 되었다. 디드로 효과는 새로운 물건을 사는 행동이 더 많은 새로운 것들을 사게 만드는 소비의 악순환을 종종 일으킨다는 것을 일컫는 말이다. 그 결과, 우리는 예전의 우리가 행복이나 성취감을 느끼는 데 전혀 필요로 하지 않았던 것들을 결국 사게 된다.

be about to V 막 ~하려고 하다 can afford to ~을 할 여력이 있다 dowry n. (신부의) 지참금, 혼수 empress n. 여왕, 여자 황제 spare v. 떼어 놓다, 남겨놓다 scarlet a. 주홍의, 진홍색의 robe n. (신분의 상징 등으로 입는) 예복[가운] the rest 나머지 urge n. (강한) 욕구, 충동 match v. 어울리다 rug n. 양탄자, 카펫 sculpture n. 조각품, 조각 spiral n. 나선; 소용돌이, 악순환

28 글의 제목 ①

이 글은 하나의 물건을 구입한 후 불필요한 새로운 물건을 계속해서 구매하는 현상인 디드로 효과에 대해 설명하고 있으므로, ①이 글의 제목으로 적절하다.

다음 중 글의 제목으로 적절한 것은 무엇인가?
① 디드로 효과: 왜 우리는 필요하지 않는 것들을 사는가
② 디드로의 기발한 재주: 그는 어떻게 가난을 극복했는가
③ 디드로의 사생활: 알려지지 않은 것
④ 디드로의 이중생활: 가난한 인간과 사치스러운 인간

29 빈칸완성 ③

그 진홍색 가운이 너무 아름답다고 한 다음, 평범한 물건들에 둘러싸였다고 했으므로, 그 가운은 주변에 있는 것과 '어울리지 않아(out of place)' 보였을 것이다. 따라서 빈칸에는 ③이 적절하다.

다음 중 빈칸 Ⓐ에 가장 적절한 것은 무엇인가?
① 초점이 맞지 않은
② 제 철이 아닌
③ 어울리지 않는
④ 불가능한

30 부분이해 ①

end up ~ing는 '결국 ~하게 되다'는 뜻의 숙어이다. 따라서 Ⓑ는 '물건을 결국 사게 되다'는 뜻이 되므로, ①이 정답이다.

다음 중 Ⓑ가 의미하는 것은 무엇인가?
① 결국 물건을 사게 되다
② 물건 구매를 단호하게 멈추다
③ 물건 구매를 무의식적으로 중단하다
④ 물건 구매를 계속해서 주저하다

31-32

일부 대학생들은 온라인 시험 중의 부정행위를 잡아내기 위해 사용되는 소프트웨어에 대해 우려를 나타내고 있다. 비록 대부분의 강사들이 세계적인 전염병이 유행하는 동안 온라인 시험을 피할 수 있게 자신들의 강좌를 조정했지만, 일부 강사들은 온라인 시험을 여전히 필요로 한다. 이런 경우, 학생들은 시험감독관 프로그램을 다운로드해야 하는데, 이 프로그램은 학생들의 웹 카메라에 접속해서 시험을 치르는 동안 부정행위를 저지르지 않도록 학생들을 감시하는 역할을 한다. 이 프로그램은 분명히 대학용으로 개발됐으며, 보안을 침해하는 인공지능을 이용한 소프트웨어나 외부 인터넷서비스 공급 기기가 아니다. 그것은 이 프로그램이 설치된 컴퓨터에 원격접속을 허용하지 않아서, 이 프로그램이 컴퓨터 파일이나 검색기록이나 다른 애플리케이션을 몰래 들여다볼 수 없다는 것을 의미한다. 그러나 학생대표들은 여전히 학생들이 사생활 침해를 우려하고 있다고 말한다. "그것은 카메라를 모든 학생의 집 안으로 들여놓는 것이어서, 학생들이 그것을 불편해할지도 모릅니다. 예를 들어, 만일 룸메이트가 우연히 방으로 들어가 시험을 치르고 있는 학생을 방해하면 어떻게 되는 겁니까?"라고 한 학생이 물었다. "만일 교수님이 그것을 보고 의심스러운 행동이라 여긴다면, 교수님은 그것 때문에 학생을 낙제시킬 수도 있는 겁니다." 일부 학생회는 특히 학생들이 세계적인 유행병으로 인해 가중되는 스트레스를 이미 받고 있는 때에 제한시간이 있는 시험을 감시할 수 있는 다른 방안을 강구해줄 것을 대학에 요구하고 있다.

cheat v. (시험에서) 부정행위를 하다 instructor n. 강사 pandemic n. 세계적인 유행병 proctor n. 시험 감독관 intrusive a. 주제넘게 참견하는 remote access 원격 접속 spy on ~을 염탐하다, 몰래 감시하다 representative n. 대표 privacy n. 사생활 walk in on 방으로 들어가 사적인 일을 몰래 하고 있는 누군가를 우연히 방해하다 prof n. 교수 deem v. 여기다 timed a. 시한의, 시간이 정해진

31 글의 주제 ④

이 글은 온라인 시험을 위해 학생들의 컴퓨터에 설치되는 부정행위 방지 소프트웨어 프로그램을 둘러싼 논란에 대해 이야기하고 있으므로, ④가 글의 주제로 적절하다.

다음 중 글의 주제로 적절한 것은?
① 대부분의 교수들이 선호하는 부정행위 방지 소프트웨어
② 인공지능에 몰래 감시당하는 것에 대한 학생들의 상반된 감정
③ 학생들의 파일을 몰래 들여다보는 부정행위 방지 프로그램
④ 논란을 일으키는 부정행위 방지 소프트웨어의 사용

32 내용일치 ④

온라인 시험을 위해 대학 측에서 학생들에게 다운받으라고 하는 프로그램은 원격접속이 허용되지 않아, 프로그램이 컴퓨터 파일이나 검색기록을 몰래 들여다 볼 수 없다고 했으므로, ④가 정답이다.

다음 중 본문의 내용과 일치하지 않는 것은?
① 온라인 시험을 치르는 동안 무고한 어떤 행동이 의심스러운 행동으로 여겨질 수 있다.
② 외부의 인터넷 서비스 공급 기기들은 부정행위 방지 프로그램과 관련되어 있지 않다.
③ 학생들은 대학들이 제한시간이 있는 시험을 감독하는 방법을 변경해주기를 원한다.
④ 시험 감독관 프로그램은 학생의 사적인 파일을 감시하도록 만들어졌다.

33-34

이론적으로는 학교에서 좋은 사고 습관을 기르는 것의 중요성을 아무도 의심하지 않는다. (그러나) 행동의 효율성 증대와 무관한 사고에는 문제가 있다. 그리고 생각 없이 획득된 기술은 그 기술이 쓰이게 될 목적에 대한 의식과 아무 관계가 없다. 그런 기술은 결과적으로 학생들을 틀에 박힌 습관에 지배되게 만들고, 자신이 무엇을 하고 있는지 잘 알고 그 일을 성취하는 수단과 관련해 파렴치한 사람들의 권위적인 통제에 지배되게 만든다. 그리고 생각 깊은 행동과 거리가 먼 정보는 죽은 것이며, 마음을 짓누르는 짐이다. 그런 정보는 지식을 가장하며, 그렇게 해서 자만심이라는 독약을 발생시키기 때문에, 지성의 도움으로 더 많은 성장을 이루는 데 매우 강력한 장애물이다. 교육과 학습의 수단에 있어서 지속적인 향상에 곧바로 이르는 유일한 길은 생각하기를 요구하고, 생각하기를 장려하며, 생각하기를 시험해 보는 조건들에 집중하는 데 있다. 생각하기야말로 지적인 학습 방법이며, 마음을 사용하고 보상해주는 학습 방법이다.

foster v. 기르다, 육성하다 have something the matter with ~에 문제가 있다 at the mercy of ~에 좌우되는, 지배되는, 휘둘리는 authoritative a. 권위적인 unscrupulous a. 부도덕한, 파렴치한 sever v. 단절하다; (관계를) 끊다 crush v. (자신감이 등을) 짓밟다 load n. (마음의) 짐, 부담 simulate v. ~인 체하다, ~을 가장하다 conceit n. 자만심 obstacle n. 장애물 further v. 발전시키다, 촉진하다 grace n. (하느님의) 은총 enduring a. 지속적인 consist in ~에 있다 center upon ~에 집중하다 exact v. 요구하다

33 글의 주제 ②

깊이 생각하지 않고 나온 정보는 죽은 것이라고 했으며, 이 정보가 지식을 가장하며, 자만심이라는 독약을 만들어낸다고 한 다음, 생각하기야말로 지적인 학습 방법이라고 했다. 따라서 이 글은 '생각하기를 통해 정보를 습득하는 것의 중요성'을 말하고 있음을 알 수 있으므로, ②가 정답이다.

다음 중 글의 주제로 적절한 것은?
① 학생들을 위한 좋은 생각하기 훈련의 중요성
② 생각하기를 통한 정보 획득의 중요성
③ 삶의 목적을 찾기 위한 지성의 중요성
④ 체계적 사고를 통한 습관 형성의 중요성

34 내용파악 ③

생각 없이 획득된 기술은 성취 수단과 관련해 파렴치한 사람들의 권위적인 통제에 지배되게 만든다고 했으므로, ③이 정답이다.

위 글에 의하면, 비판적 사고 없이 기술을 습득한 사람들은 ______.
① 개선된 결과를 위해 그 기술을 수정하는 법을 알지 못한다
② 다른 사람의 목적을 위해 그 기술을 실행에 옮기지 않는다
③ 나쁜 의도를 가진 사람들에게 쉽게 조종당한다
④ 건설적인 학습 습관을 형성할 수 없다

35-37

삽화가 그려져 있는 430년 전 르네상스 시대의 60페이지짜리 세계지도 희귀본이 마침내 전시되고 있다. 역사학자들은 이탈리아의 밀라노에 거주했던 지도 제작자인 어바노 몬테(Urbano Monte, 1544-1613)에 관한 몇 가지 기본적인 사실들을 알고 있다. 몬테는 부유한 가정에서 태어난 덕분에, 일할 필요가 없었다. 대신에 몬테는 자신의 서재에 소장할 책을 모으고 지도 제작을 포함한 학문적인 관심사를 추구하며 시간을 보냈다. 유럽 최초의 일본 대사관을 방문한 것이 지리에 대한 그의 호기심을 불러일으켰다. 그래서 그는 지리적 지식을 통합하기 위해 지도 제작 프로젝트에 착수했다. 그는 그가 살던 시대의 정보에 의존하여 지도를 그렸는데, 독특하게도 북극 원근법을 사용한 지도였다. 이 투영도(지도)는 매우 특이하지만, 그 시대치고는 매우 정확하다. 가장 왜곡돼 보이는 지역들 중 한 곳은 바로 남극인데, 왜냐하면 제일 위쪽에서 남극을 보면, 남극이 아랫부분에서 매우 커지게 되기 때문이다. 세계의 여러 대륙들과 섬들에 대해 그가 알고 있던 것을 지도에 그린 것 외에도, 몬테는 유니콘, 인어, 그리핀, 그리고 코끼리를 업고 다니는 거대한 새 등 상상속의 짐승들을 그린 삽화들을 지도 여기저기에 그려 넣었다. 그는 또한 스페인의 필립 2세와 태평양과 대서양에 산재해 있던 스페인 함대 소속의 함선 등, 정치 지도자와 그들이 이끄는 군대를 또한 지도에 그려놓았다. 이상한 점은 몬테가 일본의 대표단을 만났는데도, 그가 일본의 섬들을 수직으로가 아니라 수평으로 그렸다는 점이다. 그러나 그는 일본을 상당히 크게 그렸고 일본의 지리에 관한 모든 것을 기입하여, '해가 뜨는 나라'에 관한 그의 지식을 과시했다.

illustrate v. 삽화[도해]를 넣다 era n. 시대 embassy n. 대사관 pique v. (흥미 등을) 불러일으키다 geography n. 지리 embark on ~에 착수하다 consolidate v. 통합하다 contemporary a. 동시대의, 동시대에 존재한 Arctic a. 북극의, 북극지방의 perspective n. 관점; 원근법 projection n. 투사도, 투영도 distort v. 왜곡하다 Antarctica n. 남극대륙 continent n. 대륙 speckle v. 점점이 산재하게 하다 mermaid n. 인어 armada n. 함대 dot v. 여기저기 흩어져 있다, 산재하다 horizontally ad. 수평으로 vertically ad. 수직으로

35 빈칸완성 ④

이 글은 어바노 몬테가 제작한 세계 지도에 대해 이야기하고 있다. 몬테는 자신의 서재에 소장할 책을 모으고 지도 제작과 같은 학문적인 관심사를 추구하며 시간을 보냈다고 했으므로, 빈칸에는 ④의 cartographer가 적절하다.

다음 중 빈칸 Ⓐ에 가장 적절한 것은 무엇인가?
① 인류학자
② 지질학자
③ 해양학자
④ 지도제작자

36 지시대상 ②

가장 왜곡된 지역들 중 한 곳이 남극이라고 했으며, 제일 윗부분인 북극에서 볼 때, 매우 커지게 되는 아랫부분은 남극이 될 것이다. 따라서 ②가 정답이다.

다음 중 Ⓑ가 가리키는 대상과 가장 가까운 것은?
① 북극
② 남극
③ 해가 뜨는 나라
④ 태평양과 대서양

37 내용파악 ③

① 몬테의 지도가 세계여행자들의 편의를 위해 제작되었다는 내용은 본문에 언급되지 않았다. ② 현지답사에 관한 내용도 본문에 언급되지 않았으며, 몬테의 지도가 오늘날이 아니라 '그 시대' 치고는 상당히 정확했다고 했다. ④ 몬테의 지도는 '북극 원근법'을 사용했다고 했다. 반면, 몬테의 지도에는 상상속의 짐승들을 그린 삽화가 지도 여기저기에 그려져 있었다고 했으며, 필립 2세 등 정치 지도자들 또한 지도에 그려져 있었다고 했으므로, ③이 정답이다.

다음 중 몬테의 지도와 일치하는 것은?
① 그 지도는 세계를 여행하는 사람들의 편의를 위해 제작되었다.
② 그 지도는 현지답사에 기반해 있으며, 오늘날의 기준으로 보았을 때 매우 정확하다.
③ 그 지도는 유명한 인물들 뿐 아니라 신화 속 동물들이 사는 세계를 묘사하고 있다.
④ 그 지도는 당시 독특한 남극 중심의 세계관을 보여주고 있다.

38-40

미국의 선거기간 동안 입증되지 않은 추측과 루머가 온라인상에서 크게 증가함에 따라, 주요 소셜 미디어 플랫폼들은 민주적인 절차에 신뢰를 훼손할 수 있는, 입증되지 않았거나 잘못된 주장이 퍼지는 것을 제한하기 위해 이전보다 더 공격적인 조치를 취했다. 그러나 허위 정보 담당 연구원들을 점점 걱정스럽게 만든 한 영역은 바로 실시간 방송이다. 선거를 몇 달 앞두고, 플랫폼들은 폭력적인 콘텐츠를 삭제하고, 오해의 소지가 있는 게시물은 덜 보이게 처리하고, 잘못된 주장에 대해

서는 경고딱지를 붙여왔다. 이런 도구들은 모두 다 생방송으로 진행되는 동영상에서는 실시간으로 적용하기가 거의 불가능하다. 이러한 체계는 정적인 콘텐츠에는 매우 효과적이지만, 이와 같은 상황에서는 효과적이지 않다. 생방송으로 진행되는 동영상 영역은 종종 애매모호한 회색지대를 차지하는데, 이 회색지대에서는 플랫폼의 자동화된 감지 시스템이나 수작업으로 조정하는 사람들이 이런 종류의 부적절한 콘텐츠를 신속하게 확인하는 것이 어렵다. 그것은 (제목과 같은) 글의 내용과 정반대의 내용을 담고 있는 영상의 경우는 자세히 살펴보는 것이 더 어렵다는 데도 일부 기인한다. 지금 일어나고 있는 일을 면밀히 조사하는 것은 훨씬 더 어렵고 또 훨씬 더 많은 시간이 걸리는 일이다. 시위와 같이 실시간으로 진행되는 사건에 대한 의견, 추측, 그리고 보도로 주로 이루어진 SNS 동영상이 갑자기 음모론 이야기로 급선회할 수도 있는 것이다.

multiply v. 크게 증가하다 unsubstantiated a. 입증되지 않은, 근거 없는 undermine v. 훼손하다 live-stream v. 실시간으로 방송하다 take down 삭제하다 misleading a. 오해의 소지가 있는 post n. 게시글 static a. (움직임 없이) 고정된, 정적(靜的)인 ambiguous a. 애매모호한 gray zone 회색지대(이도저도 아닌 상태) flag v. (중요한 정보 옆에) 확인 표시를 하다 scrutinize v. 면밀히 조사하다 coverage n. (TV 등의) 보도, 방송 hard turn 급선회 conspiratorial a. 음모의; (행동이) 공모하는 듯한

38 글의 제목 ②

이 글은 미국의 선거기간 동안 주요 소셜 미디어 플랫폼들이 잘못된 주장이 퍼지는 것을 제한하기 위해 부적절한 콘텐츠를 찾아서 삭제하는 등 공격적인 조치를 취하고 있지만, 생방송으로 진행되는 동영상의 경우에는 그런 조치를 취하기가 어렵다는 내용이다. 따라서 ②가 글의 제목으로 적절하다.

다음 중 글의 제목으로 가장 적절한 것은?
① 최근 미국 선거에서의 소셜 미디어의 힘
② 생방송으로 진행되는 동영상에서의 허위정보 탐지의 어려움
③ 소셜 미디어에서의 동영상 콘텐츠와 텍스트 콘텐츠의 모호함
④ 미국 선거기간 동안 대중매체의 위반 행위가 미치는 영향

39 내용파악 ③

Ⓐ 앞에서 "플랫폼들은 폭력적인 콘텐츠를 삭제하고, 오해의 소지가 있는 게시물은 덜 보이게 처리하고, 잘못된 주장에 대해서는 경고딱지를 붙인다."고 했는데, 삭제하는 것은 remove(제거하다)이고 덜 보이게 하는 것은 visibility를 reduce하는 것이고 경고딱지를 붙이는 것은 경고의 뜻을 inform(알리는)하는 것이므로 Ⓐ의 특징을 가장 잘 나타낸 것은 ③이다.

다음 중 Ⓐ의 특징을 가장 잘 나타낸 것은?
① 기록하고, 편집하고, 업로드하기
② 추천하고, 허락하고, 금지하기
③ 제거하고, 줄이고, 알리기
④ 인정하고, 참고, 받아들이기

40 지시대상 ③

Ⓑ의 That이 가리키는 것은 바로 앞의 "플랫폼의 자동화된 감지 시스템이나 수작업으로 조정하는 사람들이 이런 종류의 부적절한 콘텐츠를 신속히 확인하기가 어렵다"이므로, ③이 정답이다.

다음 중 Ⓑ가 가리키는 대상과 가장 가까운 것은?
① 동영상 콘텐츠를 자세히 살펴보기
② 자동화된 감지 시스템
③ 부적절한 콘텐츠를 감지하는 것의 어려움
④ 음모론 이야기를 면밀히 조사하기

41-42

관습은 일반적으로 매우 중요한 주제로는 여겨지지 않았다. 우리는 인간 뇌의 내부적인 작동방식은 연구해볼만한 독특한 가치가 있는 것으로 여기지만, 관습은 가장 평범한 행동이라고 종종 생각한다. (그러나) 사실은 정반대이다. 매우 중요한 사실은 경험과 믿음에 있어서 관습이 맡은 두드러진 역할과 관습이 보여줄지도 모르는 큰 다양성이다. 아무도 세상을 (태어날 때의) 순수한 눈으로 보지 않는다. 사람들은 세상을 특정한 일련의 관습, 제도, 그리고 사고방식에 의해 편집된 모습으로 본다. 심지어 철학적인 탐구에서조차, 사람들은 이러한 고정관념을 뛰어넘을 수 없다. 즉 그들의 참과 거짓이라는 개념들도 그들의 특정한 전통적인 관습과 여전히 관련 있을 것이다. 개인의 인생사는 무엇보다도 그들의 공동체 사회에서 전통적으로 전해져 내려오는 패턴과 표준에 대한 적응이다. 태어난 순간부터 그들이 태어난 사회의 관습들이 그들의 경험과 행동을 결정짓는다. 소속집단에 태어난 모든 아이는 집단의 관습을 소속집단과 공유할 것이며, 지구 반대편의 집단에 태어난 어떤 아이도 그 관습의 1/1000도 공유하지 못할 것이다. 우리가 이해해야 할 의무가 있는 문제로 관습의 역할보다 더 큰 사회적 문제는 없다.

custom n. 관습 subject n. (논의 등의) 주제 at most 기껏해야 the other way round 반대상황 first-rate a. 일류의 predominant a. 두드러진 manifest v. 나타내다 pristine a. 자연[원래] 그대로의 definite a. 일정한, 한정된 institution n. 제도 stereotype n. 고정관념 reference n. 문의, 조회, 참조, 언급, 관련, 지시, (판단의) 기준 have reference to ~와 관련이 있다 first and foremost 다른 무엇보다도 accommodation n. 적응, 순응 hand down ~을 물려주다 the globe 지구 thousandth n. 1000분의 1 incumbent a. 의무로 지워지는

41 글의 주제 

본문에서 언급된 "우리는 세상을 순수한 눈으로 보지 않으며, 특정한 일련의 관습, 제도, 그리고 사고방식에 의해 편집된 모습으로 본다."라는 내용을 통해 관습이 우리에게 큰 영향을 미치고 있음을 알 수 있으며, "우리가 이해해야 할 문제로 관습의 역할보다 더 큰 사회적 문제는 없다."라는 내용을 통해, 우리는 이렇게 큰 영향을 미치는 관습에 대해 이해하고 연구할 필요성이 있음을 알 수 있다. 따라서 ①이 글의 주제로 적절하다.

다음 중 글의 주제로 가장 적절한 것은?
① 관습 연구의 중요성
② 관습을 형성하는 데 있어서 공동체 사회의 중요한 역할
③ 관습을 고정관념으로 보는 것의 오류
④ 관습을 만드는 데 있어서 뇌의 형성적인 힘

42 내용추론 ②

본문에서 "개인의 인생사는 무엇보다도 그들의 공동체 사회에서 전통적으로 전해져 내려오는 패턴과 표준에 대한 적응이다."라고 했는데, 인생사는 곧 인간의 성장 과정이며 전통적으로 내려오는 패턴과 표준은 관습을 의미하므로, ②가 정답이다. ③ 어떤 아이가 소속집단과 공유하는 관습을 지구 반대편 집단의 아이는 공유하지 못할 것이라고 한 것은 관습이 보편적이지 않고 집단 본유적이며 인간이 집단마다 문화적으로 상이함을 보여준다.

다음 중 이 글에서 추론할 수 있는 것은?
① 뇌의 작동방식은 우리가 행동하는 방식에서만 가시화된다.
② 인간의 성장은 관습에 대한 적응 과정이다.
③ 관습의 보편성은 인간이 갖고 있는 공통성의 증거이다.
④ 아이는 참과 거짓을 구분할 수 있는 선천적인 능력을 갖고 있다.

43-44

로봇이 인간과 더 닮을수록, 우리는 로봇을 더 친근하게 여기는 것이 분명한 것 같다. 그러나 그것은 어느 정도까지만 사실이며, 그런 다음에 우리는 로봇을 불쾌하게 여긴다. '불쾌한 골짜기'는 우리가 거의 인간과 같지만 완전히 같지는 않은 실체와 마주쳤을 때 일어나는 감정 반응에 있어서의 특징적인 우묵한 골짜기이다. 그것은 일본의 로봇 연구가 마사히로 모리(Masahiro Mori)에 의해 1970년에 처음 가설로 제시되었는데, 그는 로봇이 더욱 인간을 닮아감에 따라, 사람들은 로봇을 인간과 닮지 않은 기계보다 더 받아들일 수 있고 매력적인 것으로 여길 것이라는 의견을 제시했다. 그러나 이것은 어느 정도까지만 사실이었다. 로봇이 거의 인간과 같지만 완전히 같지는 않았을 때, 사람들에게 불쾌감과 불편함이 생겼다. 만일 인간과의 유사성이 이 정도 이상으로 증가해, 인간과 흡사 거의 같아지면, 감정 반응은 긍정적인 것으로 돌아왔다. 불쾌한 골짜기라고 불리는 것은 바로 이러한 인간과의 유사성과 감정 반응 사이의 관계에 나타나는 이 독특한 우묵한 골짜기이다. 인간과 매우 흡사한 외양을 가진 것이면 어떤 것에든 불쾌한 골짜기 효과가 나타날 수 있지만, 가장 흔한 예로는 인조인간, 컴퓨터 게임 캐릭터, 그리고 실물 같은 인형이 있다.

up to a point 어느 정도까지는 disturbing a. 불쾌한 uncanny a. 불쾌한 dip n. 일시적 하락 hypothesize v. 가설을 세우다 roboticist n. 로봇 연구가 appealing a. 매력적인 counterpart n. 상대, 대응관계에 있는 사람[것] hold true 진실이다 unease n. 불안감 be subject to ~에 걸리기[적용받기] 쉽다 android n. 인조인간 life-like a. 실물 같은

43 빈칸완성 ④

로봇이 인간과 더 닮을수록, 우리는 로봇을 더 친근하게 여기는 것 같다고 한 다음, 역접의 접속사 but이 왔다. 따라서 빈칸에는 친근하다는 긍정적인 것과 반대로 '부정적인' 내용이 들어가야 하므로, 빈칸 Ⓐ에는 negative나 disturbing이 적절하다. 그리고 빈칸 Ⓑ가 있는 문장 바로 앞 문장에서 "로봇이 거의 인간과 같지만 완전히 같지는 않았을 때, 사람들에게 불쾌감과 불편함이 생겼다."라고 했으며, 이 인간과의 유사성이 이 정도 이상으로 더욱 증가해서 인간과 흡사 거의 같아지면, 다시 '어떠한 상태'로 돌아왔다고 했는데, 로봇에 대한 반응이 바로 앞 문장에서 부정적인 반응인 것으로 설명되었으므로, 빈칸에는 원래의 반응인 positive가 적절하다. 따라서 두 빈칸에 모두 적절한 ④가 정답이다. 즉 로봇에 대한 호감도가 인간과의 유사성이 증가함에 따라 처음에 증가하다가 감소하고 다시 증가하여, 감소에서 증가로 바뀌는 부분이 골짜기를 이루는 것이다.

다음 중 짝 지어진 쌍 중에서 Ⓐ와 Ⓑ에 가장 적절한 것은 무엇인가?
① 부정적인 — 부담이 큰
② 이국적인 — 불편하게 하는
③ 긍정적인 — 어색한
④ 불쾌한 — 긍정적인

44 내용일치 ③

본문에서 "마사히로 모리는 로봇이 인간과 '더 닮을수록', 사람들은 로봇을 인간과 닮지 않은 기계보다 더 만족스러워하고 매력적으로 여길 것이라고 했다."고 했으므로, '덜 닮을수록'이라고 되어있는 ③이 정답이다.

다음 중 본문의 내용과 일치하지 <u>않는</u> 것은?
① 실물과 같은 인형이 불쾌한 골짜기 효과를 초래할 수 있다.
② 사람들은 인간과 유사한 로봇을 어느 정도는 매력적으로 여긴다.
③ 로봇이 인간과 덜 닮을수록, 우리는 로봇을 더 받아들일 수 있는 것으로 여긴다.
④ 불쾌한 골짜기 효과는 인간의 감정 반응과 관련이 있다.

45-47

우리가 인터넷에서 종종 하고 있는 겉핥기식의 읽기와는 정반대인 깊이 읽기(deep reading)는 사라질 위기에 처한 습관이며, 역사적 건물이나 중요한 예술작품의 경우처럼, 우리가 보존하기 위해 조치를 취해야 하는 습관이다. 깊이 읽기가 사라지면, 우리 문화의 중요한 부분인 소설과 시와 그 외 여러 종류의 문학의 영구적 보존 뿐 아니라 인터넷 세계에서 자라고 있는 세대들의 지적, 정서적 발달도 위험해질 것인데, 소설과 시를 포함한 문학은 뇌가 이해할 수 있도록 문자적으로 훈련된 독자들만이 제대로 평가할 수 있는 것이다. 인지과학, 심리학, 신경과학에서의 최근 연구 결과들은 깊이 읽기 — 느리고, 몰입하며, 감각적 디테일이 풍부하고, 감정과 도덕의 복잡성도 풍부한 — 가 단순히 단어들을 해석해내는 것과는 종류가 다른 독특한 경험이라는 것을 보여주었다. 비록 깊이 읽기가, 엄격히 말해, 전통적인 책을 반드시 요구하지는 않지만, 인쇄된 지면이 가진 내재적인 제약이 깊이 읽기 경험에 유달리 도움이 된다. 예를 들어, 책에는 하이퍼링크가 없다는 것이 독자들을 '내가 이 링크를 클릭해야 되나 말아야 되나'와 같은 결정으로부터 자유롭게 해주며, 독자들을 이야기에 완전히 몰입해 있게 해준다. 뇌가 디테일이 풍부한 언어를 처리하는 방식에 의해, 즉, 그 장면이 현실에서 펼쳐질 경우에 활성화될 뇌 부위와 똑같은 뇌 부위를 이용하는 심적 표상을 만들어냄으로써, 그 몰입은 지탱되는 것이다. 문학의 내용을 이루는 감정적 상황과 도덕적 딜레마는 우리를 작중 인물의 머릿속으로 몰아넣고 심지어, 연구에 따르면, 현실에서의 우리의 공감능력을 증대시키기까지 하는 등, 뇌를 위한 활발한 운동이 되기도 한다.

superficial a. 겉핥기식의, 피상적인 endangered a. 멸종위기에 처한 imperil v. 위태롭게 하다, 위험하게 하다 perpetuation n. 영구화, 영구보존 appreciate v. (문학 등을) 감상하다 literally ad. 문자 그대로; 그야말로 apprehend v. 이해하다 distinctive a. 독특한 decode v. 해독하다, 번역하다 built-in a. 고유한; 내장된 the printed page 출판물 conducive to ~에 도움이 되는 hyperlink n. 하이퍼링크(데이터 파일을 서로 연결시키는 것) immerse v. 몰입[몰두]하게 하다

handle v. 다루다, 처리하다 mental representation 심적 표상, 심상 draw on ~을 이용하다 stuff n. 가장 중요한 요소; (무엇의) 재료, 내용 propel v. 나아가게 하다 fictional character 소설 속 인물 empathy n. 감정이입, 공감

45 빈칸완성 ②

빈칸 Ⓐ 다음에서, 깊이 읽기가 사라지게 될 경우를 가정하면서, 보존하기 위해 조치를 취해야 할 습관이 깊이 읽기라고 했는데, 이것은 현재 깊이 읽기가 사라질 위기에 처해 있다는 뜻이다. 따라서 Ⓐ에는 ②의 an endangered가 적절하다.

다음 중 빈칸 Ⓐ에 가장 적절한 것은?
① 급증하는
② 멸종위기에 처한
③ 확립된
④ 융통성 있는

46 내용추론 ②

인터넷에서 종종 하고 있는 것은 깊이 읽기가 아니라 겉핥기식 읽기라고 했다. 따라서 인터넷을 사용하는 것이 깊이 읽기에 보다 뛰어난 방법이라고 볼 수 없으므로, ②가 정답이다.

다음 중 Ⓑ에서 추론할 수 없는 것은?
① 글을 중간에 건너뛰며 대강 읽는 것은 깊이 읽기에 좋지 않다.
② 인터넷을 사용하는 것이 깊이 읽기를 하는 데 보다 뛰어난 방법이다.
③ 깊이 읽는 독자들은 정신이 산만해지지 않아 언어의 뉘앙스에 잘 순응되어 있다.
④ 깊이 읽는 독자들은 현실에서의 공감능력이 높은 경향이 있다.

47 부분이해 ②

밑줄 친 Ⓒ는 "독자들을 결정으로부터 자유롭게 해준다"는 뜻인데, 그 결정이 바로 "내가 이 링크를 클릭해야 되나 말아야 되나"와 같은 결정이라고 했다. 따라서 Ⓒ는 독자들이 어떠한 일을 결정할 필요를 없게 해준다는 뜻으로 봐야 적절하므로, ②가 정답이다.

다음 중 Ⓒ와 의미가 가장 가까운 것은?
① 독자가 아무 때나 결정하도록 해준다
② 독자가 결정할 필요가 없게 해준다
③ 독자에게서 결정할 기회를 빼앗는다
④ 독자에게 결정할 책임을 부과한다

48-50

스웨덴의 연구원들은 우울증, 조울증, 그리고 그 밖의 정신과 진단내역이 있는 121명의 환자들을 연구했는데, 그들 모두는 모두 수면장애가 있었다. 연구원들은 이 환자들을 임의로 두 그룹으로 나누어 배정했다. 첫 번째 그룹은 금속 체인을 달아 무게가 18파운드 나가는 담요를 덮고 잤으며, 두 번째 그룹은 똑같이 생긴 플라스틱 체인을 달아서 무게가 3파운드 나가는 담요를 덮고 잤다. 이 연구는 수면의 질을 측정하는 28개 항목의 설문지인 불면증 심각도 지수를 사용했으며, 참가자들은 수면시간, 깨어남, 낮 동안의 활동을 측정하는 활동센서를 손목에 착용했다. 무거운 담요를 덮고 잔 환자들 중 42% 이상이 수면 장애가 소강상태에 있다고 여겨질 정도로 불면증 심각도 지수에서 충분히 낮은 점수를 받아, 대조군의 3.6%와 비교되었다. 그 척도에서 50%가 감소할 가능성은 무거운 담요를 덮고 잔 그룹에서 거의 26배나 더 높았다. 무거운 담요는 전체 수면 시간에 중대한 영향을 주지는 않았지만, 무거운 담요를 사용한 환자들은, 대조군에 비해, 수면이 시작된 이후 도중에 깨는 경우가 상당히 줄어들었고, 낮 동안에 졸리는 현상도 줄었으며, 우울증과 불안증세도 줄어들었다. 이 연구를 담당한 선임 저자는 이것은 단 한 차례의 연구에 불과한 것으로, 무거운 담요가 효과가 있다는 과학적인 증거를 제시하지는 못한다고 인정했다. "무거운 담요를 사용하는 동료들이 있는데, 그들은 만족스러워 합니다. 그러나 그것이 증거가 되지는 못합니다. 이 연구는 무거운 담요가 효과가 있을 수도 있다는 것을 나타낼 뿐이며, 추가적인 연구가 이뤄져야 합니다."라고 그는 말했다.

depression n. 우울증 bipolar disorder 조울증 diagnosis n. 진찰, 진단 randomly ad. 임의로 blanket n. 담요 insomnia n. 불면증 index n. 지수 questionnaire n. 설문지, 질문지 wrist n. 손목 remission n. (병의) 차도, 소강상태, 일시적인 진정 likelihood n. 가능성 onset n. 시작

48 글의 주제 ①

이 글은 우울증, 조울증 등 정신질환이 있는 환자들에게 무거운 담요를 덮고 자게 했더니 수면의 질 면에서 효과가 있었다는 연구를 다루고 있다. 따라서 이 글의 주제로 ①이 정답이다.

이 글은 주로 무엇에 관한 것인가?
① 수면의 질을 향상시키는 무거운 담요
② 수면장애가 있는 사람들을 위한 공인 치료보조기
③ 스웨덴에서 실시된 정신건강 관련 연구
④ 우울증이 있는 사람들을 위해 발견된 치료법

49 지시대상 ④

Ⓐ, Ⓑ, Ⓒ는 모두 무거운 담요를 덮고 잔 환자들을 가리키는 반면, Ⓓ는 대조군인 가벼운 담요를 덮고 잔 환자들을 가리키므로, ④가 정답이다.

50 빈칸완성 ④

본문에서 선임 저자는 "이것은 단 한차례의 연구에 불과한 것으로, 무거운 담요가 효과가 있다는 과학적인 증거를 제시하지는 못합니다."라고 인정했다고 했다. 따라서 이 저자가 말한 인용부분에서도 동료들이 무거운 담요에 만족해하는 것이 무거운 담요가 효과가 있다는 증거가 되지는 못한다고 해야 문맥상 적절하다. 그러므로 ④가 정답이다.

다음 중 빈칸 Ⓔ에 가장 적절한 것은?
① 결정적인
② 과소평가된
③ 가설이 아닌
④ 증거가 아닌

2021 한국외국어대학교(T2)

01 ①	02 ③	03 ④	04 ③	05 ②	06 ①	07 ①	08 ④	09 ③	10 ②
11 ②	12 ①	13 ②	14 ①	15 ④	16 ①	17 ④	18 ③	19 ④	20 ④
21 ①	22 ②	23 ②	24 ②	25 ④	26 ③	27 ④	28 ①	29 ③	30 ①
31 ①	32 ③	33 ④	34 ②	35 ②	36 ①	37 ④	38 ③	39 ②	40 ①
41 ④	42 ④	43 ③	44 ①	45 ③	46 ③	47 ②	48 ③	49 ②	50 ④

01 논리완성 ①

폭발은 굉음을 동반하므로, 청력이 '손상되었다'는 의미의 문장이 되는 것이 적절하다.

explosion n. 폭발 impair v. 손상시키다, 저해하다 rehabilitate v. 재활시키다, 복원하다 promote v. 증진[촉진]하다, 진척시키다 enable v. ~을 할 수 있게 하다

집 근처 공사장에서의 폭발로 인해 그의 청력이 손상되었다.

02 논리완성 ③

프랑스 혁명은 '거대하고 돌이킬 수 없는' 영향을 일으킨 사건의 예에 해당하므로, '거대하고 돌이킬 수 없는'과 의미적으로 호응하는 drastic이 가장 적절하다.

irreversible a. 돌이킬 수 없는 incidental a. 부수적인 circumstantial a. 정황적인; (특정 상황과) 관련된 drastic a. 과감한, 급격한 moderate a. 중도의, 온건한

급격한 사회 변화를 가져왔던 프랑스 혁명에서 알 수 있듯이 몇몇 사건들은 거대하고 돌이킬 수 없는 영향을 끼친다.

03 논리완성 ④

심야에 했던 실험이 성공했기 때문에 그 과제에서 다른 과제로 '막 넘어가려고 했었다'는 의미가 되는 것이 가장 적절하다.

verge n. 가장자리, 경계 on the verge of ~의 직전에 move on 넘어가다, 이동하다 late-night a. 심야의 committee n. 위원회 summit n. 정상; 절정 decision n. 결정, 판단

심야 실험 하나가 성공한 것으로 판명되었을 때, 그는 그 과제에서 다른 과제로 막 넘어가려는 참이었다.

04 논리완성 ③

두 사람이 숙적(宿敵)이었다고 했으므로 그들이 서로 '혐오'하고 있다고 하는 게 가장 적절하다.

foe n. 적(敵), 원수 old foe n. 숙적(宿敵) detest v. 몹시 싫어하다, 혐오하다 commend v. 칭찬하다, 추천하다

두 숙적이 서로를 혐오하고 있었기 때문에, 우리는 반드시 그들이 서로 옆에 앉지 않도록 해야 했다.

05 동의어 ②

ascribe v. (원인·기원 등을) ~에 돌리다, (성질·특징을) ~에 속하는 것으로 생각하다(= attribute) prescribe v. 처방하다, 규정하다, 지시하다 conscript v. 징집하다 contribute v. 기부하다; ~의 한 원인이 되다

그 벽돌이 역사적으로 유명한 건축물인 하드리아누스 방벽(Hadrian's Wall)에 속하는 것이라고 역사학자가 말했을 때, 동료들 중 그의 말을 믿는 사람은 아무도 없었다.

06 동의어 ①

champion v. ~을 위해 싸우다; 옹호하다(= patronize) ratify v. 비준하다, 재가하다 take office 취임하다 repeal v. 폐지하다 monopolize v. ~을 독점하다, 전유하다

취임 이래로, 그 주지사는 평등권 개정안 비준 운동을 지지해왔다.

07 동의어 ①

dismal a. 암울한, 음울한(= depressing) attested a. 증명된, 입증된 undeniable a. 부인할 수 없는, 명백한 complicated a. 복잡한

슬프게도 존(John)에게는 너무 늦었지만, 이런 암울한 사실에도 불구하고 희망은 있다.

08 동의어 ④

tentative a. 잠정적인, 임시의(= temporary) keynote n. 주안점, 기조 tenable a. 방어될 수 있는; (특정 기간 동안) 유지되는 conclusive a. 결정적인, 확실한 putative a. 추정되는

이 시점에서 회의의 세부 프로그램은 잠정적이지만, 세 차례의 기조연설이 있을 것이라고는 확실히 발표되었다.

09 동의어 ③

cardinal a. 기본적인, (가장) 중요한(= principal) gigantic a. 거대한 potential a. 가능성이 있는, 잠재적인

세일즈맨으로서, 가장 중요한 원칙은 고객 만족을 위해 할 수 있는 모든 일을 한다는 것이다.

10 문맥상 동의어 ②

convention은 '관습, 관례, 합의, 대회' 등 많은 의미를 갖는다. 본문에서는 공연이 끝나고 청중들의 앙코르를 받는 관례, 즉 전통에 따라 무대로 다시 나오는 것이므로 '전통'이나 '관례'의 의미를 갖는 'tradition'이 가장 적절하다.

offstage ad. 무대 밖으로 encore n. 재청, 앙코르 assembly n. 의회; 집회 conference n. 회의, 회담

공연이 끝난 후, 배우들은 무대 밖으로 나갔다가 앙코르를 받는 관례에 따라 다시 등장한다.

11 문맥상 동의어 ②

company는 '회사, 단체, 동석한 사람, 교제' 등 많은 의미를 갖는다. 본문에서는 주말동안 그녀와 함께 보냈다는 '교제'라는 의미의 'companionship'이 가장 적절하다.

enterprise n. 기업, 회사; 사업 partner n. 동반자, 동업자 over the weekend 주말에

그녀가 나를 보러 먼 길을 왔으며, 나는 주말에 그녀와의 교제를 즐겼다.

12 문맥상 동의어 ①

형용사 clean은 '깨끗한, 순수한, 단정한, 완전한' 등의 뜻을 가진 다의어이다. 본문에서는 도주(getaway)가 시작부터 끝까지 완전무결하게 진행되는 것을 의미하므로 '완전한'이라는 의미로 'complete'를 뜻하고 있다.

getaway n. 도망, 도주 blank a. 빈, 그림이 없는 virtuous a. 도덕적인, 고결한 unsoiled a. 더럽혀지지 않은, 청결한

비록 내가 완전한 도주에 대해 확신이 든다고 하더라도, 나는 결코 그렇게 하기로 동의하지 않을 것이다.

13 문맥상 동의어 

명사 burst는 '파열, 감정의 폭발, 사격' 등의 의미를 갖는다. 본문에서는 '한바탕 화를 내다'는 의미이므로, '감정의 폭발'을 나타내는 'explosion'이 정답으로 적절하다.

provoke v. 유발하다, 일으키다 puncture n. 펑크, 찔려서 생긴 구멍 fracture n. 골절

놀랍게도 내 질문이 판매원의 분노를 폭발시켰다.

14 재진술 ①

'scarcely(hardly, rarely) A when(before) B'의 표현은 'A하자마자 B했다'는 동시동작을 의미하고 있다. 따라서 동시성을 나타내는 부사절 'as soon as'나 'no sooner A than B'의 표현이 들어있는 문장이 제시문과 같은 의미이다.

내가 눈을 감자마자 전화벨이 울렸다.
① 내가 눈을 감자마자 전화벨이 울렸다.
② 내가 눈을 감기 바로 직전에 전화벨이 울렸다.
③ 전화벨이 울렸지만 나는 그럭저럭 잠들 수 있었다.
④ 나는 전화벨 소리에 도저히 잠을 이룰 수 없었다.

15 재진술 ④

strike A as B는 'A에게 B하다는 인상을 주다'는 의미여서 A가 B한 것이 아니라 strike의 주어가 B한 것이다. 즉, 주지사의 동료들이 helpless한 것이 아니라 주지사 그녀가 helpless한 것이다. 따라서 ④가 정답이다.

특정 질문에 대한 주지사의 침묵은 그녀의 동료들에게 그녀가 난감해한다는 인상을 주었다.
① 주지사가 그 질문에 답하지 못했고 이것은 그녀의 동료들을 난감하게 했다.
② 질문에 대한 난감함 때문에 주지사는 침묵하는 동료들을 때렸다.
③ 질문을 들었을 때 그녀가 침묵했으므로, 그녀에게는 주지사의 동료들이 난감해보였다.
④ 주지사의 동료들은 그녀가 질문을 받은 후 침묵했기 때문에 그녀가 난감해한다고 생각했다.

16 분사구문 ①

두 개의 술부를 콤마로 연결할 수 없다. 따라서 접속사 and를 사용하여 'and revealed the pistol'로 표현해야 하고, 여기서 and를 삭제하고 분사구문으로 나타낼 수 있으므로 ① revealing the pistol이 빈칸에 적절하다.

peel v. 벗기다, 깍다 reveal v. 드러내다; 폭로하다

그녀는 무릎에서 모직 담요를 벗겨버리고 권총을 드러냈다.

17 가정법 과거완료 ④

가정법 과거완료의 문장이다. '~이 없었다면'에 해당하는 표현은 If it had not been for 혹은 if를 생략하여 조동사 had와 주어 it이 도치된 Had it not been for이다. 따라서 ④가 정답이다.

만약 당신의 조언이 없었더라면, 나는 중대한 실수를 했을 것이다.

18 현재분사와 과거분사의 구분 ③

감정동사의 분사형태에는 그런 감정을 느끼는 사람을 수식하면 과거분사로, 사람한테 그런 감정을 일으키는 것이라면 현재분사의 형태로 사용한다. 따라서 ③을 satisfying으로 고쳐야 한다.

그 질문은 이해하기 아주 쉽지만, 지금까지 아무도 그 질문에 대한 만족스러운 답을 찾지 못했다.

19 간접의문절 ④

명사절을 이끄는 접속사 that 이하에는 완전한 절이 온다. 그러나 ④의 명사절에서는 that 다음에 주어가 없고 전치사 like 다음도 비어있다. 따라서 how it will turn out의 it을 가리키는 it을 주어로 삼고 like의 목적어에 해당하는 의문사 what을 사용하여 ④를 what it is로 고쳐야 한다.

그것이 어떻게 판명될지는 모르지만, 그것이 어떠할지를 그녀가 정확히 아는 것이 명백하기 때문에 나는 조금도 걱정하지 않는다.

20 정비문 ④

부사 either는 부정문에서 '~도 또한 아니다'의 의미이고, 같은 뜻으로 부사 neither는 긍정의 동사와 함께 부정문을 만든다. ④에서 '그는 아직 존을 본적이 없고, 그녀 또한 그렇다.'의 의미에서 동사가 현재완료형이기 때문에 'neither has she'로 고쳐야 한다.

① 그는 기술자가 아니고 그녀 또한 아니다.
② 그는 아직 일을 마치지 못했고 그녀 또한 마치지 못했다.
③ 그는 거기서 일하지 않았고 그녀 또한 일하지 않았다.
④ 그는 존을 본 적이 없고 그녀 또한 존을 본 적이 없다.

21 정비문 ①

'간절히 바라는, 열렬한'의 의미인 형용사 'eager'는 주어에 사람을 사용한다. 따라서 ①을 'Tom is eager to please Jerry.'로 고쳐야 한다.

① Tom은 Jerry를 기쁘게 하고 싶어 한다.
② Tom이 그 책을 읽기는 어렵다.
③ Tom이 출구를 찾는 것은 중요하다.
④ Tom이 그곳에 가는 것은 끔찍하다.

22-23

뉴욕의 타임스 스퀘어(Times Square)에 공 모형이 내려온다. (런던의) 군중들이 빅벤(Big Ben)의 종소리에 맞춰 초읽기를 한다. 시드니 항구에서는 폭죽을 터뜨린다. 여러분의 도시에서 어떻게 축하하든지간에, 새해와 새로운 출발을 맞이하는 것에는 뭔가 흥미진진한 점이 있다. 새해 첫날에 우리는 새로운 바다로 나아간다. 우리는 어떤 교우관계와 기회를 찾게 될까? 그러나 그런 흥분감에도 불구하고, 새해는 불안한 것일 수도 있다. 우리 중 누구도 미래를 그리고 미래에 어떤 폭풍이 있는지를 알지 못한다. 여러 가지 새해 전통 행사들이 이를 반영하고 있다. 중국에서 불꽃놀이는 아마도 악령을 물리치고 새 계절을 번영하는 계절로 만들기 위해 발명되었다. 그리고 새해의 다짐은 신들을 달래기 위해 서약을 했던 바빌로니아인들에게로 거슬러 올라간다. 그러한 행위는 미지의 미래를 안전하게 하려는 시도였다. 바빌로니아인들이 서약을 하지 않았을 때에는, 그들은 다른 민족들의 정복에 분주했었다. 오늘 우리는 해안에서 새로운 미지의 바다로 나아간다. 엄청난 도전이 우리를 기다리고 있을지도 모른다. 어떤 상황에 직면하든 간에, 우리는 이런 모험에서 우리가 혼자가 아니라는 것을 깨달아야 할 필요가 있다.

count down 카운트다운[초읽기]하다 erupt v. 분출하다, (고함을) 터트리다 firework n. 폭죽, 불꽃놀이 mark v. 표시하다, 축하하다 push out into 진입하다 waters n. 영해; 영역 unsettling a. 불안하게 하는 supposedly ad. 추정상, 아마도 resolution n. 결의안; 해결: 다짐 vow v. 맹세[서약]하다 appease v. 달래다 shore n. 해안, 기슭 uncharted a. 해도[지도]에 없는, 미지의

22 부분이해 ②

밑줄 친 부분은 '새로운 미지의 바다'인데 '새로운 바다'는 새해 첫날에 맞이하는 앞으로 살아갈 한 해를 말하고 '미지의'는 아직 경험하지 못한 불확실한 일들로 가득 차 있음을 의미하므로 ②가 가장 가까운 의미이다.

다음 중 Ⓐ가 가리키는 것에 가장 가까운 것은?
① 알 수 없지만 안전한 우리의 미래
② 불확실한 일들로 가득 찬 인생의 한 해
③ 우리 결심의 성공에 대한 불확실성
④ 우리 앞에 놓인 수많은 정복할 대상들

23 내용일치 ②

"중국에서 불꽃놀이는 악령을 물리치고 새로운 계절을 번영하는 계절로 만들기 위해서 발명되었다"고 언급하고 있다. 따라서 ②가 본문의 내용과 일치한다.

이 글에 따르면 다음 중 옳은 것은 무엇인가?
① 대부분의 새해 전통 행사들은 고대 중국으로 거슬러 올라간다.
② 중국인들은 불꽃놀이로 악령을 쫓아내려고 했다.
③ 새해 결의는 원래 자기 계발을 위한 것이었다.
④ 바빌로니아인들은 전쟁을 벌임으로써 그들의 신들을 기쁘게 하려고 했다.

24-25

당신의 체형에 맞게 형태가 변하는 의복을 상상해보라. 직물의 낭비를 줄일 방법을 찾던 연구원들은 케라틴의 형상 기억 특성을 이용하는 방법을 찾아냈다. 천연자원의 지속 가능한 사용의 결과는 명확하다. 재활용된 케라틴 단백질로, 우리는 섬유와 패션 산업이 환경에 끼치는 영향을 줄일 수 있다. 케라틴의 형상 변화 능력의 핵심은 그것의 계층적인 구조에 있다. 케라틴의 사슬 하나는 알파(α) 나선(alpha-helix)으로 알려진 스프링 같은 구조로 배열돼 있다. 이런 사슬 두 개가 꼬여서 꼬인 나선을 형성한다. 많은 꼬인 나선들이 모여서 큰 섬유를 구성한다. 알파 나선의 구조와 연결형 화학적 결합들이 그 소재에 강도(強度)와 형상기억 둘 모두를 제공한다. 제품을 만들기 위해, 소재의 영구적인 형상을 과산화수소와 인산 모노나트륨 용액을 사용하여 프로그램 한다. 일단 기억이 설정되면 새로운 형상으로 재(再)프로그램 할 수도 있다. 한 벌의 옷을 갖고 있는데 이 옷의 스타일을 당신이 선호하는 디자인으로 매일 바꿀 수 있다고 상상해보라. 당신은 다시 옷을 사러 쇼핑할 필요가 없는 것이다.

textile n. 직물, 옷감 property n. 재산, 소유물; 속성 implication n. 영향, 결과; 함축 hierarchical structure 계층구조, 위계구조 single chain 단일 사슬 coiled coil 꼬인 나선 fiber n. 섬유조직 assemble v. 조립하다 connective a. 연결하는 chemical bonds 화학적 결합 hydrogen peroxide n. 과산화수소 strand n. 가닥; 한 가닥의 실; 섬유 올

24 빈칸완성 ②

형상 기억 특성을 가진 케라틴 소재에 '기억을 설정하고 나면 계속해서 새로운 형상으로 재(再) 프로그램 할 수 있다'는 것과 '매일 스타일을 바꿀 수 있는 옷'이 있다는 점에서 Ⓐ에는 ②의 내용이 적절하다.

다음 중 Ⓐ에 가장 적절한 것은 무엇인가?
① 항상 건장한 체격을 유지할 수 있다
② 다시 옷을 사러 쇼핑할 필요가 없다
③ 진정한 직물 전문가가 된다
④ 더 강한 기억력을 가질 것이다

25 내용일치 ④

형상 기억 특성을 가진 케라틴 소재에 '기억을 설정하고 나면 계속해서 새로운 형상으로 재(再) 프로그램화할 수 있다'고 한 점에서 ④가 글의 내용과 일치한다.

이 글에 따르면 다음 중 옳은 것은 무엇인가?
① 의복에 케라틴을 사용하는 것은 섬유산업에 의한 환경 파괴를 증가시킬 것이다.
② 패션 산업은 현재 고도로 지속 가능한 산업이다.
③ 큰 섬유들은 기다란 가닥으로 펴진 수많은 알파(α) 나선으로 구성된다.
④ 기본 형상이 설정된 후에, 새로운 형상을 케라틴에 프로그램 할 수 있다.

26-27

뇌는 우리가 상상하는 것처럼 변하지 않는 기관이 아니다. 그것은 계속 발달하고 변하고 노화와 더불어 악화될 뿐 아니라, 우리의 뇌 활동과 일상생활의 경험에 의해서도 상당한 정도로 형성된다. '형성된다'고 할 때, 나는 비유적으로 말하는 것이 아니라, 글자 그대로 말하는 것이다. 미세 세포 수준에서, 무한히 복잡한 조직망을 형성하고 뇌의 여러 구성 부위들을 구성하는 신경 세포는 실제로 특정한 경험과 자극에 대응해서 변화한다. 다시 말해, 뇌는 흔히 사람들이 믿고 있듯이 어린 시절에뿐 아니라 바로 성인기를 거치면서도 유연성이 있다. 주변 환경은 뇌가 발달하는 방식과 뇌가 독특한 인간 정신으로 변모하는 방식, 둘 모두에 큰 영향을 미친다.

deteriorate v. 악화되다 substantially ad. 상당히, 많이 figuratively ad. 비유적으로 literally ad. 말 그대로, 정말로 constituent n. 주민; 구성 요소 in response to ~에 대응하여 stimuli n. 자극 malleable a. 영향을 잘 받는, 잘 변하는 huge impact 엄청난 영향 unique a. 독특한, 고유의 critical a. 비판적인; 중요한 metaphorically ad. 은유적으로, 비유적으로 inflexible a. 신축성 없는, 완강한 pliable a. 유연한

26 글의 주제 ③

'인간의 뇌는 평생 동안 변화한다.'는 점을 설명하고 있다. 따라서 ③이 글의 주제로 적절하다.

다음 중 이 글은 주로 무엇에 관한 글인가?
① 뇌에 지대한 영향을 미치는 중요한 시기가 있다.
② 뇌의 메커니즘은 외부의 영향에 상대적으로 둔감하다.
③ 뇌는 평생토록 변화의 과정을 겪는다.
④ 인간의 뇌가 발달해가는 특별한 유형은 없다.

27 빈칸완성 ④

Ⓐ에는 뒤에 나온 literally와 대조를 이루는 metaphorically나 figuratively가 적절하고, 특정한 경험과 자극에 따라 변한다는 것은 '유연함'을 의미하므로 Ⓑ에는 malleable이 적절하다.

다음 중 Ⓐ와 Ⓑ에 들어갈 가장 적절한 짝은 무엇인가?
① 수사학적으로 — 취약한
② 비유적으로 — 경직된
③ 애매하게 — 유연한
④ 비유적으로 — 잘 변할 수 있는

28-30

매사추세츠 주의 한 경찰관이 식료품 절도 혐의로 고발당한 두 명의 여성을 기소하지 않고, 오히려 (대신에) 그들에게 크리스마스 저녁식사를 사주었다. 맷 리마(Matt Lima) 경관은 12월 20일 Stop & Shop 매장에서 절도행위가 있었다는 신고를 받고 출동했는데, 가보니 두 명의 어린이와 함께 한 두 명의 여성이 무인계산대에서 식료품을 스캔하지 않고 가방에 넣은 혐의를 받고 있었다. 이 여성들은 그들이 어려운 처지에 처하게 되었고 아이들에게 크리스마스 저녁식사를 제공해주려 했다고 말했다. 리마는 자신의 아이들이 생각나서 자비를 들여 식료품 기프트 카드로 250달러어치를 사주었다고 말한다. "그의 행동은 우리 지역사회 주민들을 보호하고

봉사한다는 것이 무슨 의미인지를 잘 보여줍니다."라고 조지 맥닐(George McNeil) 경찰서장은 경찰서 웹사이트에서 말했다. 리마는 현지 TV 방송국에서 그 여성들이 "고마워" 하면서도 "충격을 받았다"고 말했다. "내가 옳다고 생각하는 일을 했을 뿐이며, 제가 대단한 것이 아닙니다. 저는 그저 그 가족의 입장이 되어 공감을 조금 보여주려 했을 뿐입니다."라고 기자에게 말했다.

charge v. 요금을 청구하다; 기소하다; 비난하다 accuse v. 고발하다 groceries n. 식료품 respond to 대응하다 self-checkout kiosk n. 무인계산대 fall on hard times 역경에 처하다 empathy n. 감정이입, 공감

28 글의 주제 ①

이 글에서는 가난 때문에 식료품을 훔친 두 명의 여성을 기소하지 않고 오히려 자비를 들여 식료품 기프트 카드로 구입해 준 경찰관의 미담을 이야기하고 있다. ①이 글의 주제로 적절하다.

다음 중 이 글의 주제로 가장 적절한 것은 무엇인가?
① 한 경찰관의 관대한 행위
② 빈번한 식료품 절도
③ 방송을 통해 전해진 Stop & Shop 매장의 절도사건
④ 크리스마스 날에 근무 중인 경찰관들

29 빈칸완성 ③

매장에서 두 명의 여성이 식품을 가방 안에 넣었는데, 이것이 절도가 되려면 계산을 하지 않고 넣은 것이어야 한다. 스캐닝이 무인계산대의 결제 방식이므로 Ⓐ에 적절한 것은 ③이다.

다음 중 Ⓐ에 가장 적절한 것은 무엇인가?
① 새치기해서
② 계산대 점원의 도움 없이
③ 스캔하지 않고서
④ 진행 방법을 알지 못한 채

30 부분이해 ①

put oneself in a person's shoes는 '다른 사람의 입장이 되어보다'라는 뜻이다. 따라서 Ⓑ가 의미하는 것은 ①이다.

다음 중 Ⓑ가 의미하는 것과 가장 가까운 것은 무엇인가?
① 나는 그 상황을 그들의 관점에서 이해하려고 했다.
② 나는 그들의 범죄행위의 결과에 대해 객관적으로 생각했다.
③ 나는 그들의 신발 상태를 보고 그들의 비참한 상황을 이해했다.
④ 나는 그들의 상황을 법 집행의 관점에서 평가했다.

31-32

더 적게 말하고 더 많이 듣는 것의 효력을 알게 될 때, 당신의 전체 태도가 바뀐다. "어떻게 논쟁에서 이길 수 있을까?"라는 질문이 "그 논쟁에서 무엇을 배울 수 있을까?"로 변한다. Amardeep Parmar는 "모든 상황이 패자를 필요로 하는 것은 아니다."라는 말로 이를 멋지게 표현했다. 그리고 패자가 없을 때, 당신은 또한 이기는 것이 무엇을 의미하는지에 대해 다르게 생각한다. 이런 관점에서 볼 때, 논쟁에서 이기는 것은 상대를 물리치기보다는 논쟁에서 가능한 한 많이 성장하는 것을 의미한다. 이렇게 하면, 관련된 모든 사람이 승자가 될 수 있다. 그것을 가능하게 하기 위해서, 사람은 말하는 것뿐만 아니라 듣기도 해야 한다. 당신과 의견이 다른 사람의 말을 경청하는 것이 쉽지는 않겠지만, 다음의 세 가지 조언을 기억하는 것이 도움이 될 수 있다. 당신이 아무리 노력한다고 해도, 상대방의 마음을 바꾸게 강요할 수는 없다. 논쟁에서 이기는 것은 논쟁의 결과가 아니라 당신이 만들고 싶어 하는 기분에 관한 것이다. 만약 건설적인 토론을 하고 싶다면, '(객관적으로) 옳은 것'에 당신의 자존심을 더 이상 덧붙이지 마라. 이런 조언을 기억한다면, 더 적게 말하고 더 많이 듣는 것이 제2의 천성(습관)이 될 것이다. 당신은 그렇게 하기 위해 억지를 부릴 필요도 없다. 당신은 싸울 필요도 없이, 모든 논쟁에서 승자가 될 것이다.

shift v. 옮기다; 바뀌다 self-worth n. 자부심, 자존감 attach v. 붙이다; 중요성을 부여하다 second nature n. 제2의 천성 force v. 강요하다, 억지로 ~하게 하다

31 글의 제목 ①

논쟁에서 중요한 것은 승패가 아니라 논쟁을 통한 성장이고, 이것을 이루기 위해서 '많이 듣는 자세'가 중요하다고 말하고 있다. 글의 제목으로 적절한 것은 ①이다.

다음 중 이 글의 제목으로 가장 적절한 것은 무엇인가?
① 중요한 것은 당신이 더 많이 듣는 것이다.
② 논쟁에서 승패의 차이점
③ 경쟁적 논쟁: 건설적인 것이 되는 비결
④ 당신의 제2의 천성으로부터 배울 수 있는 것

32 빈칸완성 ③

건설적인 논쟁이 어려운 이유는 자존심에서 자신의 주장만을 중시하는 태도 때문이다. 이 점에서 볼 때 논쟁에서 승리하는 것은 자존심을 만족시키는 승리감이라는 기분에 관한 것이지 건설적인 논쟁이 가져다주는 '논쟁의 결과'는 아닌 것이다. 따라서 Ⓐ에 적절한 것은 ③이다.

다음 중 Ⓐ에 가장 적절한 것은 무엇인가?
① 경청이 아니라
② 기분이 아니라
③ 결과가 아니라
④ 관점이 아니라

33-34

18세기 후반 혁명 운동에 대한 저항에서 시작된 보수주의에는 크게 대조되는 두 가지 정서(情緖)가 있다. 첫 번째 것은 현재의 세계에 대한 애착과 너무 과격한 변화에 대한 저항이다. 두 번째 것은 과거에 대한 애착과, 과거를 되찾기 위해 현재를 전복하려는 급진적인 욕망이다. 일부에서는 보수주의를 더 온건한 것으로 정의하고 반동주의를 더 맹렬한 것으로 정의함으로써 두 개의 반응을 구별해왔다. 그러나 에드먼드 포셋(Edmund Fawcett)은 영국, 프랑스, 독일, 미국의 보수주의자들의 사상과 행동에 관한 진정으로 권위 있는 연구서인『보수주의: 전통을 위한 투쟁

(Conservatism: The Fight for a Tradition)』에서 이것들은 둘 모두 정서만 다른 보수주의의 일부라고 보다 흥미롭게 주장하고 있다.

revolutionary a. 혁명의, 획기적인 movement n. 움직임, 운동 contrasting a. 대조적인, 대비되는 drastic a. 과격한 attachment n. 애착, 믿음, 지지 response n. 대답, 반응, 부응 version n. 형태; 설명[생각, 견해] reactionism n. 반동주의, 복고주의 virulent a. 치명적인, 맹렬한 magisterial a. 권위 있는 incompatible a. 상반된 reinstate v. 복귀하다, 복원하다 status quo n. 현재의 상황 disruption n. 붕괴, 혼란

33 내용파악 ④

보수주의의 첫 번째 정서는 '현재의 세계에 대한 애착과 아주 과격한 변화에 대한 저항'이라고 설명하고 있다. 따라서 ④가 적절하다.

이 글에 따르면 다음 중 보수주의의 첫 번째 정서와 가장 비슷한 것은 무엇인가?
① 유망한 미래에 대한 강한 열망
② 과거의 방식을 복원하려는 욕망
③ 대안적인 생활방식의 추구
④ 현재 상태를 와해되지 않게 지키는 것

34 빈칸완성 ②

반동주의의 특징은 '과거에 대한 애착과, 과거를 되찾기 위해 현재를 전복하려는 급진적인 욕망'이라고 설명하고 있다. 따라서 Ⓐ 에 대해 옳은 것은 ②이다.

이 글에 따르면 다음 중 Ⓐ에 대해 옳은 것은 무엇인가?
① 그것은 온건한 보수주의이다.
② 그것은 과거의 가치를 복원하려는 강한 열망을 갖고 있다.
③ 그것은 전통적인 가치를 훼손하는 경향을 갖고 있다.
④ 그것은 Fawcett에 의해 보수주의에서 제외된다.

35-37

의학 삽화는 아마도 의학이 시작된 이래로 제작되어왔을 것이다. 중세 시대의 많은 채색 원고들과 아랍 학술 논문들은 다양한 해부학 체계, 병리학, 또는 치료 방법들을 보여주는 삽화를 포함하고 있었다. 이러한 삽화들 중 상당수는 직접적인 관찰보다는 고전 미술에 일찍이 의존해 있었음을 반영하고 있어서 현대인들의 눈에는 이상하게 보일 수 있으며, 따라서 체내 구조에 대한 묘사가 비사실적일 수 있다. 1543년 안드레아스 베살리우스(Andreas Vesalius)의 『인체의 구조에 관하여(De Humani Corporis Fabrica Libri Septum)』의 출판으로 초창기의 절정을 이뤘는데, 이 책에는 인간을 해부한 것을 주의 깊게 관찰한 600여 점의 정교한 목판 삽화가 실려 있었다. 레오나르도 다빈치(Leonardo da Vinci) 시대와 그의 인간 형체 묘사 이후, 인체를 표현하는 미술에 큰 발전이 있었다. 그 미술은 시간이 지나면서 손으로 그린 삽화에서 디지털 시대의 기술적 발전을 활용한 디지털 이미지들로 발전해왔다. 베렌가리오 다 카르피(Berengario da Carpi)는 그의 교과서에 의학 삽화를 포함시킨 최초의 저명한 해부학자였다. 1858년에 출판된 『그레이 인체해부학(Gray's Anatomy)』은 다양한 해부학적 묘사 기법을 보여주는 유명한 인체 해부학 교과서이다.

possibly ad. 아마, 혹시 illuminated a. (불빛이) 환한[빛나는], 채색한 illuminated manuscript 채색 원고 treatise n. 논문 anatomical a. 해부의 pathology n. 병리학 odd a. 이상한, 특이한 fanciful a. 상상의 high-water a. 최고 수위의 high-water mark 고(高)수위점; 최고점, 절정 dissection n. 절개, 해부; 해부체 exquisite a. 정교한, 예민한 showcase n. 진열장 v. 사례를 제시하다

35 글의 제목 ②

의학 삽화의 도입과 그 기법의 발전과정을 설명하고 있는 글이므로, ②가 글의 제목으로 적절하다.

다음 중 글의 제목으로 가장 적절한 것은 무엇인가?
① 외과 기술의 발전
② 의학 삽화의 역사
③ 디지털 이미지 기법의 발전
④ 미술에 있어서의 해부학 지식의 발달

36 빈칸완성 ①

초기의 의학 삽화가 신체를 직접 관찰해서 상세하게 묘사한 것이 아니라 고전 미술에 기초해서 그렸다면, 그 삽화는 '비사실적'이거나 '상상에 의거'해서 그려졌다는 것을 것이다. 따라서 Ⓐ에 적절한 것은 ①이다.
② 믿을만한 ③ 조직화된 ④ 사실적인

37 내용일치 ④

1858년 출판된 『Gray's Anatomy』는 다양한 해부학 삽화가 있는 해부학의 교과서라고 설명하고 있다. 디지털 이미지 삽화를 갖춘 최초의 교재인지는 명확하게 밝히고 있지 않으므로, ④가 본문의 내용과 일치하지 않는다.

이 글에 따르면 다음 중 옳지 않은 것은 무엇인가?
① 아랍 학자들은 의학 저술에 삽화를 넣었다.
② 안드레아스 베살리우스의 책에는 인체를 묘사한 목판화가 실려 있었다.
③ 레오나르도 다빈치 이후에 의학 미술의 거대한 발전이 일어났다.
④ 『Gray's Anatomy』는 디지털 이미지 삽화를 갖춘 최초의 교재이다.

38-40

오늘날 과학자들은 실제로 도덕이 인류의 출현보다 수백만 년 앞선 먼 진화적 기원을 갖고 있다고 지적한다. 늑대, 돌고래, 원숭이 같은 모든 사회적 포유류들은 진화에 의해 집단협력을 증진하는 데 적합하게 된 윤리규범을 갖고 있다. 예를 들어, 늑대 새끼들이 서로 놀 때는 '공정한 게임'의 규칙이 있다. 새끼 한 마리가 등을 대고 굴러서 항복한 상대를 너무 세게 물거나 계속 물면, 다른 새끼들은 그와 놀지 않을 것이다. 침팬지 집단의 경우, 우세한 침팬지들은 약한 침팬지들의 재산권을 존중해줄 것으로 기대된다. 만약 어린 암컷 침팬지가 바나나를 발견하면, 심지어 우두머리 수컷조차도 자기가 먹고자 바나나를 훔치려 하지는 않는다. 만약 이런 규칙을 어기면, 그는 지위를 잃을 가능성이 있다. 유인원은 무리 안의 약한 유인원을 이용해먹지 않을뿐더러 때때로 그들을 적극적으로 돕는다.

밀워키 카운티 동물원에 살던 키도고(Kidogo)라는 수컷 피그미침팬지는 심각한 심장 질환을 앓고 있었고, 이 때문에 몸도 약하고 정신도 혼미했다. 키도고가 처음 이 동물원으로 이송되었을 때, 그는 방향감각이 없었고(자꾸 엉뚱한 쪽으로 걸어갔고) 인간 관리사들의 지시도 이해하지 못했다. 다른 침팬지들이 키도고의 어려움을 이해하자 개입했다. 그들은 종종 키도고의 손을 잡고 어디든지 그가 가야할 곳으로 그를 이끌었다. 만약 길을 잃으면 키도고는 큰 소리로 조난신호를 보냈고 그러면 어떤 유인원이 도와주기 위해 달려왔다.

pre-dating a. 연대가 앞선 adapt v. 맞추다, 적응하다 dominant a. 우세한, 지배적인 alpha male 우두머리 수컷 for oneself 자기를 위하여 confused a. 혼란스러운, 분명치 않은, 당혹스러운 orient v. 일정한 방향으로 향하게 하다; (새로운 상황에) 적응시키다 orient oneself 자기 위치를 똑바로 알다 intervene v. 개입하다, 가로막다 predicament n. 곤경, 궁지 distress signal 조난신호 primate n. 영장류 similarity n. 유사성 prerogative n. 특권, 특혜

38 글의 제목 ③

이 글에서는 '인간만이 윤리규범을 갖춘 것이 아니라 동물에게도 윤리규범이 있고, 이것을 통해 상호협력을 증진해서 생존적응을 높여가고 있다'고 설명하고 있다. 따라서 ③이 글의 제목으로 적절하다.

다음 중 글의 제목으로 가장 적절한 것은 무엇인가?
① 영장류에 의한 '공정 게임' 규칙 위반
② 사회적 포유류의 진화 역사
③ 도덕의 기원으로서의 협력적인 동물 행위
④ 인간 도덕과 침팬지 도덕의 유사점

39 빈칸완성 ②

앞 문장에서 키도고가 똑바로 걷지 못하고 관리사의 지시를 이해하지 못한다고 했는데, 이것은 키도고가 처한 신체적 정신적 어려움을 의미하므로 ②가 Ⓐ에 가장 적절하다. ① 특권 ③ 인격 ④ 선호

40 내용일치 ①

이 글에서는 동물에게도 윤리규범이 있어서 집단협력을 가능하게 한다고 설명하고 있는 것이지 윤리규범과 집단협력을 비교하고 있는 것이 아니므로 ①이 본문의 내용과 일치하지 않는다.

이 글에 따르면 다음 중 옳지 않은 것은 무엇인가?
① 모든 사회적인 동물은 윤리규범보다 집단협력을 더 선호한다.
② 지위가 낮은 유인원은 우세한 유인원이 그들의 재산을 존중해줄 것으로 기대한다.
③ 늑대 새끼가 계속 너무 세게 깨물면 다른 새끼들이 그와 더 이상 놀지 않는다.
④ 다른 침팬지들은 키도고가 아프다는 것을 알았기 때문에 그를 도와주었다.

41-42

영국에서 조지 오웰(Orwell)의 『동물농장(Animal Farm)』은 대체로 호평을 받았는데, 특히 시릴 코널리(Cyril Connolly)가 호평을 했고, 4,500부의 초판이 2~3일 만에 매진되었으며, 뒤이어 재판(再版)본도 그러했다. 오웰은 여러 해 동안 상대적으로 홀대받은 끝에 이제 각광을 받고 수요가 있게 되었다. 그 책은 미국에서도 출간되었다. 그것은 미국의 '이달의 책' 클럽에 의해 선정된 책이었는데, 이달의 책 선정은 곧 54만 부가 인쇄되었다는 것을 의미했으며, 저명한 평론가 에드먼드 윌슨(Edmund Wilson)의 논평도 있었는데, 그는 『뉴요커』지에서 『동물농장』은 '절대적으로 최상의 작품'이라고 말했으며 오웰은 이 시기에 영국인들이 배출한 '가장 유능하고 재미있는 작가' 중 한 명으로 등장할 것이라고 예측했다. 1950년 1월 21일에 그가 사망하기 몇 주 전, 극도로 쇠약한 오웰은 "내가 이 모든 돈을 벌어놓고 이제 죽음을 앞두고 있구나."라고 암울하게 말했다. 1950년대에, CIA는 『동물농장』을 반소련 정치 선전의 소재로 이용하여 엄청나게 많은 수의 사본을 배포했다. 그것은 물론 소련과 그 위성국가들 안에서 금지되었고, 오늘날에도 많은 독재 국가에서 불법으로 되어 있다.

notably ad. 특히, 뚜렷이 initial print run 초판본 neglect n. 방치, 소홀 fete v. 잔치를 베풀어 축하하다; 향응[환대]하다 break through 돌파하다, 나타나다 mortally ad. 치명적으로; 매우 propaganda n. 정치 선전 circulate v. 순환시키다, 유포하다 outlaw v. 불법화하다 oppressive a. 억압하는, 압제적인 defame v. 헐뜯다, 명예를 훼손하다 overthrow v. 전복하다, 타도하다

41 내용파악 ④

마지막 문장에서 오늘날에도 『동물농장』이 독재 국가에서는 불법 출판물이라고 했을 뿐, 이 책이 독재정권의 타도에 사용되고 있다는 말은 아니므로 ④가 본문의 내용과 일치하지 않는다. ② 초판이 매진되고 나서 이어서 재판이 나왔다는 것은 초판본의 수로는 이 책에 대한 수요를 다 충족시키지 못했다는 말이다.

이 글에 따르면 다음 중 『동물농장』에 대해 옳지 않은 것은 무엇인가?
① 『동물농장』은 영국 평론가들의 논평을 받았다.
② 『동물농장』의 초판본 수는 수요를 충족시키지 못했다.
③ 『동물농장』은 영국과 미국에서 잘 팔렸다.
④ 『동물농장』은 지금도 독재정권을 타도하기 위해 사용되고 있다

42 내용파악 ④

CIA가 『동물농장』의 사본을 배포한 것은 반소련 정치 선전의 소재로 이용하기 위함이었다. 이로 인해 오웰의 명예가 훼손되었다는 내용은 없으므로, ④가 본문의 내용과 일치하지 않는다.

이 글에 따르면 다음 중 오웰에 대해 옳지 않은 것은 무엇인가?
① 오웰은 『동물농장』을 출판하기까지 큰 인기가 없었다.
② 오웰은 에드먼드 윌슨에 의해 격찬을 받았다.
③ 오웰은 임종 당시에 성공을 거두었다.
④ 오웰은 CIA가 『동물농장』을 활용한 것으로 명예가 훼손당했다.

43-44

"화이트워싱(Whitewashing)"은 백인이 아니거나 모호한 인종의 등장인물에 백인 배우들을 캐스팅하는 것을 가리킨다. 수십 년 동안, 화이트워싱은 서로 다른 다문화 세계를 단색의 세계로 만들어왔다. 결과적으로 영화, TV, 음악, 미술, 문학, 역사에서 그런 세계는 종종 거의 100퍼센트 백인 일색이기 마련이다. 이런 모습은 그다지 아름답지 못했다. 인종차별과 백인우월주의가 이런 단색적인 대체 세계를 계산에 넣고 있어서, 그 세계에서는 백인이 전체 상황을 지배하고 다른 유색인들은 주변으로 밀리거나 밖으로 쫓겨난다. 궁극적으로, 할리우드 영화의 화이트워싱은 영화의 신뢰도를 떨어뜨리는데, 이것은 역사적으로 부정확한 영화로 가득 찬 영화 산업에서 대단히 일반적인 현상이다. 화이트워싱은 유색인종 배우들의 기회를 대폭 감소시켰는데, 그들은 이미 백인 역할에서 제외되어 있는데다가 이제는 백인이 아닌 역할을 놓고 백인 배우들과 경쟁해야 하기 때문이다. 할리우드 안팎에서, 화이트워싱은 또한 연예, 예술, 역사에서 자신들의 모습을 진정으로 표현한 표현물들을 거의 보지 못한 채 자라나는 소수 집단의 아이들에게 부정적인 영향을 끼친다. 그 결과, 백인은 모든 사람의 역을 맡아 연기할 수 있는 반면에, 유색인들은 백인 역을 맡지 못할 뿐 아니라 심지어 그들 자신의 역도 맡을 수 없게 된다.

whitewashing n. 화이트워싱(미국 영화산업 용어 중 하나로, 백인이 아닌 캐릭터에 백인 배우를 캐스팅하는 행태) indeterminate a. 정확하게 가늠할[규정할] 수 없는 multicultural a. 다문화의 big picture 전체 상황 clutter n. 어수선함 v. 어수선하게 채우다, 흩뜨리다 slash v. 베다, 줄이다 authentic a. 진짜인, 정확한 portray v. 묘사하다, 연기하다

43 내용일치 ③

화이트워싱은 백인 배우들이 모든 인종의 배역을 맡게 하며, 그 결과 배역 연기에 있어 '사실성'이나 '신뢰감'이 떨어진다고 설명하고 있다. 따라서 ③이 글의 내용과 일치한다.

이 글에 따르면 다음 중 옳은 것은 무엇인가?
① 백인이 아닌 배우들은 백인이 모든 사람의 역을 연기하는 것에서 큰 이득을 본다.
② 화이트워싱은 할리우드 영화의 신뢰성을 증가시킨다.
③ 백인이 아닌 역할에 백인 배우를 활용하는 것은 연기의 비진정성을 야기한다.
④ 화이트워싱은 세상을 추하지만 사실적으로 반영하고 있다.

44 부분이해 ①

영화를 비롯한 모든 예술 분야에 있어 백인 일색(monochromatic)이었다고 주장하고 있으므로, Ⓐ의 '이런 단색적인 대체 세계'와 의미가 가장 비슷한 것은 ①이다.

다음 중 Ⓐ의 의미와 가장 가까운 것은 무엇인가?
① 백인들만 있는 가상의 세계
② 영화에서 흑인과 백인을 포함하는 것
③ 미국에서 인종차별에 대한 대안적 견해
④ 미국에서 백인이 전혀 없었던 때

45-47

1990년대에, 접촉 박탈이 인간 발달에 미치는 충격적인 영향을 보여주는 연구가 급증했었다. 몇몇 연구에 따르면, 생후 몇 년 동안 거의 접촉을 받지 못하는 루마니아의 고아원 아이들은 뇌 발달에 상당한 차이가 있을 뿐 아니라 이후에도 계속 인지적, 행동적 결손이 있었다고 한다. 사회적 접촉이 줄어든 사람은 사회적 관계가 강한 사람에 비해 성인기에 조기 사망할 위험성이 더 높다. 늙어감에 따라 접촉은 특히 중요하다. 예를 들어, 가벼운 접촉조차도 요양원에 있는 노인 집단의 음식 섭취량을 증가시켜 더 건강하게 해주는 것으로 밝혀졌다. 과학은 이제 접촉이 그렇게 중요한 이유에 대해 설명하고 있다. 피부 접촉은 어른과 아기 모두에게 스트레스와 관련된 요인인 심박 수, 혈압, 코르티솔 수치를 감소시킬 수 있다. 접촉은 차분한 감정과 심신이 이완된 느낌과 세상에 대해 마음 편한 느낌을 주는 호르몬인 옥시토신의 분비를 용이하게 한다. 우리가 친구를 끌어안거나 애완동물을 껴안을 때마다, 우리 몸에서 옥시토신이 분비되어 우리를 기분 좋게 한다. 이런 식으로 옥시토신은 타인과의 접촉을 찾고 유지하려고 하는 동기를 강화시켜서, 인간의 사회 지향적인 뇌의 발달에 도움을 준다. 옥시토신은 또한 우리가 우리 자신과 갖는 관계에서도 중요한 역할을 한다.

deprivation n. 박탈, 부족 orphanage n. 고아원 cognitive a. 인식의 institutionalized a. 공공시설에 수용된, 자활능력이 없는 factor n. 요인, 인자 facilitate v. 용이하게 하다 sensation n. 느낌, 감각 snuggle v. 끌어안다, 껴안다 secretion n. 분비 forge v. 구축하다; 위조하다

45 글의 제목 ③

이 글에서는 영유아기의 접촉 박탈이 갖는 부정적인 영향, 노년기에 접촉이 음식섭취를 증가시킨다는 것, 그리고 접촉이 코르티솔의 감소와 옥시토신의 증가를 가져온다는 것, 접촉이 사회성도 증가시켜준다는 것 등, 접촉이 일생 동안 중요함을 과학적인 근거를 들어 설명하고 있다. 따라서 ③이 글의 제목으로 적절하다.

다음 중 이 글의 제목으로 가장 적절한 것은 무엇인가?
① 루마니아 고아원에서의 충격적인 실험들
② 몸 안의 옥시토신 분비가 주는 접촉 동기
③ 접촉의 중요성과 그 과학적 분석
④ 코르티솔과 옥시토신: 몸 안에서의 미묘한 균형

46 빈칸완성 ③

빈칸 다음에 든 예에서 노인들의 경우에 가벼운 접촉이 음식 섭취를 증가시켜 건강을 증진시켰다고 했으므로 Ⓐ에 가장 적절한 것은 ③이다.

다음 중 Ⓐ에 가장 적절한 것은 무엇인가?
① 접촉 결여의 위험성은 분명하다.
② 사회적 결속은 접촉에 의해 형성된다.
③ 늙어가면서 접촉은 특히 중요하다.
④ 접촉의 강도가 가장 중요한 것이다.

47 빈칸완성 ②

빈칸 앞에서 친구나 애완동물을 끌어안는 접촉이 옥시토신 분비를 용이하게 해서 기분을 좋게 함을 설명하고, 빈칸 뒤에서도 옥시토신이 사회적 관계 발달과 사회지향적인 뇌 발달을 촉진함을 설명하므로 빈칸 앞뒤는 순접관계에 있다. 따라서 Ⓑ에 가장 적절한 것은 ②이다.

다음 중 Ⓑ에 가장 적절한 것은 무엇인가?
① 그럼에도 불구하고
② 이런 식으로
③ 이와 달리
④ 아주 놀랍게도

48-50

바닷가재는 포식자나 자연의 힘이 없는 쉴만한 안전한 은신처가 필요하지만, 좋은 은신처는 그 수가 소수에 불과할지 모른다. 이런 사실은 바닷가재가 (은신처를) 찾아 나설 때, 종종 서로 마주쳐 싸우게 되는 것을 뜻한다. 바닷가재가 싸울 때에는 복잡한 방어와 공격적인 행동을 한다. 바닷가재는 권투 선수처럼 춤을 추듯 움직이다가, 집게발을 펼쳐 들어 올리고, 앞뒤로 혹은 옆으로 움직이면서 상대와 비슷한 행동을 한다. 동시에, 바닷가재는 눈 밑의 특수한 분출구를 사용하여 상대를 향해 액체를 분출한다. 이 액체 분무에는 상대에게 자신의 크기, 성별, 건강, 그리고 기분에 대해 알려주는 화학 혼합물이 포함되어 있다. 때때로 바닷가재는 집게발 크기 표시로 자신이 상대보다 훨씬 작다는 것을 즉시 알 수 있기에 싸우지 않고 물러서기도 한다. 분무로 교환되는 화학 정보도 동일한 효과를 거둘 수 있다. 즉, 더 약한 바닷가재로 하여금 뒤로 물러서게 하는 것이다. 그러나 바닷가재 두 마리가 크기와 외견상의 능력이 아주 비슷하거나, 분무 교환이 정보를 잘 전달하지 못하게 되면, 그들은 다음 단계로 나아간다. 더듬이를 미친 듯이 휘젓고 집게발을 아래로 접은 채 한 마리는 전진하고 다른 한 마리는 물러난다. 그러다가 수비자가 전진하면 공격자는 퇴각한다. 이런 행동을 몇 번 한 후에, 둘 중에 더 초조한 바닷가재가 계속해봐야 자신에게 이로울 것이 없다고 생각할지 모른다. 그는 다른 곳에서 행운을 찾기 위해 반사적으로 꼬리를 휙 움직인 후 사라진다. 그러나 둘 다 눈도 깜박하지 않으면 그들은 진짜 싸우게 되는 마지막 단계로 이행하게 된다.

free from ~이 없는, 염려가 없는 hiding place 은신처 in conflict 충돌하는, 싸우는 claw n. 집게발 mirror v. 비추다, 반영하다, 비슷하게 행동하다 opponent n. 상대, 반대자 jet n. 분출, 분출구 v. 액체를 분출하다 spray n. 분무, 흡입액 display n. 전시; 표현, 과시 back down 퇴각하다 whip v. 채찍질하다, 움직이다 flick v. 튀기다, 빠르게 움직이다 blink v. 눈을 깜빡 움직이다.

48 글의 주제 ③

바닷가재가 은신처를 놓고 벌이는 싸움의 시작과 결말 과정을 설명하고 있으므로, 글의 주제로 적절한 것은 ③이다.

다음 중 글의 주제로 적절한 것은 무엇인가?
① 바다에서 바닷가재에게 가장 좋은 보금자리
② 전투에서 바닷가재의 방어 방식
③ 바닷가재가 영역 싸움을 해결하는 방식
④ 바닷가재가 공격과 방어를 위해 추는 춤

49 빈칸완성 ②

빈칸은 앞의 the same effect와 동격인 셈인데, the same effect는 그 앞 문장에서 설명한 '자신이 상대보다 훨씬 작다는 것을 즉시 알고 물러서는 것'과 같은 효과인 것이다. 따라서 Ⓐ에는 ②가 적절하다.

다음 중 Ⓐ에 가장 적절한 것은 무엇인가?
① 상대에게 분노를 표출하는 것
② 더 약한 바닷가재로 하여금 뒤로 물러서게 하는 것
③ 그들의 영역 주장에 대한 메시지를 전달하는 것
④ 보금자리를 차지하기 위해 전투용 춤을 시작하는 것

50 내용일치 

'때때로 바닷가재는 집게발 크기 표시로 자신이 상대보다 훨씬 작다는 것을 즉시 알 수 있기에 싸우지 않고 물러서기도 한다'고 했으므로 ④가 글의 내용과 일치하고 있다.

이 글에 따르면 다음 중 옳은 것은 무엇인가?
① 보금자리의 수요와 공급이 협력을 높여준다.
② 분무 교환은 훌륭한 보금자리에 관한 충분한 정보를 제공한다.
③ 전투용 춤에는 집게발 휘두르기와 더듬이 접기가 포함된다.
④ 집게발의 크기는 싸움의 여부를 결정하는 초기의 고려사항이다.

2021 한국외국어대학교(T3)

01 ①	02 ④	03 ②	04 ②	05 ④	06 ①	07 ④	08 ①	09 ③	10 ①
11 ④	12 ①	13 ③	14 ①	15 ②	16 ①	17 ④	18 ④	19 ②	20 ④
21 ②	22 ③	23 ②	24 ④	25 ②	26 ③	27 ②	28 ②	29 ④	30 ③
31 ①	32 ③	33 ③	34 ③	35 ③	36 ①	37 ③	38 ①	39 ①	40 ①
41 ③	42 ④	43 ④	44 ②	45 ④	46 ②	47 ①	48 ②	49 ②	50 ③

01 논리완성 ①

실제 사실로 구성되어 있다는 것과 반대의 뜻을 나타내는 ① '허구의'가 빈칸에 적절하다.

obvious a. 명백한 fictitious a. 허구의, 지어낸 factional a. 파벌의, 당파의 picturesque a. 그림 같은; 생생한

소설을 허구라고 말하는 것은 명백해 보일지 모르지만 어떤 소설은 거의 전부 사실로 구성되어 있다.

02 논리완성 ④

평상시와 달리 바닷물이 빠르게 빠지는 현상은 쓰나미가 ④ '임박했음' 혹은 '곧 밀어닥칠 것임'을 알려주었을 것이다.

recede v. 물러가다, 약해지다 contingent a. ~의 여부에 따라; 우발적인 immanent a. 내재하는, 편재하는 imminent a. 목전의, 임박한

그 노인은 바닷물이 유난히 빠르게 물러가는 것을 보고난 후에 쓰나미가 임박했음을 깨달았다.

03 논리완성 ②

비밀 정보 수집이라는 스파이의 본연의 임무와 대조되는 ② '표면적인'이나 '겉으로의'가 가장 적절하다.

unfeigned a. 꾸밈없는, 진정한 ostensible a. 표면적으로는 surreal a. 아주 이상한, 비현실적인 insurgent a. 반란의, 폭동[모반]을 일으킨 n. 폭도, 모반자

진짜 임무는 적들로부터 비밀 정보를 수집하는 것이었지만, 그 스파이의 표면적인 임무는 그들을 위해 자금을 마련해주는 것이었다.

04 논리완성 ②

전염병의 위험이 높아지면 예방과 치료가 우선이기 때문에 생활에 불편을 끼칠 수 있는 보건 규정에 대한 반대나 반발이 '약화될' 것이다. 따라서 ②가 가장 적절하다.

stratify v. 층을 이루게 하다, 계층화하다 attenuate v. 약화시키다, 희석시키다 supplement v. 보충하다, 추가하다

타인들에 대한 전염병의 직접적인 위협이 있을 때마다, 보건 규정에 대한 반대가 약화된다.

05 동의어 ④

deceitful a. 기만적인, 부정직한 doctor v. (문서·증거 따위를) 조작하다(= fabricate) master v. 숙달하다 stipulate v. 규정하다, 명기하다 extrapolate v. 추론하다, 추정하다

부정직한 그 연구자는 자신의 연구 논문에서 데이터를 조작했다는 비난을 받았는데, 이는 윤리적으로 문제가 되는 것이다.

06 동의어 ①

replete a. 충만한, 가득 찬, 충분한(= riddled) reinforced a. 보강된 unparalleled a. 견줄 데 없는 compatible a. 양립될 수 있는, 사이좋게 지낼 수 있는

이 연구는 입문용으로는 유용하지만, 그 가치를 제한하는 결함으로 가득하다.

07 동의어 ④

voyage n. 여행, 항해 ascent n. 상승, 등정(= scaling) panorama n. 전경 spectacle n. 구경거리, 장관 precipitation n. 강수, 강수량

그의 꿈은 알래스카의 최고봉을 등정한 후에 북극해까지 카누를 타고 이동하는 여행이었다.

08 동의어 ①

unstable a. 불안정한 pulsate v. 고동치다, 율동적으로 확장 수축하다(= fluctuate) amplify v. 증폭시키다 stagnate v. 침체되다 wane v. 약해지다, 줄어들다

항성은 노화함에 따라 불안정해지고 확장과 수축을 시작한다. 그 결과, 긴 시간에 걸쳐 크기와 밝기가 증가하다가 감소한다.

09 동의어 ③

sequester v. 격리시키다(= confine) facilitate v. 용이하게 하다 evict v. 쫓아내다 vest v. (권리를) 주다, 부여하다; 의복을 입히다

그 알코올 중독 가수의 관리팀은 그를 재활원에 격리시키는 한편 대중들에게는 그가 신곡 제작에 바쁘다고 이야기했다.

10 문맥상 동의어 ①

lapse는 '실책, 경과, 타락, 저하' 등의 의미를 가진 다의어이다. 주어진 문장에서 lapse는 보안상의 '실책'을 의미한다. 따라서 '파괴, 실패, 실책'을 뜻하는 ① breach가 정답으로 적절하다.

naive a. 순진한, 천진난만한 lapse n. 실책; 경과; 저하 breach n. 파괴, 실책 interval n. 간격, 휴지기 respite n. 연기, 유예, 중간 휴식 termination n. 종료

오늘날 그 누구도 보안상의 실책에 대한 그런 순진한 설명을 받아들이지 않을 것이고, 그들 또한 마찬가지일 것이다.

11 문맥상 동의어 ④

hinge는 명사로는 '경첩'을 뜻하고, 동사일 때에는 '의존하다'의 의미이다. 따라서 ④ depends가 정답으로 적절하다.

hinge on 의존하다 penalty n. 처벌, 형벌 pivot v. 선회하다 rotate v. 회전하다, 교대로 하다

재판이 법정에서 진실을 말하는 증인들에게 달려있다는 사실로 인해, 거짓말을 하는 사람은 중대한 처벌을 받아야할 필요가 있다.

12 문맥상 동의어 ①

동사 compromise는 '타협하다, 양보하다; 더럽히다, 손상하다, (체면을) 깎다' 등의 의미를 가진 다의어이다. 주어진 문장에서는 뇌물 수수 혐의로 정치 경력이 끝났다는 점에서, 자신을 '더럽히고 체면을 깎다'는 의미인 ① abased가 정답으로 적절하다.

compromise v. 타협하다, 화해하다; (명예·평판·신용 따위를) 더럽히다, 손상하다; 위태롭게 하다 bribe n. 뇌물 abase v. 깎아내리다, 비하하다 divulge v. 누설하다

그의 정치 경력은 뇌물을 받아 자신의 품위를 실추시켰을 때 끝이 났다.

13 문맥상 동의어 ③

broad는 '폭이 넓은, 대강의, 뚜렷한, 명백한' 등의 의미를 가진 다의어이다. 주어진 문장에서는 뚜렷한 요크셔 지방의 악센트를 뜻하고 있다. 따라서 '뚜렷한, 명백한'의 의미인 ③ obvious가 정답으로 적절하다.

queue n. 줄, 대열 broad a. 폭이 넓은; 관대한; 명료한 liberal a. 관대한; 자유주의의 extensive a. 광대한; 광범위하게 미치는 obvious a. 명백한, 명료한 generous a. 관대한

내 앞에서 줄을 서있던 그 노인은 목소리가 아주 컸고 뚜렷한 요크셔 억양으로 말했다.

14 재진술 ①

give one a piece of one's mind는 '~에게 따끔하게 한 마디 하다, 야단치다, 질책하다'는 의미로 상대방을 나무라는 비난의 말을 뜻하고, '보려고도 하지 않는다'는 것은 무시하는 행동이다. 따라서 제시문과 같은 의미로는 ①이 적절하다.

turn a blind to ~을 보고도 못 본 체하다 receptive a. 선뜻 받아들이는

내가 그녀를 야단쳤는데, 그녀는 지금 나를 보려고도 하지 않는다.
① 내가 그녀를 비난한 이후로, 그녀는 나를 완전히 무시하고 있다.
② 내가 그녀를 좋아하지만, 그녀는 나를 못 본 체한다.
③ 그녀는 그녀에 대한 나의 애정을 받아들이지 않는다.
④ 그녀는 내 마음을 너무나도 잘 읽어서 나를 볼 필요도 없다.

15 재진술 ②

제시문의 두 절이 시간 순서대로 이어져 있는데, 첫 절을 after절로 하여 뒤로 돌릴 수 있고 낯선 사람들이 민에게 다가간 것은 사인을 요청하기 위해서이므로 ②가 제시문과 같은 의미이다. ①은 40만 번 이상 게시되었다는 의미이므로 조회수가 40만 건 이상이라는 주어진 문장과 다른 의미이다.

rack up 달성하다 획득하다 autograph n. (유명인의) 사인 celebrity n. 유명 인사 follower n. 추종자, 팬

민(Min)의 춤 영상은 40만 건 이상의 조회 수를 달성했고, 그는 이미 밖에 나가면 사람들이 사인을 받으려고 다가왔다.
① 민의 춤 영상은 40만 번 이상 게시되었고, 그는 거의 벼락 유명 인사가 되었다.
② 민의 춤 영상이 40만 이상의 조회 수에 도달한 후에 낯선 사람들이 그에게 사인을 요청하기 시작했다.
③ 민은 평생 대중 앞에서 춤을 추었고 40만 명 이상의 팬들로부터 춤 영상을 게시해달라는 요청을 받았다.
④ 민의 춤 영상이 이미 40만 이상의 조회 수를 달성했지만, 대중은 그의 춤 영상보다는 그의 사인에 관심이 더 많다.

16 4형식 동사로 착각하기 쉬운 3형식 동사 donate ①

donate는 수여동사가 아니라 'donate + 목적어 + to 명사'의 형태를 취하는 3형식 동사이다. 따라서 ①이 빈칸에 적절하다.

donate v. 기부하다, 기증하다 charity n. 자선, 자선 단체 the disabled 장애인

폴(Paul)은 정신 장애를 가진 여동생이 있었기 때문에 기계를 팔아서 그 돈을 장애인 자선단체에 기부했다.

17 타동사 need의 목적어 ④

타동사 need의 목적어로 to 부정사가 와야 한다. 따라서 ④가 정답이다. 이때 claim의 목적어는 every cent(모든 보험금)이며, 이를 관계절 we can이 수식하는데 we can 다음은 claim이 생략되었다. 그리고 My guess is 다음은 that절인데 접속사 that이 생략되었다. ②와 ③의 'need+동명사'는 '~될 필요가 있다'는 수동의 뜻을 가진 능동의 동명사 구문이어서 의미가 부적절하다.

guess n. 추측, 짐작 health insurance policy n. 건강 보험 afford v. 금전으로 형편이 되다, 제공하다 claim v. 주장하다, 요구하다

내가 추측하기로는, 이런 병원들 가운데 어떤 병원이든 그 비용을 감당할 수 있으려면 우리가 가입한 건강 보험에서 가능한 모든 보험금 지급을 청구해야할 필요가 있을 것이다.

18 부정의 원급비교 not so ~ as ④

'부정어 주어(Nothing)+원급비교(as/so ~ as)' 구문은 최상급의 의미를 나타낸다. ④의 for를 as로 고쳐야 한다.

popularity n. 인기 crochet n. 코바늘 뜨개질

최근에 뜨개질의 현재 인기만큼 전 세계 여성들의 관심과 주의를 널리 끌었던 것은 없다.

19 대명사의 수일치 ②

②의 its는 복수명사 children을 가리키므로 its를 their로 고쳐야 한다.

marked a. 뚜렷한 preference n. 선호(도)

아이들을 종종 관찰해보면 일찍이 2살 초입에 이성(異性) 부모에 대한 두드러진 선호도와 또 다른 초기 오이디푸스 성향의 징후들이 드러난다.

20 정비문 ④

④는 부사절 If it is used in this way를 분사구문으로 바꾼 문장인데, If와 it을 삭제하고 is를 Being으로 하면 Being used가 되며 여기서 Being을 생략하면 Used가 된다. 따라서 Using을 Used로 고쳐야 한다.

① 새해에 시작되는 새로운 정책은 공공장소에서의 흡연을 금지한다.
② 그녀가 차(茶)를 좋아한다는 것을 알고 있었기 때문에, 나는 그녀를 기다리는 동안 차를 조금 끓였다.
③ 그 소식에 걱정이 되어, 그는 더 알아보려고 미친 듯이 경찰에 전화했다.
④ 이 장치는 이런 식으로 사용되면, 당신에게 매일 몇 시간을 절약해줄 것이다.

21 정비문 

do someone a favor는 4형식 문장으로 '~에게 호의를 베풀다, 유익[도움]이 되다'의 의미이다. ②에서 do동사의 주어는 동명사이고 목적어는 myself로, 주어와 목적어가 달라 재귀대명사가 아닌 대명사를 써야 한다. 따라서 myself를 me로 고쳐야 한다.

① 그는 방으로 들어가 소파에 앉아서 그녀가 귀가하기를 기다렸다.
② 당신이 내 숙제를 도와주는 것은 나에게 아무런 도움도 되지 않을 것이다.
③ 할 일이 남아있지 않았기 때문에, 그는 부엌으로 들어가 얼마간의 저녁 식사를 준비했다.
④ 이전의 실수를 계속해서 생각한다면 당신은 미쳐버릴 것이다.

22-23

모든 습관은 어떤 신호에 의해 시작되며, 우리는 두드러진 신호를 알아차리기가 더 쉽다. 불행하게도, 우리가 살면서 일하는 환경은 종종 어떤 행동을 유발할 명백한 신호가 없다는 이유로 그 행동을 하지 않기가 쉽도록 만든다. 벽장 안에 기타를 집어넣어 두면 연습을 하지 않기 마련이고, 찬장 안에 비타민이 보이지 않을 때에는 잘 먹지 않기 십상이다. 습관을 촉발하는 신호가 포착하기 어렵거나 눈에 보이지 않을 때에는 그것을 무시하기가 쉽다. 그에 비해, 명백한 시각적 신호를 만드는 것은 바람직한 습관에 대해 관심을 갖게 할 수 있다. 1990년대 초에, 암스테르담 스키폴 공항의(Schiphol Airport) 청소 직원들은 남자 화장실의 소변기마다 중앙에 파리처럼 보이는 작은 스티커를 붙였다. 분명하게도, 남자들은 소변기에 다가섰을 때, 그들이 벌레라고 생각한 것을 겨냥했다. 그 스티커들이 그들의 겨냥(조준)을 향상시켜서, 소변기 주변에 '소변을 흘리는 것'을 현저하게 줄였다. 추가 분석에 따르면 그 스티커들이 화장실 청소비용을 매년 8%씩 절감한 것으로 밝혀졌다.

initiate v. 개시하다, 접하게 되다 cue n. 신호, 계기 stand out 눈에 띄다, 빼어나다 notice v. 의식하다, 주목하다 tuck away 숨기다, 넣어두다 closet n. 벽장 pantry n. 식품 저장소, 찬장 install v. 설치하다 urinal n. 소변기 spillage n. 흘림, 엎지름, 유출 explicit a. 분명한, 명백한

22 글의 제목 ③

'특정한 신호가 부여되면 습관이 형성되기 용이하고, 그렇지 않으면 형성되지 않음'을 이야기하고 있는 글이다. 따라서 제목으로 적절한 것은 ③이다.

다음 중 이 글의 제목으로 가장 적절한 것은 무엇인가?
① 바람직한 습관을 위한 신호를 개발하는 방법
② 비용절감 습관을 획득하는 방법
③ 습관을 유발하기 위한 두드러진 신호의 중요성
④ 특정한 행동을 못하도록 고무하는 효과적인 방법

23 빈칸완성 ②

빈칸 앞까지 두드러진 신호가 없어서 바람직한 습관을 갖게 되기 어려운 경우를 설명하고 By comparison(그에 비해서)으로 연결되므로, 빈칸에는 바람직한 습관을 갖게 하는 것에 해당하는 ②가 적절하다.

다음 중 Ⓐ에 가장 적절한 것은 무엇인가?
① 기저에 숨겨진 신호를 무시하는 것
② 명백한 시각적 신호를 만드는 것
③ 생활환경에 익숙해지는 것
④ 명백한 목표를 수립하는 것

24-25

17세기에 종교는 현세와 내세(來世) 모두에 있어서의 그리고 세상과 그 너머의 우주 안에서의 인간의 위치에 대해 논리적이고 편안한 설명을 제공해주었다. 엘리자베스 시대 우주론의 초석인 '존재의 대사슬'(The Great Chain of Being)은 그 미적(美的) 단순함과 완벽함으로 자연계의 모든 부분을 위계적 배치 안에서 설명할 수 있게 만드는 구조였다. 이 사슬은 신(神)을 맨 위에 놓고, 천사에서, 인간, 하등 동물, 그리고 마지막으로 무생물로 내려왔다. 인간의 위치를 환경과 관련하여 설명하는 방식으로 모든 것이 배열되었다. 운명예정설은, 존재의 대사슬과 마찬가지로, 17세기의 모든 개신교 종교의 교리였다. 내세에서의 인간의 위치도 태어날 때부터 예정되어 있었고, 그것을 바꾸기 위해 인간이 할 수 있는 일은 아무 것도 없었다. 다시 말해서, 아무리 많은 비행(非行)이나 선행(善行)도 사건의 예정된 과정을 변화시키지는 못할 것이었다.

accounting n. 회계; 설명 The Great Chain of Being 존재의 대 사슬(위계 사상) cornerstone n. 주춧돌; (어떤 일의) 초석, 기반 cosmology n. 우주론 accountable a. 책임이 있는 in respect to ~에 관하여 predestination n. 운명예정설, 숙명 tenet n. 주의, 교리 afterlife n. 내세(來世) foreordained a. 미리 정해진 exemplary a. 모범적인 hierarchical a. 계급[계층]에 따르는

24 빈칸완성 ④

그다음 문장에서 '존재의 대사슬이 신을 맨 위에 놓고 그다음으로 천사, 인간, 하등 동물, 마지막으로 무생물이 맨 아래 위치하도록 모든 것을 위계적으로 배치하고 있음'을 설명하고 있으므로, Ⓐ에는 ④ '위계적 배치'가 적절하다.

다음 중 Ⓐ에 가장 적절한 것은 무엇인가?
① 거대한 주기
② 종교적 사건
③ 예정된 무질서
④ 위계적 배치

25 내용일치 ②

17세기 개신교의 운명예정설에서는 '내세에서의 인간의 지위나 운명이 태어날 때부터 예정되어 있으며, 그것을 바꾸기 위해 인간이 할 수 있는 일은 아무 것도 없다'고 가르쳤다. 따라서 ②가 본문의 내용과 일치하지 않는다.

이 글에 따르면 다음 중 옳지 <u>않은</u> 것은?
① 17세기의 종교는 우주 안에서의 인간의 위치에 대한 그 나름의 논리적 설명을 제공했다.
② 바람직한 개신교적 행동은 더 나은 내세의 가능성을 높여준다.
③ 인간은 존재의 대사슬에서 최상부에 위치하지 않는다.
④ 당시의 개신교 종교는 인간의 운명은 예정되어있다고 주장했다.

26-27

북극을 중심으로 하는 원형 지도는 북극권을 돌아가며, 대략 40만 명에 달하는 24개의 서로 다른 문화 집단을 상술하고 있다. 그 집단들은 매우 다양하다. 시베리아의 네넷족(the Nenets) 같은 일부 집단은 전통적으로 순록 무리를 키우는 반면에, 이뉴잇족(the Inuit)은 오랫동안 바다 포유류에 의존해 왔고 아직도 그들의 많은 영양분과 생활재료를 바다 얼음 아래의 생물에서 얻고 있다. 이 지도는 우리로 하여금 북극권 문화가 유럽, 북미 또는 러시아계 국가들의 위쪽 먼 외딴 곳에 있다고 보는 우리의 습관적인 예상을 재고하도록 만든다. 북극권 종족 자신들에게는, 거리가 더 짧으며, 그들은 그들의 이웃을 알고 있다. 북극권 집단 주변의 교역과 영향력은 수천 년 동안 계속되어 왔다.
대영 박물관과 온라인상에서 개최되어 온 계시적인 전시회는 이 문화들을 한데 모아 그들의 다양한 기후 적응과 놀라운 신체적, 문화적 회복력을 살펴본다. 공교롭게도, COVID-19으로 인해 오프라인 전시회는 얼기와 녹기(개장과 폐장)를 주기적으로 겪고 있다. 봄부터 연기되어 온 박물관 개장이 10월 22일에 대중에게 주어졌지만, 11월 5일에 다시 문을 닫고 말았다. 예약 티켓 소지자들을 위해 12월 3일에 다시 개장되었지만, 런던이 더 엄격한 제한조치로 들어가면서 다시 폐쇄되었다. 만약 봉쇄조치에서 허락한다면, 박물관은 2월 21일까지 개방될 계획이다.

North Pole n. 북극 wheel v. 밀다, 태우다 herder n. 양치기 remote a. 외진, 동떨어진 locate v. 특정 위치에 두다, 위치를 찾아내다 customary a. 관례적인 revelatory a. (모르던 것을) 알게 하는[드러내는], 계시적인 exhibition n. 전시회 resilience n. 탄력, 회복력 explore v. 탐구하다, 분석하다 as it happens 때마침, 공교롭게도, 우연하게도 undergo v. ~을 받다, 겪다, 경험하다 freeze-thaw cycle n. 동결-융해 주기 lockdown n. (움직임·행동에 대한) 제재 scholarly a. 학문적인, 전문적인; 박식한

26 글의 출처 ③

이 글은 북극권에서 생활하고 있는 24개의 문화 집단의 삶과 문화적 특징을 보여주는 전시회에 관한 기사이다. 따라서 정답으로 적절한 것은 ③이다.

다음 중 이 글의 출처로 가장 적절한 것은 무엇인가?
① 북극 공예품 입문서
② 북극 문화에 관한 학문적 소론
③ 북극 전시회에 관한 신문 보도 기사
④ 전시 규칙과 규정에 대한 소책자

27 내용파악 

두 번째 문단의 두 번째 문장은 '북극권 문화에 대한 전시회가 코로나 사태 때문에 개장과 폐쇄를 반복하고 있다'는 것이지, 북극 얼음의 동결과 융해의 주기를 보여주고 있다는 의미가 아니다. 따라서 ②가 전시회에 대한 내용과 일치하지 않는다.

이 글에 따르면 다음 중 Ⓐ에 대해 옳지 않은 것은?
① 그것은 온라인과 오프라인에서 동시에 열렸다.
② 그것은 북극 얼음에 동결-융해 주기를 보여주고 있다.
③ 그것은 다양한 북극의 문화와 생활양식을 보여주고 있다.
④ 그것의 오프라인 전시는 예약한 사람만을 대상으로 12월 3일에 열렸다.

28-30

인공지능(AI)으로 인해 예술에서 의료에 이르는 모든 분야에서 전통적인 많은 일자리를 잃게 되는 것은 새로운 인간 일자리의 창출에 의해 부분적으로 상쇄될 것이다. 알려진 질병들을 진단하고 익숙한 치료를 시행하는 것에 중점을 두는 의사들은 AI 의사들로 대체될 수도 있다. 그러나 바로 그런 사실 때문에, 훨씬 더 많은 돈이 인간 의사들과 연구소 직원들에게 주어져서 획기적인 연구를 하고 새로운 약이나 수술 절차를 개발하게 할 것이다. AI는 또 다른 방법으로 새로운 인간 일자리를 창출하는 데 도움을 줄 수 있다. 인간은 AI와 경쟁하는 대신에 AI를 서비스하고 활용하는 데 집중할 수 있다. 예를 들어, 드론이 인간 조종사를 대체하면서 일부 일자리가 없어졌지만, 보수 및 관리, 원격 제어, 데이터 분석, 사이버 보안 등에서 새로운 기회가 많이 만들어졌다. 미군은 임무 비행을 하는 무인 드론 한 대당 그 운용에 30명을 필요로 하는 반면, 그에 따라 수집된 정보의 분석에는 적어도 80명이 더 필요하다. 2015년에, 미 공군은 이러한 모든 자리를 메울 충분한 훈련받은 인원이 부족했고, 따라서 무인 항공기(드론)에 인원을 배치하는 데 있어 아이러니한 위기에 직면했다. 만약 그렇다면, 2050년의 취업 시장은 인간-AI의 경쟁이 아닌 협력으로 특징지어질 것이다. 치안활동에서 금융업에 이르는 여러 분야에서 인간과 AI로 구성된 팀이 인간과 컴퓨터 모두를 능가할 수도 있을 것이다.

administer v. 관리하다, 집행하다, 부여하다 familiar a. 익숙한, 친숙한
groundbreaking a. 획기적인 leverage v. 영향력을 미치다, 활용하다
eliminate v. 없애다, 제거하다 cyber security n. 사이버 보안
harvest n. 수확 man v. (어떤 장소·기계에서[를]) 일하다[담당하다], ~에 인원을 배치[제공]하다 crisis n. 위기 job market 구직 시장
policing n. 치안 유지 활동, 감시활동 outperform v. 능가하다
integration n. 통합 specialization n. 특수화 cooperation n. 협력
medical practitioner n. 의사, 개업의 synergy n. 시너지, 동반상승

28 글의 제목 

인공지능이 현재의 일자리에 미치는 변화와 더불어 미래의 일자리 동향을 설명하면서 미래의 일자리 추세는 인간과 인공지능의 협력이 될 것임을 말하고 있는 글이다. 따라서 제목으로는 ②가 가장 적절하다.

다음 중 이 글의 제목으로 가장 적절한 것은 무엇인가?
① AI: 미군을 위한 새로운 기회들
② 미래의 일자리: 인간과 AI의 통합
③ 새 시대: 인간의 일자리를 빼앗는 AI
④ 인류의 위기: AI의 인간 지배

29 빈칸완성 

마지막 문장에서 "인공지능이 지배하는 미래의 취업시장은 '인간과 인공지능으로 구성된 팀'이 인간과 컴퓨터 모두를 능가할 것으로 전망하고 있다"고 했으므로, Ⓐ에는 ④가 적절하다.

다음 중 Ⓐ에 가장 적절한 것은 무엇인가?
① 전문화가 아닌 일반화
② 수량화가 아닌 자격부여
③ 유사점이 아닌 차이점
④ 경쟁이 아닌 협력

30 내용일치 

이 글에서는 AI에 의한 드론의 등장으로 드론의 운용을 위해 더 많은 인력이 필요한데 그런 전문 인력의 부족으로 어려움을 겪는다고 언급했을 뿐, AI가 드론 운용의 효율성을 높여주었다고 하지는 않았으므로 ③이 글의 내용과 일치하지 않는다.

이 글에 따르면 다음 중 옳지 않은 것은?
① AI는 알려진 질병을 진단하는 의사를 대신할 수도 있다.
② 드론은 인간 조종사를 대신했지만 그와 관련된 다른 일자리를 창출했다.
③ AI는 미군이 드론을 운용하는 데 효율성을 달성하도록 도움을 주었다.
④ 인간과 AI가 서로 보완할 때 시너지(동반상승 효과)를 창출할 수 있을 것이다.

31-32

소셜 미디어 중독은 대체로 도파민 시스템이라고 불리는 신경생물학적 경로를 따라 발생한다. 신경전달물질인 도파민은 우리가 무엇인가를 열망하게 함으로써 행동할 동기를 부여하는 역할을 한다. 도파민은 우리가 좋아하는 음식을 먹을 때에, 운동을 마친 후에, 음악을 청취할 때와 같은 다양한 상황들 속에서 분비된다. 그러나 현재 논의하고 있는 것과 관련 있는 가장 중요한 점은, 도파민은 우리가 자주 보상을 해줄 때 분비된다는 것이다. 우리가 도파민 방출을 촉발하는 그런 활동을 할 때, 그것은 그 활동을 다시 하고 싶게 만드는 보상 감정을 가져다준다. 우리는 보상받은 느낌이 드는 그런 행동을 하게 된다. 우리가 그 행동을 더 자주 더 오랜 시간 동안 해야만 똑같은 보상 감정을 가질 수 있을 때 어려움이 발생하게 된다. 우리는 이것을 '내성(tolerance)'이라고 한다. 예를 들어, 인스타그램에 사진을 게시하는 때에 대해 생각해보라. 당신은 자신이 받은 '좋아요'의 수를 알아보기 위해 얼마나 자주 거기에 다시 들어가는가? '좋아요'를 두 개 받을 때에 비해 스무 개 받을 때에 더 많은 보상을 받았다고 느끼는가? 소셜 미디어를 사용하는 우리들 대부분은 '그렇다'라고 대답할 것이다. 이것은 정적 강화의 한 예로서, 보상을 가져다주는 행동을 다시 하도록 우리를 부추긴다.

addiction n. 중독 neurobiological a. 신경생물학의 relevant a. 관련 있는, 적절한 trigger v. 촉발하다 rewarding feeling 보람 있는 감정 tolerance n. 관용, 저항력 reward v. 보상[보람]을 느끼다; 보답하다, 보상하다 positive reinforcement 정적 강화(특정 행동 이후에 긍정적인 자극을 제시하여 해당 행동이 증가하거나 보다 빈번하게 일어나게 강화 전략의 일종이다)

31 글의 제목 ①

이 글에서는 소셜 미디어 중독이 도파민 분비에서 오는 것이라고 설명한다. 어떤 행동을 하여 도파민이 분비될 때, 사람은 기분 좋은 보상 감정을 느끼고, 그러면 또다시 그 행동을 더 자주 더 오래 하게 된다는 것이다. 소셜 미디어 활동의 경우도 마찬가지여서 더 큰 보상 감정을 느끼고자 반복해서 소셜 미디어에 탐닉해서 중독된다고 말한다. 따라서 글의 제목으로 가장 적절한 것은 ①이다.

다음 중 이 글의 제목으로 가장 적절한 것은?
① 소셜 미디어 중독의 메커니즘
② 사회적 관용의 중요성
③ 미디어에서의 도파민의 역할
④ 인스타그램에 대한 정적 강화

32 빈칸완성 ③

빈칸을 포함한 문장의 앞부분에서 '현재의 논의와 관련하여'라고 했는데, 이는 '소셜 미디어의 중독문제와 관련하여'라는 말이다. 소셜 미디어가 사람들과 상호작용 하는 데 쓰이는 것임을 감안하면, 빈칸에는 이와 관련된 ③이 적절하다.

다음 중 Ⓐ에 가장 적절한 것은 무엇인가?
① 자주 보상을 주다
② 스스로 도전을 극복하다
③ 성공적인 사회적 상호 관계를 갖다
④ 어려운 상황을 인내하다

33-34

나이지리아(Nigeria)와 카메룬(Cameroon)은 서아프리카에 위치해 있다. 북쪽의 차드(Chad) 호수에서 남쪽의 바카시(Bakassi) 반도에 이르는, 양국이 공유하고 있는 2,400km의 국경은 두 국가 사이에 끊임없는 분쟁의 원인이었다. 식민지 건설에서 발생한 이 국경 분쟁은 식민지 열강이었던 영국과 독일 사이의 수많은 조약들의 결과인데, 그 조약들은 그 어떤 아프리카인도 참석하지 않았던 1884-1885년의 베를린 회담에서 그 적법성을 얻어낸 조약이었다. 나이지리아인들은 바카시 반도가 나이지리아의 안보와 경제적 이익(어업과 석유), 그리고 지전략적(地戰略的) 이익에 매우 중요하다고 생각하고 있으며, 또한 1913년 영국과 독일의 협정 체결 이전에는 그 반도가 순전히 나이지리아 영토의 일부였다고 생각한다. 1913년 협정에 따라 나이지리아-카메룬 국경이 나이지리아 쪽으로 옮겨졌고 그래서 바카시 반도가 카메룬에게로 넘어갔다는 것이다. 그러나 1913년 이후의 사태 진전으로 인해 바카시 반도는 나이지리아로 다시 되돌아갔고, 나이지리아가 계속 통치한 상태에서 나이지리아 내전(1967-1970)에 이르렀고, 이 내전이 발발할 때 카메룬이 바카시 반도에 대한 소유권을 주장했다. 결국, 2002년에 카메룬은 이 사건을 국제사법재판소에 회부했고, 국제사법재판소는 오로지 1913년 영국과 독일 협정에만 근거하고 그 이전의 역사나 그 후의 여러 조치들은 무시한 채 국경을 결정지었으며, 바카시 반도에 대한 통치를 카메룬에게 배정했다.

shared a. 공유하는 dispute n. 논쟁, 분규, 분쟁 treaty n. 조약 colonial powers 식민지 열강들 legality n. 적법성, 합법성 critical a. 중요한 development n. 발전; 새로 전개된 사건 revert v. (본래 상태·습관·신앙으로) 되돌아가다, 복귀하다 governance n. 통치, 관리 lay claim 권리를 주장하다 take a case to court 사건을 재판에 부치다 eventually ad. 결국 solely ad. 오로지 prior a. 이전의 subsequent a. 그다음의 assign v. 맡기다, 배정하다

33 글의 주제 ③

나이지리아와 카메룬의 국경 분쟁과 그 배경에 대한 내용이므로, 주제로 적절한 것은 ③이다.

다음 중 이 글의 주제는 무엇인가?
① 분쟁에서의 석유, 어업과 안보의 역할
② 유럽 식민주의의 전 세계적인 영향
③ 어느 아프리카 국경 분쟁의 역사
④ 영국과 독일의 역사적 국경 갈등

34 내용일치 ③

나이지리아와 카메룬의 국경분쟁이 영국과 독일이 맺은 여러 조약들의 결과라고 했고, 이 조약들은 아프리카인이 하나도 참석하지 않은 회담에서 그 적법성을 얻었다고 했으며, 국경을 옮긴 1913년 협정도 영국과 독일이 체결한 것이었다고 했으므로, 결국 두 나라 사이의 국경은 유럽인들에 의해 정해졌다고 할 수 있다. 따라서 ③이 옳은 진술이다. ④ 국경을 나이지리아 쪽으로 옮겼다는 것은 나이지리아의 영토가 줄어들어 나이지리아에게는 불리하게 됐다는 것을 의미한다.

이 글에 따르면 다음 중 옳은 것은?
① 나이지리아는 북쪽 국경에 대해 관심이 없다.
② 경제가 바카시 반도와 관련한 유일한 문제이다.
③ 나이지리아와 카메룬 사이의 법적인 국경은 유럽인들이 설정했다.
④ 1913년 협정은 나이지리아에게 유리하도록 국경을 옮겼다.

35-37

동물과 심지어 무생물이 인간의 특징과 능력을 갖는 의인화(擬人化)는 아마도 동시대 유럽계 미국인들이 적응하기 가장 쉬운 미국 원주민 신화의 특징일 것이다. 결국, 의인화는 오늘날 우리 문화에 있어, 아동 서적과 동화에서부터 영화와 TV 광고 선전에 이르기까지 거의 모든 곳에서 보편적으로 나타나고 있다. 그러나 유럽계 후손들이 익숙해져 있는 의인화와 크게 다른 미국 원주민 의인화의 본질을 이해하는 것이 중요하다. 그들의 신화적이고 물활론적인 과거로부터 벗어난 지 아주 오래된 서구 문화에서, 의인화는 대체로 우화적인 가치를 지니고 있고, 현재에는 무엇보다도 오락의 기능을 수행하고 있다. 그러나 과거의 미국 원주민 전통에서, 의인화는 훨씬 그 이상의 것이다. 그것은 우주론과 종교의 결과이기도 하다. 대부분의 원주민 문화는 인간이 지구상에서 별개의 인간 종(種)으로 출현하기

전, 인간과 동물의 차이가 모호했던 먼 과거를 되돌아본다. 그래서 그때는 동물(또는 '동물인간')이 지구상에서 우리의 선구자였다. 서구의 세계관을 특징짓는 '인간'과 '짐승' 사이의 확고한 이분법은 원주민의 미국(미국 원주민 사회)에서는 대체로 존재하지 않는다. 사람이 동물과 다른 것은 분명하지만, 그들 사이에는 여전히 예로부터 전해지고 있는 연대감이 있다. 그 관계가 소원(疏遠)과 지배의 관계는 아닌 것이다.

anthropomorphism n. 의인화(擬人化) take on 떠맡다, 고용하다, 띠다 adjust to 적응하다 ubiquitous a. 어디에나 있는, 아주 흔한 animistic a. 물활론적인, 정령신앙의 look back (과거를) 돌아 보다 blur v. 흐릿하게 만들다, 모호하게 만들다 forerunner n. 선구자, 전신 dichotomy n. 이분법 distinct a. 뚜렷한, 구별되는 alienation n. 멀리함, 소외 dominion n. 지배[통치]권 allegorical a. 우화적인, 우의적인 paramount a. 가장 중요한, 최고의 demarcate v. 경계를 정하다

35 글의 주제 ③

이 글에서 미국 원주민들의 의인화는 인간과 동물의 차이라는 서구의 이분법에 근거하는 것이 아니라 인간과 동물의 차이가 불분명한 먼 과거의 연대감에서 비롯된 것이라고 설명하면서, 미국 원주민들의 의인화의 본질을 말하고 있다. 따라서 글의 주제로 적절한 것은 ③이다.

다음 중 이 글의 주제는 무엇인가?
① 미국 비(非)원주민에게 있어 인간과 짐승의 화합
② 서구 의인화의 문화적 중요성
③ 미국 원주민 의인화의 본질
④ 유럽계의 의인화와 미국 원주민 의인화의 상호관계

36 빈칸완성 ①

먼 과거의 서구나 미국 원주민 전통에서는 의인화가 신화적 종교적 의미를 갖기도 하지만, 오늘날의 서구에서는 의인화가 동화나 애니메이션 영화 같은 오락의 기능과 인생의 교훈을 담은 비유의 이야기인 우화로서의 가치를 가진다고 할 것이므로 Ⓐ에 적절한 것은 ①이다.

다음 중 Ⓐ에 가장 적절한 것은 무엇인가?
① 우화적인
② 심오한
③ 상당한
④ 가장 중요한

37 내용일치 ③

두 번째 문장에서 오늘날 우리 문화에서 의인화가 보편적으로 나타나는 곳의 예로 영화가 언급되었으므로 ③이 본문과 일치한다. ④ cosmology(우주론)와 cosmopolitanism(세계주의)은 다르다.

이 글에 따르면 다음 중 옳은 것은?
① 서구 문화에서 의인화는 우주론적이고 종교적이다.
② 미국 원주민들은 인간과 동물이 분명하게 구분된다고 믿는다.
③ 영화에서 의인화된 동물은 의인화의 흔한 사례이다.
④ 미국 원주민의 의인화는 세계주의와 관련되어 있다.

38-40

심리학자 피터 요한슨(Petter Johansson)은 자신의 실험에서 참가자들에게 한 쌍의 얼굴 사진을 보여주고는, 그들이 더 매력적이라고 생각하는 사진을 골라보라고 청했다. 그런 다음 그들은 사진을 받았고 자신들이 선택한 정당한 이유를 제시하도록 요청받았다. 그러나 요한슨은 그들 모르게 마술을 부려 사진을 바꾸었다. 그래서 그들은 실제로는 자신들이 고르지 않은 남녀의 사진을 건네받았다. 당신은 모든 사람이 알아차릴 거라고 추정할 수도 있다. 만약 그렇게 추정한다면, 당신은 틀렸을 것이다. 놀랍게도, 단지 4분의 1만이 사진이 바뀐 것을 알아차렸다. 거듭 말하자면, 얼굴은 다른 사람의 얼굴이었고, 그 얼굴들 사이에는 쉽게 식별할 수 있는 차이점이 있었다. 한 명은 갈색 머리에 귀걸이를 하고 있을지도 몰랐지만, 다른 한 명은 금발에 귀걸이가 없을지도 몰랐다. 사진이 바뀐 후에, 피실험자들은 왜 그들이 실제로 선택하지 않은 사람을 선택했는지 그 이유를 설명했다. "내가 그들에게 왜 이 얼굴을 선택했느냐고 질문했을 때, 그들은 불과 몇 초 전에 다른 얼굴을 선호했는데도, 이 얼굴이 선호하는 얼굴인 이유를 자세히 말하기 시작했어요."라고 피터 요한슨은 말했다. 그들에게 자신이 한 것을 설명했을 때, 그는 대개 놀라는 반응을 접했고 종종 못 믿겠다는 반응을 접하기도 했다. 가장 흥미로운 사례는 사람들이 조작된 선택을 원래의 선택에 없던 것을 강조해가면서 정당화하는 경우였다. "예를 들어, 만일 그들이 '아, 저는 귀걸이를 정말 좋아하기 때문에 이 얼굴이 더 좋아요.'라고 말하고 그리고 그들이 원래 선호했던 얼굴에는 귀걸이가 없었다면, 우리는 그들로 하여금 이런 선택을 하게 한 것이 무엇이었든 그것이 귀걸이였을 리는 없다고 확신할 수 있습니다." 이것에서 우리는 어떤 결론을 내릴 수 있는가? 그런데, 알고 보면 우리는 우리가 선택하는 것을 왜 선택하는지 분명하게 이해하지 못한다. 우리는 다른 사람들의 (선택) 동기와 이유를 알아내야 하듯이 우리 자신에게도 그것을 알아내주어야 할 때가 종종 있다.

justify v. 정당화시키다, 해명하다 select-on n. 선택 unbeknown to ~가 모르는 사이에, ~에 눈치 채이지 않고 deploy v. 배치하다, 사용하다 magic n. 마법; 믿기 어려운 능력 switch n. 전환 elaborate on ~에 대해 상세히 말하다 be met with 흔히 있다, 허다하다 intriguing a. 아주 흥미로운, 재미나는 opaque a. 불투명한, 불분명한 challenging a. 도전적인

38 글의 주제 

피터 요한슨은 실험을 통해 인간은 자신이 선택하는 것을 왜 선택하는지 모른다는 것을 밝혀낸 것이다. 선택은 곧 의사결정이므로 글의 주제로 적절한 것은 ①이다.

다음 중 이 글은 주로 무엇에 관한 글인가?
① 인간의 의사결정과정은 우리에게 이해 불가능한 것이다.
② 얼굴 변화 기법은 가장 인기 있는 마술 기법 가운데 하나이다.
③ 심리학자의 기본적인 마술 능력은 실험에 유용하다.
④ 사람들로 하여금 그들의 생각을 예고 없이 바꾸게 하는 것은 어려운 일이다.

39 부분이해 ①

실험 참가자 가운데 단지 4분의 1만이 사진이 바뀐 것을 알아차렸다는 것은 실험 참가자들 가운데 소수만이 다른 사진으로 바뀐 것을 알아챘다는 것이다. 따라서 ①이 정답으로 적절하다.

다음 중 Ⓐ가 가리키는 것과 가장 비슷한 것은 무엇인가?
① 소수의 참가자들만이 그 교체를 알아차렸다.
② 소수의 참가자들만이 그들의 선택을 바꾸었다.
③ 몇몇 참가자들은 옳은 선택을 하는 척했다.
④ 몇몇 참가자들은 긍정적인 결과를 수용했다.

40 빈칸완성 ①

Ⓑ 앞의 인용부분에서 귀걸이를 좋아해서 좋아한다고 한 얼굴에 원래는 귀걸이가 없었다면 그 얼굴을 좋아하는 이유가 다른 데 있다는 말이고, 결국 좋아하는 얼굴을 선택하면서도 왜 선택하는지 이해하지 못한다는 말이므로 Ⓑ에 적절한 것은 ①이다.

다음 중 Ⓑ에 가장 적절한 것은 무엇인가?
① 분명하게 이해하지 못한다
② 이면의 동기를 잘 파악한다
③ 식별하도록 잘 훈련되어 있다
④ 아는 척하지 않는다

41-42

일부 사람들은 알고리즘(algorithms)을 둘러싼 많은 문제를 나열하고는 당연히 알고리즘을 절대로 신뢰하지 말아야 한다고 결론 내릴 것이다. 그러나 이것은 민주주의의 모든 단점을 목록으로 만든 후에 제정신인 사람이라면 그런 제도를 지지하지 않을 것이라고 결론을 내리는 것과 조금 비슷하다. 윈스턴 처칠(Winston Churchill)이 다른 모든 정치제도를 제외하면 민주주의가 세상에서 최악의 정치제도라고 말한 것은 유명하다. 옳든 그르든 간에, 사람들은 빅 데이터 알고리즘에 대해 이와 똑같은 결론에 도달할 수 있다. 알고리즘에는 많은 문제가 있지만, 우리에게 더 나은 대안이 없기 때문이다. 과학자들이 인간의 의사 결정 방식을 더 깊이 이해함에 따라 알고리즘에 의존하고 싶은 유혹은 커질 것이다. 인간의 의사결정을 해킹하는(불법 침입하여 도용하는) 것은 빅 데이터 알고리즘을 더욱 신뢰할만한 것으로 만들 뿐 아니라, 동시에 인간의 감정을 덜 믿을만한 것으로 만들 것이다. 정부와 기업이 인간 운영체제를 해킹하는 데 성공함에 따라 우리는 정밀하게 유도된 조작과 광고와 선전의 공세에 노출될 것이다. 우리의 의견과 감정을 조작하기가 너무나 쉬워질 수도 있다 보니, 갑작스레 비행착각을 겪는 조종사가 자신의 감각이 말하는 것은 전부 무시하고 오직 기계만 신뢰해야 하는 것과 마찬가지로, 우리는 알고리즘에 의존할 수밖에 없을 것이다.

beset v. 에워싸다, 괴롭히다 **catalogue** v. 목록을 만들다 **drawback** n. 결점, 문제점 **hitch** n. (잠깐 지체하게 하는) 문제[장애] **alternative** n. 대안, 선택 가능한 것 **reliable** a. 믿을 만한; 확실한 **simultaneously** ad. 동시에 **manipulation** n. 조작, 속임수 **propaganda** n. 선전 **vertigo** n. 현기증; 공간 정위 상실 **entangle** v. 얽어매다, (걸어서) 꼼짝 못하게 하다

41 부분이해 ③

hitches는 '문제'나 '장애'를 의미하므로, Ⓐ의 의미와 가장 비슷한 것은 ③이다.

다음 중 Ⓐ의 의미와 가장 비슷한 것은 무엇인가?
① 알고리즘은 아주 많은 데이터로 뒤얽히게 된다.
② 사람들은 자신을 불완전한 존재로 인식한다.
③ 빅 데이터 알고리즘은 수많은 결점을 겪고 있다.
④ 빅 데이터 알고리즘에 대한 결론은 수많은 논리적 결함을 수반한다.

42 빈칸완성 ④

빈칸 뒤의 in the same way that을 경계로 하여 앞뒤의 두 절이 병행구조를 이룬다. 앞의 algorithms이 뒤의 the machinery와 같은 것이므로, 빈칸에는 put all his trust in(신뢰하다)과 유사한 의미의 ④(의존하다)가 Ⓑ에 가장 적절하다.

다음 중 Ⓑ에 가장 적절한 것은 무엇인가?
① 무시하다
② 의심하다
③ 판단하다
④ 의존하다

43-44

웅변술에 관한 자신의 주요한 저서에서 로마의 수사학자 퀸틸리아누스(Quintilian) (AD 35-96)는 말과 동시에 자연스럽게 나오는 몸짓과 사물을 흉내 내어 나타내는 몸짓을 구별하고 있다. 이것은 묘사적인 행동이나 무언극으로 사물을 묘사하는 몸짓들이다. 웅변가는 이런 것을 하지 말아야 한다. "웅변가의 몸짓은 실제적인 말보다는 화자의 생각을 전달하는 데에 맞춰져야 한다."라고 퀸틸리아누스는 말한다. 자기 자신이나 지칭하고 있는 다른 사람을 가리키는 것은 생각의 대상을 보여주기 때문에 허용될 수 있지만, 하고 있는 말들을 설명하기 위해 몸짓을 사용하는 것은 옳지 않다. 퀸틸리아누스에 따르면, 웅변가는 하고 있는 말의 힘을 전달하고 자신의 생각의 대상을 가리키기 위해 몸짓을 사용하지만, 말의 내용을 말 대신 몸짓으로 나타내지는 않는다. 이렇게 하는 것은 대중적인 무대(대중연설)의 관행을 따르는 것이고 법정의 존엄함에는 맞지 않을 것이다.

seminal a. 독창적인, 영향력 있는, 중요한 **rhetorician** n. 수사학자 **oration** n. 연설, 웅변술 **proceed from** 진행되다, ~에서 비롯되다 **mimicry** n. 흉내, 모방 **descriptive** a. 서술하는, 묘사하는 **make reference** 언급하다 **substitute** n. 대리자, 대체물 **dignity** n. 위엄, 존엄성 **mimic** v. 흉내를 내다, 모방하다 **addressee** n. 수신인

43 글의 제목 ④

퀸틸리아누스는 말의 정확한 의미는 말로 전달해야 하는 것이지 부차적인 몸짓으로 전달하는 것이 아니라고 했음을 이야기하면서 허용 가능한 몸짓의 범위가 무엇이었는지를 부연설명하고 있다. 따라서 글의 제목으로 적절한 것은 ④이다.

다음 중 이 글의 가장 적절한 제목은 무엇인가?
① 지적하는 방식에 대한 퀸틸리아누스의 견해
② 퀸틸리아누스 시대의 대중 연설 방법
③ 퀸틸리아누스의 적절하게 묘사적인 행동들
④ 몸짓의 올바른 사용에 대한 퀸틸리아누스의 개념

44 내용일치 ②

하고 있는 말들을 설명(묘사)하기 위해 몸짓을 사용하는 것은 옳지 않다고 했으므로 ②가 본문과 일치하지 않는다.

이 글에 따르면 다음 중 옳지 않은 것은?
① 무언극의 몸짓을 법정에서 보여서는 안 된다.
② 훌륭한 웅변가의 몸짓은 그들이 말하고 있는 것의 동작과 형태를 묘사한다.
③ 사물을 흉내 내어 나타내기 위한 유형의 몸짓이 있다.
④ 웅변가가 자기가 하는 말의 해당자를 손으로 가리키는 것은 허용된다.

45-47

사람들이 우리를 지칭하기 위해 사용하는 말은 대리적 동일화라고 알려진 것을 만들어낼 수 있다. 이 과정을 통해, 일견 무해해 보이는 말들이 청자에게 부정적인 영향을 미칠 수 있다. 애정 어린 용어로 사용되는 '아기'라는 낱말을 생각해보라. 당신의 중요한 타인(배우자)을 '아기'라고 부르는 것은 아무런 잘못이 없지 않은가? 그런데, 일부 사람들은 잘못이 있다고 생각한다. 일반적인 아기의 특징에 대해 생각해보라. 그 특징은 무능하고 의존적이며 돌보아줄 타인에게 의지한다는 것이다. 사랑하는 사람에 의해서조차 반복적으로 '아기'와 같은 단어로 불리어질 때, 자신이 그런 특성을 지니고 있다고 생각하기 시작하는 대리적 동일화가 점차적으로 발생한다. 다시 말해, 그들은 자신을 무능하고 의존적인 사람으로 그리고 돌보아줄 타인에게 의지하는 사람으로 보기 시작한다. 이것이 억지스럽게 들릴지 모르지만, 생각해보라. 우리가 자신을 생각하는 방식은 대체로 다른 사람이 우리를 어떻게 생각한다고 우리가 믿느냐에 의해 형성된다. 그리고 우리는 다른 사람이 우리에게 갖고 있다고 생각되는 기대에 따라 행동하는 경향이 있다. 그래서 자신이 (사람들에게) 말썽꾸러기로 생각되는 것으로 알고 있는 아이는 계속해서 말썽을 일으킬 가능성이 더 높은 반면에, 승자로 인식되는 아이는 승리하려고 밀어붙일 가능성이 더 높다. 분명하게도, 철학자들은 이것이 의식적으로 일어나는 일이라고 생각하지 않는다. 그것은 잠행(潛行)해서, 우리가 알지도 못하는 사이에 우리의 자기 인식을 갉아 먹는다. 사람들이 우리를 지칭하기 위해 사용하는 단어는 결국 우리가 우리 자신을 이해하는 방식을 특징짓는다.

vicarious a. 대리의, 간접적인 identification n. 신원확인, 인지, 동일화 innocuous a. 악의 없는, 무해한 significant other 중요한 다른 한 사람(배우자 등) endearment n. 애정 helpless a. 무력한 trait n. 특징, 특성 argue v. 주장하다, 논쟁하다 farfetched a. 당치 않는, 억지의 troublemaker n. 문제아 insidious a. 교활한, 음흉한, 방심할 수 없는, 모르는 사이에 진행하는, 잠행성(潛行性)의 identity n. 정체성, 독자성 inform v. 특징짓다; 알리다

45 글의 주제 

이 글은 다른 사람들이 불러주는 호칭을 반복적으로 듣게 되면 자신이 그 호칭이 가진 특성을 가진 사람이라고 인식하게 되는 '대리적 동일화'를 설명하고 있는데, 자신이 어떤 사람이라고 인식하는 것이 '정체성 형성'이므로 글의 주제로 적절한 것은 ④이다.

다음 중 이 글의 주제는 무엇인가?
① 애정 어린 용어들의 다양성
② 타인에게 의존하는 것을 배우는 방법들
③ 혼자서 보는 법을 배우는 과정
④ 정체성 형성에 있어 말의 역할

46 내용일치 

우리는 다른 사람이 우리에게 갖고 있다고 생각되는 기대에 따라 행동하는 경향이 있다고 했으므로 ②가 글의 내용과 일치한다. ③ 대리적 동일화는 모르는 사이에 일어난다고 했다.

이 글에 따르면 다음 중 옳은 것은?
① 말이 청자에게 미치는 영향은 해가 없다.
② 우리가 다른 사람이 우리를 어떻게 생각하고 있다고 생각하는지가 우리의 행동에 영향을 미친다.
③ 아기라고 불리는 것은 당신이 얼마나 의존적인가를 알게 해준다.
④ 승리자는 두려움 때문에 승리자가 되려고 밀어 붙인다.

47 지시대상 

Ⓐ 앞의 두 문장에서 '우리는 다른 사람이 우리에게 갖고 있다고 생각되는 기대에 따라 행동하는 경향이 있다'고 한 다음 말썽꾸러기와 승리자를 예로 들고 있다. 따라서 this는 다른 사람이 우리에 대해 갖고 있다고 생각되는 기대나 생각이 우리의 행동을 결정짓는 경향, 즉 ①의 '대리적 동일화'를 가리킨다.

다음 중 Ⓐ가 가리키는 무엇인가?
① 대리적 동일화
② 철학적 관련
③ 아이의 비행
④ 우리에 대한 타인의 기대

48-50

최근에 한 연구팀이 인공지능(AI)에 의존하여 사람의 달력연령(실제나이)과 그 사람의 뇌의 생물학적 연령 사이의 차이를 추산하는 진단모델인 두뇌연령지수(BAI)를 개발했는데, 뇌의 생물학적 연령은 수면 중 뇌전도(EEG) 전기 측정을 통해 산출된다. 높은 두뇌연령지수는 정상적인 뇌의 노화로부터 벗어난 편차를 의미하며, 이것은 치매의 존재와 정도를 반영하는 것일 수 있다. 이 모델은 어떤 사람의 뇌가 정상보다 더 빨리 노화하고 있는지에 대한 증거를 제공한다. 이것은 중요한 진전인데, 그 이유는 이전에는 자기공명영상(MRI)으로 하는 뇌 촬영법을 이용해서만 뇌의 나이를 측정할 수 있었고, 이것은 비용도 훨씬 더 많이 들고 가정에서는 측정할 수 없는 것이기 때문이었다. 수면 뇌전도 검사는 머리띠 및 건식 뇌파전극자극과 같은 저렴한

기술을 사용하여 비수면 실험실 환경에서 점점 더 쉽게 이용할 수 있다. 높은 두뇌연령지수 값이 실제로 치매를 나타내는지 확인하기 위해, 연구원들은 치매 증상에서 치매 없는 증상까지 다양한 증상을 가진 5,000명 이상의 사람들에 대한 값을 계산했다. 두뇌연령지수 값은 인지 손상이 증가할수록 모든 집단에서 두루 증가했고 치매환자가 치매가 아닌 사람보다 약 네 살 더 많은 평균값을 가졌다. 두뇌연령지수 값은 또한 임상 의사가 수면 연구를 하기 전에 행하는 표준인지평가의 점수와 상관관계가 있었다.

diagnostic a. 진단의 chronological age 실제 나이 EEG n. 뇌전도 (electroencephalogram electrical measurement) compute v. 계산하다, 산출하다 deviation n. 일탈, 탈선; 편차 dementia n. 치매 advance n. 발전, 진전 electrode n. <전기> 전극(電極) readily ad. 손쉽게, 즉시 inaccessible a. 접근할 수 없는 symptom n. 증상, 징후 correlate v. 연관성이 있다 clinician n. 임상의 verify v. 확인하다, 입증하다 appraisal n. 평가, 판단 nullify v. 무효화 하다

48 글의 목적 ②

이 글에서는 새로운 진단모델인 두뇌연령지수(BAI)의 개발과 그 적용 범위를 설명하고 있다. 따라서 글의 목적으로는 ②가 적절하다.

다음 중 이 글의 목적은 무엇인가?
① 신구 기술을 비교하기 위해서
② 새로운 과학적 모델을 설명하기 위해서
③ 실험 결과를 설명하기 위해서
④ 노화에 대한 연구를 요약하기 위해서

49 내용일치 ②

높은 BAI는 뇌의 생물학적 연령이 사람의 실제 나이보다 더 많음을 의미하고, 인지 손상이 증가할수록 BAI 값이 증가했다고 했으므로, 생물학적 뇌 연령이 그 사람의 실제 나이보다 몇 살이든 더 많으면 뇌의 인지 저하를 의미할 수 있는 것이다. 따라서 ②가 본문의 내용과 일치한다. ① 치료용이 아니다. ③ 가정에서는 측정할 수 없는 것이다. ④ 비수면 실험실 환경에서 점점 더 쉽게 이용할 수 있다.

이 글에 따르면 다음 중 옳은 것은 무엇인가?
① BAI는 AI에 기반하며 인지 손상을 치료하기 위해 설계된 기구이다.
② 생물학적 뇌 연령이 뇌의 달력연령(실제나이)보다 네 살 이상 더 많은 것은 인지 저하를 의미하는 것일 수 있다.
③ MRI는 뇌전도보다 더 비싸지만 대중들이 가정에서 더 손쉽게 사용할 수 있다.
④ 뇌전도 수면 데이터는 수면 실험실을 갖추지 못하면 과학자들이 점점 더 사용할 수 없다.

50 부분이해 ③

BAI 값이 표준 인지평가 점수와 상관관계가 있다는 것은 이 상관관계를 이용하여 하나의 값(점수)을 다른 값(점수)로 치환할 수 있다는 말이므로 '대신에 사용될 수 있다'고 한 ③을 의미한다.

다음 중 Ⓐ가 의미하는 것은 무엇인가?
① 두뇌연령지수 측정은 처음에 인지 저하에 대한 연구자들에 의해 수용되었다.
② 표준 인지 평가는 두뇌연령지수 연구자들에 의해 입증되어야 할 필요가 있었다.
③ 두뇌연령지수 점수는 잠재적으로 임상 의사들의 평가 대신에 사용될 수도 있다.
④ 두뇌연령지수 값은 임상 의사들의 평가 결과를 무효화시키기 위해 사용될 수 있다.

2020 한국외국어대학교(인문계 A형)

01 ③	02 ②	03 ①	04 ④	05 ①	06 ②	07 ②	08 ②	09 ④	10 ③
11 ①	12 ④	13 ③	14 ②	15 ②	16 ④	17 ①	18 ③	19 ③	20 ④
21 ②	22 ①	23 ③	24 ④	25 ①	26 ③	27 ③	28 ③	29 ④	30 ③
31 ④	32 ①	33 ③	34 ③	35 ②	36 ②	37 ③	38 ④	39 ④	40 ①
41 ①	42 ②	43 ④	44 ①	45 ①	46 ②	47 ①	48 ②	49 ④	50 ①

01 논리완성 ③

의학 분야의 학사 학위와 그 이상의 학위를 필수로 하는 직업이라면 의사를 지칭하는 것이다. 따라서 ③ '소아과 의사'가 정답이다.

bachelor's degree 학사 학위 advanced degree (대학원 과정의) 석·박사 학위 patriot n. 애국자 patriarch n. 족장, 가장 pediatrician n. 소아과 의사 pedestrian n. 보행자

소아과 의사로서의 직업은 의학 분야의 학사학위와 그 이상의 학위 둘 모두를 필요로 한다.

02 논리완성 

스포츠를 두 시간 정도 관람하는 데 익숙한 사람들이 3일간 하는 경기를 관람한다면 그 시합은 엄청나게 길거나 끝이 없는 것처럼 보였을 것이다.

irresolute a. 결단력이 없는, 우유부단한 interminable a. 끝없는, 지루하게 긴 comprehensible a. 이해할 수 있는 fleeting a. 덧없는, 무상한

3일간의 크리켓 경기는 우리 고객들에게는 매우 지루한 것처럼 보였다. 그들은 단지 두 시간 정도만 스포츠 관람을 하는 데 익숙해있었기 때문이다.

03 논리완성 ①

조심스럽게 산악도로를 운전해야 한다는 점에서 빈칸에는 ①과 ④ 둘 다 가능하다. 그러나 굽은 산악도로라는 점에서 그 도로가 구불구불하게 이어지고 있다는 것을 알 수 있다. 따라서 '가파른'보다는 '구불구불한'이 더 적절하다.

serpentine a. 뱀 모양의, 구불구불한 shady a. 그늘진; 희미한; 음습한 rugged a. 울퉁불퉁한; 바위투성이의; 엄격한 precipitous a. 벼랑 같은, 절벽의; 급경사의

플레전트빌(Pleasantville)에 이르기 위해서는, 여행자는 산악도로의 구불구불한 굽은 길을 따라 매우 조심스럽게 운전해야 한다.

04 논리완성 ④

and 이하에서 주된 건물 두 채가 부서져 거의 돌무더기만 남게 됐다고 했다. 따라서 버스 정류장이 개조되거나 검사받거나 정비된 것이 아니라 폭파되어 날아갔다고 할 수 있으므로, 빈칸에는 annihilated가 적절하다.

rubble n. 잡석(雜石), (허물어진 건물의) 돌무더기[잔해] revamp v. 개조하다, 수리하다 overhaul v. 점검하다, 조사하다 refurbish v. 정비하다 annihilate v. 이기다, 무효로 하다; (보통 수동태) (도시 등을) 멸망시키다, 전멸시키다

버스 정류장은 공격받아 사라져버렸으며 주된 건물 두 채는 부서져 거의 돌무더기만 남았다.

05 동의어 

quench v. 불을 끄다; 갈증을 풀다(= satiate) scare v. 겁을 주다 savor v. 맛을 내다 curb v. 억제하다, 제어하다

그 탐험가는 갈증을 해소하기 위해 개울가에 멈추어 섰다가 성난 곰을 보고 무서워서 달아났다.

06 동의어 

repugnant a. 아주 싫은, (대단히) 불쾌한, 비위에 거슬리는(= disgusting) mediocre a. 평범한 tasteless a. 맛없는 sumptuous a. 사치스러운, 호사스러운

식사는 완벽하게 준비되었지만, 손님들은 그 식사가 비위에 거슬렸다.

07 동의어 

panel n. 위원단, 토론 참석자 address v. 연설하다; 해결하다 crux n. 핵심, 중요한 점(= gist) apex n. 정점, 정상; 최고조 periphery n. 주변, 표면

이번 위원단의 목적은 시민들이 직면한 문제의 핵심을 해결하는 것이었다.

08 동의어 ②

meticulous a. 세심한, 꼼꼼한(= thorough) solar cycle n. 태양활동 주기 terrestrial a. 지구의 enigmatic a. 수수께끼 같은, 불가사의한 cursory a. 피상적인, 겉핥기의 prolonged a. 오래 계속되는, 장기적인

한 세기 동안 세심하게 조사한 후에도, 태양활동 주기와 지구 기상의 관계는 여전히 수수께끼로 남아있다.

09 동의어 ④

inadvertent a. (사람·성격 등이) 부주의한; 무심코 저지른, 우발적인, 고의가 아닌(= unintended) tolerant a. 관대한, 아량 있는 negligible a. 하찮은, 무시해도 좋은 inevitable a. 피할 수 없는; 필연의

그 신문의 실수는 우발적인 것이었다. 편집자가 희생자의 이름을 포함하려 한 게 아니었기 때문이다.

10 문맥상 동의어 

civil은 '시민의', '민간의', '국내의', '예의바른' 등의 의미로 사용되는데, 여기서는 '예의바른, 친절한'의 뜻으로 쓰였으므로, '배려하는, 인정 있는, 친절한'이란 뜻의 considerate이 정답으로 적절하다.

bring + O + to부정사 ~할 마음이 들게 하다, ~할 마음이 내키다 private a. 민간의 domestic a. 국내의 unarmed a. 무장하지 않은

그는 손님들에게 친절하게 대할 마음이 거의 내키지 않았다.

11 문맥상 동의어 

oblique에는 '기울어진', '비스듬한', '잘못된', '빗면의', '에두른' 등의 의미가 있는데, 여기서는 '간접적인, 완곡한, 빙 둘러 말하는'의 의미로 쓰였으므로 '간접적인, 우회적인'이란 뜻의 indirect가 정답으로 적절하다.

suspicious a. 의심하는 unequal a. 불평등한 slanting a. 경사진, 기울어진 diagonal a. 대각선의, 사선의

내 질문에 대한 여동생의 우회적인 답변은 나에게 의심이 들게 했다.

12 문맥상 동의어 

apprehend에는 '우려하다', '체포하다', '이해하다' 등의 의미가 있는데, 여기서는 '이해하다'라는 의미로 쓰였으므로, understand가 정답으로 적절하다.

arrest v. 체포하다; 시선을 끌다 seize v. 잡다, 포착하다

과학은 우리가 살고 있는 세상에 대한 진리를 이해하는 체계적인 방법이다.

13 문맥상 동의어 ③

bearing은 '태도', '행동거지', '출산', '관계' 등의 의미로 쓰이는데, 여기서는 '관계, 관련'의 뜻으로 쓰였으므로 relevance가 정답으로 적절하다.

trajectory n. 곡선, 탄도; 지나온 경로 fluctuation n. 변화, 변동, 동요 demeanor n. 행동; 태도 sustaining a. 지속성의 relevance n. 관련, 적절성 reproduction n. 번식; 재현

그 궤도의 단기적 변동은 장기적 형세를 어떻게 보느냐 하는 것과는 거의 혹은 전혀 관련이 없다.

14 재진술 ②

'다른 제품으로 변화시키기에 우유만큼 적합한 식품은 없다.'라는 제시문의 내용은 우유가 가장 손쉽게 다른 제품으로 바뀔 수 있다는 의미이다. 따라서 ②가 제시문과 같은 의미이다.

innately ad. 선천적으로 well-suited a. 적절한, 편리한 convert v. 변형시키다

다른 제품으로 변화시키기에 우유만큼 적합한 식품은 거의 없다.
① 우유는 다른 제품만큼 빨리 상한다.
② 우유는 쉽게 다른 제품으로 바꿀 수 있다.
③ 우유는 건강에 가장 알맞은 제품이다.
④ 우유는 다른 음식이 제공할 수 없는 영양분을 가지고 있다.

15 재진술 

"상황에 대비하기보다 늘 상황에 따라 반응하는 것이 진취성이 없는 사람의 특징이다."라는 제시문은 진취적인 사람이 아니라 진취성이 없는 사람이 어떤 사람인지를 말하고 있다. 따라서 ③이 아니라 ②가 가장 가까운 의미의 문장이다.

react v. 상호 작용하다; 반응하다 initiative n. 시작; 선제; 주도권; 진취성

상황에 대비하기보다 늘 상황에 따라 반응하는 것이 진취성이 없는 사람의 특징이다.

① 진취성이 없는 사람에게는 대비가 반응만큼이나 중요하다.
② 진취성이 없는 사람은 그들이 상황에 늘 반응해가야 한다는 것으로 확인된다.
③ 상황에 미리 대비하는 사람에게 진취성이 부여된다.
④ 진취성의 부족은 당신이 대비를 잘하고 있다는 것을 보여주는 것 같다.

16 강조구문 

강조 구문은 'It is ~ that(which)'의 형식을 사용하여 강조하고 싶은 초점 요소를 그 사이에 둔다. 문장에서 that 이하가 완전한 문장의 형식을 취하고 있다. 따라서 강조할 초점 요소가 '부사구'인 ④가 정답이다.

make sense of ~을 이해하다

인간이 더 현명해지고 자신의 삶을 더 잘 관리하게 되는 것은 바로 우리의 경험을 잘 이해함으로써 이다.

17 문의 구성 ①

문장의 빈칸에 적절한 것으로는 보어가 될 수 있는 명사절이다. ②와 ③의 형용사절은 관계대명사가 수식하는 선행사가 없기 때문에 틀린 표현이다. '함께 공유될 것'이라는 의미에서 선행사 that을 which 관계절이 수식하고 있는 ①이 적절하다.

가장 효율적인 정치 선전은 함께 공유될 것이며, 영상물이 문자메시지보다 훨씬 더 공유하기 쉬운 경향이 있다.

18 대명사의 일치 ③

Microbes가 복수이므로 이것을 받는 대명사도 복수여야 한다. ③의 대명사 it을 they로 고쳐서 they attack으로 써야 한다.

mortal a. 죽을 수밖에 없는 운명의; 인간의 remain n. (pl.) 잔존물; 유해 reduce v. 줄이다; 격하시키다; (어떤 상태로) 떨어뜨리다, 몰아넣다

미생물은 인간이 태어나서 죽는 날까지 여러 면에서 인간의 삶에 영향을 미치며, 우리의 죽은 육신을 공격해서 흙으로 만들기 때문에 심지어 죽은 후에도 영향을 미친다.

19 Just as A, so B 부사절 ③

Just as A, so B는 '마치 A하듯이 B하다'라는 의미이다. as가 접속사이므로 접속사 that을 또 쓸 수 없다. 따라서 ③에서 so 다음의 that을 삭제해야 한다.

fingerprint n. 지문 imprint n. (표면 위에 누르거나 찍어서 생긴) 자국 uniqueness n. 유일함, 비길 데 없음

이 세상에 똑같은 두 개의 지문이 없듯이, 동물의 발자국도 이와 유사한 독특한 양상을 보인다.

20 정비문 ④

④는 'The building was beautiful.'과 'We can see the top of it from here.'의 두 문장에서 둘째 문장의 the top of it의 it을 which로 바꾸어 관계절의 첫머리로 보낸 것이므로, the top 앞의 on을 삭제해야 한다.

① 내가 오랜 기간 동안 함께 근무했던 강 선생님이 내일 은퇴할 예정이다.
② 학교 다닐 때, 나는 인상적인 급우들을 만났고, 그중 몇몇은 절친한 내 친구가 되었다.
③ 그녀가 내게 많은 질문을 했었는데, 그 질문들 중 대부분에 나는 답변할 수가 없었다.
④ 우리가 여기에서 꼭대기를 볼 수 있는 그 건물은 예전에는 아름다웠다.

21 정비문 ②

감정동사의 분사는 주어가 사람이면 과거분사로, 사물이면 현재분사로 구분하여 사용된다. ②에서 주어가 '대부분의 사람'이므로, 현재분사 'satisfying'을 과거분사 'satisfied'로 고쳐야 한다.

① 형(刑)을 선고받은 그 사람들은 조직범죄에 연루돼 있었다.
② 대다수의 사람은 그 새로운 치료법에 만족했다.
③ 도시에서 홀로 사는 사람들은 힘든 시간을 보냈다.
④ 그 문은 하루 종일 닫혀 있었다.

22-23

집시의 생활방식에 대한 중대한 고정관념은 그들의 생활방식이 화려하고, 노출이 심하고, 관심 끌기 위주라는 것이다. 그러나 우리는 집시의 문화를 제대로 이해하지 못하고 있다. 예를 들어, 집시의 헐거운 의복 패션은 검소함에 의거한 것이고, 엄격한 청결 규칙은 위생이 가장 중요했던 때 수 세기에 걸친 이동 생활을 통해 형성된 일반적인 것이다. 인터넷에서 "집시"를 검색해 보면, 집시 사회가 범죄와 세금 회피, 자발적인 실업으로 만연되어 있다는 통념을 영속화하는 이야기들이 이어지는 것을 발견할 것이다. 이것은 결코 사실이 아니다. 사실, 주요 교도소 수감자 중에서 집시 구성원들은 통계상의 인구 비율 대비 그 수가 적다. 다른 지역 사회의 경우와 마찬가지로, 집시 사회에서도 당신은 교사, 간호사, 경찰관, 예술가와 기업가를 발견하듯이, 범죄자도 발견할 것이다. 많은 집시들이 주류 교육을 통해 명문 대학으로의 진학에 성공했으면서도 동시에 그들만의 정체성을 유지하고 있다.

flashy a. 야한, 현란한 attention grabbing a. 눈길을 끄는 free flowing a. 펄럭이는 modesty n. 겸손; 정숙; 소박 hygiene n. 위생; 청결 perpetuate v. 영속하게 하다 myth n. 신화; 근거 없는 통념 prison population n. 교도소 수감자 underrepresent v. 실제보다 적다 identity n. 동일함, 정체 on benefits 수당으로 work-shy a. 일하기 싫어하는

22 글의 제목 ①

본문에서는 집시의 생활과 그 사회에 대한 그릇된 오해와 통념을 불식시켜가는 내용이 언급되고 있다. 따라서 글의 제목으로 적절한 것은 ①이다.

다음 중 이 글의 제목으로 가장 적절한 것은 무엇인가?
① 집시 문화에 대한 잘못된 통념들
② 집시 문화의 의상에 대한 취향
③ 집시 사회의 변화들
④ 집시 사회의 강력한 정체성

23 내용파악 ③

"인터넷을 검색해보면 집시 사회가 범죄와 세금 회피, 자발적인 실업으로 만연되어 있다는 통념을 영속화하는 이야기들이 이어지는 것을 발견할 것이지만, 이것은 결코 사실이 아니다."라고 했다. 따라서 작가가 함축하는 것은 ③이다. ②는 일은 하지 않고 복지혜택에 의존하려는 것을 말한다.

다음 중 작가가 함축하는 것은 무엇인가?
① 집시들은 도발적인 의상을 착용한다.
② 집시들은 수당으로 살기를 갈망한다.
③ 집시들은 게으르지 않다.
④ 집시들은 교육이 부족하다.

24-25

자기 개발의 최근 추세는 '닉센(niksen)'인데, 이는 글자그대로 아무 것도 하지 않거나 빈둥거린다는 의미의 네덜란드 말이다. 닉센을 실천하는 것은 그냥 주변을 둘러보며 배회하거나 아무 목적 없이 음악을 듣거나 그저 의자에 앉아 있는 것처럼 단순한 일이다. 마음챙김이 지금 이 순간에 집중하는 것에 관한 것인 반면에, 닉센은 삶의 소소한 일에 초점을 맞추는 것이 아니라 여유를 갖고 마음이 가는 대로 놓아두는 것에 관한 것이다. 역사적으로 닉센은 태만으로 일축되어 왔다. 그러나 전 세계적으로 스트레스 수준이 증가하고, 극도의 피로처럼 건강에 미치는 스트레스의 강력한 영향이 의료계에서 점차 부각되면서부터, 아무 일도 하지 않는 것이 점점 더 긍정적이고 스트레스에 맞서는 전략으로 간주되고 있다. 불안을 줄이는 것과 같은 감정적인 장점에서부터 노화 과정을 줄이고 감기에 맞서 싸울 신체 능력을 강화시켜주는 것과 같은 신체적 장점에 이르는 느린 삶의 이점들에 관한 한, 연구는 타당성이 있다. 이러한 잠재적인 건강 효과는 충분히 커서 우리 가운데 가장 바쁘거나 부담 많은 사람들에게조차 닉센을 실천하라고 장려할 만하다.

hang around 방황하다, 어슬렁거리다 mindfulness n. 마음챙김(명상의 한 방법) dismiss v. 해고하다; 물리치다; 일축하다 crushing a. 강력한, 통렬한 burnout n. 소모, 극도의 피로; 탈진 curtail v. 삭감하다, 줄이다 emotional perks 정서적 영향, 이점 hectic a. 매우 흥분한; 정신없이 바쁜 overburdened a. 부담이 큰

24 빈칸완성 ④

스트레스에 맞서는 전략으로서의 닉센은 특정한 일에 매몰되는 것이 아니라, 시간여유를 가지고 '마음 가는 대로 편하게 지내는' 것이다. 따라서 Ⓐ에는 wander가 적절하다. 그리고 닉센이 갖는 전략적 이점으로는 감정적 장점과 신체적 장점 두 가지가 있다. 신체적 장점을 예시하는 Ⓑ의 경우 노화과정을 '예방하거'나 '줄여준다'는 의미의 curtail이 가장 적절하다.

다음 중 Ⓐ와 Ⓑ에 들어갈 가장 적절한 짝은 무엇인가?
① 주시하다 — 생산하다
② 고정하다 — 뒤집다
③ 분기하다 — 종사하다
④ 배회하다 — 줄이다

25 내용일치 ①

'역사적으로 닉센은 태만으로 일축되어 왔다'는 본문의 내용을 통해 ①이 틀린 내용임을 알 수 있다.

이 글에 따르면 다음 중 옳지 않은 것은 무엇인가?
① 전통적으로 닉센은 호의적으로 간주되어왔다.
② 닉센과 마음챙김은 정신작용과 관련된다.
③ 닉센을 실천하면 여러 가지 신체적 이점이 있다.
④ 닉센의 이점은 과학적으로 입증되었다.

26-27

은유에 대한 글을 면밀히 읽을 때, 끊임없이 이어지는 언어 관행에 은유가 존재한다고 생각하는 것이 유용하다. "관례적인 은유"와 "새로운 은유"라는 용어를 학술 연구에서는 "죽은 은유"와 "살아있는 은유"와 같은 용어가 반영하고 있다. 관례적이고 죽은 은유(예: 컴퓨터의 메모리가 가득 찼다)는 더 이상 주목받지 못하는 반면에, 새롭고 살아있는 은유(예: 우울증은 마음의 암이다)는 때로 놀랄만한 상상적 결합 행위로 계속 인지될 수 있다는 주장이 있다. 은유는 일반적으로 "A는 B이다"의 관계로 요약되고, 그렇게 해서 해석 과정에서 B의 몇 가지 특징들이 A로 옮겨지는 것이다. 은유의 언어가 종종 "~이다"라는 단어를 사용하지만, "~이다"가 나타내는 관계는 "~와 똑같다"나 "~에 상당하다"가 아니라 "~라고 생각될 수 있다"는 말로 가장 잘 표현되는 관계이다.

metaphor n. 은유; 비유 shocking a. 충격을 주는; 지독한 codify v. 성문화하다, 요약하다 interpretation n. 해석 transpose v. (위치를) 바꾸다; (표현 등을) ~으로부터 바꾸다 represent v. 표현하다, 나타내다 equivalent a. 동등한, 같은 가치의, 상당하는 categorize v. 분류하다, 특징을 기술하다

26 글의 제목 ③

본문에서는 은유의 범주와 은유의 의미 해석과정을 설명하고 있다. 따라서 글의 제목으로 가장 적절한 것은 ③이다.

다음 중 이 글의 제목으로 가장 적절한 것은 무엇인가?
① 언어에서의 광범위한 은유의 사용
② 대중문화에서 언어를 위한 은유들
③ 은유를 분류하고 해석하는 방법들
④ 은유에서 인지 작용의 작동 체계

27 내용일치 ③

본문에서 ① "관례적인 은유"와 ② "죽은 은유"는 독자의 관심과 주목을 끄는 대상이 아니라고 했다. ③의 "우울증은 마음의 암이다."는 계속 인지될 수 있는 새로운 은유의 예로 언급되고 있다.

이 글에 따르면, 다음 중 옳은 것은 무엇인가?
① 관례적인 은유는 쉽게 독자들에게 주목받는다.
② 죽은 은유는 종종 독자들에게 충격적일 수 있다.
③ "우울증은 마음의 암이다."는 새로운 은유이다.
④ 은유에서 동사 "~이다"는 "~에 상당하다"를 의미한다.

28-30

비디오 게임을 배울 때, 사람들은 새로운 문자해득력을 배우고 있는 것이다. 물론, 이것은 '문자해득력'이라는 단어가 일반적으로 사용되는 방식은 아니다. 전통적으로 사람들은 문자해득력을 읽고 쓰는 능력으로 간주하지만, 문자해득력을 더 폭넓게 생각해야 하는 두 가지 이유가 있다. 첫째, 현대 세계에서 언어는 유일한 의사전달방식은 아니다. 오늘날에는 표상, 상징, 그래프, 도표, 인공물 그리고 수많은 시각적 상징들이 특히 중요하다. 따라서 다양한 유형의 '시각적 문자해득력'의 개념이 중요하다. 예를 들어, 실내 디자인, 모더니즘 예술, MTV의 비디오를 이해하는 법을 아는 것은

또 다른 형태의 시각적 문자해득력이다. 두 번째 이유는 읽기와 쓰기가 문자해득력의 전통적인 의미에 핵심적인 것 같지만, 읽기와 쓰기는 그렇게 일반적이고 확실한 것이 아니기 때문이다. 결국, 우리는 그저 읽고 쓰는 것이 아니라, 오히려 항상 '그 어떤 것을 그 어떤 방식으로' 읽거나 쓰는 것이다. 그러므로 다양한 형태의 텍스트를 읽는 다양한 방식이 있는 것이다. 그렇다면 법률서적을 읽는 데 필요한 법률적 문자해득력이 물리학 서적이나 슈퍼히어로 만화책을 읽는 데 필요한 문자해득력과 같지 않다는 점에서 문자해득력은 복합적인 것이다. 문자로 인쇄된 텍스트와 관련해서 조차도 다양한 문자해득력이 존재하는 것이다.

literacy n. 식자력, 문해력; 특정 지식 image n. 표상 diagram n. 도표 artifact n. 인공물 general a. 일반적인; 종합적인 obvious a. 분명한, 명확한 multiple a. 다양한, 복합적인 legal a. 법적인 in regard to ~에 관해 generalized a. 일반적인, 광범위한

28 글의 제목 ③

본문에서는 읽기와 쓰기 중심의 전통적인 문자해득력뿐 아니라 다양한 커뮤니케이션 방식과 관련된 다양한 유형의 문자해득력의 필요성을 강조하고 있다. 따라서 글의 제목으로 적절한 것은 ③이다.

다음 중 이 글의 제목으로 가장 적절한 것은 무엇인가?
① 시각적 문자해득력의 도래
② 읽기와 쓰기의 제약들
③ 문자해득력에 대한 폭넓은 견해
④ 전통적인 문자해득력의 교훈

29 빈칸완성 ④

빈칸 다음의 in that절에서 책의 종류에 따라 다른 문자해득력이 필요하다고 했으므로, 빈칸에는 '다양한, 다중적인, 복합적인'이라는 뜻의 ④가 적절하다.

다음 중 Ⓐ에 가장 적절한 것은 무엇인가?
① 당황한
② 삼각의
③ 논리적인
④ 복합적인

30 내용일치 ③

본문에서 '읽기와 쓰기 중심의 전통적인 문자해득력이 그렇게 일반적이고 확실한 것은 아니다'라고 언급하고 있다. 따라서 본문의 내용과 다른 것은 ③이다.

이 글에 따르면, 다음 중 옳지 않은 것은 무엇인가?
① 전통적인 문자해득력은 읽고 쓰는 능력을 의미한다.
② 도표와 인공물을 이해하기 위해서 시각적 문자해득력이 필요하다.
③ 전통적인 쓰기는 일반화되고 명확한 방식으로 행해진다.
④ 문자로 인쇄된 다양한 텍스트를 위한 다양한 문자해득력이 있다.

31-32

손자들은 종종 부모와 조부모로부터 어린 시절의 가치관을 습득해 간다. 그러나 성숙해가면서 그들은 자신만의 가치관을 키워갈 것이다. 가족은 가치관을 공유할 때 가장 친밀해지지만, 의견이 완전히 일치하는 가족이란 거의 없다. 기성세대가 사회적 관용을 결여하거나 심지어 위선적인 경향이 있다는 것을 젊은 세대가 알게 될 때 세대 차이가 생긴다. 조부모들은 그들의 가치관과 기준을 포기해서는 안 되지만, 젊은 세대의 말에 기꺼이 귀 기울이는 것은 크게 도움이 될 수 있다. 게다가 조부모들은 그들이 권면한 것을 그대로 실천해야 할 필요가 있다. 명심할 것은 조부모에 대한 사랑이 조손(祖孫) 관계 안에 영속적으로 내재(內在)된 것이 아니고 대신에 손자들이 조부모 그리고 조부모가 역할을 맡아하는 방식을 존중하는 법을 배워간다는 것이다. 거리를 두거나 방임적인 조부모는 집안에서 존경받는 자리를 찾기 어렵다. 또한 가족 사이에 극적인 사건과 갈등을 야기하는 조부모 또한 존중받는 식구가 되기 어렵다. 결론적으로 말해서 손자는 저절로 그들의 조부모를 존중하는 것이 아니며 손자와 강력하고도 영속적인 관계를 구축하기로 결단해야 하는 사람은 바로 조부모들이다.

value n. (윤리적·사회적인) 가치 기준, 가치관 family n. 가족을 구성하는 한 사람 한 사람을 따질 때는 (복수 취급), 가족을 한 단위로 취급할 때는 (단수 취급) go a long way 성공하다, 도움이 되다, 효과가 있다 preach v. 설교하다, 훈계하다; 권면하다 build A into B A를 B에 붙박다(영속적인 일부로 만들다) detached a. 분리한; 사심 없는, 공정한 uninvolved a. 복잡하지 않은, 단순한; 관련되지 않은 family circle n. 한 식구들, 한 집안 사람들

31 부분이해 ④

'권면한 것을 실천하다'는 자신이 사람들에게 권면한 것을 그대로 행하는 언행일치를 말하므로, ④가 가장 가깝다. ② 약속을 지키는 것은 언행일치의 한 예일 뿐이고, 여기서는 손자에 국한된 것이 아니다.

다음 중 Ⓐ가 의미하는 것과 가장 가까운 것은 무엇인가?
① 훌륭한 의사소통을 위해 말솜씨를 연마해야 한다.
② 손자에게 한 약속을 항상 지켜야 한다.
③ 손자에게 지혜로운 말을 해야 한다.
④ 다른 사람에게 하라고 충고한 대로 행동해야 한다.

32 빈칸완성 ①

조부모의 손자 간의 사랑과 존중은 가족 안에 영속적으로 내재하는 것이 아니라, 손자가 조부모의 행동을 보고 판단하는 것에서 형성되는 것이므로, Ⓑ에 가장 적절한 것은 '저절로 조부모를 존중하는 것이 아니다'의 ①이다.

다음 중 빈칸 Ⓑ에 가장 적당한 것은 무엇인가?
① 손자는 저절로 그들의 조부모를 존중하지 않는다
② 조부모는 당연히 손자로부터 사랑 받는다
③ 조부모는 손자에게 엄격해야 한다
④ 손자는 조부모와 거리를 두어야 한다

33-34

15세기부터 현재에 이르기까지 여전히 진실인 르네상스 시대의 격언이 있는데, 그것은 "화가마다 자화상을 그린다."는 것이다. 대대로 예술가들은 단순한 자화상 이외에도 그들의 화폭 위에 특별한 서명을 남겼고, 또한 자신의 얼굴을 독특하고 독창적인 방식으로 작품 안에 넌지시 집어넣었다. 예술가에게 있어 이러한 자존감은 개인주의와 창의성을 중시한 인본주의 가치관의 시대였던 르네상스 시대에서 비롯되었다. 그 시대에 유럽에서는 숨겨진 자화상의 두 가지 경향이 등장했다. 이탈리아의 경우, 예술가들은 그림이나 제단 후면의 장식 우측에 그들의 초상화를 집어넣었는데, 두 눈은 의도적으로 관람객을 응시하고 있었다. 그러나 북부의 르네상스 예술가들은 자신의 기술적 솜씨를 과시하는 조밀하고 정확한 상징으로 장난을 치는 쪽을 선호했다. 그들이 유화로 그려낸 자화상은 대개 거울처럼 반사된 표면 위에 왜곡된 모습으로 발견된다. 이 예술의 황금시대부터 시작된 이런 전통은 현재에 이르기까지 지속되어 왔다.

maxim n. 격언, 행동원칙, 좌우명 hold true 유효하다, 들어맞다 straightforward a. 직접적인, 솔직한; 수월한 covertly ad. 넌지시, 암암리에 insert v. 끼워 넣다, 끼우다 self-importance n. 자존감, 젠체함 individualism n. 개인주의, 개성 altarpiece n. 제단 뒤쪽의 장식 knowingly ad. 아는 체하고, 고의로 toy v. 장난하다, 우롱하다 distort v. 왜곡하다 appreciation n. 이해, 평가; 감사; 가격 상승

33 글의 제목 ③

르네상스 시대부터 시작해서 현재에 이르기까지 예술가들이 자신의 작품 안에 서명이나 자화상을 교묘하게 그려 놓았던 예술의 추세를 본문에서 설명하고 있다. 따라서 이 글의 제목으로 가장 적절한 것은 ③이다.

다음 중 글의 제목으로 가장 적절한 것은 무엇인가?
① 언제부터 화가들이 후원자를 위해 작업했는가?
② 왜 화가들이 그들의 작품에 대한 찬사를 기대했는가?
③ 어떻게 예술가들이 자신의 그림 안에 자화상을 숨겼는가?
④ 예술사에서 풀리지 않은 가장 큰 수수께끼는 무엇이었는가?

34 내용일치 ③

그림에 넣은 자화상이 반사 표면에 왜곡된 모습으로 발견된다고 했으므로 본문의 내용과 일치하는 것은 ③이다. ① 개인주의와 창의성을 중시한 시대였다. ② 자화상의 두 눈이 의도적으로 관람객을 응시하고 있었다. ④ 그림 안에 서명이나 자화상을 기입하는 것은 르네상스부터 현재에 이르기까지 계속되고 있다고 했다.

이 글에 따르면 다음 중 옳은 것은 무엇인가?
① 르네상스 예술가들은 일반적이고 관습적인 회화를 중시했다.
② 이탈리아에서 예술가들은 관객의 시선을 피하는 얼굴을 그렸다.
③ 북부 르네상스 예술가들은 왜곡된 자아상을 집어넣기를 선호했다.
④ 현대 예술가들은 자신의 그림 속에 자화상을 포함시키지 않는다.

35-37

미국 집거미가 거미줄을 칠 때, 그 줄은 벽에 달라붙을 수 있을 만큼 튼튼할 수도 있고 혹은 지면에서 쉽게 떨어질 수 있을 만큼 약해서 마치 용수철이 장착된 덫처럼 기어 다니는 먹이를 낚아챌 수도 있다. 거미는 단 한 가지 접착제로 어떻게 강하고도 약한 거미집 고정 장치를 만드는가? 거미는 접착력이 매우 강한 "스캐폴딩 디스크(scaffolding discs)"라 불리는 거미줄 패치를 짬으로써 거미집을 벽이나 천장, 혹은 그 유사한 표면 위에 고정시키는데, 이 거미줄 패치는 접착력이 아주 강해서 날아다니는 먹이의 충격에도(줄에 걸려도) 끊어지지 않는다. 이와 달리, 땅에 부착되는 "검풋 디스크(gumfoot discs)"라 불리는 거미줄 패치는 완전히 다른 구조를 갖고 있다는 것을 연구자들은 발견했다. 검풋 디스크는 부착점의 수가 스캐폴딩 디스크보다 훨씬 더 적어서, 먹이가 거미집에 발을 들여놓으면 거미집이 바닥에서 쉽게 떨어져서 먹이를 지면으로부터 홱 잡아 올리게 된다. 이런 자연의 경이를 밝혀낸 연구자들은 집거미가 사용하는 이 똑똑한 설계 전략을 모방한 합성 접착제를 개발하기 위한 연구를 이미 진행하고 있다. 그들은 일반 반창고와 골절 치료용으로 사용될 수 있는 접착제를 만들어낼 수 있길 바라고 있다.

adhesion n. 점착, 부착; 애착 stick to 달라붙다 glue n. 아교, 접착제 spring-loaded a. 스프링으로 고정된 anchor n. 닻, 고정재 v. 정박하다, (닻으로) 고정시키다 withstand v. 견디다, 저항하다 detach v. 분리하다, 떼어내다 yank v. 홱 잡아당기다 uncover v. 발견하다; 폭로하다 synthetic a. 종합의; 합성의 adhesive n. 접착제 fracture n. 골절

35 글의 제목 

본문에서는 미국 집거미가 만드는 거미집의 경이로운 점을 과학적으로 밝혀내고 있다. 따라서 글의 제목으로 적절한 것은 '집거미가 접착성 강한(끈적끈적한) 거미줄로 집을 짓는 과정의 비밀'이라는 의미의 ②이다.

다음 중 이 글의 제목으로 가장 적절한 것은 무엇인가?
① 누가 거미를 무서워하는가?
② 집거미의 끈적끈적한 비밀
③ 거미가 가장 좋아하는 것을 이해하라
④ 거미 연구에 대한 생물학적 요구

36 빈칸완성 

빈칸 이하에 앞의 연구 결과를 현실에 새롭게 응용할 방법을 모색하는 과정이 설명되고 있다. 따라서 빈칸에는 빈칸 앞의 연구 성과와 관련된 ②의 '자연의 경이를 밝혔다'가 가장 적절하다.

다음 중 Ⓐ에 가장 적절한 것은 무엇인가?
① 건강에 대한 연구 분야를 기획했다
② 자연의 경이를 밝혔다
③ 스캐폴딩 디스크를 구축했다
④ 검풋 디스크를 간과했다

37 내용파악 ③

첫 문장에서 설명한 벽에 달라붙을 수 있을 만큼 튼튼한 거미줄 패치가 스캐폴딩 디스크이고 지면에서 쉽게 떨어질 만큼 약한 접착력을 갖고 있는 거미줄 패치가 검풋 디스크이다. 따라서 ③이 정답이다.

이 글에 따르면 "검풋 디스크"란 ______.
① 점성이 아주 높은 거미줄 덩어리이다
② 벽에 접착할 만큼 강하다
③ 지면에서 떨어질 만큼 약하다
④ 스캐폴딩 디스크보다 더 많은 부착점으로 구성되었다

38-40

어떤 여성들은 임신과 출산을 즐겁고, 당연하고, 보람 있는 일로 경험하는 반면에, 다른 여성들은 자궁 속에서 아이를 임신하고 키워내야 한다는 신체적인 부담으로 인해 공포로 움츠러들고 출산의 잠재적 잔인성에 더더욱 공포로 움츠러든다. 어떤 여성들은 (출산의) 피와 땀과 눈물을 인생의 필요하고 불가피한 일면으로 간주하지만, 다른 여성들은 그 과정을 "야만적인" 것으로 보는 너그럽지 못한 견해를 취하기도 한다. 대부분의 여성은 두 입장 사이를 오가거나 그렇지 않으면 중간적인 입장을 취하고 있다. 임신의 "당연함"에 대한 입장이야 어떻든 간에, 인공자궁 기술의 발전이 이런 논의를 근본적으로 변모시키리라는 것은 부정할 수 없다. 첫째 인공자궁 기술이 약속하는 치료적 혜택이 있다. 즉 임신이 위험할 수 있는 여성들은 태아를 인공자궁으로 옮겨서 그곳에서 태아가 여성의 신체 건강에 피해를 거의 주지 않고 계속 발육하게 해준다. 마찬가지로, 조산의 위험이 있는 태아도 인공자궁으로 옮겨서 반드시 필요한 발육을 마치게 된다. 결국 피, 땀, 눈물은 임신 출산 과정에서 본질적인 것이 아니게 될 수도 있는 것 같다. 둘째로 그 기술은 여성을 위한 중요한 사회적 이점을 가질 수 있다. 인공자궁은 임신과 출산에서 여성이 맡아온 성적으로 대단히 편향된 역할을 중립적으로 만듦으로써 현재 여성의 억압을 확고히 하고 있는 중요한 여건을 제거하게 될 것이다. 그러나 만약에 태아가 인공자궁 속에서 발육된다면, 여성은 마침내 자유롭게 그들의 이익과 욕망을 추구할 것이다.

childbirth n. 출산 fulfilling a. 충실한, 만족스러운 recoil v. 주춤하다, 움츠러들다 carry a child 임신하다 sustain v. 유지[지속]하다; 기르다 horror n. 공포; 혐오 oscillate v. 진동하다, 동요하다, 흔들리다 in between 중간의 therapeutic a. 치료의 benefit n. 이득 fetus n. 태아 likewise ad. 게다가, 또한 premature a. 정상보다 이른, 조산의 crucial a. 중요한, 결정적인 oppression n. 억압 neutralize v. 중화하다, 무효로 하다 pressure n. 압박, 부담 pros and cons 찬반양론 handicap n. 불리한 조건

38 글의 주제 ④

출산이 주는 보람과 어려움의 양면성을 언급하면서 인공자궁 기술의 이점을 설명하고 있다. 따라서 글의 주제로 가장 적절한 것은 ④이다.

다음 중 글의 주제는 무엇인가?
① 가사일로부터의 여성 해방
② 여성의 정신적 신체적 건강
③ 계획임신과 신체 건강
④ 인공자궁 기술의 잠재적 이점

39 지시대상 ④

Ⓐ의 두 입장이란 대부분의 여성이 임신과 출산에 대해 갖는 양면적인 입장, 즉 임신과 출산을 보람으로 여기는 긍정적인 입장과 고통으로 여기는 부정적인 입장을 의미하는 것이다.

다음 중 Ⓐ가 가리키는 것과 가장 가까운 것은 무엇인가?
① 인공자궁에 대한 찬반양론
② 임신에 대한 잔인하고 끔찍한 견해
③ 인공자궁과 생체자궁의 지지자들
④ 임신과 출산에 대한 긍정적인 견해와 부정적인 견해

40 부분이해 ①

임신과 출산에 있어 여성이 맡아온 성적으로 대단히 편향된 역할이란 여성만이 임신하고 출산해왔던 역할을 의미한다. 여성만의 역할이라고 보는 사회적 인식이나 기대가 여성에게는 압박으로 작용하므로 ①의 의미에 가장 가깝다. 다른 보기의 nursing, child-raising, workplace는 reproduction 이후의 문제이다.

다음 중 Ⓑ가 의미하는 것은 무엇인가?
① 임신과 출산에 대해 여성에게 가해지는 사회적 압박
② 출산과 양육의 건강상의 위험
③ 여성에 대한 자녀 양육 요구
④ 여성에 대한 직장의 불리한 조건

41-42

메리엄 웹스터(Merriam-Webster)사(社)는 인칭대명사 'they'가 2019년도 올해의 단어로 선정되었다고 발표하면서, 소소하고 평범한 이 단어(they)가 최근 몇 년 사이에 그 용법이 다소 급격하게 변했고 그 과정에서 폭넓은 문화적 대화의 중심에 있었다고 언급했다. "영어는 모든 사람(everyone)이나 어떤 사람(someone) 같은 단수대명사와 딱 맞게 대응하는 성(性) 중립적 단수대명사가 없기로 유명하고, 그 결과 they가 600년 이상 이런 목적으로 사용되었다. 그러나 최근에 they가 성(性) 정체성이 남성도 여성도 아닌 사람을 가리키기 위해서도 사용되었는데, 이것은 소셜 미디어 뿐 아니라 출판되고 편집된 텍스트에서도 그리고 영어권 화자들 간의 일상적인 대인관계에서도 점차 흔히 볼 수 있는 인식이다."라고 메리엄 웹스터사는 설명했다. 다시 말해, he와 she라는 단수대명사는 남성과 여성에 대한 일반적인 성차 구별에 근간하고 있기 때문에 엄격하게 남성과 여성으로 확인되지 않는 사람을 묘사할 때에는 종종 오해를 낳거나 부정확하거나 실례가 되는 것으로 드러날 수 있다. 만족할 만한 단수대명사가 없음에 직면하여, 사람들은 10년 전이었으면 고등학교 영어선생님이 정정했을지도 모를 행동을 즐겨 하게 되었는데, 그것은 곧 일반적으로 복수인 대명사 they를 한 사람을 묘사하기 위해 사용하는 것이다.

unassuming a. 젠체하지 않는, 주제넘지 않는, 평범한 gender neutral a. 성 중립적인, 남녀 구별이 없는 non-binary n. 남성과 여성 어느 한쪽에도 속하지 않는 사람 take to 전념하다, 좋아하다; 의지하고 있다 red-pencil v. 정정하다 etymology n. 어원학, 어원 연구 predicament n. 곤경, 어려움; <논리학> 범주 gender-specific a. 남성[여성]에 국한된

41 글의 주제 ①

이 글은 2019년 올해의 단어로 선정된 they가 성 정체성이 불명확한 한 사람을 지칭하는 단어로 의미가 전용되었다는 것을 언급하고 있다. 따라서 글의 주제로 적절한 것은 ①이다.

다음 중 글의 주제는 무엇인가?
① 메리엄 웹스터사의 올해의 단어
② 대명사 they의 어원 연구
③ 영어의 대명사 they의 곤경
④ 언어의 거울로서의 문화

42 빈칸완성 ②

red-pencil이 '고치다, 정정하다'이므로 what 관계절은 10년 전에는 고쳐야할 잘못된 행동을 말하는데, 콜론 다음의 using이하가 잘못된 행동이 되려면 '복수인 they를 한 사람에 대해 사용하는 것'이어야 한다. 따라서 ②가 적절하다.

다음 중 빈칸 Ⓐ에 가장 적절한 것은 무엇인가?
① 복수(複數)를 가리키기 위해서
② 한 사람을 묘사하기 위해서
③ 1인칭 대명사로
④ 남성[여성]에 국한된 대명사로

43-44

사람의 걸음걸이 방식의 미묘한 변화는 인지 저하의 초기 징후이자 정밀(첨단)검사가 필요하다는 신호일 수 있다. 연구결과는 신체적 증상과 알츠하이머병의 연관성을 처음으로 밝혀낸 것인데, 지금까지는 알츠하이머병을 진단하려면 의사들이 인지능력에 초점을 맞추고 장기간 신경 검사를 실시해야 했다. 걸음걸이의 퇴보와 또 다른 변화들을 조사하는 것은 고가의 첨단기술이 필요 없고 검사에 많은 시간을 요하지 않기 때문에 이상적인 방법이다. 미국에서 알츠하이머병을 앓는 사람은 대부분 노인들로, 그 수가 540만 명에 이르는데, 베이비부머 세대가 노인이 되는 2050년에는 1,600만 명으로 급증할 것으로 예상된다. 사람이 걷기 위해서는 뇌의 여러 부위들이 완벽하고 동시에 통합적인 작용을 해야 한다. 그런데 이런 뇌의 여러 부위 사이의 신경 회로를 알츠하이머병이 방해하기 때문에 걸음걸이에 변화가 일어나는 것이다. 메이오클리닉(Mayo Clinic)에서는 연구원들이 1,340명 이상의 참가자들을 대상으로 15개월 간격으로 두 번 혹은 그 이상 방문하여 전산화된 보행측정기를 통해 걸음걸이의 보폭과 속도를 측정했다. 그들은 속도가 느려지고 보폭이 짧아진 연구 참가자들의 인지능력, 기억, 그리고 수행 기능이 (그렇지 않은 참가자들에 비해) 상당히 크게 나빠졌음을 발견했다.

sign n. 기호; 표시; 징후 findings n. 연구 결과; 소견 symptom n. 징후; <병리> 증상 diagnosis n. 진찰, 진단 deterioration n. 악화, 저하된 상태 gait n. 걸음걸이, 보조 ideal a. 최선의, 이상적인 baby boomer n. 베이비부머 세대(미국의 경우에는 1946년부터 1964년 사이에 태어난 사람들을 뜻함) spike v. 급증하다 simultaneous a. (동시에) 일어나는, 작용하는 multiple a. 다수의, 다양한 circuitry n. 전기 회로, 신경 회로 stride length n. 보폭 executive function n. 집행 기능(다른 인지적 기능을 통제하는 심리적 기능으로 계획하고 행동의 개시와 종료 등등을 모두 포함)

43 글의 제목 ④

걸음걸이 같은 신체 동작은 여러 뇌신경 회로가 무리 없이 통합 작용하는 결과물이다. 따라서 걸음걸이의 변화와 기능 저하는 뇌신경 회로의 문제이고 또한 알츠하이머병의 전조일 수 있다고 지적하고 있다. 그러므로 글의 제목으로 적절한 것은 ④이다.

다음 중 글의 제목으로 가장 적절한 것은 무엇인가?
① 인지와 기억의 저하에 대한 해결책
② 걸음걸이를 바꿈으로써 알츠하이머병을 예방하는 방법
③ 빠르게 걸으면 걸을수록 더 건강해진다
④ 걸음걸이의 변화: 알츠하이머에 대한 초기 경고

44 빈칸완성 ①

because 절에서 '고가의 첨단기술이 필요 없고 검사에 많은 시간을 요하지 않기 때문에'라고 했으므로 Ⓐ에 적절한 것은 ideal이나 preferred이고, 뇌의 여러 부위들이 작용하여 걸음이라는 하나의 동작을 유발하려면 그 여러 부위가 서로 어긋나지 않게 완벽하게 그리고 동시에 작용해야 할 것이다. 따라서 Ⓑ에는 simultaneous가 적절하다.

다음 중 짝 지워진 쌍 중에서 Ⓐ와 Ⓑ에 가장 적절한 것은 무엇인가?
① 이상적인 — 동시의
② 도전적인 — 즉각의
③ 선호하는 — 정지된
④ 정확한 — 간헐적인

45-47

귀여운 것들을 좋아하는 현재의 유행은 부분적으로는 위협적인 세상에서 벗어나 아이다운 특징이 보호의 감정을 불러일으키고 평안함과 위안을 부여하는 순수함의 동산으로 들어가고 싶은 충동에서 비롯되는 것이다. "귀여움의 단서들"에는 무력하고, 매력적이고, 온순해 보이는 행동들과 엄청나게 큰 머리, 접시 같은 둥근 눈, 서투른 동작 같은 해부학적 특징들이 포함된다. 어쩌면 귀여움의 단서들에 대한 우리의 반응이 진화하여 우리로 하여금 우리 후손에게 그들이 번성하는 데 필요한 폭넓은 보살핌과 양육을 베풀도록 만들었을 것이다. 그러나 귀여움이 그저 매력적이고, 순수하고, 위협적이지 않은 것에 관한 것이라면, 혹은 우리가 귀여움에 매혹되는 것이 단지 보호 본능에 의한 것이라면, 그것이 그렇게 어디에나 있는 현상은 아닐 것이다. 그런 특징들은 귀여움의 전체 범위에서 소위 "사랑스러운" 부분에 대해서만 말한다. 우리가 귀여움의 전체 범위에서 "기괴한" 부분으로 옮겨감에 따라, 사랑스러운 특징들은 왜곡되어 보다 더 난해하고 막연하고 손상된 것으로 되어버린다. 다시 말해 장식용 풍선 개 같은 것이 되어버린다. 풍선 개는 스테인리스 강철로 만들어져 있어 강력하면서도 무력하고 공허하고 얼굴이 없다. 귀여운 것에 만연해있는 규정불가능성이, 그리고 예전에는 아동기와 성인기처럼 별개의 영역으로 간주되었던 것들 사이의 경계의 허물어짐이, 많은 귀여운 대상들의 모호해진 성별에 또한 반영되어 있다. 그것은 헬로키티 인형에서처럼 인간적인 형태와 비인간적인 형태가 자주 혼합된 귀여운 대상들의 형태들에도 반영되어 있다.

arouse v. 불러일으키다, 일어서다 bestow v. 수여[부여]하다, 주다 contentment n. 만족, 평안 solace n. 위로, 위안 cue n. 단서, 신호 helpless a. 무력한, 난처한, 속수무책인 yielding a. 양보를 잘하는, 온순한 anatomical a. 해부의, 해부학상의 outsize a. 특대의 attraction n. 매력; 견인력 ubiquitous a. 보편적인 whole spectrum n. 모든 분야 uncanny a. 신비로운, 기괴한 indeterminate a. (범위·성질 등이) 확실하지 않은, 불확정한 wounded a. 상처 입은, 손상된 characterize v. 특징을 나타내다, 규정하다 pervade v. 널리 퍼지다, 충만하다

45 글의 목적 ①

본문에서는 귀여움의 본질과 목적 그리고 변형된 귀여움의 면모를 언급하고 있다. 따라서 글의 목적으로 적절한 것은 ①이다.

다음 중 이 글의 목적은 무엇인가?
① 귀여움을 규정하고 설명하기 위해서
② 귀엽고 매력적인 물건을 홍보하기 위해서
③ 귀여운 물건의 생산을 약술하기 위해서
④ 선호하는 귀여움의 스타일을 주장하기 위해서

46 내용일치 ②

끝에서 세 번째 문장에서 '우리가 귀여움의 전체 범위에서 "기괴한" 부분으로 옮겨감에 따라, 사랑스러운 특징들은 왜곡되어 보다 더 난해하고 막연하고 손상된 것으로 되어버린다'고 했으므로 ②는 옳지 않다. ① 끝에서 두 번째 문장에서 '귀여운 것에 만연해있는 규정불가능성이 많은 귀여운 대상들의 모호해진 성별(gender)에 또한 반영되어 있다'고 했는데, 규정불가능성은 곧 애매함을 말한다. ③ 첫 문장에 언급돼 있다. ④ But으로 시작하는 네 번째 문장부터 우리가 귀여움에 매혹되는 것이 진화 이상으로 공허하고 모호하고 혼합된 현실을 반영함을 설명한다.

글에 따르면 다음 중 본문의 내용과 옳지 않는 것은 무엇인가?
① 성별의 모호함은 귀여움의 애매함의 한 예이다.
② 막연하고 손상된 특징들은 사랑스런 대상들에 만연해있다.
③ 벗어나고 싶은 충동은 귀여움을 좋아하는 현재의 유행을 부분적으로 유발한다.
④ "기괴한" 대상들에 우리가 매혹되는 것은 진화 이상의 것에 기인한다.

47 내용파악 ①

귀여움의 단서로 둘째 문장에서 ② saucer-like eyes, ③ behaviors that appear helpless, ④ yielding이라 했지만, ① '우아한 동작'이 아니라 clumsy motions(서투른 동작)라 했다.

글에 따르면 다음 중 귀여움의 단서가 아닌 것은 무엇인가?
① 우아한 동작들
② 엄청나게 크고 둥근 눈
③ 무력한 모습
④ 순종

48-50

정보 생태계를 오염시키는 데 사용되고 있는 세 가지 범주의 정보가 있는데, 허위정보(disinformation), 오류정보(misinformation) 그리고 '유해정보(malinformation)'이다. 피해를 입히려는 의도로 만들어진 허위정보, 즉 가짜 정보의 유포자는 세 가지 명백한 목표 가운데 하나를 위해 유포하게 되는데, 그것은 돈을 벌기 위해서거나, 정치적 영향력을 갖기 위해서거나, 문제 유발 그 자체를 위해서이다. 오류정보, 즉 그 정보가 가짜이거나 오해하게 하는 것인 줄 모르는 사람이 공유하는 가짜 정보의 유포자는 사회 심리적 요인들로 인해 유포하게 된다. 이들은 타인들과의 유대감을 갖기 위해 소셜 플랫폼 상에서 자신의 정체성 확인(그들과 같은 존재임을 밝히는 행동)을 하고 있는 것이다. 사람들이 허위정보를 가짜인 줄 모르고 공유할 때 허위정보는 오류정보로 바뀌게 된다. 마지막으로 새로운 용어인 "유해정보"는 피해를 입히려는 의도로 공유되는 진짜 정보를 말한다. 유해정보의 한 예는 외국의 요원들이 정치인들의 이메일을 해킹해서 명예를 실추시키고자 사적 비밀들을 대중에게 누설했을 때 발생했다. 가장 효과적인 허위정보는 언제나 일말의 진실을 담고 있다는 것을 알아야 하며, 사실, 지금 유포되고 있는 대부분의 정보는 가짜가 아니라 오해를 낳는 정보이다. 영향력 공작원들은 완전히 조작된 이야기가 아니라 진짜 정보를 재구성하고 과장된 주요기사를 이용하고 있는 것이다.

disinformation n. 허위정보; 역(逆)정보 misinformation n. 오류정보 malinformation n. 유해정보 distinct a. ~와 다른; 명확한, 명료한 for the sake of ~을 위해서 genuine a. 진짜의; 성실한 leak v. 새다, ~을 세게 하다; 누설하다 reputation n. 명성, 평판 kernel n. 중심부, 핵심, 요지 disseminate v. 퍼뜨리다, 유포하다 fake a. 위조의, 가짜의 misleading a. (말을) 오도하는, 오해하게 하는, 현혹시키는 influence agent 영향력 공작원(대상국 정부의 특정 정책이 자국 정부에 유리하게 결정되도록 영향력을 행사하는 임무를 맡은 요원) hyperbolic a. 과장된, 과대한 headline n. 헤드라인, 뉴스의 중요기사 purposeful a. 목적 있는, 고의의 lurid a. 색이 붉은; 야한; 무시무시한

48 빈칸완성 ②

빈칸 이하의 예에 나오는 '이메일을 해킹해서 알아낸 사적 비밀'은 가짜가 아닌 진짜 정보이며 마지막 문장에서 '완전히 조작된 이야기가 아니라'라고 했으므로 진짜 정보를 재구성하는 것이다. 따라서 '진짜'를 뜻하는 'genuine'이 Ⓐ와 Ⓑ에 가장 적절하다.

다음 중 Ⓐ와 Ⓑ에 가장 적절한 것은 무엇인가?
① 정치적인
② 진짜의
③ 상상의
④ 동기의

49 내용일치 ④

"유해정보"는 피해를 입히려는 의도로 공유되는 진짜 정보를 말한다고 했으므로 ④가 옳지 않은 진술이다.

글에 따르면 다음 중 본문의 내용과 옳지 않은 것은 무엇인가?
① 어떤 사람은 그저 문제를 유발하기 위해 허위정보를 유포한다.
② 오류정보 유포자들은 그 정보가 허위라는 것을 모르고 있다.
③ 사회 심리적 요인들이 오류정보 유포에 일조하고 있다.
④ 유해정보가 야기하는 피해는 고의적인 것이 아니다.

50 내용파악 ①

허위 정보를 유포하는 이유는 돈벌이, 정치적 영향력 행사, 문제 유발의 세 가지 가운데 하나라고 언급하고 있다. 따라서 피해나 문제를 일으키기 위한 것에 대한 내용인 ①이 여기에 해당된다. ②는 유해 정보의 사례이고, ③은 오류정보의 사례이고, ④는 공익을 위한 것이라 허위정보에 해당되지 않는다.

글에 따르면 다음 중 허위정보 사례에 해당하는 것은 무엇인가?
① 어떤 사람이 해고되도록 온라인에서 그에 대한 날조된 이야기를 발표하기
② 누군가의 이메일을 해킹해서 웹사이트에 그들의 사생활의 끔찍한 세부사항을 게재하기
③ 어떤 사람의 불법 활동에 대해 검증된 바 없는 이야기를 믿고 트위터에 올리기
④ 불법 활동에 참가한 공직자에 대한 이야기를 조사하기

2020 한국외국어대학교(인문계 C형)

01 ②	02 ①	03 ②	04 ③	05 ③	06 ①	07 ④	08 ④	09 ①	10 ④
11 ①	12 ③	13 ④	14 ①	15 ④	16 ③	17 ①	18 ②	19 ②	20 ②
21 ②	22 ④	23 ②	24 ①	25 ④	26 ①	27 ②	28 ③	29 ①	30 ③
31 ④	32 ④	33 ③	34 ③	35 ④	36 ④	37 ③	38 ②	39 ④	40 ③
41 ③	42 ①	43 ②	44 ④	45 ①	46 ②	47 ①	48 ②	49 ③	50 ①

01 논리완성 ②

주절의 it은 부사절의 the project를 가리키는데 그 프로젝트가 성공했다고 했으므로, although절에서는 '성공'과 상반되는 내용을 이야기해야 한다. 따라서 '심각한 문제가 있었다'는 의미를 만드는 ② beset이 빈칸에 적절하다.

assist v. 돕다, 도움이 되다 beset v. 포위하다, 에워싸다; (곤란·유혹 따위가) 뒤따르다 encourage v. 격려하다, 고무하다; 권하다 reveal v. 드러내다, 밝히다, 폭로하다

그 프로젝트는 심각한 문제들로 곤경에 처했지만, 성공적인 것으로 판명됐다.

02 논리완성 ①

그들이 이기적이지 않음을 보여주었다고 했으므로, 자신의 이익이 아닌 다른 사람의 이익을 꾀한다는 의미의 형용사 ① altruistic이 빈칸에 적절하다.

donate v. 기부하다, 기증하다 unselfishness n. 이기적이지 않음, 욕심 없음 altruistic a. 이타주의의, 애타적인 premature a. 조숙한; 너무 이른, 때 아닌 stingy a. 인색한, 구두쇠의 biased a. 편향된; 편견을 가진

땅을 공원 용지로 기증한 그 가족의 이타적인 결정은 그들이 이기적이지 않음을 보여주었다.

03 논리완성 ②

양자론이 처음에는 어떻게 여겨졌는지에 대한 내용이 빈칸에 적절한데, 빈칸 앞에 absurd가 있고 순접의 등위접속사 and가 있으므로 빈칸에도 양자론에 대한 부정적인 의미의 형용사가 적절하다. 따라서 ② incompatible이 빈칸에 적절하다. ③ disqualified는 기준 미달이나 규칙 위반 따위로 '자격을 잃었다'는 뜻이므로 빈칸에 적절하지 않다.

quantum theory 양자론 initially ad. 처음에, 시초에 absurd a. 불합리한; 부조리한, 터무니없는 common sense 상식 persistent a. 끈질긴, 집요한 incompatible a. 양립할 수 없는, 모순된 disqualified a. 자격을 잃은, 실격[결격]이 된 content a. 만족[자족]하는

양자론은 처음에는 불합리하고 상식에 부합하지 않는 것으로 여겨졌다.

04 논리완성 ③

저널의 범위가 제한되어 있다고 했으므로, 빈칸 뒤에 나와 있는 교육 정책에 해당하는 기사만을 게재한다고 볼 수 있다. 따라서 전치사 to와 함께 쓰여 범위를 한정하는 의미를 갖는 형용사 ③ pertinent가 빈칸에 적절하다.

dominant a. 지배적인; 유력한 compared a. 비교되는 pertinent a. ~에 해당하는; ~와 관계있는 permitted a. 허용된

그 저널의 범위는 꽤 제한적인데, 그들은 교육정책과 관계있는 기사만 게재한다.

05 동의어 ③

lucratively ad. 유리하게, 이익이 생겨(= profitably) rent v. ~을 (…에게) 임대하다, 빌려주다(out) potentially ad. 가능성 있게, 잠재적으로, 어쩌면 extensively ad. 널리, 광범위하게 safely ad. 무사히, 안전하게

이 인공지능 기술은 정부와 기업에 임대하여 수익을 얻을 수 있다.

06 동의어 ①

undergo v. ~을 받다, 겪다, 경험하다 undaunted a. 불굴의, 기가 꺾이지 않는, 겁 내지 않는(= fearless) wavering a. 흔들리는, 펄럭이는; 주저하는 disoriented a. 혼란에 빠진, 방향 감각을 잃은 intimidated a. 겁을 내는

사나운 폭풍우 때문에 큰 인명손실이 있었지만, 그 탐사 팀은 여전히 겁내지 않았다.

07 동의어 ④

frugal a. 절약하는, 검소한(= thrifty) make use of ~을 이용하다, ~로 덕보다 ingenuous a. 순진한, 천진한 creative a. 창조적인, 창의적인 predictable a. 예측[예견]할 수 있는

퀼트는 전통적으로 낡은 옷을 이용하는 검소한 방법이었다.

08 동의어 ④

evacuation n. 소개(疏開), 피난, 대피 precedence n. (순서·중요성 등에서) 선행, 우위, 우선(= priority) approval n. 승인, 찬성 procession n. 행진, 행렬 relocation n. 재배치, 배치전환

대부분의 비상 대피 계획은 부상자들에게 우선권이 주어져야 한다고 명시하고 있다.

09 동의어 ①

archive v. 기록 보관소에 보관하다(= store) formulate v. 공식화하다 memorize v. 기억하다, 암기하다 review v. 재검토하다

시의회는 그들이 보관하기를 원하는 300년 이상에 걸친 문서들을 기록 보관소에 보관하기 시작했다.

10 문맥상 동의어 ④

figure는 '계산하다', '나타나다', '묘사하다', '생각하다' 등의 뜻이 있는데, figure 뒤에 (that)절이 이어질 경우 '~라고 생각하다, 추측하다'는 뜻으로 쓰이므로, 주어진 문장에서 figure의 문맥상 동의어는 ④ expected이다.

우리는 당신에게 그 행사를 알려주려고 생각했지만, 당신이 여행에서 돌아온 후에 쉬고 싶어 할 것이라 생각했다.

11 문맥상 동의어 ①

prominent는 '중요한', '저명한', '눈에 잘 띄는', '돌출된' 등의 뜻이 있는데, and 이하에서 쉽게 발견할 수 있었다고 했으므로 신제품이 눈에 잘 띄는 곳에 있었음을 알 수 있다. 따라서 prominent는 ① noticeable의 의미로 쓰였다고 볼 수 있다.

신제품이 가게에서 눈에 띄는 장소를 차지해서 쉽게 발견할 수 있었다.

12 문맥상 동의어 ③

claim은 '주장하다', '요구하다', '(목숨을) 앗아가다', '가치가 있다' 등의 뜻이 있는데, 주어가 '산불'이고 people이 목적어로 주어져 있으므로, claim은 ③ killed의 의미로 쓰였다고 볼 수 있다.

bushfire n. 삼림[총림지]의 화재

1850년 이후로 호주의 산불은 거의 800명의 목숨을 앗아갔다.

13 문맥상 동의어 ④

maintenance에는 '유지', '지속', '생계' 등의 뜻이 있는데, 아버지가 세상을 떠난 후라면, 가족의 생계를 떠맡을 것이므로 ④ livelihood가 문맥상 동의어로 적절하다.

아버지가 세상을 떠난 후에, 그녀는 가족의 생계를 떠맡았다.

14 재진술 ①

제시문에서 "당신은 나의 우승 가능성을 너무 빨리 믿었다."고 했으므로, 내가 우승할 것으로 성급하게 믿은 것은 경솔한 행동이라 할 수 있다. 따라서 ①이 제시문의 의미와 같다.

be rash 섣불리 행동하다, 경솔하다

당신은 나의 우승 가능성을 너무 빨리 믿었다.
① 당신이 내가 우승할 것이라고 믿은 것은 경솔했다.
② 내가 우승할 가능성이 처음에는 없었다.
③ 당신이 날 믿기만 했더라면 내가 우승했을 텐데.
④ 당신이 우승하기를 원했을 때 시간을 들였어야 했는데.

15 재진술 ④

haven't anything else to do는 '할 일이 달리 없다' 즉, '바쁘지 않다'는 의미이고, help me set the table은 '내가 밥상을 차리는 것을 돕다'는 의미이므로, ④가 제시문의 의미와 같다.

might as well ~하면 좋을 텐데, ~하는 편이 낫다 set the table 식탁을 차리다, 밥상을 차리다 volunteer v. (어떤 일을 하겠다고) 자원[자진]하다 prepare a meal 식사준비를 하다

당신은 할 일이 달리 없으니까, 내가 밥상을 차리는 것을 도와주는 게 낫겠다.
① 당신이 할 일이 달리 없다면, 나는 당신에게 도움을 요청하지 않을 것이다.
② 당신은 바쁘지 않아서, 자진해서 식사 준비 하는 것을 도왔다.
③ 당신은 바쁘지 않음에도 불구하고, 내가 밥상을 차리는 것을 돕길 원하지 않는다.
④ 당신이 바쁘지 않기 때문에, 나는 당신이 내가 밥상을 차리는 것을 도와주기를 바란다.

16 문의 구성 ③

that절의 주어는 cuneiform이고, 빈칸 다음에 명사구 form of writing이 있다. 따라서 빈칸에는 동사와 명사구를 수식해주는 형용사가 적절한데, 동사 was 다음에 형용사의 어순은 '한정사(the)+최상급 형용사(earliest)+형용사(known)'이므로 ③이 빈칸에 적절하다.

cuneiform n. 설형문자

설형문자가 지금껏 알려진 가장 오래된 형태의 글자였다는 점에 주목하는 것이 중요하다.

17 분사구문 ①

빈칸 뒤에 완전한 절이 왔으므로, 빈칸에는 문장을 수식할 수 있는 부사절이나 분사구문이 올 수 있다. 부사절의 주어가 주절의 주어와 같을 경우 부사절의 주어를 삭제하고 분사구문을 만드는데, 부사절 As the politician was unwilling to admit that he was wrong의 주어가 주절의 주어 the politician과 같으므로, the politician을 삭제하고 being을 생략한 ①의 Unwilling to admit that he was wrong이 빈칸에 적절하다.

그 정치인은 자신이 틀렸다는 것을 인정하길 꺼려해서, 자신의 실수에 대해 야당을 비난했다.

18 명사의 수 ②

부정관사 a 다음에는 단수 명사가 와야 하므로, ②를 단수인 genre로 고쳐야 한다.

성공담은 문학, 저널리즘, 스포츠와 같은 분야에서 자주 조사되는 문화적으로 공유되는 서술 장르이다.

19 관계대명사 what ②

관계대명사 what 다음에는 주어, 목적어, 보어 가운데 하나가 빠져있는 불완전한 절이 와야 하는데, what 이하가 완전한 절이므로, ②는 주어 it을 삭제해서 looked like가 되어야 한다.

hastily ad. 급히, 서둘러서 remains n. (사용하거나 먹거나 제거하거나 하고) 남은 것, 나머지 sweep v. 쓸다, 털다 stuff v. 채워[밀어] 넣다

그는 패스트푸드처럼 보이는 음식 중 남은 것을 급히 집어든 다음, 테이블에서 그릇을 치우고, 그것들을 비닐봉지에 넣었다.

20 정비문 ②

give rise to는 '낳다', '일으키다' 등의 의미로 쓰인다. ②에서 give rise 다음에 전치사 to 없이 목적어 the same effect가 왔으므로, rise 다음에 전치사 to를 넣어야 한다.

graft n. 독직, 부정이득 bribery n. 뇌물수수 give someone a black eye 남의 눈을 멍들게 하다, ~의 성격이나 평판을 손상시키다 give rise to 낳다, 일으키다, 생기게 하다 witness n. 목격자; 증인 give an account of ~에 대한 이야기[보고]를 하다, 설명[해명]하다 slim a. (가능성 등이) 희박한 give it one's best shot 최선을 다하다

① 부정이득과 뇌물수수 스캔들은 그의 평판을 손상시켰다.
② 같은 원인이 항상 같은 효과를 생기게 하는 것은 아니다.
③ 경찰은 모든 목격자들이 그들이 본 것에 대해 설명해주기를 원했다.
④ 가능성이 희박했음에도 불구하고 그는 최선의 노력을 다했다.

21 정비문 ②

the way와 how는 함께 사용하지 않고 둘 중의 하나만 쓴다. 따라서 ②의 the way how to swim을 how to swim이나 the way to swim으로 고쳐야 한다. 실제로는 주로 how to swim을 쓴다.

① 그는 그가 늦은 이유에 대해 교수님에게 거짓말을 했다.
② 조슈아(Joshua)는 수영을 할 줄 모른다.
③ 그녀는 자신이 가장 원했던 것을 골랐다.
④ 나는 그 계획에 효과가 있는 것이면 무엇이든지 선택할 것이다.

22-23

1944년에서 1955년까지 이어진 비밥(Bebop) 시대는 많은 이들에게 재즈 역사상 가장 중요한 시기를 나타낸다. 어떤 이들은 비밥 시대를 음악가들이 상업적 관심보다 예술적 관심을 강조하기 시작했고, 관습보다 혁신을 중시했으며, 과거에 경의를 표하는 대신 미래를 내다본 시기로 여긴다. 다른 이들은 비밥이 재즈 공동체 내에 엄숙함과 엘리트주의를 도입하고, 재즈로부터 춤과의 연관성을 없애고, 진지한 수집가와 학자와 또 다른 음악가들을 제외하고는 아무도 음악을 즐기고 감상할 수 없게 만든 양식이라는 점에서 비밥을 재즈의 막다른 종점으로 여긴다. 각각의 평가는 충분한 진실을 포함하고 있어서 보다 자세한 검토를 할 만한 가치가 있으며, 이런 논쟁의 주장들을 다루고 평가하는 데 전념한 연구가 많이 있었다. 그러나 비밥 시대에 재즈가 영원히 변했다는 사실은 부인할 수 없다.

Bebop n. 비밥(재즈의 일종) stress v. 강조하다 innovation n. 혁신 convention n. 관습, 관례 ultimate a. 최후의, 궁극의 dead end 막다른 곳; 종점 institute v. (제도·정책 등을) 도입하다; (절차를) 시작하다 solemnity n. 엄숙함, 장엄함 strip v. 없애다, 제거하다 assessment n. 평가, 판단 undeniable a. 부인할 수 없는, 명백한

22 글의 제목 

재즈 역사에 중요한 시기였던 비밥 시대의 특징을 설명하고 있으므로 ④가 글의 제목으로 적절하다.

다음 중 글의 제목으로 가장 적절한 것은 무엇인가?
① 비밥 시대: 쉬워진 재즈
② 비밥 시대에 대한 비판
③ 재즈 시대가 비밥을 어떻게 변화시켰는가
④ 재즈의 역사: 비밥 시대

23 내용파악 

비밥 시대에 재즈로부터 춤과의 연관성을 없앴다고 했으므로, 재즈와 춤을 분리했다는 ②가 정답이다. 참고로 비밥 시대는 예술적인 관심을 강조했고, 수집가와 학자 그리고 음악가를 제외하고는 아무도 재즈를 즐기고 이해할 수 없었으며, 과거에 경의를 표하는 대신 미래를 내다봤다고 했다.

이 글에 따르면, 비밥 시대는 ______.
① 상업주의를 강조했다
② 재즈와 춤을 분리했다
③ 대중들이 즐겼다
④ 과거에 대한 향수를 보여주었다

24-25

과학은 특히 실제로는 사실이 아닌 많은 "사실들"이 떠돌아다닐 때, 이해하기가 아주 어렵다. 당신은 아마도 중국의 만리장성이 달에서 볼 수 있는 유일한 인간이 만든 건축물이라는 말을 들어봤을지도 모른다. 흥미롭게도, "리플리의 믿거나 말거나!"라는 만화에서 만리장성을 "인간이 만든 가장 웅장한 건축물이며, 달에서 육안으로 볼 수 있는 유일한 것"이라고 생각한 적어도 1932년 이후로 이 신화(근거 없는 이야기)는 계속 이어져 오고 있다. 물론 그것은 기계(우주선)가 달에 닿기 거의 30년 전에 있었던 이야기이므로 그 주장은 터무니없는 것이었다. 우주비행사들은 현재 만리장성조차도 낮은 고도에서 내려다보는 것을 제외하고는 실제로 우주에서 볼 수 없다는 것을 확인했다. 상대적으로 낮은 높이에서조차도 도로와 비행기 활주로는 실제로 알아보기 쉬운데, 이것들의 색깔이 만리장성과 달리 땅에 섞여들지 않기(땅 색깔과 구분되기) 때문이다. 그러나 그것은 그 지형물이 인상적이지 않다는 것을 의미하지는 않는데, 만리장성은 이제껏 만들어진 가장 큰 성벽이기 때문이다.

float around (소문 등이) 떠돌아다니다 man-made a. 인조의, 인공의 deem v. 간주하다, 생각하다 mighty a. 강력한, 장대한, 웅장한 visible a. (눈에) 보이는 ridiculous a. 우스운, 어리석은 astronaut n. 우주비행사 altitude n. 높이, 고도 runway n. 활주로

24 내용일치 ①

"리플리의 믿거나 말거나!"라는 만화에서 만리장성을 "인간이 만든 가장 웅장한 건축물이며, 달에서 육안으로 볼 수 있는 유일한 것"이라고 생각했다고 했으므로 ①이 만리장성과 관련하여 옳은 진술이다.

이 글에 따르면, 다음 중 만리장성에 대해 옳은 것은 무엇인가?
① 만리장성은 만화에서 언급되었다.
② 1962년에 우주비행사들은 달에서 만리장성을 보았다.
③ 만리장성은 우주의 높은 고도에서 볼 수 있다.
④ 만리장성은 땅과 쉽게 구별된다.

25 빈칸완성 ④

because 이하에서 이제껏 만들어진 가장 큰 성벽이라고 했으므로, 그 앞은 '실제로는 만리장성이 인상적인 건축물이다'라는 의미가 되는 것이 자연스럽다. 그런데 Ⓐ앞에 it does not mean이 있으므로, 실제 사실과 반대로 언급한 ④가 빈칸에 적절하다.

다음 중 Ⓐ에 가장 적절한 것은 무엇인가?
① 당신은 널리 공유된 신화를 믿지 말아야 한다
② 그것이 어떻게 지어졌는지 아무도 알아내지 못했다
③ 이런 기이한 사실은 과학적으로 진실하다
④ 그 지형물이 인상적이지 않다

26-27

사기꾼에게 문을 열어주는 꼴이 될 수 있으니까 절대 모르는 전화번호로는 다시 전화하지 말라. 당신은 전화번호에 당신의 지역번호가 있어서 다시 전화를 거는 것이 문제가 안 된다고 생각할지도 모른다. 그러나 그들은 발신자 ID(신원확인)로 뜨는 전화번호를 조작하는 데 능숙하다. 범죄자들은 일부러 익숙한 지역번호를 사용하여 당신의 신뢰를 얻고자 한다. 사람들은 호기심이 많고 도둑들은 그들의 피해자들(그들이 사기를 치려는 사람들)이 중요한 것을 놓쳤을지도 모른다고 생각하기를 기대하고 있다. 적어도 전화를 받거나 전화를 다시 건다는 것은 자신에게 연결된 그 모르는 번호로 전화를 다시 걸려는 사람이 실제로 있다는 것을 확인시켜주기 때문에 미래에 사기를 당할 취약성을 증가시킨다. 이것은 사기꾼들에게 그들이 또 다른 날에 다른 계략을 쓸 수 있다는 것을 말해준다. 그리고 최악의 경우에는? 사기꾼들이 당신을 속여 당신의 개인 정보를 말해버리게 할 수 있을 것이다. 사기꾼들이 단순히 "제 목소리가 들립니까?"라고 물어본다 해도, 당신은 전화를 끊어야 한다. "네"라고 대답한 기록은 그들로 하여금 당신의 은행, 보험, 그리고 다른 금융 정보에 접근할 수 있게 한다. 모르는 전화번호에 응답하지 말도록 하라. (상대방이 전화를 받지 않아) 당신이 보내는 음성 메시지에도 중요한 정보가 남겨질 것이라는 것을 기억하라.

scammer n. 사기꾼, 난봉꾼(= scam artist) be adept at ~에 능숙하다 fake v. 위조[날조, 조작]하다 curious a. 호기심 있는 vulnerability n. 약점이 있음, 취약성 ploy n. 책략, 계획 dupe … into ~ing …를 속여서 ~하게 하다 give out 공개하다, 말해버리다 hang up 전화를 끊다 access n. 접근, 출입

26 내용일치 ①

글의 마지막 부분에서 "제 목소리가 들립니까?"라는 질문에, 당신이 "네"라고 대답한 기록은 사기꾼들로 하여금 당신의 은행, 보험, 금융 정보에 접근할 수 있게 한다고 했으므로 ①이 정답이다.

이 글에 따르면, 다음 중 옳은 것은 무엇인가?
① 범죄자들은 당신으로부터 도둑질을 하기 위해 당신의 대답을 녹음할 수도 있다.
② 사람들의 일반적인 호기심은 사기꾼으로부터 그들을 보호한다.
③ 사람들은 모르는 전화번호로 다시 전화걸기 위한 노력을 해야 한다.
④ 당신이 간단히 대답하면 사기꾼들은 당신의 금융 정보를 얻을 수 없다.

27 지시대상 ②

Ⓐ, Ⓒ, Ⓓ는 사기꾼을 가리키지만, Ⓑ는 보통 사람들을 가리키므로 ②가 정답이다.

28-30

루이스(Louise)는 근위축증을 앓고 있다. 어느 날 기차역에서 나가려고 하다가 엘리베이터나 에스컬레이터가 없는 높은 계단에 직면하게 되었다. 울음을 터트리기 일보 직전에, 한 여자가 갑자기 나타나 가방을 대신 들어주고 루이스가 계단을 오를 수 있도록 친절하게 도와주었다. 루이스가 돌아서서 고맙다는 말을 하려고 했을 때, 그녀는 이미 사라진 뒤였다. 마이클(Michael)은 회의에 늦었다. 관계단절(이별)로 이미 스트레스를 받고 있던 그는 런던의 교통 체증과 씨름하던 중에 타이어가 터져버렸다.

그가 속수무책으로 빗속에 서 있을 때, 한 남자가 사람들 사이에서 나와 트렁크를 열고, 차를 잭으로 들어 올려 타이어를 갈아주었다. 마이클이 감사하다는 말을 전하려고 돌아봤을 때, 그는 이미 가버리고 없었다. 이런 신비한 조력자들은 누구였을까? 우연히 만난 친절한 사람이었을까 아니면 그 이상의 무엇이었을까? 빛나거나 날개가 달린 생명체라는 우리가 생각하는 천사의 대중적 이미지는 절반만 사실이다. 어떤 때는 그런 모습으로 나타나지만, 다른 때는 더러운 발을 한 채 나타나 평범한 사람들로 쉽게 오인된다. 우리는 루이스와 마이클을 도운 사람들이 천사였는지는 알 수 없다. 그러나 그들이 천사였을 수도 있다. 천사들은 바로 지금 직장에 있으며, 그들은 길거리에 있는 사람처럼 평범해 보일 수도 있다.

muscular dystrophy 근위축증 a flight of stairs 한 줄로 이어진 계단 on the verge of 금방 ~하려고 하여, ~의 직전에 gently ad. 상냥하게, 온화하게, 친절히 battle v. 싸우다, 투쟁하다 flat tire 펑크 난 타이어 helplessly ad. 어찌해 볼 수도 없이, 의지할 데 없이 step out of ~에서 나오다 jack up (차를) 잭으로 들어 올리다 half true 일부만 진실한

28 글의 요지 ③

누군가가 어려움에 처했을 때 나타나는 신비한 조력자들은 천사처럼 빛나거나 날개 달린 모습으로, 혹은 더러운 발을 한 채로, 혹은 평범한 모습으로 나타날 수 있음을 이야기하고 있는 글이다. 따라서 ③ "천사는 우리의 일상생활에서 많은 다양한 형태로 나타난다."가 글의 요지로 적절하다.

다음 중 이 글의 요지는 무엇인가?
① 악마는 고통을 가져오고 천사는 그 고통을 제거한다.
② 사회가 변하듯이 천사의 개념도 변한다.
③ 천사는 우리의 일상생활에서 많은 다양한 형태로 나타난다.
④ 천사는 고통의 순간에 나타나는 빛나는 존재이다.

29 지시대상 ①

Ⓐ this way는 빛나거나 날개가 달린 생명체라는 천사의 일반적인 이미지를 가리킨다. 따라서 Ⓐ가 가리키는 것은 초자연적인 존재로서의 천사이다. 참고로 while은 대조의 접속사로 사용되었으며, 주절에서 천사가 평범한 사람들로 쉽게 오인된다고 했으므로 Ⓐ는 이와 반대되는 모습으로 나타난다고 생각해도 정답을 유추할 수 있다.

다음 중 Ⓐ가 가리키는 것과 가장 가까운 것은 무엇인가?
① 초자연적인 존재로서
② 좋은 소식을 전하는 전령으로서
③ 고통 받는 사람들의 조력자로서
④ 인간 시혜자와 비인간 시혜자로서

30 빈칸완성 ③

천사는 바로 지금 직장에 있다고 한 다음에 등위접속사 and가 왔으며 they는 angels를 가리키므로, 직장과 같이 평범한 곳에서 만날 수 있다는 의미가 되도록 빈칸에는 ③이 적절하다.

다음 중 Ⓑ에 가장 적절한 것은 무엇인가?
① 가능한 한 밝게 빛나는
② 사람들이 보고 싶어 하는 만큼 자주
③ 길거리에 있는 사람처럼 평범한
④ 성경에서 전하는 것처럼 기적적으로

31-32

고집불통의 한 노부인이 길 한가운데를 걸어가 교통 혼잡을 불러일으키고 자신도 작지 않은 위험에 처하고 있었다. 보행자를 위한 곳은 인도라고 그녀에게 지적했지만, 그녀는 "나는 내가 좋아하는 곳으로 걸어갈 거예요. 우리에게는 자유가 있어요."라고 대답했다. 자유가 보행자에게 길 한가운데를 걸을 수 있는 권리를 준다면, 그러한 자유의 끝은 보편적인 혼란일 것이라는 생각이 그 노부인에게는 떠오르지 않았던 것이다. 요즘은 세상이 그 노부인처럼 자유에 도취될 위험이 있어서, 우리는 도로 규칙이 무엇을 의미하는지 스스로에게 상기시키는 편이 좋다. 도로 규칙은 모두의 자유가 보존되기 위해서는 각 개개인 모두의 자유가 축소되어야 한다는 것을 의미한다. 번잡한 교차로에서 한 경찰관이 길 한가운데로 걸어 들어가 손을 내밀면(교통정리를 하면), 그는 폭정의 상징이 아니라, 자유의 상징이다. 급한 상황에서는 당신의 자유가 침해되었다고 느낄지도 모른다. 그런데 당신이 이성적인 사람이라면, 당신은 그가 (교통정리로) 당신을 간섭하지 않으면, 그는 (모두를 간섭하지 않아) 아무도 간섭하지 않게 될 것이고, 그 결과는 당신이 절대로 건널 수 없는 광란의 교차로가 될 것이라고 생각할 것이다. 당신은 당신의 자유를 실현시키는 사회 질서를 누리기 위해서 개인적 자유의 축소를 감수해온 것이다.

stubborn a. 완고한, 고집스러운, 완강한 confusion n. 혼란 (상태), 분규 sidewalk n. (포장한) 보도, 인도 pedestrian n. 보행자 entitle v. 자격[권리]을 주다 intersection n. 교차로, 교차 지점 tyranny n. 폭정, 학정, 가혹 outrage v. 격분[격노]하게 만들다, 범하다, 어기다 frenzied a. 열광한, 격앙한; 격노한 submit v. 복종[굴복, 항복]하다, 감수하다 curtail v. 줄이다, 단축하다, 박탈하다

31 글의 요지 ④

교통질서를 지키지 않아 혼란을 일으키는 한 노부인을 예로 들면서, 모든 사람의 자유가 보존되기 위해서는 개개인의 자유가 축소되는 것을 받아들여야 함을 이야기하고 있는 글이다. 따라서 ④가 정답으로 적절하다.

다음 중 이 글의 요지는 무엇인가?
① 세계는 요즘 너무 자유에 취해 있다.
② 개인의 자유는 항상 사회의 혼란으로 이어진다.
③ 경찰관은 비이성적인 운전자를 위해 필요하다.
④ 당신은 사회 질서를 위해 개인적 자유를 양보해야 한다.

32 빈칸완성 ④

도로의 규칙은 개개인이 자신이 하고 싶은 대로 하는 것을 허용하지 않으며, 이것은 곧 개인의 자유가 축소되는(curtailed) 것을 의미한다. 같은 맥락에서, 사회의 질서 또한 규칙과 같은 개념이므로, 개인의 자유가 축소되는 것(curtailment)을 감수하는 것을 전제로 한다.

33-34

키케로(Cicero)는 "책이 없는 방은 영혼이 없는 육체와도 같다."라는 말을 했다. 확실히 나는 누군가의 집을 처음으로 방문하면, 그 주인의 성격에 대해 좀 더 알기 위해 책꽂이에 관심이 끌리는 경향이 있다. 어떤 의미에서 책은 항상 정보의 보고(寶庫) 이상의 의미를 지니고 있었다. 책의 모양과 느낌은 책의 내용만큼이나 그 매력의 한 부분이다. 새 책을 펼치는 데는 꽤 만족스러운 점이 있는데, 책의 냄새, 표지의 느낌, 책 커버의 디자인, 책의 무게 등 이러한 모든 것들이 책의 인상에 영향을 준다. 책에는 상징적인 힘이 있다. 우리는 여러 시대에 걸쳐 폭정과 압제와 결부되어온 책의 소각에 대한 말을 들을 때 몸서리가 쳐진다. 문화적인 상징인 책은 우리에게 언론의 자유와 높아진 기회를 일깨워준다. 책은 우리에게 인류의 지적인 열망을 생각나게 한다. 그러나 미래에도 여전히 책이 읽힐 것인가? 나는 그럴 것이라고 생각한다. 이전보다 더 많은 책들이 저술되어 출판되고 있다. 책은 영화, 텔레비전, 컴퓨터의 출현도 잘 버텨냈다. 그리고 다가올 수 세기 동안에도 계속해서 존재할 것이다.

repository n. 용기, 저장소; (지식 등의) 보고(寶庫) dust jacket 책 커버 shudder v. 몸을 떨다, 몸서리치다, 전율하다 associate v. 연상하다, 결부[연관]짓다 tyranny n. 포학, 학대, 폭정 oppression n. 억압, 압제 withstand v. 저항하다; ~에 견디어 내다, 버티다 advent n. 도래(到來), 출현

33 글의 제목 ③

이 글의 필자는 책의 상징적인 힘, 인간에게 주는 지적인 열망 등 책이 가지고 있는 영향력에 대해 설명하며, 책의 출판이 여전히 활발히 이루어지고 있고 앞으로도 계속 존재할 것이라고 주장하고 있으므로 제목으로 적절한 것은 ③이다.

다음 중 이 글의 제목으로 가장 적절한 무엇인가?
① 책의 정치적인 역할
② 출판의 역사
③ 책의 힘과 미래
④ 과거에 책이 중요했던 이유

34 내용일치 ③

"이전보다 더 많은 책들이 저술되어 출판되고 있다."고 했으며, 다가올 수 세기 동안에도 계속해서 존재할 것이라고 했으므로 ③은 본문의 내용과 다른 진술이다.

이 글에 따르면, 다음 중 옳지 않은 것은 무엇인가?
① 책의 매력은 정보 이상의 것을 포함한다.
② 책의 표지는 내용만큼 매력적이다.
③ 출판되는 책의 수가 점점 줄어들 것이다.
④ 책은 우리 자신을 좀 더 발전시키려는 인간의 열망을 상징한다.

35-37

피지의 전설에 따르면, 위대한 추장인 루투나소바소바(Lutunasobasoba)가 그의 부족을 이끌고 바다를 건너 피지에 당도했다고 한다. 대부분의 권위자들은 사람들이 동남아시아로부터 말레이 반도를 거쳐 태평양으로 들어왔다는 데 동의한다. 피지에서는 유럽인들이 도착하기 오래 전에 멜라네시아인과 폴리네시아인이 혼합되어 고도로 발달된 사회를 만들었다. 유럽인들이 피지를 발견한 것은 우연이었다. 이러한 발견들 중 첫 번째 발견은 한 네덜란드 탐험가에 의해 1643년에 이루어졌다. (피지) 섬의 발견과 기록에 대한 주요 공로는 1789년에 피지로 항해한 영국인 선장 윌리엄 블라이(William Bligh)에게 돌아갔다. 피지에 상륙해 피지 사람들과 함께 산 최초의 유럽인들은 호주의 죄수 유형지(流刑地)에서 탈주한 기결수들이었다. 상인들과 선교사들은 19세기 중반에 들어왔다. 당시에 피지에서 행해지고 있던 식인풍습은 선교사들이 영향력을 얻게 되자 빠르게 사라졌다. 라투 세루 카코바우(Ratu Seru Cakobau)가 1854년 기독교를 받아들이자, 대부분의 사람들이 곧 이를 따랐고, 부족 간의 전쟁이 끝나게 되었다. 1879년에서 1916년까지 인도인들이 사탕수수 농장에서 일을 하기 위해 계약 노동자로 들어왔다. 계약 제도가 폐지된 후 많은 사람들이 자작농과 사업가로 남게 되었다.

via prep. (어떤 장소를) 경유하여[거쳐] Peninsula n. 반도 Melanesian n. 멜라네시아인 Polynesian n. 폴리네시아인 runaway a. 도주한; 다룰 수 없는 convict n. 죄인; 죄수, 기결수 penal a. 형(刑)의, 형벌의; 형법상의 penal settlement 죄수 유형지, 범죄자 식민지 trader n. 상인 missionary n. 선교사 cannibalism n. 사람을 잡아먹는 풍습; 식인 (풍습) indenture v. ~을 계약서로 약정하다; 도제살이로 들이다 abolish v. (법률·제도·조직을) 폐지하다

35 내용일치 ④

인도인들은 사탕수수 농장에서 일을 하기 위해 계약 노동자로 오게 되었으며, 계약 제도가 폐지된 후에는 많은 사람들이 자작농과 사업가로 피지에 남았다고 했으므로 ④가 정답이다.

이 글에 따르면, 다음 중 옳지 않은 것은 무엇인가?
① 피지에 처음 상륙한 사람들은 동남아시아에서 왔다.
② 피지는 유럽인이 도착하기 전에 문명화돼 있었다.
③ 피지를 발견한 공의 대부분을 차지한 사람은 윌리엄 블라이 선장이었다.
④ 대부분의 인도인들은 계약 노동 제도가 끝나자 피지를 떠났다.

36 내용파악 ④

최초의 유럽 정착민들은 '호주'의 죄수 유형지에서 탈주한 기결수였다고 했으므로 ④가 정답이다.

37 내용파악 ③

라투 세루 카코바우가 1854년 기독교를 받아들이자, 대부분의 사람들이 곧 이를 따랐고 부족 간의 전쟁이 끝나게 되었다고 했으므로, 기독교가 피지에서 주요 종교가 되었다고 볼 수 있다. 따라서 ③이 정답이다.

이 글에 따르면, 카코바우의 개종 이후에 바로 일어난 일은 무엇인가?
① 피지 원주민의 종교가 금지되었다.
② 부족 간의 전쟁이 나라 전역에서 고조되었다.
③ 기독교가 피지인들 사이에서 주요 종교가 되었다.
④ 더 많은 선교사들이 유럽에서 피지로 도착했다.

38-40

국제 공용어는 모국어가 다른 사람들의 의사소통 수단으로 사용되는 언어 또는 언어의 혼합이다. 국제 공용어는 또한 통상 언어, 접촉 언어, 그리고 세계 언어로도 알려져 있다. "국제 공용어로서의 영어"라는 용어는 서로 다른 모국어를 사용하는 사람들을 위한 일반적인 의사소통 수단으로서 영어를 가르치고 배우고 사용하는 것을 말한다. 영어의 지위는 대단해서 올림픽 스포츠, 국제 무역, 항공 교통 관제의 의사소통을 위한 국제 공용어로 채택되었다. 다른 언어들과는 달리, 영어는 5개 대륙 모두에 퍼져나갔고, 진정한 세계 언어가 되었다. 그러나 니콜라 오슬러(Nicholar Ostler)에 따르면, 우리는 교육을 통해 퍼지는 언어인 모국어와 채택을 통해 확산되는 언어인 국제 공용어 사이의 차이를 구별할 필요가 있다. 후자인 국제 공용어는 필요하기 때문에 의식적으로 배우는 언어이다. 모국어는 어쩔 수 없이 배우게 되는 언어이다. 영어가 지금 세계에 확산되고 있는 이유는 국제 공용어로서 영어가 가진 효용성 때문이다. 전 세계에서 사용되는 단순화된 영어인 글로비시(Globish)는 필요한 한 존재할 것이다. 그러나 이 언어는 모국어로 채택되고 있지 않기 때문에 전형적으로 사람들이 자녀들에게 말하는 데 쓰는 언어는 아니다. 이 언어는 언어의 장기적인 생존을 위한 가장 중요한 기반인 첫 단계에 효과적으로 도달하지 못하고 있다.

lingua franca 국제(공용)어 medium n. 매개, 수단 trade language 통상어(通商語)(주로 비즈니스에 쓰이는 혼성 공통어) adopt v. 채택하다 draw a distinction between ~사이에 구별을 짓다 recruitment n. 채용, 보충, 공급 utility n. 유익, 효용, 실리 long-term a. 장기적인 survival n. 살아남음, 생존

38 글의 주제 ②

이 글은 국제 공용어가 무엇인지 정의한 다음, 국제 공용어로서의 영어의 지위를 설명하고, 영어가 국제 공용어로서 사용되는 이유를 언급하고 있으므로 ②가 글의 주제로 적절하다.

다음 중 이 글의 주제는 무엇인가?
① 모국어의 우월성
② 국제 공용어로서의 영어
③ 글로비시의 개발 방법
④ 언어의 생존

39 빈칸완성 ④

빈칸 Ⓐ 앞의 since는 이유의 접속사이며, it은 전 세계에서 사용되는 영어의 단순화된 버전인 글로비시를 가리키는 대명사이다. 글로비시가 모국어로 채택되지 않는다고 했는데, 모국어는 사람들이 자녀들에게 하는 말이므로 ④가 정답이다.

다음 중 Ⓐ에 가장 적절한 것은 무엇인가?
① 자국 밖에서
② 업무용으로
③ 미국 대학에서
④ 자녀들에게

40 내용파악 ③

국제 공용어는 필요에 의해 의식적으로 배우는 언어라고 했으므로 부모님에게 무의식적으로 배우는 언어라고 볼 수 없다. 따라서 ③이 정답이다. 부모님에게 무의식적으로 배우는 언어는 모국어이다.

이 글에 따르면, 국제 공용어는 ______로 정의될 수 없다.
① 모국어가 다른 사람들에 의해 사용되는 언어
② 통상 언어, 접촉 언어, 세계 언어
③ 부모님에게 무의식적으로 배우는 언어
④ 채택을 통해 확산되는 언어

41-42

아기가 아직 당신에게 말을 할 수 없을 텐데도, 아기와 놀아주면서 유대감을 느껴본 적이 있는가? 새로운 연구는 당신이 아기와 말 그대로 마음이 통할지 모른다는 점을 보여준다. 한 연구팀은 아기와 성인이 자연스럽게 노는 동안 그들의 뇌가 어떻게 상호 작용하는지에 대한 최초의 연구를 했고, 그들은 아기와 성인의 뇌의 같은 영역에서 일어나는 신경 활동의 주목할 만한 유사점을 발견했다. 바꿔 말하면, 아기와 성인이 장난감을 가지고 함께 놀고 눈을 마주칠 때, 이들의 두뇌 활동은 함께 상승하고 하락했다. 이전 연구에서는 성인들이 영화를 보고 이야기를 들을 때 성인들의 뇌가 동시에 작동한다는 것을 보여주었는데, 이런 신경의 동시성이 어떻게 생후 몇 년 동안 발달되는지에 대해서는 거의 알려진 것이 없다. 연구원들은 신경 동시성이 사회성 발달과 언어 학습에 중요한 영향을 줄지 모른다는 것을 보여주었다.

sense of connection 유대감 conduct v. 수행하다, 처리하다 literally ad. 문자[말] 그대로, 그야말로 interact v. 상호 작용하다 measurable a. 잴[측정할] 수 있는, 주목할 만한 similarity n. 유사(점) neural a. 신경(계)의 sync v. 동시에 발생하다[움직이다]; 동시에 발생하게[움직이게] 하다 synchrony n. 동시 발생, 동시성, 동기(同期) implication n. 내포, 함축; 영향

41 글의 요지 ③

아기와 성인이 함께 놀이를 하는 동안 두뇌가 어떻게 상호 작용하는지에 대한 연구를 했고, 아기와 성인의 뇌의 같은 영역에서 일어나는 신경 활동의 주목할 만한 유사점을 발견했다고 설명하므로 글의 요지로 ③이 적절하다.

다음 중 이 글의 요지는 무엇인가?
① 성인들과 달리, 아기들은 쉽고 빠르게 동시 작동한다.
② 아기들은 신경 발달을 위해 부모의 관심이 필요하다.
③ 함께 놀고 있는 아기와 성인은 동시에 신경 활동을 한다.
④ 유아의 사회성 발달에 이르는 경로가 확인되었다.

42 지시대상 ①

be on the same wavelength는 '(~와) 마음이 잘 맞다, 같은 생각이다'는 뜻인데, 이어지는 문장에서 '아기와 성인이 자연스럽게 노는 동안 그들의 뇌가 어떻게 상호 작용하는지에 대한 최초의 연구를 실시했는데 연구진은

아이와 성인의 뇌의 같은 영역에서 일어나는 신경 활동의 주목할 만한 유사점을 발견했다'고 했으므로 Ⓐ는 ①을 의미한다고 할 수 있다.

다음 중 Ⓐ가 가리키는 것과 가장 의미가 가까운 것은 무엇인가?
① 그들은 같은 뇌 영역에서 비슷한 두뇌 활동을 경험한다.
② 그들의 사고방식은 생물학적인 프로그래밍에 의해 독특하게 결정된다.
③ 그들의 뇌의 파장은 나이 차이에 관계없이 일정하게 유지된다.
④ 그들의 뇌는 상호작용을 통해 구조적이고 기능적인 유사성을 발달시킨다.

43-44

우주비행사들은 지구 밖으로 여행할 때 많은 희생을 치른다. 우주여행의 위험과 가족과 떨어져 있어야 하는 시간 이외에도, 일상생활의 많은 것들을 바꾸어놓는 온갖 새로운 규칙들과 함께 하는 무중력 상태가 있다. 우주 비행사들은 우주에서 할 수 없는 것들이 있다. 인기 있는 많은 음식들은 우주로 운반해서 먹기에 너무 어렵다. 예를 들면, 빵은 부스러기를 발생시킬 수 있고 부스러기는 장비를 손상시키거나 우주비행사들이 우연히 흡입할 수 있다. 이에 따라, 토르티야가 1980년대 이후로 사용되어 왔다. 음료수와 관련해서는, 탄산음료는 무중력 환경에서 부력이 없기 때문에 고려 대상이 되지 못한다. 미국항공우주국(NASA)은 "탄산음료는 탄산과 소다수가 무중력 상태에서 분리되지 않기 때문에 현재 우주여행에 갖고 가지 않는다."라고 말했다. 소금과 후추 또한 공중에 떠다니며 잠재적으로 장비를 손상시키거나 우주비행사의 입, 귀 또는 콧속으로 들어갈 수 있기 때문에 금지되어 왔다. 다행히도 NASA는 액상 제품을 대용물로 개발했다.

astronaut n. 우주비행사 venture v. 과감히 가다, 위험을 무릅쓰고 나아가다 microgravity n. (인력이 너무 약하여 생기는 우주 궤도에서의) 무중력 상태 come with ~이 갖추어져 있다, ~에 동반하다(= accompany) transport v. 수송하다, 운반하다 crumb n. (보통 pl.) 작은 조각, 빵부스러기; 빵가루 inhale v. (공기 따위를) 빨아들이다, 흡입하다 tortilla n. 토르티야(납작하게 구운 옥수수빵) carbonated drink 탄산음료 off the table 논외인, (더) 고려하지 않는 buoyant a. (액체 등이) 부양성 있는, (물건이) 부력이 있는, 뜨기 쉬운; 탄력이 있는 carbonation n. 탄산화 작용, 탄화(= carbonization); 탄산 포화 float v. (물 위나 공중에서) 떠[흘러]가다[떠돌다] substitute n. 대용물

43 내용파악 ②

빵은 장비를 손상시키거나 우주비행사들이 흡입할 수 있는 빵부스러기를 발생시킬 수 있어서 1980년대 이후 토르티야가 사용되어 왔다고 했으므로 ②가 정답이다.

다음 중 우주에서 먹는 것이 허용된 것은 무엇인가?
① 빵
② 토르티야
③ 탄산음료
④ 후춧가루

44 내용파악 ④

이 글은 우주비행사가 우주에서 할 수 없는 것을 소개하고 있는데, 빵, 소금과 후추 등은 '무중력 환경'으로 인해 장비를 손상시키거나 우주비행사가 흡입할 수 있어서 금지된다고 했으므로 ④가 정답이다.

이 글에 따르면, ______ 때문에 우주비행사들이 우주에서 할 수 없는 것들이 있다.
① 제한된 공간
② 대용품의 부족
③ 산소의 부족
④ 무중력 환경

45-47

기후 변화는 21세기 초의 주된 지정학적인 난제 가운데 하나로 떠오르고 있다. 집단 사상자를 발생시키는 테러리즘과 달리, 기후 변화는 선진국과 개발도상국의 집단적인 완화 노력을 고무할 수 있는 단일한(일회적) 충격적인 사건을 갖고 있지 않다. 기후 변화의 원인에 대응하기 위한 국제적인 노력은 지금까지 단지 미미한 성공을 거둘 뿐이었다. 결과적으로, 기상이변, 폭염, 가뭄, 홍수와 같은 기후 변화의 더 해로운 영향들 중 일부는 앞으로 몇 년 혹은 수십 년 동안 계속 나타날 것이다. 지정학적인 관점에서 볼 때, 기후 변화는 점점 다극화되어 가는 세계에서 국가들의 흥망성쇠에 영향을 줄지도 모른다. 또한 기후 변화는 특히 에너지원, 물, 식량과 관련하여 국가 간의 자원 경쟁을 유발하거나 악화시킬지도 모른다. 또한 기후 변화는 개발도상국을 일반적으로 약화시키도록 영향을 미칠 수 있어서, 점점 더 적극적으로 개입하고 비용이 많이 드는 인도적인 지원과 재난 대응의 임무를 필요로 한다. 그리고 그중 일부는 군사 기관에 의해 수행될 수 있다. 전체적으로 보아, 이러한 추세는 기후 변화가 미래의 군사 임무와 배치를 형성하고 규정짓는 중요한 요소로 계속해서 등장하게 될 것이라는 점을 시사한다.

geopolitical a. 지정학의, 지정학적인 mass a. 대량의, 대규모의; 집단의 casualty n. 사상자, 희생자 marginally ad. 아주 조금, 미미하게 exert v. (권력·영향력을) 가하다, 행사하다 intrusive a. 침입하는, 밀고 들어오는; 주제넘게 나서는, 방해가 되는 costly a. 값이 비싼, 비용이 많이 드는 humanitarian a. 인도주의의 define v. 규정짓다, 한정하다 deployment n. (병력·장비의) 배치; (부대의) 전개

45 글의 주제 ①

기후 변화가 21세기 초의 지정학적인 난제로 떠오르고 있음을 소개하면서, 전 세계 국가들의 흥망성쇠에 영향을 줄 수 있다고 말하고 있다. 따라서 ①이 정답으로 적절하다.

이 글은 주로 무엇에 관한 것인가?
① 기후 변화의 지정학
② 기후 변화로 인한 세계 분쟁
③ 기후 변화의 방법과 해결책
④ 기후 변화를 위한 기구의 설립

46 빈칸완성 ②

Ⓐ의 앞에서 기후 변화의 원인에 대응하기 위한 국제적인 노력이 지금까지 미미한 성공을 거둘 뿐이었다고 한 다음, Ⓐ의 뒤에서는 기후 변화로 인한 악영향들이 계속 이어질 것이라고 했다. 기후 변화의 국제적인 노력의 실패로 인한 결과가 뒤에 이어지고 있으므로 Ⓐ에는 Consequently가 적절하다.

다음 중 Ⓐ에 가장 적절한 것은 무엇인가?
① 논쟁적으로
② 결과적으로
③ 아이러니하게
④ 마찬가지로

47 내용파악 ①

기후 변화가 국가 간의 자원 경쟁을 유발하거나 악화시킬지도 모른다고 했고, 인도적 지원에 대한 필요성이 증가한다고 했으며, 인도적 지원 중 일부는 군사 기관에 의해 수행되어 군사 임무와 배치에 영향을 준다고 했다. ①은 본문에 언급되어 있지 않다.

이 글에 따르면, 다음 중 기후 변화의 잠재적인 영향으로 언급되지 않은 것은 무엇인가?
① 테러리즘의 흥망성쇠
② 국가 간의 자원 경쟁
③ 인도적 지원에 대한 필요성 증가
④ 군사 행동과 배치

48-50

60년 이상 동안, 미국의 정치사는 문화전쟁에 의해 주도되어 왔다. 문화전쟁 1.0은 급속히 자유화되고 세속화되어 가는 사회에서 종교적 열광자들이 그리스도를 위한 마음과 영혼을 얻고자 노력한 1950년대에 시작되었다. 이 첫 번째 문화전쟁은 창조론이 생물학적 진화론의 실행 가능한 대안인지, 그리고 공공 영역에서 기독교 가치를 제도화하는 데 한계를 두어야 하는지와 같은 종교적 신앙과 가치의 문제를 놓고 주로 씨름했다. 문화전쟁 2.0에서는 초자연적 존재, 형이상학, 그리고 심지어 종교마저 무관한 것이 되었다. 문화전쟁 2.0은 무엇보다도 새로운 교전 규칙을 중심으로 돌아간다(진행된다). 이 규칙들은 우리가 어떻게 우리의 의견 불일치를 다루는지와 관련이 있다. 문화전쟁 1.0에서는 만약 진화생물학자가 지질학적인 연대측정 기법에 기초하여 지구의 나이에 대한 공개 강연을 하면, 창조론자들은 답변서를 내고, 그러한 연대측정 기법은 신뢰할 수 없다고 주장하고, 그에게 토론회를 갖자고 하고, 질의응답 시간에 날카로운 질문을 던질 것이다. 문화전쟁 2.0에서는, 연설자와의 의견 불일치에 때때로 강단에서 끌어내리려는 시도로 대처하기도 하는데, (강사에게 보낸) 초대를 취소시키려는 운동이 난폭하게 벌어지다 보니 연설이 행해질 수 없게 되는 것이다. 이것이 성공하지 못하면(그래도 연설이 진행되면), 비판자들은 소리를 크게 지르거나 소음기를 동원하거나 스피커 전선을 떼어내어 연설자를 방해하는(연설을 중단시키는) 방법을 이용할지도 모른다. 그 목표는 연설자에게 더 나은 주장으로 대항하거나 심지어 대안적인 견해를 고집하는 것이 아니라, 연설자로 하여금 자신의 견해를 전혀 발표하지 못하게 하는 것이다.

enthusiast n. 열광자, 팬 win heart 마음을 얻다 liberalize v. 자유로워지다, 관대해지다 creationism n. 천지창조설(성서에 묘사된 대로 하느님이 우주를 창조했다는 믿음) viable a. 실행 가능한, 실용적인 alternative n. 대안, 달리 택할 길 supernatural n. 초자연적 존재[현상, 것], 기적 irrelevant a. 부적절한; 무관계한 rotate around ~주위를 회전[순환]하다 geological a. 지질학(상)의; 지질의 creationist n. 창조론자 pointed a. (말 등이) 날카로운, 신랄한 rowdy a. 난폭한, 난장 치는, 싸움 좋아하는 rip v. 째다, 찢다 counter v. ~에 반격하다, 반대하다 air views 의견을 말하다

48 글의 제목 ②

미국의 정치사는 문화전쟁에 의해 주도되어 왔다고 언급하며, 종교적인 신앙과 가치에 대한 문제를 놓고 주로 씨름한 문화전쟁 1.0으로부터 의견이 불일치될 때 상대방의 견해를 전혀 발표하지 못하도록 하는 문화전쟁 2.0으로 어떻게 변화하게 되었는지를 설명하고 있으므로 ②가 글의 제목으로 적절하다.

다음 중 이 글의 제목으로 가장 적절한 것은 무엇인가?
① 문화전쟁에서의 창조론
② 미국의 변화하는 문화전쟁
③ 계몽과 문화 혁명
④ 현대 세계에서의 보주주의 대 자유주의

49 빈칸완성 ③

such as 다음에 빈칸 Ⓐ에 대한 예가 이어지는데, 창조론이 생물학적 진화론의 실행 가능한 대안인지 그리고 공공 영역에서 기독교 가치를 제도화하는 데 한계를 두어야 하는지와 같은 문제들은 '종교적 신앙과 가치'와 관련된 내용이므로 빈칸 Ⓐ에 적절한 것은 ③이다.

다음 중 Ⓐ에 가장 적절한 것은 무엇인가?
① 통일성과 다양성
② 기술과 진화
③ 종교적 신앙과 가치
④ 전통과 혁신

50 내용파악 ①

문화전쟁 2.0에서는 연설자와 의견이 다른 경우, 비판자들은 이에 더 나은 주장으로 대항하거나 대안적인 견해를 고집하는 것이 아니라, 연설자가 견해를 전혀 발표하지 못하도록 소리를 크게 지르거나, 소음기를 동원하거나 스피커 전선을 떼어내어 연설자를 방해한다고 했으므로, 문화전쟁 2.0은 '더 폭력적이고 편협하다'고 볼 수 있다.

이 글에 따르면, 문화전쟁 1.0과 비교했을 때 문화전쟁 2.0은 ______ 하다.
① 더 폭력적이고 편협한
② 더 정교하고 교묘한
③ 덜 우호적이지만 더 관대한
④ 덜 격렬하고 더 많이 수용하는

MEMO